本书受国家经济安全预警工程北京实验室资助
（项目编号：B18H100040、B19H100010）

北京市哲学社会科学
Beijing Philosophy and Social Science
北京产业安全与发展研究基地
Beijing Research Base of Industrial Security and Development

北京交通大学哲学社会科学研究基地系列丛书

# 要素流动、协同发展与城乡一体化

FACTOR FLOW, COLLABORATIVE DEVELOPMENT AND
THE INTEGRATION OF URBAN-RURAL

常　野　李孟刚　金田林　于重阳◎著

社会科学文献出版社
SOCIAL SCIENCES ACADEMIC PRESS (CHINA)

# 摘　要

　　城乡一体化建设是当前我国经济社会建设的重要内容，是确保我国经济健康发展、社会稳定和谐、人民共享发展成果的基本前提。改革开放以来，我国城镇化水平获得很大提高，但与此同时，城乡发展失衡问题愈发严重，已经成为制约我国经济健康发展、社会和谐稳定的严重障碍。追溯城乡发展失衡问题的成因，要素流动扮演了十分关键的角色。所以，缓解乃至消除城乡发展失衡问题，推动城乡一体化的关键在于发挥区域协同的政策合力，促进要素在城乡之间自由流动，实现经济资源在城乡之间的合理配置。基于上述认识，笔者以江苏省和京津冀地区为例，探讨区域协同发展和要素流动对城乡一体化的影响，从理论和实证两个层面阐释了区域协同和要素流动对城乡一体化的影响路径，为后续研究从区域协同与要素流动的视角分析城乡一体化奠定了基础，也为我国城乡一体化建设处于不同发展水平的地区提供了借鉴经验。

　　京津冀地区是我国重要的经济、政治、文化中心，在经济、文化、地缘上十分接近，具备协同发展的基础。尽管京津冀三省市自改革开放以来获得了极大的发展，但并未产生明显的协同效应。该地区长期以来发展极不平衡，北京市和天津市是商品经济高度发达的城市，而河北省则是相对落后的乡村自然经济占主导地位。京津两个特大城市产生的"涓滴效应"与"虹吸效应"相互抵消，邻近京津的部分区县发展略显落后，形成"环首都贫困带"，不仅迟滞了河北省的发展，也加深了北京的"大城市病"，对京津冀地区发展产生了严重影响。本书以京津冀协同发展为背景，探讨区域协同发展对城乡一体化的影响。本书在建构区域协同发展与城乡一体化的理论框架的基础上，以京津冀协同发展为例，实证检验了京津冀地区协同发展水平对城乡一体化的影响作用机制，并指出了其实现路径，提出了一系列可资借鉴的政策建议。

本书运用静态与动态分析相结合、定性与定量分析相结合、理论与实证分析相结合等研究方法，遵循"背景介绍—文献梳理与述评—理论分析框架构建—实证检验—路径识别—政策建议"的技术路线，深入分析了区域协同发展和要素流动对城乡一体化的影响。为此，本书首先介绍了区域协同发展和要素流动对城乡一体化影响的研究背景、意义和方法，梳理了国内外有关区域协同发展、要素流动与城乡一体化的相关文献，在指出已有文献的贡献和不足之后，构建了区域协同发展和要素流动对城乡一体化的影响的理论分析框架。其次，以京津冀为分析案例，对区域协同发展与城乡一体化水平做了测度，而后利用测度结果分析了区域协同发展对城乡一体化的影响，并分析了不同要素流动影响城乡一体化的机制和路径。最后，根据研究结论给出了京津冀协同发展推进城乡一体化的政策建议。研究得到如下结论。

第一，京津冀协同发展近年来已取得较大进步，但还存在一系列问题。从经济发展协同来看，北京和天津发展迅猛，而河北发展较为缓慢；从产业结构联动解读来审视，从时间维度看，北京市与天津市产业结构差异度先扩大后缩小，呈倒"U"形分布，河北省产业结构差异度则不断扩大；从空间维度看，北京市产业结构差异度较大，天津市次之，河北省较小；从区域市场一体化角度来探察，京津冀三省市之间生产者价格指数存在显著的联动变动特征，但指数变化无明显规律可循，总体呈现起伏波动态势；从生态环境联防联治角度看，京津冀三省市环境污染治理投资额的GDP占比不断提升，表明环境治理在政府工作中的地位不断上升。北京市和天津市的指数在2007年出现急剧下滑，而后得到缓慢提升，河北省总体呈现稳步上升态势。对比三省市的环境治理投入水平，2000年由高到低依次为北京、河北、天津，2014年依次为河北、北京、天津，表明天津市环境治理投入较低，河北省投入增长较快，而且三省市之间缺乏联动治理能力。从公共服务共享共建角度来看，2000~2014年京津冀地区交通得到显著改善，但发展差距仍十分明显。对比三省市的交通网络密度可以发现，天津市发展水平最高，北京市次之，河北省再次之，而且京、津两市较为接近，河北省差距明显。

第二，京津冀三省市在 2000～2014 年的 15 年中城乡一体化水平均有较大提升。空间分布呈梯次分布状态，北京市一直处于领先地位，河北省则远远落后于京、津两市，且城乡一体化水平的差距存在扩大趋势。从时间维度上看，得分方面，2000～2014 年京津冀三省市具有大幅度提升。京津冀三省市在 2000～2015 年，特别是 2008 年以后城乡一体化水平快速提升，但三省市之间存在显著差距，几乎代表着城乡一体化水平的三个发展阶段。

第三，京津冀协同发展水平对城乡一体化水平的影响整体较为显著。其中，经济协同发展水平与公共设施均等化水平对城乡一体化水平存在显著正向影响；市场分割程度对城乡一体化水平的影响为负，产业结构联动水平、环境联合治理水平对城乡一体化水平的影响并不十分显著，结果与统计分析结果差异不是很大。

另外，在参考前人有关测度要素流动和城乡一体化水平的方法的基础上，本书对江苏省的要素流动与城乡一体化水平进行了测度。通过构建面板数据模型定量分析了劳动力、资本、技术和公共资源四种生产要素流动对城乡一体化水平的影响，并根据实证分析的结果，指出了上述四种要素流动影响城乡一体化的机制和路径。研究得出如下结论：第一，要素流动与经济发展水平呈现显著的正向关系，江苏省三大区域在要素流动规模和能力上呈梯次分布，其中苏南地区最大，苏北地区最小；第二，江苏省 13 个地级市城乡一体化水平呈现时序演进上的递增性和地域跨度上的差异性，且与经济发展水平联系紧密；第三，不同要素对城乡一体化水平的推动作用存在差异，对城乡一体化水平的推动作用也不是同时同向叠加的。

# 目 录

## 上篇：要素流动对城乡一体化的影响研究
### ——以江苏省为例

**第一章 绪论** … 3
  第一节 研究背景与研究意义 … 3
  第二节 研究对象与方法 … 7
  第三节 基本思路与研究框架 … 9
  第四节 研究创新点 … 12

**第二章 要素流动对城乡一体化影响的文献综述** … 14
  第一节 要素流动对城乡一体化影响的理论演进 … 15
  第二节 要素流动与城乡一体化的文献梳理 … 24
  第三节 现有研究的贡献与不足 … 40

**第三章 要素流动影响城乡一体化发展的理论分析** … 45
  第一节 要素流动影响城乡一体化：概念和特征 … 46
  第二节 要素流动影响城乡一体化：问题和出路 … 53
  第三节 要素流动影响城乡一体化：机理与内容 … 61

**第四章 江苏省要素流动与城乡一体化水平的测度** … 75
  第一节 江苏省要素流动的测度 … 75

第二节　江苏省城乡一体化发展历程回顾…………………… 92
第三节　江苏省城乡一体化的测度…………………………… 93

**第五章　要素流动对江苏省城乡一体化影响的分析**………… 133
第一节　要素流动影响江苏省城乡一体化的理论分析……… 133
第二节　要素流动对江苏省城乡一体化影响的实证分析…… 135

**第六章　要素流动影响城乡一体化建设的机制与路径**……… 148
第一节　劳动力流动影响城乡一体化的机制与路径………… 148
第二节　资本流动影响城乡一体化的机制与路径…………… 152
第三节　技术流动影响城乡一体化的机制与路径…………… 156
第四节　公共资源流动推动城乡一体化的机制与路径……… 160

**第七章　要素流动影响下城乡一体化的国际经验与政策建议**… 165
第一节　要素流动影响下城乡一体化的国际经验分析……… 165
第二节　要素流动影响下的城乡一体化的政策建议………… 184

## 下篇：京津冀协同发展对城乡一体化的影响研究

**第一章　绪论**……………………………………………………… 199
第一节　本研究的理论意义与现实意义……………………… 200
第二节　研究内容及创新性…………………………………… 202
第三节　研究方法、技术线路与研究方案…………………… 204
第四节　研究的分析框架与基本论点假设…………………… 206

**第二章　京津冀协同发展与城乡一体化的基础理论与文献综述**… 208
第一节　区域协同发展的概念与特征………………………… 209
第二节　区域协同发展的测度与衡量………………………… 213
第三节　区域协同发展的动力机制及影响因素……………… 215
第四节　现有研究的贡献与不足……………………………… 216

## 第三章 区域协同发展影响城乡一体化的理论分析 ········ 217
- 第一节 区域协同发展影响城乡一体化：概念和特征 ········ 218
- 第二节 区域协同发展影响城乡一体化：方式与机理 ········ 221
- 第三节 区域协同发展影响城乡一体化：问题和出路 ········ 231

## 第四章 京津冀协同发展与城乡一体化水平测度 ········ 235
- 第一节 京津冀地区经济社会发展概述 ········ 235
- 第二节 京津冀协同发展水平测度 ········ 240
- 第三节 京津冀地区城乡一体化水平测度 ········ 245
- 第四节 京津冀协同发展与城乡一体化水平测度结果对比分析 ········ 256

## 第五章 京津冀协同发展影响城乡一体化的实证检验与路径识别 ········ 261
- 第一节 京津冀协同发展影响城乡一体化的实证分析 ········ 261
- 第二节 京津冀协同发展对城乡一体化的影响路径 ········ 270

## 第六章 基于区域协同发展的城乡一体化政策建议 ········ 277
- 第一节 破除区域协同发展、推进城乡一体化的体制障碍 ········ 278
- 第二节 建立区域协同发展推进城乡一体化的载体 ········ 286
- 第三节 加快区域协同发展推进城乡一体化的制度建设 ········ 293

**参考文献** ········ 302

上 篇
# 要素流动对城乡一体化的影响研究
## ——以江苏省为例

# 第一章　绪论

改革开放以来，我国经历了几十年的经济高速增长，工业化、城镇化水平获得很大提高，但与此同时，农村经济发展相对滞后，城乡之间差距日益扩大，城乡分割、城乡社会发展失衡问题已经成为我国经济健康发展、社会和谐稳定的严重障碍。追溯城乡经济社会发展失衡的原因，要素流动扮演了十分关键的角色，正是城乡在经济资源分配方式上的不合理以及难以在城乡之间实现自由流动，使我国城乡发展失衡比其他国家更为严重，且更不易打破。因此，缓解乃至消除城乡发展失衡，是我国当前的重要战略任务，而完成这一任务的关键在于促进要素在城乡之间自由流动，实现经济资源在城乡之间的合理配置。

## 第一节　研究背景与研究意义

### 一　研究背景

1. 理论背景

在漫长的历史演进中，城市与乡村作为人类的两大基本栖息地，对人类文明的发展发挥了不可估量的作用。历史研究表明：乡村与城市的出现是人类生产力水平提高、社会分工细化和商品交换日渐频繁的结果，而城市正是手工业从农业中分离出来之后，在乡村的基础上发展起来的，成为专门服务产品和生产要素流动、交换的场所。因此，长期以来城市的存在和发展严重依赖乡村，受到生产力水平的限制，城市发展十分缓慢，城乡之间发展也不存在失衡问题。

工业革命之后，城市踏上了快速发展的轨道，城市手工业逐渐被机器大工业取代，世界各国先后开启了工业化之路，城市劳动生产效率大幅提升，工业化大大加快了城市化进程，城乡差距日渐凸显，矛盾日益突出，二者逐渐由依附走向对立，呈现明显的二元结构，具体表现为城市规模扩大形成的"洼地效应"对乡村的劳动力、资金、土地等生产要素产生强大吸引力，大量失地农民为寻找工作机会流入城市，城市迅速发展，乡村却日益凋敝，城乡差距益发拉大。过度拉大的城乡差距对乡村与城市同时造成不良影响，一方面农村生产要素大量流失导致经济发展缓慢而民生凋敝；另一方面大量人口涌入城市，造成城市恶性膨胀，形成严重的"城市病"，由此对国家或地区的健康发展造成不利影响，这也成为当前困扰许多发展中国家的一个难题。

2. 现实背景

长期以来，我国是一个传统农业国，直到1949年新中国成立之前，90%以上的人口生活在农村，80%以上的人口直接从事农业生产活动，农业产值占到国民总收入的80%以上，因此城乡发展失衡问题并不突出。新中国成立后，为迅速摆脱贫穷落后的局面，政府推行了农业支持工业、农村支援城市的非均衡发展战略，采用工农业剪刀差、城乡户籍制度等方式支持工业城市优先发展，这种战略在计划经济体制下得到有效贯彻。如此，我国城乡发展失衡问题被大大强化。改革开放以后，在实施家庭联产承包责任制、国企改革等一系列举措之后，我国逐步建立起了社会主义市场经济体制，生产要素在城乡之间的流动能力不断增强，城乡发展失衡趋势减弱。1984年我国城乡二元对比系数为0.27，2003年二元对比系数下降到0.15。但从一些经济指标来看，我国城乡二元结构强度仍然很高，如1978年我国城镇居民的人均可支配收入是农民人均纯收入的2.57倍，到2008年已扩大到3.32倍。由此可见，我国城乡发展极不平衡。

江苏省是我国经济较为发达的省份之一，该省在破除城乡发展失衡、实现城乡一体化上经历了一个漫长而又曲折的过程。江苏省是我国人口密度最高的省份之一，地少人多、资源短缺等问题使其城乡二元结构问题远较其他省份突出。然而，经过半个多世纪的发展，江苏省在经济大发展的同时，城乡一体化建设也取得了长足进步，截至2013年，江苏省经济总量达到5.9万亿元，人均GDP突破1万美元，城镇化率达到64.1%，高出全国平均水平10.4个百分点，非农产业人口达到79.9%，农业劳均耕地面积上升到 8.95 亩,超过 2/3 的耕地实现适度规模经营。江苏省曾经是一个传统的农业大省,有"苏杭熟,天下足"的说法,1952 年三次产业结构比为 52.7:17.6:29.7,国民经济结构仍然以农业为主导,20 世纪 80 年代中期第二产业增加值占比超过第一产业。改革开放之后,凭借既有基础和政策优势,江苏省抓住时机,采取扶持乡镇企业的经济政策,为私有经济发展提供宽松的市场条件,使乡镇企业迅速发展,也将江苏省带上了经济发展的快车道。乡镇企业的崛起为江苏省推进城乡一体化提供了契机,江苏省政府召开的第二次城市工作会议明确提出"以城市为中心,以小城镇为纽带,以广大农村为基础,发展城乡经济、科技、文化网络"的发展思路,初步形成了颇具特色的城乡一体化发展模式,江苏省也由此在城乡一体化建设中走在了全国前列。进入 21 世纪后,随着中央政府和社会各界对城乡协调发展日渐重视,江苏省政府和各地市级政府确立了"城市现代化、农村城镇化、城乡一体化"的城乡一体化发展战略,制定了科学合理的发展规划,采用制度、经济手段引导和推进城乡一体化建设,形成了著名的"苏南模式"。

尽管江苏省在城乡一体化建设方面取得了不俗的成绩,并且走在全国前列,但该地区在推进城乡一体化过程中仍存在许多问题,如城镇化的质量不高、区域差异较大、生态环境保护重视不够、城乡要素流动仍存在制度性障碍、城乡基础设施与公共服务差距明显等。为进一步推进城乡一体化建设,江苏省制定了《江苏省新型城镇化与城乡一体化规划(2014~2020 年)》,该规划明确了江苏省城乡一体化建设的总体目标、基本任务、发展路径以及关键举措,成为指导江苏省城乡一体化的纲领性文件,江苏省将开创城乡一体化建设的新局面。

## 二 研究意义

1. 理论意义

当前城乡发展失衡对我国经济社会发展造成不利影响:城市方面,大量人口迁入导致规模扩张过快,基础设施、公共服务等公共物品使用紧张,大量流动人口的存在恶化了治安环境,棚户区、贫民窟大量存在,生产、生活污染日益严重;农村方面,人口、资本等经济资源大量流失,农村公共产品供给严重不足,孤寡老弱守村情况广泛存在,小农经济仍是社会主体，农民收入长期维持在生存线附近。所以，城乡一体化建设是当前我国经济社会建设的重要内容，是确保我国经济健康增长、社会稳定和谐、人民发展成果共享的重要基石。然而，造成城乡发展失衡的原因多且复杂，许多学者从不同视角对破除城乡二元结构问题做了详细探讨。笔者在参考已有研究，并对城乡发展失衡的形成机制做深入分析的基础上，对江苏省城乡一体化进行了深入研究，研究的理论意义体现在以下两方面。

第一，扩展和深化了城乡一体化的研究范畴。笔者在梳理已有的关于城乡一体化的研究过程中发现，目前研究主要集中在城乡一体化的内涵、测度、发展模式和实现路径等方面，对城乡一体化中存在的问题及其根源未能进行深入剖析、了解其形成机理，所以在对城乡一体化进行测度和分析并总结归纳其发展模式和实现路径时，其内容缺乏可操作性和可行性，不能为我国城乡一体化给出切实指导性意见。本研究从要素流动的角度深入分析了城乡发展失衡形成的机理，并在此基础上提出了城乡一体化的实施路径。

第二，为区域城乡一体化水平的综合评价提供了思路。区域城乡一体化是一个涉及经济、政治、社会和文化等多方面、多领域的复杂系统，以往对城乡一体化水平的测度集中在经济领域，本研究构建了更为全面的指标体系，对城乡一体化水平的测度更为科学。

2. 现实意义

江苏省是我国东部发达省份，也是我国对外开放和经济发展起步较早的省份。在城乡关系的发展演进方面，江苏省走过了比其他省份更为绵延曲折的道路。此外，江苏省的13个地级市在经济社会发展上可以明显地根据地理划分为三大区域：苏南、苏中和苏北。上述三大区域由于地理环境和经济发展阶段的差异，在城乡一体化建设中的所处阶段、推动方式等方面呈梯次分布，所以通过对江苏省三大区域的对比分析，能够从中发掘出我国城乡一体化的一般规律，为城乡一体化处于不同阶段的地区提供相应的经验借鉴。比如区域内部的不同城市在城乡一体化建设中，由于先天条件及地方政府所采取的政策措施存在差异，不同的城乡一体化水平所带来的相关经验和教训值得其他区域借鉴与警惕。本研究的现实意义体现在以下三方面。

第一，增加了区域城乡一体化的实践性。本研究在对要素流动推动区域城乡一体化研究成果进行认真梳理的基础上，结合英国、美国和日本在通过促进要素流动推动城乡一体化的国际经验，先在理论上就要素流动对城乡一体化的影响做了深入探讨，而后就江苏省过去10年在要素流动对城乡一体化的推动作用方面做了进一步实证分析，具有较强的实践性和可操作性。

第二，揭示了推动城乡一体化建设的机制与路径。本研究在对江苏省城乡一体化现状及问题做了深入分析后，提出了劳动力、资本、技术、公共资源四种要素作用机制的具体内容，以期全面、客观地总结和归纳要素流动对区域城乡一体化的影响路径，这对指导江苏省乃至全国区域城乡一体化建设具有较强的现实意义。

第三，提出了要素流动推动城乡一体化的可行的保障措施。本研究在就江苏省要素流动对城乡一体化的影响进行理论和实证分析的基础上，提出了要素流动影响城乡一体化的机制与路径，从破除要素流动的体制障碍、规范要素流动的市场秩序和培育要素流动的社会环境三个方面给出了相关政策建议。

本研究以江苏省为例，旨在运用城乡一体化的一般理论探讨要素流动对江苏省城乡一体化的影响机理，总结江苏省以及国际上发达国家在城乡一体化建设过程中的经验与教训，以期为城乡一体化建设处于不同发展水平的地区提供经验，以利于中国城乡一体化建设向更好的方向发展。

## 第二节　研究对象与方法

### 一　研究对象

本研究以"要素流动对城乡一体化的影响"为研究对象。从要素流动的视角分析江苏省城乡一体化建设的成败得失，具体包括以下几方面。

第一，江苏省要素流动与城乡一体化的现状分析。以统计性分析方法介绍了江苏省要素流动的规模、速度以及江苏省各地级市城乡一体化建设的成就和问题，运用计量统计软件和方法对江苏省要素流动和城乡一体化水平做了科学测度。

第二，以江苏省为案例，分析了要素流动对我国城乡一体化水平的影响。笔者分别对劳动力、资本、技术和公共资源等生产要素的流动对江苏省城乡一体化水平的影响做了理论和实证分析。分析结果显示，不同要素的流动对城乡一体化水平的影响存在差异。

第三，要素流动影响城乡一体化的机制与路径。笔者剖析了劳动力、资本、技术和公共资源四种要素，认为它们影响城乡一体化的机制与路径，并且存在较大差异，同时，各种要素对城乡一体化的作用并不是独立的，而是存在促进或抑制的关系。所以，在制定相关政策建议时，应充分注意这种差异性和关联性。

## 二 研究方法

本研究在对已有文献进行了详细梳理的基础上，借鉴了结构主义的一些研究思路和研究方法。由于所研究的问题十分复杂，涉及区域经济、空间经济等内容，所以笔者运用了多种现代经济学研究方法，归纳起来主要包括以下几种。

1. 理论与实证分析相结合的方法

本研究对城乡一体化的理论分析集中在第二、第三章。在第二章中，笔者首先对城乡一体化的一般理论的发展历程做了总结和归纳，将城乡一体化的理论分为三个阶段，即古典时期、19世纪末至20世纪前期、20世纪中期以后，对每个阶段都做了高度提取和凝练，并对比了马克思主义经济学与西方经济学在城乡一体化上的基本观点。然后，对国内外学者在城乡一体化上的成果进行了梳理和评论，主要内容有城乡一体化的内涵、研究思路、测度及其实际运用。第三章从城乡一体化的概念与特征、问题和出路、内容和机理三个方面构建了要素流动影响研究城乡一体化的理论框架。实证分析分布在第四、第五章。笔者在第四章中先对江苏省发展城乡一体化的现状做了分析，然后运用全局主成分分析法对江苏省要素流动和城乡一体化水平做了测度。第五章检验了要素流动对城乡一体化的影响结果。如此，在研究要素流动和城乡一体化的研究基础之上，对要素流动的规律、城乡一体化的一般路径以及要素流动对城乡一体化建设的影响进行了理论阐述，为验证理论分析的结果，本研究运用大量统计数据做了实证分析，以支持理论分析的结论。

2. 定性与定量分析相结合的方法

要素流动对城乡一体化的影响机理是十分复杂的，本研究运用定性与定量相结合的方法展开分析。在定性分析中，笔者首先从要素流动的视角对城乡一体化做了重新定义，拓展了城乡一体化的内涵，分析了城乡一体化的特征。而后，探讨了当前江苏省乃至我国要素流动束缚城乡一体化的问题所在，并给出了相应的解决办法。最后具体分析劳动力、资本、技术和公共资源四种要素对城乡一体化的影响的内容和机理。但上述分析只是对要素流动影响城乡一体化的定性分析，其真实的影响范围和程度尚不可知。因此，下文对要素流动影响城乡一体化做了进一步的定量分析，具体测度了劳动力、资本、技术和公共资源等关键要素对江苏省城乡一体化水平的影响范围和程度。这样，通过定性和定量分析相结合的方法就要素流动对城乡一体化水平的影响做了全方位的深入分析。

3. 静态与动态分析相结合的方法

要素流动对城乡一体化建设的影响是一个连续、动态的过程，在分析这个过程时，我们既需要了解不同地区在某一时间点上的要素流动对城乡一体化建设的影响，还需要了解不同时间点要素流动对城乡一体化的影响的差异，进而分析产生这种差异背后潜藏的原因，这就需要我们同时使用针对某一时点的静态分析和针对不同时点的动态分析相结合的方法。为此，本研究对江苏省2003~2012年要素流动对城乡一体化水平的影响做了描述和分析，考查了江苏省城乡一体化在10年中的动态演进过程，以从中挖掘要素流动对城乡一体化的影响路径。本研究还采用了比较静态法，对2003年和2012年的要素流动、城乡一体化以及前者对后者的影响结果做了对比分析，从中找出不同时点上要素流动对城乡一体化的不同影响。

## 第三节 基本思路与研究框架

### 一 研究思路

本研究首先介绍了要素流动对城乡一体化影响的研究背景、意义和方法，梳理了国内外有关要素流动、城乡一体化以及二者关系的相关文献，在指出已有文献的贡献和不足之后构建了要素流动对城乡一体化的影响的理论分析框架。在此基础上，以江苏省为分析案例，对要素流动与城乡一体化水平做了测度，而后利用测度结果分析了要素流动对城乡一体化的影响，并分析了不同要素流动影响城乡一体化的机制和路径。最后，根据研究结论给出了江苏省乃至我国推进城乡一体化建设的政策建议。

## 二 研究框架

本研究共有8个部分。第一章为导论，介绍了本研究的选题背景和意义、研究对象和方法、基本思路和分析框架以及可能的创新点。第二章为文献综述，梳理了国内外有关要素流动与城乡一体化的相关文献，指出了已有文献的贡献和不足之处。第三章为本研究的理论框架，构建了要素流动与城乡一体化的作用机理的理论框架。基本内容为分析在要素流动冲击下企业、个人和政府这三个经济中最主要的主体，其约束函数和目标函数的变化对行为方程的影响，进而总结出它们对城乡一体化的影响，构建从外生冲击到内生适应的经济决策主体运行框架，阐明要素流动影响城乡一体化的运行机理。第四章为要素流动和城乡一体化水平的测度，本章借鉴已有研究成果中对要素测度的方法，对江苏省各市的劳动力、资本、技术和公共资源的流动规模进行了科学测度。还分析了城乡一体化测度的指标体系的构建原则，原始指标的含义和计算方法，测度方法的主要内容和数据来源，并对测度结果做了分析。第五章分析了要素流动对城乡一体化发展的影响，本章分析了要素流动在城乡一体化发展过程中是如何发挥作用的，然后运用江苏省各地级市的要素流动与城乡一体化水平的相关数据测度了要素流动对城乡一体化水平的影响。第六章就要素推动城乡一体化发展的作用机理和路径做了分析。第七章为国际经验和政策建议，先分析英国、美国和日本在这方面的发展经验，然后从制度建设、市场环境和社会环境三个方面给出了构建要素自由流动、合理配置环境的政策建议，以推动江苏省乃至全国的城乡一体化快速发展。第八章为结论及有待进一步研究的问题。

本研究的研究思路与框架如图1-1所示。

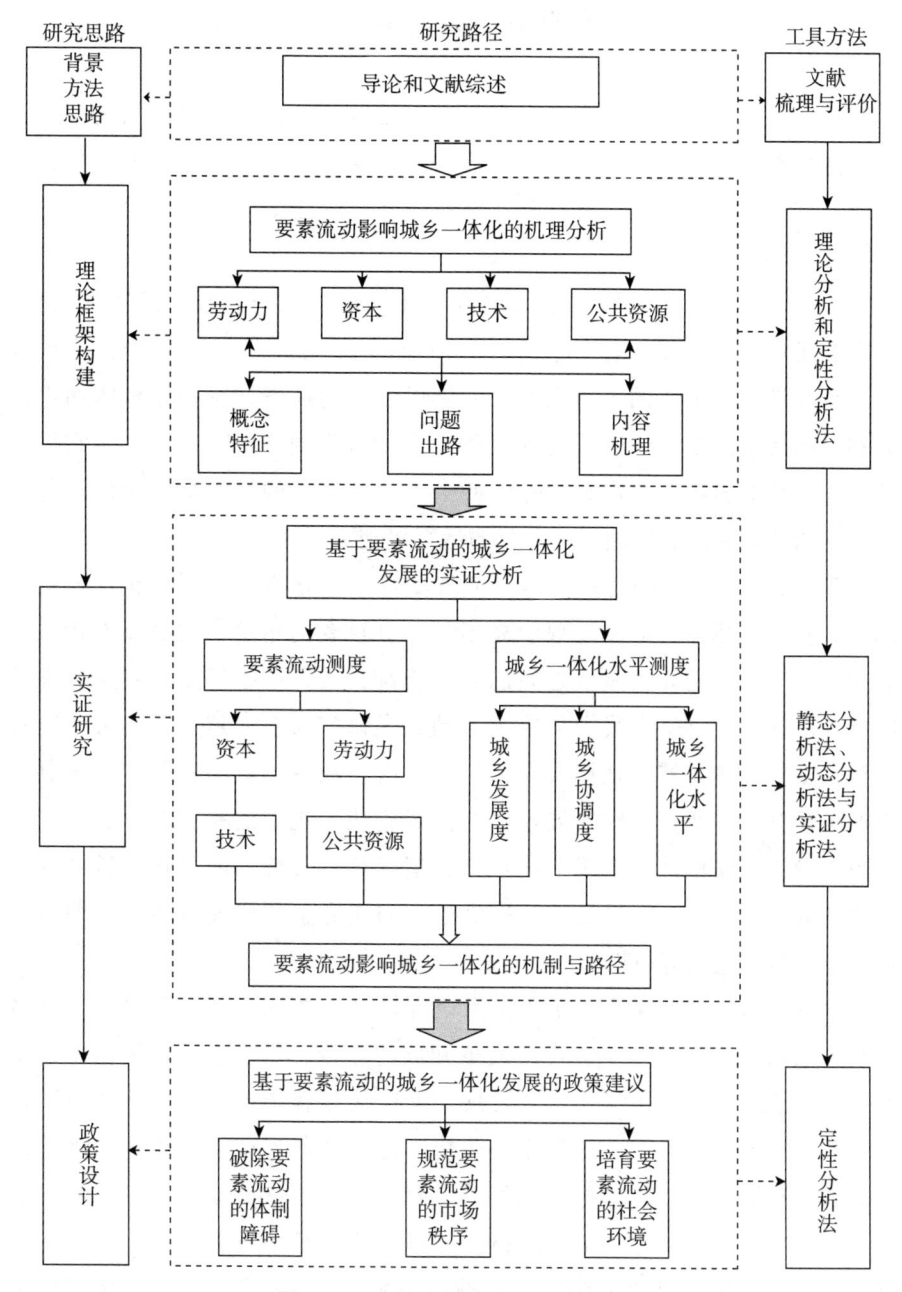

图 1-1　本研究的研究思路与框架

## 第四节 研究创新点

城乡一体化是我国经济社会发展中面临的重要问题，也是当前学术界讨论的热点，因此，对城乡一体化的研究成果颇多，本研究在前人研究成果的基础上，就要素流动对江苏省城乡一体化建设做了深入讨论，主要创新点如下。

第一，从要素流动影响下的城乡一体化的概念与特征、问题和出路、内容和机理三个方面构建了本研究的理论框架。我们从企业、个人和政府这三个经济中最主要的主体入手，分析要素流动冲击下行为主体的约束函数和目标函数的变化，以及这种变化对行为方程的影响，进而总结它们对城乡一体化的影响，构建起从外生冲击到内生适应的经济决策主体运行框架，阐明要素流动影响城乡一体化的运行机理。

第二，从要素流动的角度对江苏省城乡一体化水平做了分析。要素流动在城乡二元结构的形成过程中充当了十分重要的角色，正是要素在城乡之间的不均衡分配导致城乡之间的差距持续扩大，最终形成城乡发展失衡问题。但是，已有研究很少从要素流动方向研究城乡一体化，而将研究重点放在城乡一体化的实现模式和路径上，由于缺少对城乡发展失衡体制成因的科学分析，所提出的发展模式与路径也成了无源之水，既没有理论说服力也没有可操作性。基于上述认识，笔者从要素流动的视角探讨城乡一体化的成因、现状、问题及其解决之道，构成完整的研究体系，以期对我国城乡一体化建设有所助益。

第三，本研究选择了江苏省作为研究城乡一体化发展的案例。江苏省是我国东部经济大省，也是我国改革开放的先行省份。该省较早出现了城乡发展失衡问题，并在消除城乡发展失衡问题过程中推出了多项政策和措施，部分措施还取得了一定效果。分析和总结江苏省城乡一体化的现状以及该省在破解城乡二元结构中的经验教训，对其他省市推动城乡一体化建设会有很大助益。再者，江苏省根据地理分布、经济发展阶段、城乡一体化水平等标准可明显地分为三大区域——苏南、苏中和苏北，可相应地映射中国东、中、西部，考察这三大区域城乡一体化的历程，分析要素流动对三大区域和各市城乡一体化的影响，能够为处于不同城乡一体化阶段的地区提供差异化的经验借鉴，也有助于探求我国城乡一体化的历程及其未来发展的趋势。

第四，本研究就要素流动对城乡一体化的结论显示，不同要素对城乡一体化水平起到的推动作用存在差异。其中，当前现有城镇的人口容纳能力正逐步下降，过多的人口涌入城镇对城乡一体化不利。资本对城乡一体化具有积极影响，使劳动力流动能力对城乡一体化的作用转为正向。而技术流动能力对城乡一体化水平存在积极影响，对资本流动能力影响城乡一体化水平的作用也是积极的。公共资源流动能力对城乡一体化水平存在较强的积极影响，它削弱了技术流动能力对城乡一体化的影响，也使资本流动能力对城乡一体化水平存在明显的正面影响。这些理论与实证分析的结论是对已有研究中只分析单一要素或分别分析不同要素的进一步深化和细化，所得出的结论对实际的指导意义更大。

# 第二章 要素流动对城乡一体化影响的文献综述

要素流动对城乡一体化影响的文献综述，关注理论界有关要素流动和城乡一体化的相关理论演进与研究现状，意在通过梳理相关的理论演变和文献脉络，勾勒出要素流动和城乡一体化相关理论的全景式研究图景，从而为我们后续研究的展开奠定坚实的基础。

随着经济学理论的不断发展，要素流动呈现从静态的单要素零散分析，走向动态的多要素综合分析，并构建了相关的理论模型，用来分析要素流动对于国际贸易、经济增长和产业集聚的相关影响。要素流动的形式多种多样，不同要素流动的原因、机理和机制各不相同，如何把要素流动对经济活动的影响容纳在一个统一的框架内进行解释，是理论界一以贯之进行努力的方向。从国外的研究来看，国外的市场经济发展水平较高，要素流动的阻碍主要来自不同地区和部门的经济问题，即主要从要素的边际收益差来探讨要素流动发生的机理和机制，并进行了较为详细的探讨和丰富的研究。然而，一个不能忽视的现实是，中国正处于向市场经济转型的进程中，各种适应市场经济的体制机制还未健全和完善，对于产品流动和要素流动的各种体制机制障碍远远大于经济的影响。因此，中国的学者较多地从这些方面就要素流动对经济的影响进行了探讨，形成了较为丰富的研究成果，值得我们进行借鉴和学习。

城乡一体化的理论探讨与实践进程以经济发展水平的变迁为线索，伴随着国家政策方向与力度的变更，呈现明显的阶段性。城乡一体化是经济发展水平达到一定阶段的产物，是城乡关系历经了分离、联系、互补，并逐渐走向融合的动态过程。城乡一体化是城乡之间经济、社会、生态、文化、生活方式等多维度、多面向的系统性、综合性融合过程。城乡一体化并非简单的乡村城市化，而是如何搭建城市与乡村和谐共处的联系机制，既要加强城市作为要素集聚中心的辐射驱动地位，又要保持乡村原生态的风貌风俗，在城乡收入差距逐步缩小的前提下，实现城乡公共服务均等化、社会治理规范化、生态环境优雅化、文化风俗文明化、生活方式现代化，最终走向城乡一体化。

本章将着重从要素流动和城乡一体化两个维度出发，探察要素流动和城乡一体化的理论进展与文献脉络。然后，在充分把握前人研究的基础之上，我们提出中肯而又富有批判性的评述，为后文研究工作的展开奠定扎实的理论与文献基础。

## 第一节 要素流动对城乡一体化影响的理论演进

探讨参与经济活动过程的各种因素在地区间、部门间和产业间的流动对经济活动的影响，具有重要的理论意义。我们认为，要素流动对经济活动的影响，存在一个从静态的局部分析到动态的全局分析的演变历程。这不仅体现了经济实践对理论研究的丰富与扩展，也体现了经济理论对于现实经验的升华和总结。总体来说，要素流动是对经济实践的更深刻认识，是对经济活动动态性给予的理论刻画，是经济理论尝试捕捉经济活动动态演变过程的努力。城乡一体化的概念并非古已有之，而是随着城乡关系发展提出的新概念，但与其内涵相类似的概念与观点，表征了研究者对城乡关系的高度重视与持续关注。自工业革命发端以来，城市作为集聚生产要素的经济增长引擎，主导了城乡关系从城乡依存阶段走向城乡分离阶段。马克思在《资本论》中写道："一切发达的、以商品交换为中介的分工的基础，都是城乡的分离。"城乡关系演变的内在机理是经济发展的阶段论，外化为城乡要素流动的方向与数量的变迁。工业革命发生在人口与资本密集的城市地区，技术进步引致的分工演化导致了对数量更加庞大的劳动力与资本的需求，从而加快了人口与资本流向城市。于是，前工业时期城乡依存的状态被高速运转的经济增长机制拉扯为相互背离的对立状态，乡村地区逐渐走向凋敝与衰落，而城市地区则进一步繁荣兴盛。随着经济快速发展，工业革命浪潮推进到现代化时期，集聚经济的空间载体——城市，面临着规模不经济的现实问题，即由于要素大量积聚导致的回报低效与拥挤成本高，以及城市地区恶劣的人居环境与生态环境，迫使人类重新思考城乡关系。于是，工业化后期城乡对立的状态逐渐转化为城市带动乡村，城市与乡村走向融合。

城乡关系演变的长期性、复杂性、艰巨性决定了有关城乡发展的理论探讨与实践运作都充满了探索性与实验性，是一场摸着石头过河的历程。要素流动是决定城乡关系的一个关键性因素。要素流动的方向和数量决定了经济集聚的地理空间分布，引导了城乡关系的发展演变。人类的集聚形态从长达万年以来以乡村聚落占绝对重要地位转化到城市聚集状态才不过短短二百余年，而且这种转变过程在空间上分布是不均衡的。发达国家早已经进入了城市集聚状态，城市化率普遍达到75%以上；发展中国家则还维持在较低水平，城乡关系演进还需要较长时间。本节作为本章的理论综述部分，着重从要素流动的视角梳理历史上不同时期对于城乡关系演变理论发展颇有贡献的学者的学术成果及其思想。我们将以理论发展的时间顺序为主要线索，辅之以不同学派之间的理论争鸣为横向发展，全面梳理国内外研究成果。

## 一 古典时期要素流动和城乡一体化理论演进

古典时期大约指18世纪中后期到19世纪中期。这一时期的鲜明特征是以英格兰为起源地的工业革命蓬勃发展，各种新技术、新思想和新工艺如雨后春笋般涌现，给经济结构、社会意识、人类生活等各个方面造成了极大冲击。总体来看，城乡关系从封建时期的农村孕育城市、城乡依存的状态走向城乡分离，要素从城乡之间的均衡分布状态走向大量向城市集聚的道路，城市快速发展，乡村逐渐走向衰落。

### （一）亚当·斯密的要素流动和城乡发展思想

作为现代经济学奠基人的亚当·斯密，在其经典著作《国民财富的性质和原因的研究》中阐述了有关要素流动和城乡发展的思想。亚当·斯密的要素流动思想的核心是绝对比较优势。他认为，不同地区在生产不同产品上有着截然不同的比较优势。这种比较优势与一个地区的要素禀赋情况相关，与历史上的技术传承和积累有关。当一个地区在生产某种商品方面具有绝对比较优势时，那么根据分工和专业化的原理，这个地区应该将所有资源投入具有绝对比较优势的产品生产中。自然而然，要素流动就是具有绝对比较优势的地区吸引了相关的生产要素流入，从而形成了不同地区的专业化分工形态。

亚当·斯密有关城乡发展的思想，首先强调了农业作为国民经济中基础地位的重要性。亚当·斯密认为，"按照事物的自然趋势，进步社会的资本，首先是大部分投在农业上，其次投在工业上，最后投在国外贸易上。这种顺序是极自然的"。然而，他也并非教条地认为经济发展必须遵循这一自然顺序，只要经济增长中各个产业发展无碍于社会发展就是可行的。其次，亚当·斯密指出，城乡之间开展贸易是互惠双赢行为。"（城市）为农村的原生产物提供了一个巨大而便易的市场，从而鼓励了农村的开发与进一步的改进。受到这利益的，仅仅是都市周边的农村。凡与都市通商的农村，都多少受其实惠。"再次，亚当·斯密探究了阻碍乡村发展的机理，并进一步探究了城市快速发展的原因。其中，土地的垄断和兼并阻碍了对土地的改良，沉重繁复的徭役和赋税也阻碍了农民的生产积极性，而对农产品自由贸易的阻碍加剧了农业进步的困难，而最关键的则是立法机构是否通过确立法令来确保农民拥有真正的长期租赁权。亚当·斯密指出，"我相信，欧洲除了英格兰，没有一个地方的佃农，未立租地权约，便出资财建筑仓廪，不怕为地主所夺的。这种十分有利于农民的法律风俗，所起的促进现代英格兰伟大光荣的作用，也许比为商业而定立的所有各种夸大条例所起的作用还要大得多"。关于城市繁荣，亚达·斯密则认为是自由贸易和对外贸易起了关键作用。最后，亚当·斯密认为人为的政策限制，限制了城市之间、农村之间和城乡之间劳动力自由流动，由此而产生不平等后果。但是，亚当·斯密的城乡发展思想并没有形成一个完整的理论体系，只是散见于其著作的不同章节，不过这并不妨碍其为后人提供广泛而深刻的思想启示。

（二）马克思恩格斯的要素流动与城乡一体化理论

马克思站在无产阶级的立场，认为工业革命勃兴与发展来自城乡分离，指出实现共产主义必须消除城乡差别、脑力与体力劳动差别、工农差别。

马克思的要素流动思想主要反映在对要素价值论的批判和对劳动是创造价值唯一源泉的科学理论上。马克思的劳动价值论作为马克思主义政治经济学的枢纽，是解开资本主义运行的一把钥匙。劳动价值论批判了将各种进入生产环节的要素纳入创造价值的观点，认为各种要素只参与创造了使用价值，而凝结在商品中的无差别的人类劳动才是价值形成的源泉。马克思认为，要素流动，特别是劳动力的流动，是决定不同产业和地区发展状态的核心变量。城乡关系的分离，是以一切发达的商品生产为前提的，这说明要素流动，特别是劳动力向城市的工业集中，产生了城乡关系的分离。

马克思城乡理论的思想基础是批判、继承了斯密的分工理论。马克思从分工的视角出发，以历史唯物主义方法阐释了城乡关系的演变源于分工导致的技术进步与生产扩大。马克思认为城乡关系的未来发展趋势同样孕育在分工发展之中，只有充分促进分工基础之上的生产力大发展引致的城乡融合，才能实现人的全面发展。恩格斯最早提出了"城乡融合"概念。1847年，恩格斯在《共产主义原理》中写道："通过消除旧的分工，进行生产教育、变换工种、共同享受大家创造出来的福利，以及城乡的融合，使全体成员的才能得到全面的发展。"① 恩格斯认为，走城乡融合的发展方式在于发展生产力、废除私有制、消灭旧的分工、促进工业和农业的结合发展、促进人的全面发展、建立工农合作组织、发挥科学技术的作用。总体来看，马克思和恩格斯的城乡关系理论包含了城乡关系演变的趋势论、城乡关系发展的动力论和城乡融合的方法论。马克思恩格斯的城乡理论立足于19世纪中叶欧洲城乡社会发展状况，深刻剖析了欧洲城乡对立的原因和弊端，高瞻远瞩地提出了城乡融合的必然性，十分科学地揭示了城乡关系演变的未来趋势，并全面系统地阐述了实现城乡融合的方法与途径，其科学性不容置疑。

## 二 新古典时期的要素流动与城乡一体化理论演进

这一历史时期的突出特点是，第二次工业革命方兴未艾，新的科学发现与技术进步在新兴行业中爆发，资本密集型产业取代劳动密集型产业成为新的经济增长点，资本主义的生产关系由自由竞争走向寡头垄断。在资本主义社会发生深刻变化的时期，城乡关系呈现高位分离态势。大城市由于资本密集产业的快速发展，大型工厂不仅需要巨量的资金和必要的技术支持、更大规模的土地供给及其配套的交通运输设施，还需要修建相应的

---

① 《马克思恩格斯全集》第4卷，人民出版社，1958，第371页。

污染排放设施。然而,这一时期的大城市扩张并没有在一个统一协调的框架下进行规划,因此大城市的盲目扩张带来了城市拥挤、环境污染、人居环境恶化、噪声污染等一系列问题。"大城市病"的出现迫切呼唤新型的城乡关系理论来指导实践进行新的探索,根治"大城市病"的同时,利用更加协调统筹的观点谋划城乡发展。

(一) 赫克歇尔-俄林的要素禀赋理论

赫克歇尔-俄林的要素禀赋理论探讨了不同国家和区域之间进行贸易的本质。要素禀赋理论以要素区域内部的完全可流动性与跨区域的不可流动性为假设前提,建立了两个国家(地区)在两种要素的分布下生产两种商品的国际贸易一般均衡模型,用来分析国际贸易和要素流动。该理论认为,一个国家出口和进口的产品结构与本国的要素禀赋密切相关。一般来说,一国会出口初始要素禀赋密集度较高的产业产品,以及进口要素稀缺的产业的产品,从而形成了国际或区域之间按照要素禀赋结构进行贸易的框架。该理论将一国的要素稀缺程度纳入了国际和区域贸易的框架之内,指出是不同的要素禀赋结构决定了不同国家的生产成本,进而决定了比较优势的来源和专业化分工的方向,从而形成了国际分工和贸易格局。该理论的现实意义在于,一个国家想要在国际贸易中获得收益,必须选择和本国要素禀赋结构一致的产业结构和分工类型,如果违背了这样的基本准则,就会导致国际收支不平衡,从而导致一国在国际贸易中失去竞争力,影响国家的长远发展。要素禀赋理论是新古典经济学有关国际贸易的系统阐述,他们拓展了古典学派单要素分析国际贸易的框架,着重从两种及以上的要素生产中进行分析,并建立了用一般均衡方法探讨国际贸易结构变动的模型。

(二) 霍华德的田园城市理论

英国城市学家埃比尼泽·霍华德在西方较早提出了城乡一体化发展思想。霍华德生活在19世纪中后期到20世纪前期,是第一次工业革命席卷欧洲、第二次工业革命方兴未艾的时期。在这一个历史时期,资本主义社会由自由资本主义过渡到垄断资本主义阶段,大量的资本开始迅速集聚,超大型的工厂与城市大量出现,工人的工作与生活环境都不容乐观。大城市飞速扩张导致的噪声、污染、交通拥挤等问题已经严重影响了社会发展与人类生活。因此,"大城市病"的出现,呼唤一种新的城乡关系的理论创见。1898年，霍华德出版著作《明日：一条通向真正改革的和平道路》，并于1902年再版时改名为《明日的田园城市》，他在这部奠定其理论贡献的书中倡导，"用城乡一体的新社会结构形态来取代城乡对立的旧社会结构形态"，并且他认为，"城市和乡村都各有其优点和相应缺点，而城市乡村融合发展则避免了二者的缺点，城市和乡村必须'成婚'，这种愉快的结合将迸发出新的希望、新的生活、新的文明。本书的目的就在于构成一个城市乡村的磁铁，以表明在这方面是如何迈出第一步的"（霍华德，2000）。霍华德的田园城市理论从城乡协调角度入手，立足于资本主义发展中出现的"大城市病"问题，开创性地提出了利用城乡一体的思维考虑解决"大城市病"，为后世城乡理论发展提供了思想基础与方向启示。

（三）沙里宁有机疏散理论

美国建筑学家伊利尔·沙里宁提出了有机疏散理论。沙里宁主要活跃在20世纪初到20世纪中叶，面对大城市的中心地带过度拥挤的现实，借鉴吸收了霍华德的田园城市理念，沙里宁从自然界生物学理论中汲取灵感，认为每个城市类似于生物体，都是由一个个细胞似的空间元素组成的，细胞和细胞之间存在间隙，而此种间隙是生活系统预留供细胞繁殖用的，每个细胞都努力尝试着在不断向周边的空间进行扩展，空间有机体的生长能保护机体，同时又具有灵活性。根据这一设想，沙里宁提出的有机疏散理论最显著的特点是，他认为城市内部应该按照不同的功能划分为不同的空间单元，不同的空间单元之间利用绿化设施进行分离，各个空间单元之间形成既有联系又相对分离的关系，最终形成差距较小、较为均质的城乡空间体。沙里宁的经典著作《城市：它的发展、衰败和未来》立足于系统地考察中世纪欧洲城市的发展演变历程，梳理了工业革命以后世界城市发展变迁的历史，较为科学地探究了城市衰败的原因和机理，探讨了城市如何进行有机化布局与设计，并据此建设性地提出了城市如何实现长远发展的可操作性建议。

### 三 20世纪中期以来的要素流动与城乡一体化理论演进

20世纪中期以来，两次世界大战导致的世界殖民体系的崩溃，导致了一大批新兴民族国家出现，同时也给经济学理论和实践带来了新的挑战和机遇。20世纪中期以来，要素流动和城乡关系的理论与实践发展的特色是，发达国家基本完成了城市化进程，要素流动走向平衡，城乡关系走向和谐融合；发展中国家刚刚从民族解放或国家独立的战争中转身，国内城乡凋敝、人民生活凋零，要素流动极不合理。这些现实问题激发了发达国家的一大批经济学家重点关注了新兴民族国家如何实现经济增长与社会发展的重大问题，由此形成了经济学的一个重要分支——发展经济学——探讨农业国家如何实现工业化并走向现代化的经济学流派。因此，这一时期要素流动和城乡关系的理论探讨和实践操作都发生在获得独立与解放的新兴民族国家。与此同时，发展经济学内部也呈现流派纷呈、百家争鸣的景象。本部分我们选取影响力较大的几个学派与理论进行梳理。

### （一）二元经济结构理论

二元经济结构理论，由美国著名发展经济学家阿瑟·刘易斯在其经典论文《论无限劳动供给下的经济发展》中明确提出。刘易斯的二元经济结构理论根据发展中国家的现实情况，设定为两个性质完全不同的经济部门，即运用先进生产力、劳动生产率和工资率都很高的现代工业部门，或者运用传统落后的方法、劳动生产率和工资水平都很低的传统农业部门。刘易斯的二元经济结构理论的另外一个前提假设则是劳动力无限供给。劳动力无限供给的假定也出自对发展中国家现实情况的深刻把握之上，发展中国家先进的现代工业部门往往很弱小，其规模、技术、资本都相对孱弱，而传统的农业部门虽然较为落后，却束缚了较大规模的人力资源。

刘易斯认为，国家的发展依赖现代工业部门的拉动，需要将传统的农业部门转换为现代的工业部门才可以实现经济的飞跃。因此，传统部门束缚的大量劳动力，其边际劳动生产率几乎接近于零，农业劳动者的收入水平也仅够维持生存，所以工业部门便能够以一个固定的工资水平获得任意数量的劳动力，当然其前提还是发展中国家的现代部门规模较小。所以，对起点低、规模小但不断发展的工业部门而言，传统的农业部门可以提供大量的丰富劳动力，因此也就可以被视为无限供给的劳动力。

刘易斯将劳动力要素从落后的农业和农村中转移到先进的工业和城市中，打破了剩余劳动力在农村处于边际生产率为零的状态，而发展中国家由于人口众多而进行的劳动力无限供给假定，也决定了发展中国家应该在国际分工格局中发展劳动密集型产业。因此，无限供给的劳动力不断进入工业和城市的过程，就是要素按照收益率高低进行不断优化的过程。

刘易斯分析，由于农业部门和工业部门之间存在工资差距，工业部门的发展能够吸引大量的农业剩余劳动力，从而加速工业部门的资本积累和技术进步，进而导致工业部门不断扩大，导致对劳动力需求的进一步提升，持续的劳动力需求将会吸纳更多的农业剩余劳动力，直到两部门之间的工资差距消失，以及农业部门的边际生产力与工业部门的边际生产力相同为止。

刘易斯认为，发展中国家的经济发展会经历两个较为明显的阶段，第一个阶段是劳动力无限供给阶段，在这一阶段劳动力丰富而资本稀缺，农业边际生产率接近于零，国内的工业部门发展可以坐享"人口红利"带来的便利，实现快速发展；第二阶段是劳动力走出无限供给阶段，劳动力的价格从完全弹性走向富有弹性，资本不再稀缺，国内的工业部门发展需要借助技术进步和创新来实现，经济结构从二元走向一元。

### （二）增长极理论

增长极理论由法国经济学家佩鲁于1955年在其经典论文《增长极概念的解释》中率先提出，并通过其后于1962出版的《二十世纪的经济》一书进行了全面系统地论述。增长极理论是一种非平衡增长思想的具体表现，其主要含义在于指出经济增长需要通过个别增长中心的拉动来实现，并通过市场经济的联系机制将增长效应进行扩散，从而收获整体区域的经济发展。增长极理论是经济布局空间优化的思想，意在通过构建要素集聚的核心节点，通过空间非均匀化经济增长产生的辐射效应和回流效应来推动区域经济的整体增长。增长极理论是要人为地建构要素流动的"洼地效应"，制造要素集聚的条件，通过要素的空间非均匀集聚产生的极化效应来促进经济增长。

增长极理论是城市偏向的工业化理论带动经济增长的集中体现，其实质是阐述发达国家实现快速城市化和现代化，秘诀在于空间上非均质化的经济增长带动了相关部门和区域的快速发展，从而实现了整体经济的腾飞。增长极理论来源于非平衡增长理论，其政策意蕴也十分明显，正如美国经济学家赫希曼提出的"极化—涓滴效应"学说，发展中国家必须集中大量有限的资本和资源投入能够实现关联效应的产业中，这些产业是能够对经济发展起到重大引领推动作用的，将这些发挥了巨大关联效应的产业所带来的巨大收入投入基础设施建设与交通网络建设中，最终形成平衡增长的路径。增长极理论不过是非平衡增长理论的空间应用,将产业驱动的概念转化为空间带动的意义,从而强调经济增长并非均衡地发生在每个区域,而是以不同的强度出现在不同的地点和区域内,进而通过不同的机制发生了扩散,从而对整个地区产生了重大的影响。

### (三) 舒尔茨的传统农业改造理论

如果说佩鲁的增长极理论是站在城乡关系的城市一极进行分析建构的话,那么舒尔茨有关改造传统农业的理论则是从城乡关系的乡村一极发力。舒尔茨在 1964 年出版专著《改造传统农业》,系统全面地阐述了发展中国家如何从传统农业入手,推动国家的现代化和工业化。舒尔茨将农业发展和人力资源的积累始终置于极其重要的地位,并以此为立论点,建构了发展中国家从改造传统农业到实现国家经济社会发展的系统理论。舒尔茨创见性地把农业生产形式划分为传统农业、现代农业和过度农业。他认为,传统农业并非如刘易斯的二元经济结构理论中假定的那样,是边际生产率为零的资源配置效率极低的部门,而是在传统的资源条件下已经达到最优化配置的部门。之所以农业的发展未见起色,是因为没有全新的要素供给加入农业资源配置体系,简言之就是新技术和新方法并没有大规模地被应用到农业生产中,因此传统农业对耕地和劳动力的要求就表现得十分显著。因此,舒尔茨有关改造传统农业以实现经济发展的政策建议也就十分明确了:一是改变农业生产的技术条件,加快现代技术对传统农业的升级改造,让传统农业焕发新的活力;二是加速农业从业者的人力资本投资,提升农民的技术水平,从而推动传统农业升级。

### (四) 麦基的 Desakota 理论

Desakota 理论是加拿大著名学者麦基 (T. G. Mcgee) 基于其对东亚、南亚、东南亚地区的印度尼西亚、泰国、印度以及中国等国家和地区城乡发展三十余年的跟踪调查及实证研究,提出的一种迥然不同于西方传统城市化理论与实践的城乡空间关系演变理论。欧美的传统城市化理论认为,城市与乡村是两个截然不同的空间区域和经济系统,城市化的发展有赖于快速工业化提供的强大支撑,城乡活动的空间分割性质在理论研究层面上是十分突出的,这就无法完全准确概括或描述 20 世纪 50 年代以来发生在发展中国家的城市化运动中的城乡联系紧密,进而形成了空间上介乎城乡之间、功能上兼具城乡的所谓"灰色地带"的故事。西方发达国家在"二战"以后，城乡关系的演变呈现多中心城市集聚发展，形成所谓大都市区或都市带一类的空间形态，而发展中国家的呈现关系演变则突出地表现为大城市之间或连接城市与乡村的交通要道或者重要集镇，成为集聚人口、资金、技术等生产要素的发展走廊，从而模糊了城乡的边界，扩展了城市的范围，形成了大片的城乡接合地带，孕育着成为大都市的环境，从而加快了地区的经济增长与社会发展。之所以Desakota区域能够快速发展，得益于城乡之间的强烈活动的影响，在Desakota区域上表现出鲜明的城乡二重性，即空间上的城乡一体化与功能上的城乡产业一体化。也就是说，Desakota区域不仅模糊了城乡的空间界限，还兼具了城乡的产业功能，从而表现了强烈的城乡融合一体化趋势。

本节我们回顾了从亚当·斯密以来的西方经典的要素流动与城乡一体化理论，其中以经济发展阶段为主要线索，兼具不同流派之间的探讨与争鸣，较为全面地回顾了要素流动和城乡一体化的理论基础和发展演变过程，从而为本研究的理论框架的建构奠定了坚实的基础。

## 第二节 要素流动与城乡一体化的文献梳理

上一节对城乡一体化的理论演进做了详略得当、突出重点的回顾与整理，本节将着重关注近年来国内有关城乡一体化发展的研究进展。城乡一体化是理论关照现实的产物，必须根植于特定国家或地区的历史、环境、制度、人文土壤，遵循一般理论与客观实践相结合的原则，突出特色性与现实性，走一条因地制宜、因时制宜的城乡一体化道路。因此，城乡一体化绝非理论界空谈的条条框框，而是需要真切地发生在城乡关系演变的实践中的历史进程，这就需要各国的理论学者、决策者、执行者通力合作，探索出最适宜地区发展的城乡一体化路径。据此，本节将重点沿着国内近年来在有关城乡一体化的概念界定、指标测度、动力机制、模式总结等面向系统总结文献演进的脉络。

### 一 要素流动的文献梳理

#### （一）要素流动的影响

现有学者从中国特殊的转型特征入手，分析了在中国不同的体制机制障碍下，要素流动对于区域经济发展、产业经济发展和经济增长的影响。

（1）要素流动与区域经济。陈良文、杨开忠（2007）从要素流动和集聚经济的视角论述了导致我国区域间经济差异的影响。在对我国区域经济变动的基本情况进行简要介绍的基础上，他们认为中国的省际经济增长差异有所减小，但四大板块间的差距不断扩大。在这样的背景下，他们构建了容纳要素流动和集聚经济的统一框架，建立了要素流动导致集聚经济的四种机制，并对模型进行了数值模拟，结论即能够很好地解释中国近年来的板块间差距扩大，也能支持"外部规模经济和本地市场效应能够增强集聚经济程度"这样的理论假说。龚六堂、谢丹阳（2004）从我国省际之间资源配置效率差异的背景入手，构建了从要素流动到省际生产率差异的分析框架，并通过引入刻画边际回报差异程度的指标——离差指标，对我国省际的要素边际回报率进行测度，以期能够比较好地解释资本存量和劳动的边际回报率的差异。孙军、王先柱（2010）从要素流动的层次演进方面论述了不同层次要素流动的差异对区域协调发展的影响是不同的。他们从具体的自然资源、劳动要素、资本要素和知识要素四个方面阐述了不同层次的要素对于区域协调发展的影响。白井文（2001）从要素流动规律角度入手，论证了西部地区要素集聚的着力点。他认为，要素流动在市场经济条件下遵循四种规律：一是具有追求高回报的趋利性规律；二是要素流动量的距离衰减规律；三是要素流动的分散—集中—分散的阶段性规律；四是要素流动组合的结构合理化规律。它们对西部地区要素集聚的影响是，西部地区要将市场与政府相结合，减少干预；减少要素流动成本，克服要素集聚衰减规律，培养要素集聚的核心节点。

（2）要素流动与产业经济。陈计旺（1999）以区际发展不平衡的现实为背景，深入剖析了产业转移和要素流动对不同发展层次的区域的影响。他首先分析了产业区际转移的形成机制，然后分别对这种机制进行了深入探讨，从要素流动特别是劳动力流动和资本流动的方面详细阐述了要素流动对区域经济发展的影响。魏益华（2000）从西部地区的要素流动不利地位出发，阐述了导致西部地区经济发展滞后的主要原因是西部地区分工收益低下、市场容量较小，不利于优势产业的培育。在这样的分析下，他认为，西部地区想要获得经济发展，必须着重培育能够引致要素流入的优势产业，从优势产业的要素高回报率出发，加快西部地区的发展。何雄浪（2007）

以新经济地理学的核心模型——中心—外围为基准，将区域间要素流动也加入传统的运输成本中，并引入了前后向的产业联系，扩展了新经济地理学的模型，并对此进行了各种条件下的经济学含义的探讨。邹璇（2009）认为，传统的空间优化理论认为要素在地区间的自由流动是促进要素效率提升的基本前提，地区之间的地方保护和市场分割会导致要素效率的低下。在此基础上，她建立了基于两地区四部门的一般均衡模型，用来分析单要素流动、多要素流动和区域产业转移的一般规律，改进了空间优化理论，阐明了空间优化政策，并通过实证检验，剖析了中国沿海与内陆地区经济差距扩大的原因。

（3）要素流动与经济增长。赵儒煜、邵昱晔（2011）首先阐述了要素流动机制，认为要素流动有三种性质，即层次性、逐利性和统一性。其后从经济增长的收敛和发散机制两个角度分析了要素流动对经济增长的影响。在此基础上，他们通过引入贸易成本，将新经济地理学的基本假设报酬递增和不完全市场结构相结合，建立了分析要素流动和经济增长的一般均衡模型。从理论分析出发，他们认为，从要素流动角度来说，促进我国经济增长的政策手段是发挥要素作用、促进要素自由合理流动。张辽（2013）从实证分析的角度，检验了1997~2011年我国省际经济增长中要素流动引致的增长效应。文章着重考察了劳动力流动、资本流动和技术要素空间扩散对经济增长的影响。通过实证模型的计量检验，从全国范围来看，劳动力流动对经济增长有一定的抑制效应，而资本和技术的流动扩散对经济增长有显著的正向促进作用。张幼文、薛安伟（2013）分析了要素流动对世界经济增长不平衡的影响。他们认为，传统的经济增长模型中只关注了要素积累导致的经济增长，却忽略了要素流动对经济增长的影响作用。文章以世界经济运行的特征为基础，从微观视角出发，沿着微观—中观—宏观的线索，阐述了要素流动对世界经济增长的机理和作用。

（二）要素流动的分解

要素流动是发生在各种实际要素运动过程中的总体描述。我们进行要素流动对经济活动的影响分析时，一般沿着从整体到具象、从宏观到微观的研究历程。因此，我们对文献的梳理，也从要素流动整体上对经济的影响，深入各种要素的流动对经济活动的不同影响。下面，我们将从劳动力要素、资本要素、技术要素和公共资源要素四个方面来梳理相关的研究现状。

（1）劳动力要素。劳动力流动作为破除二元结构的重要切入点，特别是作为劳动力资源丰富的发展中国家，我国的劳动力流动得到了学术界的长期重点关注。第一，不少经济学家认为劳动力流动促进农村居民收入，缓解城乡收入差距。李实（1999）首先构建了转轨过程中中国劳动力流动的模型，然后通过抽样调查的方法研究了我国劳动力流动对于居民家庭收入分配的增长效应，认为劳动力流动引致的劳务收入可以直接或间接地改善城乡收入差距扩大，有效缓解中国地区间的收入差距扩大。第二，与此同时，还有不少经济学家认为劳动力的流动并没有缩小城乡和区域的收入差距，反而加剧了收入差距的扩大。蔡昉（2005）从现实与理论的背离出发，认为导致我国劳动力流动与收入差距扩大的悖论，是现行的户籍制度阻碍了劳动力的自由迁移，即劳动力的流动不能实现职业、居住地的双重转化，所以导致了户籍背后的城乡福利的差异，从而导致了城乡收入差距的扩大。孙文凯等（2011）运用双重差分法，定量分析了自20世纪90年代中期以来，国家城市化政策取向的变革以及户籍制度影响劳动力流动的程度。他们认为，短期来看，户籍制度的变革对于劳动力流动并没有造成显著的影响。第三，劳动力流动的政策选择。胡斌（1996）、王西玉（2000）、朱镜德（2001）、宋洪远等（2002）、都阳（2010）等论述了现阶段我国市场经济转型时期的劳动力流动政策，认为城乡就业差异和劳动力市场失序是导致劳动力流动无序的原因，需要政府加快市场化转型，促进劳动力市场的机制健全。

（2）资本要素。梁宇峰（1997）从资本流动的角度阐述了东西部差距的原因。他在构建了资本自由流动的模型的基础上，通过实证数据论证了资本流动的差异性是东西部经济差距产生的重要原因。张泽慧（2000）阐述了西部地区资本流入的障碍，认为外资投资、证券市场、借贷市场三个方面的东西部发展差异，导致了资本在东部地区的集聚，而西部地区则相对稀缺。胡永平等（2004）从储蓄—投资关系角度分析了中国区域间的资本流动，借用新近的 ARDL - ECM，通过检验各地区的储蓄—投资关系中的储蓄保留系数，证实了我国不同地区的资本流动状况与既往研究是一致的，即东部地区是资本净流入地区，西部地区是资本净流出地区，中部地区则是资本流动的持平地区。彭小辉、史清华（2012）提出了中国城乡存在所谓的"卢卡斯之谜",并以此为理论假说,对中国城乡之间的资本边际收益率及其变动趋势进行了描述,在此基础上,作者从财政、价格和金融渠道三个方面阐述了中国的"卢卡斯之谜"产生的路径。然后,作者认为在这样的路径背后,导致中国城乡间资本边际收益率差异的真实原因包括城乡人力资本差异、制度环境差异、农村金融市场不完善、城乡基础设施建设差异等五个方面。黄文军、荆娴(2013)利用1979~2010年我国省级面板的数据,基于国际通用的测试资本流动的FH检验,分析了我国资本流动对于区域经济增长的影响。他们的实证结果显示,改革开放以来的资本流动并没有显著地促进中国的经济增长,而各个板块之间的资本流动的经济增长效应则有不同,东部地区的高资本流动能够促进其经济增长,而中西部地区则并没有表现出显著的经济增长效应。

(3)技术要素。沈坤荣、耿强(2001)从外商直接投资引致的技术溢出对经济增长的促进作用这一逻辑展开,论述了近年来中国FDI对中国经济增长的影响。在这篇文章中,他们首先构造了包含技术外溢的内生增长模型,然后从模型中推导出了实证检验的计量模型,并以此为据提出了模型有待检验的核心变量。通过运用1978~1998年中国各地区的数据,检验了FDI与中国经济增长之间的关系,并深入地对四大区域的FDI与经济增长进行了检验,论证了FDI对中国经济增长确实具有促进作用。赵奇伟、张诚(2006)以京津冀都市圈为例,将1980~2003年的面板数据进行了分割化检验,用以检验FDI经由技术外溢对于经济增长的作用。文章的检验结果显示,京津冀都市圈的内部确实存在这样的逻辑关系,但是以1995年为拐点,出现了由正转负的变化。文章还对制约这一技术外溢引致经济增长机制的因素进行了探讨,认为外资引进的规模、内资企业的生产函数与区域经济增长速度是影响因素。尹希果、桑守田(2011)通过对FDI引致技术外溢的内生增长模型进行扩展,将金融发展和内外资的技术差距两个变量包含在模型中,并利用1998~2007年30个省级行政区的面板数据对金融发展、内外资技术差距和区域经济增长的收敛进行了检验。检验的结果对于这两个变量和区域经济增长的关系都给予了显著的支持。

(4)公共资源。陶勇(2001)从农村公共产品供给不足导致的农民负担加重的角度,分析了我国农村公共产品的供给体制。在文章中,他认为非均衡的城乡公共产品配置加重了农民的税外负担,现行的由村社自行解决公共产品的特征加剧了农民负担，各级政府责任权力划属不清导致了基层政府的事权与财权不对等，造成了社会成本下移到农民身上，加剧了农民负担。史玲（2005）对农村公共产品的供给主体进行了较为详细的研究，认为中央政府和各级政府是农村公共产品的供给主体。但是由于存在各级政府的责任权力划分不清导致的供给主体错位，基层政府的事权、财权不匹配，基层民主建设薄弱导致的农民参与度低等三方面原因，导致我国农村公共产品的供给长期处于缺乏的状态。作者以此为据，认为改善我国农村公共产品供给的策略是实行民主的公共财政并加强农民的监督、明确各级政府的公共职责、建立多元化的公共产品供给主体、按照公告财政的基本要求加大对农村的公共投入，以及完善省以下的地方财政体制。

（三）要素流动的测度

（1）劳动力测度。测算方法上，段均（2012）在测度我国农村剩余劳动力转移时，使用了非农业人口占农村劳动力总量的比重。张广婷等（2010）在对我国劳动力转移与经济增长之间的关系进行分析时，构造了一个农业剩余劳动力转移的再配置效应的概念用于刻画劳动力转移，其实质仍是农业部门与非农业部门之间的劳动力转移。程名望、史清华（2007）在研究经济增长、产业结构与农村劳动力转移时，对劳动力人口转移口径的鉴定是"到乡外就业6个月以上的劳动力，或者虽然未发生地域性转移，但在本乡内的非农产业就业6个月以上的劳动力"。陆学艺（2004）、欧阳峣和张杰飞（2010）计算农村劳动力转移数量采用的方法是，城镇从业人口减去城镇职工人口加上乡村从业人数减去人口得到农村非农业人口。应瑞瑶和马少晔（2011）、陈光普（2012）采用人口机械增长量来衡量劳动力流动规模，计算方法为"本年末总人口－上年末总人口－上年末总人口×本年人口自然增长率"。沈坤荣、余吉祥（2011）采用"城镇单位从业人员中农村劳动力的比例"，代替农村劳动者在城镇的就业比例。除了运用区域统计年鉴外，还有一部分学者用历次人口普查或历次人口抽样调查的数据衡量劳动力流动，如段成荣、杨舸（2009）基于2005年全国1%人口抽样调查数据测得跨省劳动力流动中85%以上为城乡流动。贺佳丹（2014）利用1990年、2000年、2010年三次人口普查及1987年和2005年1%人口抽样调查的数据，以省际劳动力流动代替城乡劳动力流动，测算了我国城乡劳动力流动规模。也有部分学者如漆世兰等（2009）通过实际调研获得第一手样本数据，估算城乡劳动力流动规模。在城乡劳动力流动的测算结果上，胡英（2003）在测度1990～2000年城乡人口时利用了1990年、1995年、2000年三次人口普查数据，结果表明这10年城乡之间的迁移总数为1.25亿～1.29亿人。卢向虎等（2006）在测算我国1978～2003年城乡人口迁移规模时，使用城镇总人口增长数量减去城镇人口自然增长数量，结果显示在这25年间共有2.7762亿人口实现了城乡之间的迁移。盛来运（2008）、蔡昉和王美艳（2010）根据《中国农村住户调查年鉴》分别测算了2001～2005年与2001～2009年城乡劳动力转移人数，使用指标为到城镇就业达6个月以上的农民工人数，测算结果分别为1.26亿人和1.50亿人。

（2）资本流动测度。肖灿夫（2010）在运用FH模型对我国1985～2006年区域资本流动性进行考察时，发现我国国内资本流动性呈增强趋势，资本的流动规律是追求高回报率，空间距离递减，总体上呈"分散—集中—分散"特征（白井文，2001；陈永国，2006）。文建东（2004）、范剑勇（2004）、杜跃平（2005）、钱雪亚等（2009）、封福育（2010）考察区域资本流动时，发现省际资本流动、城乡资本流动与其地理位置、自然条件有关。张艳丽（2011）利用各省统计年鉴中的数据对省际资本流动规模做了计算，结果显示，1993～2009年东部地区资本流动表现为先流入后流出，流入规模于2004年达到高峰，为2579.8亿元，2006年资本流入转为流出，于2007年资本流出规模达到5773.8亿元，江苏省的情况与此类似。褚保金等（2011）以江苏省39个县（市）为样本考察了农村资本的流向和规模，发现样本县（市）农村信贷资金净流出量从1997年的380亿元增加到2009年的3721亿元，流出比率也由1997年的12.14%上升到2009年的28.87%。

（3）技术流动测度。技术进步是影响区域经济发展的重要因素，也是影响区域城乡一体化的重要因素。当前我国城乡二元结构突出的原因之一就是技术要素在城乡之间分配不均衡，而且严重缺乏劳动，以致城乡之间劳动生产率的差距持续扩大。因此，缩小城乡差距的重要措施就是推动技术在城乡之间的均衡配置和自由流动。区域技术流动是由多方面因素决定的：一是跨国公司在国外设立分公司或子公司，将技术转让给其下属公司；二是技术引入国家通过进口商品，将技术引入本国；三是发达国家将本国落后技术转让给发展中国家，并赚取技术转让费。由上述技术流动的路径可知，技术转让是经由资本流动实现的，FDI对技术溢出的效应显著为正。关于这一观点，许多国内外学者从理论与实证两个方向给予了支持。Xu（2000）认为FDI对多数欠发达国家和地区的经济增长具有积极作用，是技术流动的重要渠道。Djankov和Hoekman（2000）运用捷克企业的微观数据，得到FDI对该国企业发展的影响显著为正。Savvides和Zachariadis（2005）针对32个欠发达经济体的制造业做了详细分析，结果表明FDI对这些经济体的生产效率具有正向效应。Suyanto和Salim（2013）的研究也表明FDI对印度尼西亚技术引入存在正向效应。针对FDI对中国技术引进和流动的效应，国内外学者也做了丰富的研究。Du等（2011）发现1998~2007年的10年中，FDI对中国企业向前、向后关联效应均十分显著。谢建国（2006）采用我国1994~2003年的省级面板数据，研究发现FDI对中国省区技术效率提升存在显著正向溢出效应。杨亚平（2007）、邱斌（2008）研究了FDI对企业及其向前、向后关联存在正向效应。钟昌标（2010）采用地市级数据验证了FDI对生产效率的影响，结果显示FDI不仅提升了这些地区的生产效率，还带动了周边地区生产效率的改进。余长林（2011）研究发现FDI显著促进了我国技术进步，是我国技术水平提升的重要方式。

（5）公共资源配置测度。在公共资源的配置政策上，我国长期采取"以城市为中心"的发展策略，将优质资源倾向性地配置给城市，使城市公共资源供给持续发展的同时，农村的公共资源显著滞后，农村公共资源供给未能根据农民的需要而提升［蒋时节、祝亚辉（2009）；姜鑫、罗佳（2012）］，也约束了农村经济的发展，成为造成城乡二元结构问题的重要原因。2012年胡锦涛在党的十八大报告中强调，逐步推动城乡一体化发展，实现城乡在基础设施、公共卫生等方面的一体化发展，促使城乡公共资源均衡配置，改变以城市为中心的发展理念，以城促乡，实现城乡的共同发展。2013年李克强总理在政府工作报告中提出，我国区域城乡不平衡向协调发展，要不断完善农村水、电、路、气、信等基础设施。可见，公共资源在城乡之间配置的均衡化在实现城乡一体化中具有重要地位。

公共资源在城乡之间的不均衡配置体现在多个领域。褚宏启（2009）认为我国城乡公共资源的二元结构具体体现在教育方面，如教师素质、办学条件及教育质量等。和立道（2011）和姜鑫、罗佳（2012）认为城乡公共卫生支出均有大幅增加，但城市增长速度快于农村，使公共卫生资源在数量与质量的获取能力上存在很大差距,如人员、经费及设备等。雷晓康、张楠(2012)认为我国城乡社会保障存在多元制度特征,且城乡之间差距很大。

## 二 城乡一体化的文献梳理

### (一) 城乡一体化的概念、框架与分析思路

城乡一体化、城镇化、乡村城市化等一系列的概念如何界定,它们之间的联系和区别所反映的不同概念的内涵和外延如何厘清,是学术界探讨城乡一体化首先要明确的问题。其次,在厘清概念之后,我们应该用何种分析框架来建构具有中国特色或者地方特色的城乡一体化理论,是理论建构的基本问题,也是确立实践指导的基本命题。分析框架的建立,离不开分析思路的支撑和指引。分析思路代表着研究者运用何种具体的研究路向有针对性地解决客观、具体的城乡一体化问题,是偏重于实践操作的微观层面分析。因此,本部分我们对文献的梳理将沿着概念—框架—路径的路线进行全面回顾。

(1) 城乡一体化概念。国内探讨有关城乡一体化概念的起源,最早可以追溯到周一星(1993)有关"Desakota"的翻译与评介。在这篇文章中,周一星将"Desakota"定义为乡村城镇化,认为中国应当在珠三角和珠三角等较为成熟的、具有发展成为大都市带的乡村城镇化地区率先实行统计口径的更改,从而打破城乡的分界,走向城乡一体化。薛德升等(1998)从概念辨析的角度,分析和比较了既相互联系又存在区别的"乡村城镇化""乡村城市化""城乡融合""城乡一体化"等一系列描述城乡关系发展演进过程中出现现象的理论化表述的含义。在他们的辨析中,城乡一体化概念见诸社会学家、经济学家的著作之中较多,形容了城乡之间经济社会方方面面的融合现象与趋势,并认为城乡一体化的目的在于消除城乡之间存在的基本差别,其手段是加强城乡之间的联系,扩展城乡之间的连接纽带,从而实现城乡融合。冯雷(1999)认为,城乡一体化概念的提出与实践都指向了改革我国人为割裂城市与乡村之间各种联系的制度安排,比如不同的户籍身份、不同的公共物品提供方式、不同的政治选举等诸多差异,其目的在于加快摒除城乡之间各种体制机制的樊篱,加快城乡各种要素自由流动,从而实现经济效率的提升及城乡之间共同的发展。周加来(2001)

从城市化的角度来理解、辨析"城市化""城镇化""农村城市化""城乡一体化"等概念之间的区别联系，并认为概念的厘清是城市化道路方向正确的保证。周加来认为，不同于城市化作为最高级别的概念——人类社会永恒的主体，也不同于城镇化作为实现农村城市化途径的概念，城乡一体化是一个历史范畴概念，特指城市化发展的最高阶段，是城乡关系演变的必然趋势和根本历程。"城乡一体化是在生产力高度发达条件下，城乡完全融合，互为资源，互为市场，互相服务，达到城乡之间在经济、社会、文化、生态上协调发展的过程。"

（2）城乡一体化框架。邹军、刘晓磊（1997）分解了城乡一体化的实质性内容，从地理学、生态学、经济学、城市规划学的角度阐述了城乡一体化的本质要求与实践方向。他们提出，城乡一体化的主要内容包括城乡政治、经济、生态环境、人口、文化、空间六个维度的融合，这涉及了政治学、社会学、经济学、生态学、地理学等多学科知识背景的统一规划，是一个较为完整的框架。李岳云（2010）从概念入手，逐步建构了城乡一体化的框架体系。他认为，城乡一体化的含义包括三个方面，即城乡关系一体化、城乡生产要素配置一体化与城乡经济社会发展一体化。之后，他分析了城乡一体化发展的问题和要求，即主要从建立支农惠农的长效机制入手，提出了产业发展互动互促、基础设施共享共建、基本公共服务均等均衡、生产要素配置有效有序等要求。

（3）城乡一体化的分析思路。总体来说，城乡一体化的分析思路沿着两条路径展开，一条是注重城市端引领与回流效应的以城带乡思路，另一条则是注重乡村自身转型、农业现代化等引致的乡村生产力提高，实现城乡互为资源、要素、服务、产品市场，从而走向城乡融合的思路。城市端的城乡一体化思路较为注重城镇化的作用。胡世明（2007）从工业反哺农业、城市支持农村的视角出发，建构了以工促农、以城带乡的分析思路。他首先从经济角度分析了工业反哺农业、城市支持农村的可能性和必要性，其次从社会发展的角度分析了思路框架，最后他认为以工促农、以城带乡是现阶段实现城乡一体化发展的必要路径。吴向伟（2008）从农业发展方式转变的角度入手，提出了从农业现代化的角度实现城乡一体化的思路。在首先明确农业发展方式转变内涵的基础上，他提出农业转变发展方式的路径，并指出农业发展方式转变路径如何促进城乡一体化推进。曾福生等

(2010) 认为，城乡一体化的实现需要从新型城镇化和新农村建设两个方向同时展开，坚持两者协调统一是城乡一体化的基本方法。他们首先建构了新型城镇化和新农村建设的协调发展分析思路，之后在充分剖析了新型城镇化和新农村建设存在弊端的基础上，提出了新型城镇化和新农村建设协调发展的机制，包括城乡公共产品均衡配置、城市群发展、城乡生产要素流动，以及以工促农、以城带乡长效机制等一系列制度安排设计。白永秀(2013) 认为城乡一体化是关系到破除城乡二元结构体制，解决"三农"问题和推动城市化进程的全局性战略，是对城乡经济社会一体化在内涵上的进一步拓展，强调城乡之间全方位、多层次、高效度的融合。基于上述观点，白永秀教授将城乡一体化定义为以城乡发展特色与功能分工为前提的，在城乡互动发展机制基础上破除城乡二元结构、加强城乡空间联系、协调城乡经济发展、构建城乡社会服务共享和生态环境融合的新型城乡关系。

（二）城乡一体化的测度

城乡一体化的测度，是城乡一体化概念从理论探讨和框架构建走向统计描述和实证检验的关键步骤。如何准确把握我国各地区差异巨大的城乡差别，为我国各地区制定符合地方特色又不失一般性的实现路径、政策建议，是关注城乡一体化测度的必要条件。学术界对城乡一体化的测度，从一省一地逐渐扩展到长三角、珠三角等大区域，再到全国层面，经历了一个从局部到整体的认识过程与实践序列，表征着学术界对我国城乡一体化描述的日趋全面化、科学化、系统化，从而为准确把握城乡一体化的程度提供借鉴。

(1) 城乡一体化测度的指标构建。顾益康 (2004) 在对城乡一体化的概念、区别和联系、内涵、主要内容进行细致界定的基础上，提出了城乡一体化评估指标体系，他认为城乡一体化发展程度的评估应从三个维度展开，即城乡一体化发展度、城乡一体化差异度和城乡一体化协调度。其中，城乡一体化发展度主要包括现代化发展程度、城市化发展水平、市场化水平、经济综合发展水平、政府宏观调控能力5个方面；城乡一体化差异度则主要包括经济差异指标、城乡居民差异指标、城乡基础设施和社会环境差异指标、区域差异指标4类共29个具体指标；城乡一体化协调度从城乡结构优化度、最低生活保障度、地区发展协调度、合理的失业率等8个方面来进行测度。朱颖 (2008) 在城乡一体化指标体系构建的理论基础上，提出了城乡一体化指标体系构建的主要原则，即客观性原则、系统性原则、可操作性原则和可比性原则，然后构建了包括城乡社会发展融合程度、城乡经济发展融合程度和城乡生态环境融合程度 3 个一级指标 16 个二级指标的测度体系，并认为指标权重的计算应采用专家打分法和排序定分法。

（2）城乡一体化测度的实际应用。白永秀、岳利萍（2006）采用系统聚类法对陕西省的城乡一体化水平进行了基本的判断，将陕西 11 个地级市的城乡一体化程度分为三类，并在此基础上提出了统筹城乡和区域协调发展的对策建议。苏春江（2009）运用德尔菲法建构了覆盖面比较广泛的测度城乡一体化发展程度的评价体系，在此基础上测度了河南省及其各辖市的城乡一体化水平，并进行了预测。李志杰（2009）利用时序主成分法对中国 1991～2007 年城乡一体化水平的动态演进进行了测度，之后运用聚类法对中国 2007 年的城乡一体化水平进行了分析，最后结合实践发展的特点指出了影响我国城乡一体化发展的根源。焦必方等（2011）从城乡经济、生活和医疗教育融合度三个方面，选取了 10 个测度指标，采取均方差决策法、AHP 法和 ANP 法对指标赋权，测度了 2008 年我国城乡一体化水平的升级差异和排序。然后对长三角地区 1999～2008 年城乡一体化水平进行了动态监测，发现了长三角城乡一体化过程的问题。汪宇明等（2012）采用城乡发展差异系数、城乡一体化水平差异系数等指标，实证地测度了 2008 年中国省际城乡一体化水平差异，在此基础上研究了影响中国省际城乡一体化水平差异的主要因素，并提出了推进中国城乡一体化发展新格局的对策建议。

（三）城乡一体化的机制与路径

城乡一体化的运行机制和实现路径，关注的是在城乡一体化过程中，城市系统与乡村系统通过何种中介传导机制进行勾连，从而实现城市与乡村的融合，走向城乡一体化。学术界针对不同地区的不同实践，分别提出了取向各异却不失一般性的机制与路径。这些路径与机制如何发挥作用，其运行过程是怎样的。总体来看，学者们较好地总结和提炼了影响城乡一体化进程的各种因素和机制，为制订科学合理的规划、解构城乡一体化进程提供了帮助。

（1）城乡一体化的动力机制。李同升、厍向阳（2006）以宝鸡为例，分析了城乡一体化的动力机制及其演变历程。他们在城乡一体化概念的争鸣与辨析的基础上，提出了城乡一体化包括的四个维度，即经济、社会、生态和文化，以及判定城乡一体化进程的测度指标；然后，他们提出了城乡一体化的四种动力机制，即中心城市的向心力和离心力、乡镇企业的发展和乡村工业化、小城镇的发展和乡村城镇化以及农业的产业化和现代化；进一步，他们以宝鸡为例，详细地梳理了四种机制在宝鸡市城乡发展的不同阶段中扮演的不同角色，并提出了进一步发展的对策建议。张建华、洪银兴（2007）以都市圈为切入点，分析了都市圈内城乡一体化实现的动力机制。他们认为，纵观世界发达国家的城市化进程后不难发现，都市圈内城市化是城市化走向高级阶段的标志，也是城乡一体化高度实现的阶段，表征了城乡融合与都市圈发展相辅相成的过程。有关都市圈内城乡一体化的动力机制，他们认为，应该包括资本原始积累机理和聚集扩散机理，分别对应了资源或要素的来源问题，城乡一体化的资源来自哪里及资源或要素的流向问题，即城乡一体化进程中资源和要素是如何进行流动的，这两个问题基本能代表都市圈内城乡一体化进程的基本机理。胡金林（2009）运用系统论的思想和方法，剖析了我国城乡一体化进程中的发展动力、动力机制内涵和因素，提出了城乡一体化过程中动力机制的作用。他首先构建了我国城乡一体化发展的动力系统，即以推进城乡一体化发展的利益相关者及其行为为分析目标，以城乡一体化的动力源为核心点，以城乡一体化发展的动力系统为运行机制，构成完整的城乡一体化发展动力系统。之后，他分析了城乡一体化动力机制的内涵，认为动力机制应该具有系统性和有机性、开放性和发展性，集中各种机制的作用还要受到结构的影响。最后，他提出了城乡一体化进程中动力机制的影响因素，包括内部动力因素，诸如农业产业化、农村工业化、乡村城市化的发展意愿等，外部动力因素如工业实力增强、第三产业发展、城镇化的快速发展等，环境动力因素则包含改革开放政策、宏观经济发展水平、城乡关系结构的变化等。

（2）城乡一体化的实现路径。王亚飞（2007）在总结了国际上几种典型的推进城乡一体化的实现路径的基础上，提出了城乡一体化必须处理的四大关系，然后分析了城乡一体化的实现路径。他认为，国际上典型的城乡一体化实现路径，包括城市工业导向模式、小城镇发展模式、地域空间单元模式、农村综合发展模式，而这四种模式之所以能够引领各国实现城乡一体化，其内在机理是它们处理好了城乡一体化和城市化的关系、城乡一体化和工业化的关系、城乡分工与合作的关系、市场机制与政府主导的关系，然后提出了中国实现城乡一体化的具体路径。首先是消除地区分割和要素流动障碍，建立城乡统一大市场，提高资源配置效率；其次是通过完善交通布局，构建合理的城镇体系；最后是设计科学合理的社会激励结构，打破要素城乡自由流动的机制障碍，实现以城带乡和城乡互动。裴凤琴（2012）首先分析了阻碍我国城乡一体化进程的现实问题，即农业现代化技术层次不高、农村城镇化水平低、农村工业基础薄弱、农村文化教育落后和生态环境保护问题突出五个方面。基于严峻的现状，作者认为城乡一体化的推进和实现应从五个方面展开，即将推进农业现代化作为实现城乡一体化的有效载体，将农村城镇化建设当作推进城乡一体化的内在动力，将提高农村工业化水平当作构建城乡一体化新格局的关键环节，将加强文明建设作为推进城乡一体化的必然要求，将推动生态和谐化作为城乡一体化新格局的必然诉求，构建科学系统的实现路径。

（四）城乡一体化的实践模式

城乡一体化的实践模式，是对国内外各地区城乡一体化进程中较为成功的典型地区进行案例研究，是较为系统地总结和提炼各地区实践历程，并上升为一般化经验的具体过程。城乡一体化的实践模式，是学术界对实践过程的理论表述和经验总结，能够为城乡一体化水平较低的地区制定符合自身特色的政策体系，设计规划提供可资借鉴的一般性原理，对推进我国各地区城乡一体化水平有重大意义。学者们对城乡一体化的实践模式总结，经历了从国内局部地区到长三角、珠三角等大区域再到全国范围，是认识水平不断递进的过程，也是我国城乡一体化水平的提高从一时一地到逐渐拓展的最好表征。

（1）地市视角的城乡一体化实践模式。朱磊（2000）以浙江省温岭市为例分析了城乡一体化的理论和规划实践。他分别从总体战略规划、城乡空间协调规划和支撑系统城乡区域共享规划三个方向，为温岭市的城乡一体化的发展提供了规划设计。刘家强等（2003）以武汉市洪山区为例，分析了城乡一体化的实践模式。在系统地研究了武汉市洪山区的发展现状和存在问题之后，他们研究了武汉市洪山区实现城乡一体化所具备的基础条件，并在此基础上提出了武汉市洪山区实现城乡一体化的基本模式，即"科教产业推动＋城乡融合发展"。刘晨阳等（2005）提出了城乡一体化发展的"重庆模式"。他们在细致地探讨了重庆市城乡一体化发展现状的基础上,提出了以重庆为例的制约都市区城乡一体化发展的因素,即经济支撑薄弱、政策与制度尚待完善、自然环境具有一定约束等。然后,据此提出了重庆市的城乡一体化发展模式应该包括的三个方面,即以经济发展为先导、内力培育和外力推动并重以及城乡一体化发展与都市区产业空间、城市空间调整相结合。李光跃等(2010)提出了城乡一体化发展的"成都模式"。他们认为"成都模式"抓住了城乡一体化进程中的核心要件,即一体化的动力之源——工业生产、一体化的主体——农民,以及一体化的载体——土地与空间。而这三个核心要件发挥作用的机理是,首先通过工业向发展区集中形成产业集聚能力,提高产业效率,增强中心城市功能,从而提高农民进城的生活水平与收入分配;其次,通过农民向城镇集中,促进农村县城、重点镇和新农村的规划建设,扩大劳动就业提高农民的收入水平,提升农民的生活质量和转变农民的生活方式;最后,通过将土地进行规模化集中经营,提升农业的产业化水平和土地利用效率,从而增加农民收入。成都市通过这三方面的依次有效推进和统筹安排,促进了成都城乡一体化进程。陈俊梁(2011)提出了城乡一体化发展的"苏州模式"。他总结了城乡一体化的"苏州模式"的基本特征,即"三置换+三集中+三合作+三统筹"。其中,"三置换"是指农户把宅基地及住房置换成社区住房,将土地承包经营权置换成城镇社会保障,将集体资产所有权置换成股份合作社股权;"三集中"是指所有城乡工业企业和所有的农民居所分别向规划的村镇工业园区、向规模经营和向新型社区集中;所谓"三合作"是指在苏州农村存在的三种合作制度,分别是农民专业合作社、土地股份合作社和农民社区股份合作社;所谓"三统筹"是指统筹城乡社会保障、城乡产业发展规划和城乡就业机制。

(2)区域视角的城乡一体化发展模式。黄伟雄(2002)对珠江三角洲地区的城乡一体化发展模式与格局进行了研究。他认为,珠江三角洲地区的城乡一体化发展特点是城市与人口的大量增加、高科技和特色产业的高度集聚、对周边地区人财物资源的强大吸引,是面向海外辐射内地的桥梁,也是广东乃至全国经济的核心地带;在对珠三角地区的特点进行充分总结后,他认为珠三角城乡一体化发展模式主要有六种,即中心地模式、超级大城模式、卫星城模式、放射状城市群模式、点轴开发模式和环形珠链模式。姚世谋等（2004）从国际比较视野入手，以中国长江三角洲和德国莱茵河下游地区为例，探讨了中国和德国经济发达地区的城乡一体化模式。他们在辨析了中德两国工业化、城市化的进程及其背景的基础上，率先总结了德国鲁尔－莱茵地区的城乡一体化发展实践经验，主要包括鲁尔工业区露天煤矿开采区的生态修复和环境美化，推广"城市更新"计划对老城区进行改造和职能升级，地区交通基础设施的大规模高速公路化和高标准化，大城市周边地区系统性地规划和协调以及国家和地方在城乡一体化过程中的统一规划、协调布局。这些对于中国长三角地区的关键启示，在于上海核心和周边地区关系的协调，以及政府打破行政边界构建统一大都市圈的规划。汤卫东（2011）从以城带乡的视角分析了西部地区城乡一体化的模式、路径与对策，并对西部地区城乡一体化的未来提出了具体的政策举措。他认为，西部地区的典型城乡一体化可以被归类为，成渝地区网络化的以城带乡模式，城乡的网络化的陕西、甘肃和青海以城带乡模式，多级中心、梯次辐射的新疆以城带乡模式，优先发展中等城市的贵州、云南的橄榄形以城带乡模式，县域经济主导的西藏模式五种主要模式。

（3）其他视角的城乡一体化发展模式。李习凡、胡小武（2010）以江苏省为例，提出了城乡一体化的"圈层结构"和"梯度发展"模式。他们认为，所谓城乡一体化的"圈层结构"模式，是城乡一体化在空间结构维度上的映射，可以大致将中国的城乡一体化划分为中心发散型城乡一体化模式、区域集中型城乡一体化模式和点—轴的联系型城乡一体化模式。所谓城乡一体化的"梯度发展"模式，则是城乡一体化在经济发展过程中结构维度的投射，可以大致将中国城乡一体化划分为初级城乡一体化的发展模式、改进型城乡一体化的发展模式和高级城乡一体化的发展模式。鲁长亮和唐兰（2010）总结了国内城乡一体化建设的主要模式，即珠江三角洲"以城带乡"的城乡一体化发展模式、上海"城乡统筹规划"的城乡一体化发展模式、北京"工农协作、城乡结合"的城乡一体化发展模式、以乡镇企业发展带动城乡一体化发展的"苏南模式"；梳理了国外城乡一体化建设的主要模式，即城市工业导向模式、小城镇发展模式、地域空间单元模式、农村综合发展模式和佩布模式；并且认为我国应该从编制完善的城乡规划、加快城乡间的基础设施建设、加快城乡各项社会事业的发展等方面构建中国特色的城乡一体化发展模式。

本节我们从城乡一体化国内理论沿革与实践发展的视角，对近年来我国城乡一体化的发展历程进行了系统梳理，从城乡一体化的概念、框架、分析思路、测度指标、实证检验、模式总结等方面进行了详细完备的介绍，是一次对城乡一体化模式全景式的整理与回顾。下面，我们将对本节梳理的各类文献进行系统性的反思和评价，提出理论发展与经验总结的长处与不足，从而为后文提出本研究的分析框架提供坚实基础。

## 第三节 现有研究的贡献与不足

从上节我们对中国国内近年来要素流动和城乡一体化研究成果的梳理来看，不难发现，研究数量庞大、研究内容丰富、研究方法多样。面对繁杂的文献，如何准确地把握文献发展的主要贡献，并获取理论研究与经验总结的不足，则是进一步展开研究工作的必要基础。因此，本节我们将对现有的研究进行系统性述评，总结现有研究的贡献并指出其不足之处，在批判性继承的基础上，提出本研究的分析视角。

### 一 研究视角众多，但鲜有要素流动分析

城乡一体化的研究视角众多，主要分为地市视角的城乡一体化、区域视角的城乡一体化和其他视角的城乡一体化，如产业、文化、生态等视角。这些文献的贡献主要有两方面：一是从地市、区域的视角研究城乡一体化，在空间结构上对城乡一体化存在的障碍做了分析，并就特定地域的城乡一体化提出了具有明显地域特征的发展模式，如"苏南模式"、"成渝模式"、"上海模式"、"北京模式"和"珠三角模式"，对类似区域的城乡一体化建设具有很强的借鉴意义；二是从产业、文化和生态等视角对城乡一体化的研究是对传统的只针对城乡经济社会一体化的有益补充，丰富了城乡一体化的内涵，将城乡一体化从单一的、片面的研究发展成系统的、全方位的研究，使城乡一体化的内涵更加全面，对实际工作的指导意义更强。

尽管研究城乡一体化的视角很多，但这些研究始终局限在对城乡二元结构的形成及其破解上，未能解释城乡二元结构体制形成的原因，并没按照"原因—现状—问题—破解"的步骤科学、全面地分析城乡一体化，导致研究结论难以令人信服。作为区域发展动力的经济要素，在城乡二元经

济结构体制的形成和破解中均扮演着重要角色,但目前从要素流动的视角分析城乡一体化的文献十分罕见,仅有张泓等(2007)从要素流动视角论述了城乡一体化。他认为,中国应采取基于要素流动的城乡一体化模式,因为要素配置不合理是城乡一体化发展中的最大障碍。他们分别从劳动力流动障碍、农村土地资源非市场化流入城市、金融组织与服务的缺失三个方面分析了城乡间要素配置差异对城乡一体化进程的阻碍,并就此提出了建立城乡统一的劳动力市场、促进农村组织创新、加大财政转移支付力度和建立城乡要素流动的市场配置机制等方面的具体建议。显然,他的研究集中在劳动力、资本和土地三种经济要素上,对在现代经济增长中起重要因素的技术以及造成城乡二元结构的关键性因素的公共资源方面未能给予应有的关注。因此,本研究从要素流动的视角对城乡一体化进行研究,分析劳动力、资本、技术和公共资源对城乡一体化水平的影响,并据此提出建设性的政策建议。

## 二 研究数量较多,但研究深度不够

从上节梳理的文献来看,我们进行梳理的要素流动和城乡一体化的相关研究仅仅是其中具有代表性的部分。数量众多的相关研究,首先说明了城乡一体化相关课题是学术界近年来持续关注的热点问题,具有重大的理论价值和现实意义,为我们开展这项研究提供了坚实的必要性,为我们开展研究积累了大量可资利用的素材与资料,对我们的研究大有益处。其次,数量众多的研究成果,是开展高水平研究的基础,是提升要素流动对城乡一体化认知水平和理论水平的基础,是推进理论创新和实践创新的必备基础,因此研究数量的多寡决定了研究质量的好坏。这也为我们对城乡一体化的相关理论进行要素流动上的边际创新提供了可能性。最后,数量众多的研究,提供了丰富的研究内容、广阔的研究视角、多样的研究方法,为我们选取新颖的城乡一体化研究视角、恰当的研究方法、合适的研究内容提供了可资借鉴的资料,支撑了我们的研究。

众多的要素流动和城乡一体化研究成果为我们开展研究提供了必要性、可能性与可行性,城乡一体化的研究深度却普遍不够,主要表现在以下两个方面。第一,要素流动对城乡一体化研究并没有形成系统性的理论框架。任何一种成熟的理论,或许来自实践的理论升华,但必然要有脱胎于原有理论的创新性理论架构。这种创新性的理论框架，是从精确演进的概念出发，通过逻辑演绎或数理模型推导，得到必要的运行机理和应有的理论假说，从而为实证性的经验研究提供了论点。然而，要素流动和城乡一体化的相关研究，看起来似乎总是在就城乡一体化而谈城乡一体化，或者假定要素流动的障碍是不存在的等与现实不符的假设，对于城乡一体化和经济增长或区域发展的关系是怎么样的、要素流动的障碍对城乡一体化的影响是怎样的、其中的运行机理是什么、是否可以得到实证数据的识别，都没有清晰的判断和阐述。第二，城乡一体化理论研究与实践经验升华脱节。理论来自实践，通过实践环节的验证，再次创造新理论，成为螺旋上升的过程。然而，梳理城乡一体化的相关研究，不难发现，理论研究的学者将大部分精力耗费在概念界定、思路构建、机制探索等方面，没有将理论和现实联结起来；而将实践经验升华为一般原理的相关研究人员，却仅仅是就事论事地提炼和升华某地某区域的城乡一体化实践特征，没有将其中具有理论共性的因素抽取出来，上升为理论框架要件，因此这种经验总结并不具有高度的理论价值和推广意义。所以，从这两方面来看，现有城乡一体化研究还需要不断向前发展，才能更好地创新理论、服务实践。我们的研究，试图从城乡与区域间要素流动的视角剖析城乡一体化的进程，在建立基于要素流动的城乡一体化框架的基础上，深入研究江苏省城乡一体化发展历程和发展水平，从中提炼出基于要素流动的城乡一体化发展模式，形成"理论框架—实证检验—结论与政策建议"的完整研究框架。

### 三 研究内容丰富，但研究内涵单一

城乡一体化的研究内容十分丰富，涉及了我们梳理的概念、框架、思路、机制、测度、经验总结和发展模式等。研究内容丰富，首先表征了学者、政策制定者、政策执行者等相关人员对要素流动和城乡一体化课题的高度和广泛重视，说明了研究成果的数量积累和质量提升都有了显著进步，对于我们进行理论上的边际创新提供了十分宝贵的资料。其次，丰富的研究内容，涉及了要素流动和城乡一体化研究的方方面面，对城乡一体化各个子项的研究都有丰富洞见，打通了城乡一体化研究主脉络与其他分支研究的联系，对我们系统性地开展子课题研究提供了很好的范例和样本。最后，丰富的研究内容，代表了来自不同领域的学者在不同的学科背景下根

据自身的知识体系进行的相关研究。这种丰富的学科来源和知识背景，造就了交叉研究的可能性，也提升了创新性研究出现的概率。

然而，城乡一体化的研究内容虽然丰富，却无法避免研究内涵较为单一的不足，这表现在以下两个方面。第一，城乡一体化研究局限在城乡经济、规划、公共服务一体化等方面，研究领域并未完全敞开，多学科、多知识背景的交叉研究还比较少见。城乡一体化涉及经济、社会、文化、生态、政治、空间等方方面面的内容，因此其内涵具有立体性和广阔性。现有的研究覆盖面和触角显然不及城乡一体化概念定义得那么宏阔，因此，需要将城乡一体化研究推向领域宽阔、内涵立体的方向。第二，城乡一体化的内容多集中在概念定义、经验总结两个方向，其中却并没有对理论研究或模式发展的关键内容、运行机理进行详细完备的研究和梳理，这无疑削弱了城乡一体化对于国家经济生活的宏观战略意义和农民收入分配的微观现实意义。因为含混不清的运行机制和并未辨识的机理，一来无法为我们构建完整的理论框架提供必要的联结体系，二来无法为实践操作的政策制定者与执行者提供精准而科学的建议，无法沟通理论与现实也就丧失了城乡一体化理论的实用价值。因此，我们的研究希望能够拓展城乡一体化的研究内涵，辨识城乡一体化对于经济增长的作用机制。

## 四　研究方法多样，但研究层次扁平

城乡一体化的研究方法充满了多样性，在城乡一体化的测度方面，各位学者运用多种多样的统计手段和指标，建立了丰富的指标体系；不同学科的学者运用各自的研究工具，采取逻辑演绎、经验总结、文献归纳、案例研究、历史梳理等一系列方法，对城乡一体化进行了多重方法的研究。研究方法的多样性，为我们提供了各种具体的研究工具，以对城乡一体化进行细致的研究，这方面文献的贡献体现在以下两个方面。第一，建立了城乡一体化测度的原则、指标体系、测量准则。虽然各种文献具体的实现方法各有差异，但是大致来看，都是从城乡偏离度、城乡融合度、城乡发展度等几个维度进行测度的，具有一定的联系性，对我们进行江苏省城乡一体化水平测度提供了良好的理论支撑和经验范本。第二，建立了城乡一体化实践经验总结的模式化表述，其中有关"苏南模式""成渝模式""上海模式""北京模式""珠三角模式"等成功经验，学术界已有众多文献进行梳理和总结,形成了城乡一体化发展经验总结的范例,为后来研究提供了可供借鉴的范式。

然而,城乡一体化的研究方法虽然繁多,但囿于研究层次较为扁平,其提供的学术贡献也就相对局限。城乡一体化相关研究层次的扁平主要表现在以下两个方面。第一,城乡一体化的实证研究仅局限在城乡一体化的测度面向上,没有对城乡一体化程度高低的前向后向关联进行解析探索。从前向关联来看,城乡一体化的高低与哪些因素有关,这些因素对城乡一体化水平的边际影响程度有多少,现有文献并没有给予很好的解释和测度。从后向联系来看,城乡一体化的高低程度和地区经济增长的关系是什么,和地区差距是否有关,它们之间的关系是简单的线性相关还是有更复杂的非线性关联,这些现有文献都没有给予很好的检验。因此,这就削弱了城乡一体化实证研究的立体性,使研究的层次趋于扁平。我们的研究,从要素流动的视角切入城乡一体化发展,能够形成从要素流动角度解释城乡一体化程度的逻辑链条与实证检验过程,并将江苏省各地市城乡一体化程度与其经济发展水平相关联,形成前向与后向的关联,打通了从城乡一体化的影响因素,到城乡一体化的影响机制,再到城乡一体化影响结果的完整框架,有助于丰富城乡一体化的研究层次,提升城乡一体化研究的实证层次。

本章我们以要素流动和城乡一体化的理论进展与文献演进为切入,首先按照理论照应现实的角度,以理论发展的时序为线索,系统、着重梳理了要素流动和城乡一体化的理论演进过程,形成了丰富的理论总结与学说认知,为我们的研究提供了必要的理论基础。其次,我们以要素流动和以城乡一体化研究的内容为划分,从"概念—框架—思路—路径—方法—测度—模式"的脉络,细致地梳理了近年来国内要素流动和城乡一体化发展演进的历程,形成了全景式的文献概览,为我们的研究开展提供了丰富的素材和借鉴。最后,我们总结了现有文献的贡献,并指出了文献的不足之处,进一步提出了本研究对现有研究的边际贡献之处,为后文研究的展开奠定了基础。

# 第三章　要素流动影响城乡一体化发展的理论分析

城乡一体化进程是城乡和区域间要素流动与配置逐渐趋向最优化的过程。从新古典的经济增长范式来看，经济增长的实现依赖于以资本、劳动等要素为代表的资源配置优化。资源配置优化过程，是生产要素在不同部门、地区、产业之间按照边际收益最大化的原则进行合理流动，最终形成要素分布按照收益高低进行布局的态势，促进经济增长。城乡一体化的核心要义在于，打破城乡间要素流动的各种障碍，提升要素的配置效率，促进城乡经济社会的双向发展，从而为城乡一体化创造坚实基础，让城乡一体化在政府的引导下，在市场机制的作用下，内化为个人企业的自主决策，从而形成城乡一体化的内生发展动力。一方面，城市形成以集聚机制为基础的要素配置机制，利用要素空间高度集聚所带来的技术外部性与金融外部性，加速技术进步和知识溢出，促进城市经济内涵式发展；另一方面，在乡村端，通过将分散的生产要素进行集中，发挥规模经济效应，做大农村经济总量，加速资本积累和公共服务质量提升，提高农民的人均收入水平，美化乡村风貌和提升公共服务，打造新型乡村经济发展模式。城乡一体化进程，应该是城市系统延伸出拉力和吸引力，乡村系统延展出驱动力，两者形成合力，共同促进城乡经济社会一体化。

城乡一体化是涵盖经济、政治、社会、文化、生态、空间等一系列维度的综合性工程，其复杂性、艰巨性、长期性不言自明。城乡经济社会一体化是城乡一体化的核心环节，也是城乡一体化长期推进的坚实基础。没有城乡经济的发展，就没有城乡经济社会的一体化，那么城乡一体化也就无从谈起。城乡一体化的进程，是城乡经济通过要素配置这个纽带不断发展的过程，是经由要素的自由流动来实现的。具体来说，就是关乎经济增长最重要的五方面要素的流动，即资金流动—资本配置、人口流动—劳动力配置、公共资源流动—制度配置、技术资源流动—知识配置、企业家才能流动—创新配置，通过这五个方面资源的有效配置，驱动城乡经济发展，从而创造有利于城乡经济一体化的经济基础，然后通过经济纽带联系起城乡一体化进程，让经济发展成为城乡一体化的核心动力，驱动城乡一体化全面发展。

本章将为本研究构建一个理论框架，这个理论框架主要说明的是从要素流动的视角出发，探讨如何定义城乡一体化，城乡一体化的现状和问题是什么，为什么我们要选择从要素流动的视角探析城乡一体化，而具体又是哪种要素流动对城乡一体化起到了作用，这些都是本章着重阐述的内容，也构成了本研究的理论支点与核心假说。本章将分为三个部分，构建基于要素流动的城乡一体化理论分析框架。具体来说，首先，我们从要素流动的视角重新定义城乡一体化，并指出要素流动视野的城乡一体化有什么显著特征；然后以此为逻辑起点，分析城乡一体化的现状和问题，指出我们为什么要从要素流动的视角分析城乡一体化；最后，我们以城乡一体化的现状和问题为基础，探讨要素流动理论上对城乡一体化的影响机理，并进一步明确哪些要素的流动和优化布局能够促进城乡一体化，从而构建较为完整的要素流动视角的城乡一体化理论框架（见图3-1）。

## 第一节 要素流动影响城乡一体化：概念和特征

城乡一体化，是指中国城乡关系打破分割与分离，通过城乡经济、政治、社会、生态和文化五位一体化，走向融合一体化的过程（吴丰华、白永秀，2013）。城乡一体化是城乡一体化的过程，是城乡一体化的重要目标。换言之，城乡一体化水平的高低，直接决定了城乡一体化进程的快慢，影响了城乡关系的和谐统一。那么，我们可以得出一个简单的推论，城乡一体化的路径选择正确与否，决定了城乡一体化的水平，进而决定了城乡一体化进程。

城乡一体化模式，根据前述文献述评，可以归纳为工业反哺农业模式和以城带乡模式（汤卫东，2011）、梯度发展模式和圈层发展模式（李习

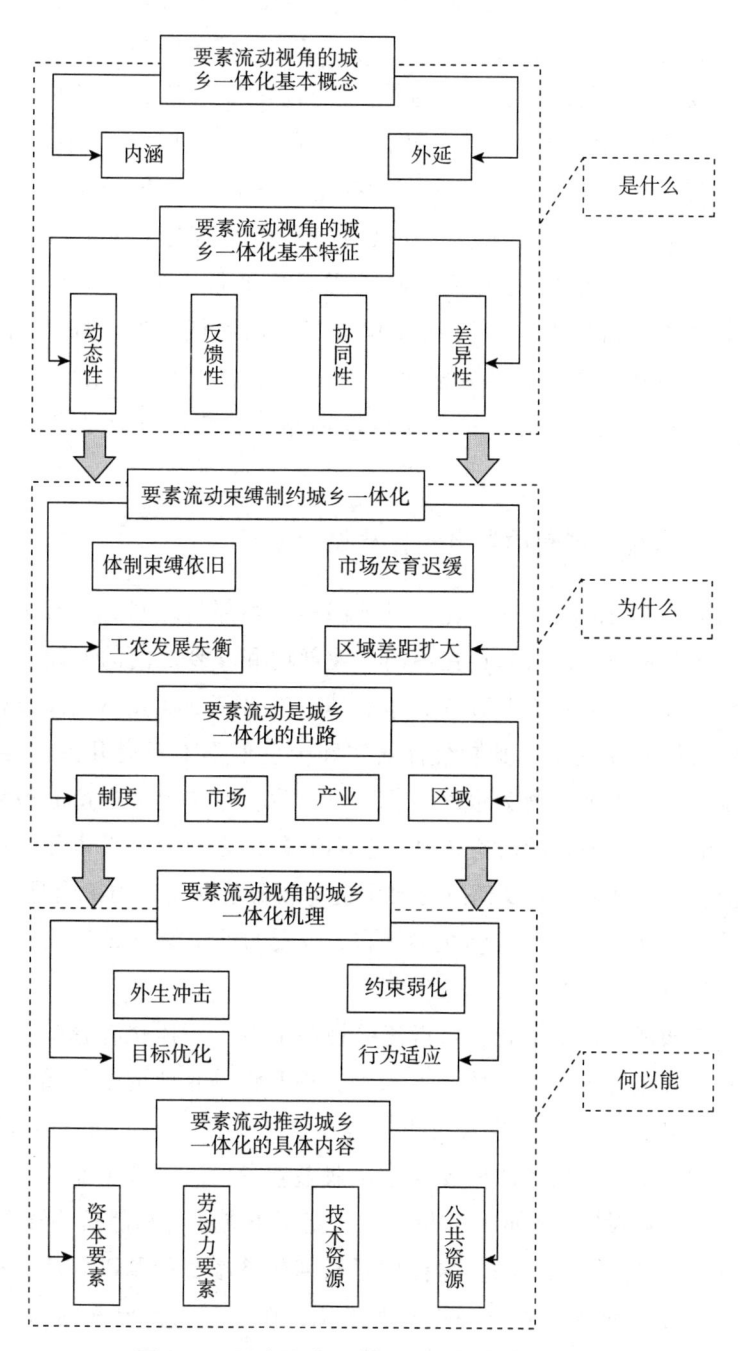

图 3-1 要素流动视角的城乡一体化理论框架

凡、胡小武，2010）、中心地模式和卫星城模式（黄伟雄，2002）等，这些模式从地域空间分布、城乡产业演进、经济活动扩展和外延城市化等角度阐述了城乡一体化，具有一定的借鉴意义。然而，不容忽视的是，他们都忽略了要素流动在城乡一体化过程中起到的重要作用。不论是产业转移、人口流动还是知识溢出，其本质都是经济要素在空间和部门的优化布局过程，而经济要素的流动受到其自身规律的制约，即受到要素的边际收益规律影响。经济的增长，需要要素集聚带来的技术与金融外部性，形成规模经济效益，从而在深化分工、加深城乡经济联系的同时，促进城乡一体化。因此，从要素流动的视角探索城乡一体化模式，阐明了城乡一体化的核心问题，抓住了问题的本质，能够形成逻辑自洽的理论体系。

## 一 要素流动视角的城乡一体化概念

要素流动视角的城乡一体化，以不同地区和部门之间的要素边际收益时空演进为发展动力，以要素在不同产业部门和城乡之间的流动转移为抓手，以要素流动的障碍不断破除、市场体系发育不断成熟为发展条件，以经济空间布局不断优化、要素组合效率和配置效率不断提升为主要过程，以要素空间布局逐渐均衡为最终目标。可以说，要素流动视角的城乡一体化，其核心要义是要素的时空流动，空间和部门之间的要素边际收益落差是其起点，而要素的空间及部门的要素边际收益逐渐实现均衡则是其终点。因此，要素流动既是城乡一体化的手段，又是城乡一体化的策略，也是城乡一体化的目的。

从更为微观的视角来看，要素流动视角的城乡一体化有着坚实的微观基础。从微观经济决策的主体企业来说，逐利性是企业的本质属性，而企业的利润来自要素的边际收入与边际成本之差，即要素的边际收益越大，企业的利润越丰厚。城乡之间要素边际收益差异，决定了企业的投资方向和数量，而企业投资的方向和数量，又决定了不同地区和部门的资本存量，从而形成了不同的分工结构，这构成了长期经济增长的基础，从而决定了不同地区的经济绩效。从个人的角度来说，作为劳动力要素的边际收入，工资率是决定人们迁移决策的关键变量，而通勤成本、生活成本和拥挤成本等则构成了劳动力要素的边际成本，两者的差值是构成劳动力在城乡之间流动的重要原因。因此，基于要素流动城乡一体化，是有着坚实的微观基础的。

基于要素流动的城乡一体化有着丰富的内涵和广阔的外延。基于要素流动的城乡一体化有着以下几点内涵。第一，要素边际收益率的时空演进是城乡一体化的动力之源。当城市地区在集聚经济导致的规模经济效应机制影响下，不断从乡村集聚要素的过程，是城市要素边际收益不断升高的过程，技术和金融的外部性不断拓展生产的可能性边界，刷新要素边际收益的上限，要素流动呈现从乡村净流出，从城市净流入；而当城市规模经济被高企的拥挤成本抵消时，乡村地区的要素收益率相对城市将变高，吸引着生产要素向乡村集聚，从而在分工协作和城乡商贸活动中不断提升城乡一体化水平。第二，要素的时空转移是城乡一体化的手段。要素的时空转移增加了农村地区的资本存量和流量，为农村发展注入了新鲜活力，带来了企业、人员、技术、知识以及税金提高，导致公共资源供给增加，从而逐渐打通了城乡之间交通和交流的障碍，在分工协作和商贸流动的带动下不断提升城乡一体化水平。第三，不断破除的束缚性机制和发育成熟的市场，是基于要素流动的城乡一体化的充分条件。城乡分割的二元管理体制和发育迟缓的市场体系，极大地破坏了要素边际收益率对要素流动的基础性作用，造成了要素配置效率的损失。因此，只有不断破除要素流动的障碍，积极培育市场体系，才能为要素流动的城乡一体化提供稳定的发展环境。第四，要素的配置效率提升和空间布局优化是城乡一体化的表现形式。要素在城乡之间的转移，其根本目的是追逐更高的要素边际收益，而只有最有效率的要素才能收到更高的边际收益，从而抢占先机获得先发收益。因此，要素流动在边际收益率规律的指挥下，筛选出了最有效率的要素，而这些要素的集聚必然会带来配置效率的提升和经济空间布局的逐渐优化，从而不断提升城乡一体化水平。

基于要素流动的城乡一体化的外延是指：第一，基于资金流动的城乡一体化；第二，基于劳动力要素流动的城乡一体化；第三，基于技术要素流动的城乡一体化；第四，基于企业家才能要素流动的城乡一体化；第五，基于公共资源流动的城乡一体化。这是要素流动的城乡一体化的具体表现形式，构成了概念的外延集合。

## 二 要素流动视角的城乡一体化特征

基于要素流动的城乡一体化，要素流动既是手段，也是策略，更是目的。作为推进城乡一体化手段的要素流动，既能够跟随企业与个人的经济决策不断发现并捕捉要素边际收益，又能按照要素回报率的高低对资源进行合理配置，提升资源配置效率，带来经济空间布局优化和产业结构升级，从而推动城乡一体化。作为城乡一体化策略的要素流动，指明了城乡一体化的重要方针是通过不断破除要素流动的体制机制障碍，健全市场规则，培育市场体系，营造要素流动的顺畅环境，让要素流动回归市场经济规律的支配，从而在不断的体制机制创新中，在城乡统一大市场的建立中，提高城乡一体化水平。作为城乡一体化目的的要素流动，是要达成要素在城乡空间上的均衡流动，即要素收益率的城乡落差受制于城乡特有和产业特有的变量制约，偏好通勤便利和市场指向型的企业或许选择城市中心区，而偏爱优雅环境和临空型企业则会选择城郊乃至乡村地区，城乡之间基础设施、公共服务、交通便利、生态环境等外在因素导致的要素回报率收敛，而取决于城乡和产业特点的因素将成为制约要素流动的关键变量。因此，随着城乡之间统一大市场的建立，分工协作不断深化，城乡一体化水平会随着要素流动的均衡化而走向最高水平。要素流动的城乡一体化之所以有别于其他形式的城乡一体化，不仅因为要素流动贯穿了城乡一体化的各个环节，还因为该模式有着一些基本特征。下面，分述之。

(1) 动态性。基于要素流动的城乡一体化，因为其核心要义是要素流动，决定了动态性必然是其第一特征。要素流动视野的城乡一体化的动态性，体现在以下三个方面。第一，过程的动态性。要素收益率的长期稳定与短期变动，技术进步导致的某种要素收益率的大幅上升，区域间不同变量的此消彼长，以及宏观经济形势的周期性变动，都有可能导致城乡之间要素边际收益变动，从而使要素在城乡之间的均衡布局发生偏转。第二，关系的动态性。历史地看，要素流动深刻地改变了城乡关系，让城乡关系经历了互相依存、隔绝、分离、融合的历程。要素流动改变城乡关系的根本原因在于，城乡要素收益发生了偏差。因此，在技术进步的冲击下，在信息化、工业化和农业现代化的不断推进下，城乡之间要素收益率的变化或许会出现动态波动的过程，城乡之间的关系将会在动态中走向融合。第三，目标的动态性。要素流动视野下城乡一体化水平的高低，决定了城乡一体化的最终归处和前进方向。我们认为，要素收益率在技术进步、结构优化、要素配置和组合效率不断提升的冲击下，始终呈现一定的动态性，因此城乡一体化的目标也应该是动态性的。应根据一时一地的具体情况设置区间性浮动化的目标体系，从而让要素流动释放最大的动能，推动城乡一体化水平不断升高。

（2）反馈性。基于要素流动的城乡一体化的反馈性，是指城乡在要素流动的推进过程中，不断展开经济商贸联系，形成密切的经济联系，夯实城乡一体化的基础。基于要素流动的城乡一体化的互动性特征，有以下两个方面内容。第一，城乡微观决策主体的反馈性。要素流动是根据微观决策主体的经济决策行为而发生的，即企业和个人作为要素供给者，密切关注要素边际收益在不同行业和地区的差异，而最优秀最有效率的要素都会选择在要素边际收益最高的行业和地区进行布局，以获取最大利润。因此，城乡之间微观决策主体的互动性，是指分属城乡的企业和个人根据自身的收益率情况对要素流动进行城乡和部门之间的布局。正如历史上城市以其规模效应不断吸纳农村人口和资本流入一样，这是乡村地区的要素所有者根据要素收益变动进行的经济决策，从而产生了城乡之间的互动。因此，城乡发展的互动性，首先是城乡微观决策主体根据要素收益率的变动进行的互动。第二，城乡宏观主体的反馈性。如果说城乡微观主体的互动具有一定的自发性的话，那么城乡宏观主体的互动性则具有较强的方向性。城乡政府面对要素流动在城乡之间快速流动的局面，将展开全方位的合作，从而在破除要素流动障碍的基础上，为要素流动创造环境，同时积极改善基础设施，加大公共品提供力度，从而为了形成差异化的要素吸引力进行竞争，呈现在合作中的竞争关系，有利于要素选择最优区位进行布局，获取最大收益，加速城乡经济联系，提升城乡一体化水平。

（3）协同性。基于要素流动的城乡一体化的协同性，是指各种要素流动会发挥协同性，从而从各个方面促进城乡一体化水平提升。基于要素流动的城乡一体化的协同性，包括以下两个方面内容。一方面，要素流动的顺序、量能与结构组合，能够带来协同效应，促进城乡经济发展一体化不断提升。要素边际收益率会随着要素的集聚呈现"倒U"形，即生产要素初始的流入，能够带来规模效应、技术和金融外部性以及知识溢出，从而加速经济增长；然而当要素集聚带来的技术进步速度不能追上要素集聚的流量时，产业部门优化升级无法持续进行，空间的有限性会导致地租上升，要素存量的扩大会导致要素边际成本不断升高，从而不断抵消要素边际收益，最终导致经济增长放缓。当要素流入不能促进经济快速增长时，要素流动的结构与比例组合就显得至关重要，因为经济增长已经从依赖要素的水平效应扩展到结构效应。随着信息化、工业化和农业现代化的提速，在新型城镇化背景下，要素之间的协同性，即传统要素如何在信息化的条件下重新进行组织，从而释放结构红利，是城乡经济发展一体化的重要途径。另一方面，要素流动的扩展，引致了城乡发展能力的协同性，从而促进了城乡一体化水平。要素流动的扩展，能够有效地填平城乡之间的要素存量鸿沟，农村地区的物质资本、人力资本、技术力量等不断丰富，增加了农村地区的发展能力，有效地缩小了城乡收入差距，能够按照分工协作的要求进行产业分工，从而提升了城乡一体化水平。

（4）差异性。基于要素流动的城乡一体化的差异性，是指各种要素流动的数量、方向、结构有时空差异性，要根据具体问题具体对待。基于要素流动的城乡一体化的差异性表现在以下三个方面。第一，不同要素的流动数量、方向和结构有差异性。从资金要素来说，城市地区的企业和金融机构众多，资金数量雄厚，因此资金有可能在具体的催化作用下向农村地区流动；从劳动力要素来说，农村地区的劳动力数量远大于城市，但是高素质劳动力一直从农村流向城市，表现出结构性差异；技术、公共资源和企业家才能等要素，现阶段看都是由城市向农村溢出，而且呈现量能不断扩大，但是他们之间又有区别。第二，要素流动在时间上有差异性。随着城乡关系在时间线索上的演进，要素流动也有差异。从城市分离走向融合的过程，是要素流动单向性走向双向性的过程，是要素在城乡均衡配置的过程，因此有着时序上的阶段性。第三，要素流动的地区差异性。不同地区的经济发展状况不同，所处的城乡一体化阶段不同，要素流动的特征也不同，呈现较为明显的地区差异性。我国的东部沿海地区，改革开放较早，工业化进程比中西部地区更为深入，城乡之间能够形成较为密切的经济关系，并且有着显著的乡镇经济特色，其中，乡镇企业大发展推进农村发展的"苏南模式"更是其地区特色的集中体现，这说明在东部沿海地区，城乡之间的要素流动进入了双向流动的阶段。在中西部地区，城市还处于快速发展阶段,需要集聚足够的要素才能进行城市化和工业化进程,因此要素流动呈现从农村到城市的单向流动特征。

本小节,我们首先给出了基于要素流动的城乡一体化的定义,然后对概念的内涵和外延进行了较为详细的解读;在此基础上,我们辨识了基于要素流动的城乡一体化的基本特征,即动态性、反馈性、协同性和差异性。本节属于理论框架的基础部门,是从概念入手的研究范畴界定工作,下一节我们将从中国城乡一体化的现状入手,进行高度抽象性描述,然后提炼出制约中国城乡一体化的关键问题,从而回答为什么我们要从要素流动这个视角研究城乡一体化这个问题。

## 第二节 要素流动影响城乡一体化:问题和出路

基于要素流动的城乡一体化是打破中国特色的二元经济结构的必然选择,也是中国实现工业化、信息化、农业现代化和新型城镇化的必由之路。城乡一体化的实质是城乡市场经济发展一体化,是各种要素按照市场经济的基本规律进行配置的过程,是从微观到宏观的决策主体都尊重市场机制的过程,是各种资源的配置效率最大化的过程。中国城乡之间的二元结构表现出经济、政治、社会、文化的四重性,由于历史因素、赶超战略和改革进程顺序的多重叠加形成的路径依赖,严重地制约了中国城乡一体化的实现。要素流动是打破固有的城乡二元结构的关键切口,也是冲破制度牢笼的最强力量。之所以说要素流动是打破城乡二元结构的切入点,第一,因为要素天生有追求高收益的特性,资本天生就要增值,一旦管制放松,逐利性的驱使会不断冲破僵硬的管制体制,从而迫使政策制定者修改僵化、过时的制度安排;第二,因为市场经济的价格机制,不仅能够在分散决策的体系下给予要素最准确的评估,还能反映不同部门和地区某种要素的稀缺程度,指引要素的流动方向与量能,引致资源配置效率的提升,加深对市场经济体制的认可,从而扩展市场经济的范围,加速城乡一体化。

本节我们要探讨的核心议题是,为什么本研究要从要素流动的视角探察城乡一体化,我们是基于怎么样的现实判断做出这样的决策的。因此,本节我们从充分性和必要性两个角度,观照城乡一体化的现状和出路来阐述上述问题。其中,要素流动束缚制约城乡一体化是从我国城乡一体化的现状出发，论证基于要素流动的城乡一体化的充分性；要素流动是城乡一体化的出路是从我国城乡一体化的出路着手，论证基于要素流动的城乡一体化的必要性。下面，分述之。

## 一 要素流动束缚制约城乡一体化：一个中国城乡一体化的现状剪影

中国的城乡一体化和中国不同阶段的主导战略有着密切关系。新中国成立后，面临西方世界的封锁和包围，为了尽快地获得自力更生的能力，国家采取了赶超战略。围绕赶超战略，最大限度地支持工业特别是重工业发展是彼时制度安排的基线，因此城乡隔离的户籍管理、工农产品剪刀差、"一大二公"的经济体制等制度安排源源不断地将农业剩余输送到工业领域，从而导致了城乡差距被固化下来。进入改革开放以后，为了解决人民的温饱问题，改革率先从农村的经营管理体制切入，破除了"一大二公"高度集中的经济体制，激活了农民的生产积极性，释放了巨大的生产力，农村面貌焕然一新。之后，改革转移到城市地区和国有企业，各种实质的改革性措施在城市次第展开，城市地区凭借累积的物质资本、人力资本、知识资本获得了快速发展，不断扩大与农村的差距，从而在经济上形成了农村附属于城市的局面。此时，计划经济时期的制度安排仍旧顽强地固守着隔离城乡要素流动的最后一道"防线"，成为制约要素按照市场机制配置的最大阻碍。因此，可以说中国城乡一体化的现状围绕着要素流动受限这个核心，而表现出体制、产业、城乡、市场等各个方向的发展受限，构成了制约中国城乡一体化的阻力。

（1）体制机制束缚是制约城乡一体化的前提因素。要素流动受到人为制度安排的阻碍，不能按照要素收益率高低进行自主布局，是导致城乡之间差距扩大的根本原因。如前所述，城乡分割的二元社会管理体制是赶超战略时期的特殊制度安排，意在为工业特别是重工业超前发展积累资金，具有一定的局限性。当市场经济改革全面铺开之时，这种阻碍要素自由流动的制度安排自然成了制约经济增长与要素收入的罪魁祸首。市场经济的一大特征便是竞争性，各种要素和资源在竞争关系中角逐是最有收益的项目，而竞争的前提是自由，束缚性的体制机制无疑是要素自由流动的枷锁，限制了要素之间的相互竞争，自然也就无法实现资源配置效率最优。可以说，管制性的要素流动制度安排，既是计划经济的余孽，又是对市场经济体制的侵蚀，对于推动城乡一体化极为不利。从现阶段来看，束缚要素流动的体制机制，一方面有宏观方面的城乡分割的社会管理体制，搭配地区间市场分割导致的区域壁垒；另一方面是诸如劳动力要素方面的户籍制度、资金要素的金融压制政策、土地要素的置换受限政策、接受高等教育机会实质不均等一系列问题。这些体制机制的阻碍，成了要素自由流动的绊脚石，而没有自由流动的要素，也就谈不上竞争性的市场经济，那么，推动城乡一体化也就举步维艰。城乡一体化的实质是城乡市场经济发展一体化，是农村的自然经济和计划经济逐步被改造成现代市场经济的过程，而要素流动受到体制机制束缚，也就无法构建要素自由竞争的环境，城乡一体化也就无法真正实现。

（2）市场发育迟缓是制约城乡一体化的根本原因。城乡一体化的实质是城乡市场经济发展一体化，是自然经济和计划经济向现代市场经济转型发展的过程，是市场机制在城乡资源配置中逐步起决定性作用的过程。与体制机制束缚不同，市场发育迟缓导致了要素流动的效率低下、结构失衡。总体来看，现阶段我国城乡市场发育迟缓表现在以下两个方面。第一，市场规则不健全，市场秩序混乱。要素流动带来的资源配置效率提升，一定是建立在健全的市场规则基础之上，即市场经济能够真正发挥信息甄别、信息传递的机制，从而引导要素自由流动。然而，现阶段来看，我国的市场化水平还较低，市场规则不健全，各种垄断性行为、欺诈性行为频发，市场秩序较为混乱，制约了要素流动带来的资源配置效率改善。第二，政府定位不清，行政权力经常进犯市场经济边界。在经济转型阶段，政府自身定位不清，经常采用计划经济时期的思维进行制定并执行政策，因此市场机制经常受到行政权力的干扰。公权力边界不清不仅会侵蚀弱小的市场机制的基础，还会制造大量寻租机会，破坏要素之间自由竞争的关系，从而使市场机制的确立举步维艰。这对于要素流动来说无疑是一种变相束缚，因为寻租和权力边界不清都会增加要素边际成本，破坏要素自由流动的渠道。

（3）工农业发展失衡是制约城乡一体化的直接原因。城乡之间的收入差距，表征的是先进的工业部门和落后的农业部门之间的收入差距。也就是说，城乡二元结构反映在产业层面，就是发达的工业部门与传统的落后的农业部门，而工业部门需要聚集大量的要素进行规模化生产，从而降低成本，最大限度地增加产出，因此会选择经济空间集约化布局的城市地区，通过享受城市的技术外部性和金融外部性来获取更高的收益；而农村地区的生产资料相对分散，特别是中国的农村，生产资料单家独户占有的形式、细碎化的土地、较少的资本投入，都使农业发展长期处于传统模式之下，在不断增加投入的情况下，劳动力的边际收益却几乎是零。当城乡之间的劳动力管制放松时，边际收益为零的富余劳动力大规模向城市转移，进入工业部门寻求更高的工资率，从而导致人口向城市的快速集中。当快速集中的大量人口逐渐面对一致的工资率，那些具有特殊技能的人口将会流向工资率更高的地区，所以劳动力的分布呈现结构化布局，即人力资本含量最低的劳动力仍旧配置在传统农业部门，人力资本含量中等的劳动力配置在工业部门，而人力资本最高的劳动力则可以进入城市的正式部门和科技创新部门。通过劳动力的实例，我们其实可以预见其他要素在工农业部门之间的分布状况，其和劳动力要素的情况基本类似。这就说明，工农业的失衡发展在其布局差异的影响下导致了城乡发展失衡，从而决定了要素流动呈现单向流动的态势，即优秀高效的要素不断从农村流出，导致城乡差距不断扩大。

（4）区域差距扩大是制约城乡一体化的现实原因。中国的改革开放历程，是一个由试验性质的地区开始，总结经验之后推而广之的过程。这样的改革历程，决定各个地区的转型顺序有着前后之分，因此各个地区的市场化改革进程也就有快慢之分。中国率先将东南沿海地区选择为改革开放的试验田，随后扩展到整个沿海沿边地区，然后推广到全国其他地区。由于东部沿海地区更加接近海外市场，并且占据着沿海的优势地位吸纳了大量的外商直接投资，其资本存量不断升高，而市场化改革的推进，又理顺了要素的定价机制，从而让市场的供需定理决定要素的价格，使要素价格既能反映要素的稀缺程度，又能反映要素的真正品质。在制度红利、外贸红利和以人口红利为核心的要素红利的带动下，要素驱动型经济增长方式直接带动了整个东部地区的快速发展。然而，与东部地区快速发展相比照的是，中西部发展明显落后的现状。东部地区不仅要素的平均收益更高，而且要素地位相对平等，并没有中西部地区行政权力干预导致的要素价格扭曲现象，要素之间的自由竞争，提高了要素的配置效率，优化了要素的组合结构，对于落后地区高效率优质要素来说，具有极强的吸引力。然而，这种地区间要素流动方向和量能明显单一化的局面，并不利于中西部地区发展。因此，中西部地区往往采取各种措施来吸引高素质要素，但是中西部地区不论是采取各种积极的挽留政策也好，还是采取各种行政手段强行进行市场分割也罢，都将扩大区域差距，并且侵蚀市场机制的基础。这种进退两难的境地，实质上是要素选择单一化的结果，也是中西部地区难以真正吸引优质要素的原因。这种隐性化的要素流动束缚会扩大地区差距，从而制约城乡一体化的实现。

综上，我们认为，束缚要素流动将极大地不利于中国城乡一体化进程，而其表现形式则体现在体制机制束缚、市场发育迟缓、工农发展失衡、地区差距扩大四个方面。之所以要素流动束缚制约了中国城乡一体化，其根源是要素流动束缚使我们难以建立城乡统一的大市场，而城乡统一市场的缺失，也不能使我们有效地构建城乡之间基于各自禀赋的分工协作体系，因此也就难以构建城乡一体化的坚实根基，城乡一体化也就成了一句口号。因此，我们之所以从要素流动这个视角探究中国城乡一体化，其根本原因就是要素流动受限仍旧是目前中国改革开放实践过程中制约城乡一体化的根源性因素。

## 二　要素自由流动是城乡一体化的出路

这些体制机制方面的阻碍，虽然在改革深化的背景下逐步瓦解，但是想要真正破解还必须在要素流动中才能实现。城乡一体化的实质是城乡市场经济发展一体化，自由平等是市场经济发展的基本特征，也是市场经济的基础。没有自由和平等，市场经济的价格体系注定扭曲，价格体系的扭曲将导致市场机制传递信息和配置资源的作用失灵，市场机制将面临失败。因此，可以说，要素能否自由流动关乎市场机制是否能够真正确立，关乎我国城乡一体化能否取得重大进展，更关乎我国改革开放以来坚持的市场化改革方向能否最终取得成功。我们之所以提出要素流动是城乡一体化的论断，是基于城乡一体化的本质是城乡市场经济发展一体化这个前提的，而自由和平等则是市场经济发展的前提条件。所以，没有自由的要素流动，没有平等的要素地位，就没有坚实的市场经济，也就没有城乡一体化。本部分将从四个方面分别论述，为什么要素流动是城乡一体化的出路，它通过哪些方面来促进市场经济在城乡之间的扩展，从而引领城乡一体化。

（1）要素流动作为打破体制机制束缚的排头兵，能够大力促进市场经济在城乡扩展。体制机制的变革总是落后于实践中人民的首创精神。改革开放以来的事实雄辩地证明，人民群众蕴含着巨大的政治经济智慧和敢于变革创新的勇气，而这种勇气和智慧正是我们推进一切改革的底气。因为繁复的科层制计划经济在向市场经济转型过程中，信息的传递不仅是迟滞的，而且是失真的。面对复杂多变的实践形式，只有尊重人民的首创精神，鼓励体制机制创新在基层遍地开花，才能推进自下而上的全面化改革。之所以要素流动可以打破体制机制束缚，是因为要素流动不仅遵循市场经济的基本规律，而且遵循自然法则的基本规律，即要素总是从丰裕而廉价的地区流向稀缺而昂贵的地区，从而获取超额的要素边际收益。任何束缚要素流动的体制不仅是破坏市场机制的行为，更是对自然法则的忽视。这种压抑性的体制机制，长期下去会形成要素流动的"堰塞湖"，而暗流涌动的自由苗头一旦显露，将会导致体制机制瞬间崩溃的"海啸效应"，从而彻底摧毁压抑型体制"大坝"。从改革开放前后，农村富余劳动力逐渐在城乡之间大规模流转的实践中不难看出，越是压抑得久，压抑得强的体制，面临冲击时越难以防御。当以户籍制度为核心的城乡社会分割的管理政策在城乡劳动力量能不断释放的冲击下逐渐失效时，户籍制度更多地从限制要素自由流动的障碍性政策，变为区别要素地位的歧视制度，这仍旧是制约要素自由流动的关键性因素。户籍制度背后往往捆绑的是配置不均等的城乡公共服务，这也可以解释为什么劳动力总是要拼命流向大城市，即使大城市的劳动力工资率提升空间已经很小。城乡一体化的目的是，要素在城乡之间的均衡配置，人口作为最重要的生产要素，其均衡配置的本质就是人均GDP在城乡之间呈现收敛态势。只有去除一切体制机制的障碍，才能打通要素特别是人口在城乡之间均衡配置的通道，才能最终取得城乡一体化的成功。

（2）发挥市场机制在资源配置中的决定作用，是城乡一体化顺利进行的保证。市场化改革在我国仅仅进行了四十多年，加之各地区市场化进程高低错落，决定了总体上我国市场经济发展较为落后，特别是农村地区和中西部地区，计划经济甚至是自然经济的残余还很严重。之所以说要素流动能够通过培育市场体系、扩展市场经济来达到促进城乡一体化的目的，其具体有以下两方面原因。第一，要素自由流动打开了要素随边际收益率高低分布的局面，有利于建立统一的要素自由流动大市场。当要素流动受到束缚时，价格机制传递的信号是扭曲的，不能反映要素的真实价值。当要素流动成为可能时，要素自然会为了寻求更高的收益率而不断进行流转，这种流转会激励其他同质要素进行自由选择，并且这种成功案例会通过示范效应机制进行不断扩散，从而带动更大范围的要素流动，从而不断冲击计划经济和自然经济体系下的资源配置机制，提高市场发育水平，扩展市场体系，推动城乡一体化。第二，要素自由流动加剧了要素之间的自由竞争，从而能够为市场主体辨识不同要素的效率提供准确信息，提升市场配置资源的效率，提升市场经济的质量。要素自由流动的结果就是不同地区和不同部门的资源将面临统一的竞争，只有最优效率的要素才能获取回报率最高的项目，享受最高的要素边际收益。当自由竞争逐渐在要素流动之间得到确认时，分割的市场保护政策反而不利于最有效率的要素获得更高收益，市场壁垒逐渐被打破，从而形成了统一的要素市场。

(3) 要素流动推动产业优化升级，推动城乡一体化。要素自由流动不仅意味着要素的空间自由流动不受限制，更重要的是在不同产业部门之间可以自由流动，从而提升产业整体竞争力，促进产业优化，推动城乡一体化，之所以说要素自由流动能够推动产业优化升级，达到推动城乡一体化的目的，有以下两方面原因。第一，要素自由流动为国有企业改革提供了倒逼机制，提升国有企业效率，促进产业优化升级。我国的产业发展，特别是某些垄断行业，长期被国有垄断企业所掌控，效率低下有目共睹，得益于国家的产业保护政策和某些过时的理念，得以长期依靠垄断地位获得生存，不仅技术效率没有丝毫进步，对公众的福利更是净损失。究其原因，是国有部门的要素无法自由流动，没有健全的退出机制，因此国有部门的无效率要素长期占据较高的回报率。要素自由流动能够为国有企业提供倒逼机制和竞争性的要素引入机制，将对无效率要素进行挤出，从而逐渐从增量角度向存量角度过渡，最终替换国有企业的无效率要素，提升国有企业效率。第二，要素自由流动能够起到产业和企业效率辨识器的功能，引导要素向优质企业和产业流动，从而淘汰效率产业和企业，促进产业优化升级。要素逐利性决定了要素肯定要流向收益率更高的部门，如果一个产业或一个企业不能总是占据要素回报率长期或短期的高点，那么必然会面临投资的减少，从而遭到市场的淘汰。通过不断奖勤罚懒，产业升级次第展开，并从城市向乡村蔓延。以发展壮大的工业为基础，要素流动会通过淘汰传统的农业发展方式，引入更有效率的农业发展方式，带领农业走上农业现代化道路，从而促使城乡之间的人均 GDP 逐渐收敛，提升城乡一体化水平。

（4）要素自由流动推动区域一体化，从而带动城乡一体化。要素自由流动能够极大地打破地区间的市场壁垒，从而逐步建立其全国统一的要素大市场，不断提升区域一体化进程，从而带动城乡一体化。要素自由流动之所以能够推动区域发展一体化，提升城乡一体化，有以下两方面原因。第一，要素自由流动辨识了不同地区的要素禀赋，为地区确立合适的比较优势产业提供了依据。当要素自由流动成为可能，不同地区的要素将面临统一市场的竞争，最有效率的要素将在激烈的竞争中胜出，而最有效率的要素一定来自此种要素存量较高的地区，即丰裕的要素在本地市场就已经展开了激烈竞争，而获得优势竞争能力的要素必将走向全国要素市场参与竞争，这也代表了该地区的该要素效率水平是较高的，从而为在该地区大规模应用此种要素，建立比较优势产业，为获得丰厚收益提供了信号甄别和信号传递作用。当要素自由流动而建立起全国要素市场，企业的投资决策将会是全国性的，分工协作也就在更大范围内主导要素的流向，决定要素配置效率。当分工协作体系逐步确立，农村地区也开始比照城市在整个分工协作体系中的地位并进行定位，从而形成全国一盘棋的局面，开创了城乡一体化的新形势，极大地推动城乡一体化。第二，要素自由流动打破了地区的市场分割，有利于建立全国统一的大市场。当自由竞争逐渐在要素流动之间得到确认，分割的市场保护的政策反而不利于最有效率的要素获得更高收益，市场壁垒逐渐被打破，从而形成了统一的要素市场。统一的要素市场，将是容纳城乡要素的全国大市场，而城乡要素的配置将从城乡格局中解放出来，被放置在全国中看待，此时城乡的要素禀赋将融为一体，从而在产业布局和分工协作中获得平等对待，获得城乡一体化的契机，引领城乡在统一的分工协作中共同发展。

综上，我们认为，要素自由流动是城乡一体化的唯一出路，它通过引领机制体制创新、确立市场配置资源的决定性作用、倒逼产业企业优化升级、促进区域发展一体化四个方面，带动城乡一体化。然而，虽然我们了解了要素自由流动对城乡一体化的深远意义，但是其中具体运行的机制是什么，具体是哪些要素起了哪些作用，我们不得而知。下一节我们将对以上问题进行集中论述，从而回答要素自由流动何以能推动城乡一体化这个问题。

## 第三节 要素流动影响城乡一体化：机理与内容

探究要素流动推进城乡一体化的运行机理及其主要内容是本节的核心任务。要素流动推动了城乡一体化的运行机理，着重研究要素流动这个变量冲击如何影响微观主体和宏观主体的行为。要素流动是通过影响行为人的目标函数和约束函数的方式进入决策主体的行为方程的，是运行机理的核心，而要素流动的外生冲击和行为人行为修正与适应过程则是结果。可以说，要素流动影响城乡一体化是一个外生冲击内生化的过程，我们将尽可能详细完整的刻画这一过程，力图呈现要素流动影响城乡一体化的运行机理。然后，我们将根据要素流动影响城乡一体化的运行机理，辨识那些可以进入我们分析框架的生产要素，从而识别出到底是哪些要素的流动推动了城乡一体化，形成了完整的逻辑框架（见图3-2）。

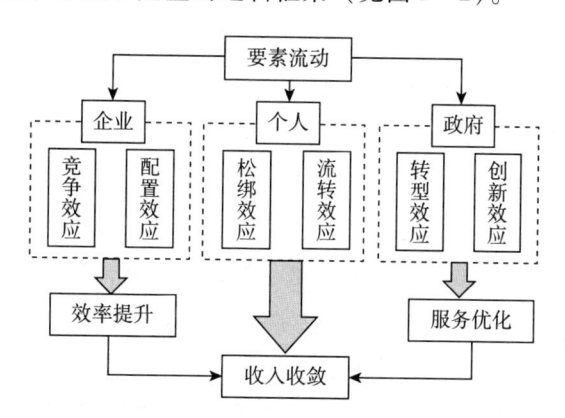

图3-2 要素流动影响城乡一体化的运行机理

### 一 要素流动影响城乡一体化的机理

任何变迁的发生都是外生冲击和内在适应双向调整的过程。对于要素流动影响城乡一体化的运行机理，我们既要放在城乡二元结构破解的发展经济学理论与实践中来看待，又要放在中国计划经济体制向市场经济体制转变的背景下思考。可以说，中国的城乡一体化不仅具有发展经济学理论的一般性，还具有计划经济转型的中国特色，是人类城乡发展实践的独特范本。基于这样的认识，我们认为，计划经济体制下的城乡二元分割社会管理制度固化了城乡二元结构，并且两者呈现一种互相加强、相互依托的关系。城乡二元结构为城乡分割的社会管理制度提供了可能，城乡分割的社会管理制度强化了城乡二元结构。任何旨在打破城乡二元结构的努力，都会被城乡分割的社会管理制度化解，其中以户籍制度为核心的土地人身依附关系极强，禁锢了人口流动，从而封锁了自发性的要素流动。

改革开放为"铁板一块"的城乡分割社会管理制度楔入了松动的铆钉，要素流动特别是劳动力自由流动，冲击了长久以来的城乡分割的社会管理制度。首先，人口流动导致知识溢出的加速，其中对于观念的更新是革命性的，从而打开了要素流动的闸门。要素流动的松绑效应为要素在空间和产业间的高效配置提供了可能，要素通过在不同地区和行业间流转，寻找与其禀赋和效率匹配的收益，在流转中不断形成要素禀赋和要素收益相互匹配的局面，从而为人均收入在城乡之间的收敛提供了坚实的基础。其次，在要素流转效应作用下，波澜壮阔的要素流动为企业选择更有效率的要素提供了可能。企业在竞争效应的影响下，不仅可以选择脱颖而出的高效率要素，而且想要获得更有效率的要素，自身也必须面对同行的激烈竞争，竞争的加剧提升了要素的配置效率和企业的生产技术效率，从而从总体上提升了企业的效率。这就从微观上提升了技术效率和资源配置效率，从而为城乡人均收入的收敛创造了条件。最后，人口流动伴随着资金、技术、信息的流动，束缚性的城乡管理制度逐渐式微，默许取代了管制，进而由默许转化为支持，并进一步变为大力扶持。随着要素流动对分割制度的不断冲击、政府转型不断加快、体制机制创新加速，由社会管理型政府转变为公共服务供给型政府，从而提升了宏观调控效率，为人均收入在城乡之间收敛提供了优化的外部环境。

本部分我们从企业、个人和政府这三个经济中最主要的主体入手，分析要素流动冲击下行为主体的约束函数和目标函数的变化及这种变化对行为方程的影响，进而总结出它们对城乡一体化的影响，从而构建从外生冲击到内生适应的经济决策主体运行框架，阐明要素流动影响城乡一体化的运行机理。下面，分述之。

**（一）要素流动，个体行为与城乡一体化**

要素流动对经济决策主体的冲击首先发生在个人层面，也始终是围绕着个人层面展开的，其居于核心地位。在此，我们着重要探讨的内容是，当城乡之间的要素状态由政府管控下的计划性流动，逐渐转变为政府放松管制之下的自发性流动，到最终的由市场决定的均衡性流动，在不同状态切换的过程中，个体的约束函数和目标函数是如何变化的，这种变化如何影响了个体行为，进而对城乡一体化起到了什么作用是我们主要关心的内容。因此，本部分我们以要素流动在不同经济体制下的转化状态为线索，分析个体目标函数和约束函数的变化，从而探明个体行为的变化，进而明晰个体行为与城乡一体化的运行机理。

（1）要素流动对城乡分割体制冲击下的个体行为变化。改革开放撬动了城乡要素分割的局面。肇始于农村地区的变革，对农村的生产关系进行的深刻改革，以家庭承包责任制为核心，赋予了农民生产资料的使用权和自身劳动力的支配权，极大地激发了劳动积极性，短时间内创造了较大的生产效益。随着农村产出的提升和农业产出效率的提升，隐藏在传统农业和计划经济下的"隐蔽失业"问题逐渐暴露，农村的过剩劳动力问题逐渐浮出水面。与计划经济时期严控人口流动不同，此时期由于发展经济和解放生产力的需要，政府对社会的管制逐渐放松，对农村的劳动力自发流动秉持了默许态度。一方面，政府管制的放松无疑极大地弱化了个体决策的约束函数，即通过劳动力跨地区流动追求更高劳动收益，由绝无可能的强约束变化为默许的软约束，无疑扩展了个体的流动可能性边界。此时，劳动力已经不仅仅满足于从农业生产中获取仅能维持温饱的收益，其目标函数变化已经从追求温饱逐渐变为寻求自身劳动力价值；与此同时，乡镇工业的异军突起为农民就近转移和就地转移提供了可能，这就为目标函数的转变确定了对象，即从农业受益向工业收益转变。在要素流动冲击城乡分割管理体制的第一阶段，改革措施和效果集中在农村地区，因此我们着重分析农民的个体行为变化。尽管随着流动约束放松，农民的流动可能性边界扩展，而乡镇企业的崛起又为农民目标函数的转变提供了切实可行的新目标，因此农民个体行为的变化是从传统的农业向乡镇工业的转移，表现在就近转移和就地转移上，规模和流动半径都较小。

(2) 要素流动促进统一市场形成背景下个体行为的变化。改革由农村推进到城市地区，要素流动的作用发生了变化。当要素流动由旧体制的破坏者变为新体制的建造者，它对个体行为的影响也发生了较大的变化。当经济体制改革从农业迈向工业，从农村迈向城市，对于个体的影响也就从农民扩展到全体人民。城市地区的改革以"调整存量，发展增量"为主要手段，一方面对国有企业进行大刀阔斧的改革，另一方面通过招商引资积极布局新产业，从而缓解计划经济时期产业结构和就业结构失衡的问题。随着劳动密集型产业的蓬勃发展，对于劳动力的需求始终处于旺盛阶段，这刺激了劳动力的跨区域转移。与此同时，政府对于劳动力流动采取更加放松的政策，虽然城市落户依旧困难，却可以获得广泛的就业机会，这对于寻求更高收益的劳动力来说具有很强的吸引力。这一阶段，劳动力供给基本实现了市场机制调节，而以生产资料、资金为主的其他生产要素仍然采用计划调节，形成了价格双轨制。然而，随着国家逐步对生产要素价格并轨，各种生产要素获得了公平自由竞争的地位，形成了市场机制的前提。因此，要素价格逐步并轨以后，要素的流动性约束进一步放松，且面临着市场机制下的激烈竞争，其约束函数呈现流动可能性边界进一步扩展，不仅是空间层面更是产业与产权层面的；要素的目标函数不再局限于地域之间的流转以寻求更高收益，而是在不同的产业和产权之间进行流转以获取更高的收益。因此，这一阶段个体行为的变化是，流动约束从空间可能性边界向产业和产权可能性边界扩展，目标函数从空间匹配收益极大化向产业匹配和产权匹配收益极大化转变，个体行为的变化是全国范围的要素流转，特别是人口流转规模更大、层次更深、地域更广泛，信息流、资金流、技术流、资源流随着人口进行大范围转移。

(3) 个体行为变化与城乡一体化：两个机制和一个结果。通过以上我们对要素流动状态转换过程中个体行为的分析，不难看出，贯穿其中的核心逻辑是两个机制，即松绑效应和流转效应，并且最终都指向了一个结果，即城乡人均收入收敛。要素流动转换过程个体行为的变化是通过改变个体的约束函数和目标函数的方式，对个体行为形成影响的。那么我们辨识的两个机制则分别对应着个体的约束函数和目标函数的改变过程。松绑效应对应了个体约束函数的改变过程，即通过政府对要素流动管制的不断放松，个体行为的约束不断弱化，其流动的可能性边界不断拓展，从而不断地构成了要素流动的范围、层次及量能解放的前提。流转效应对应了个体目标函数的改变过程，在政府管控放松的前提下，市场化改革不断向纵深推进，要素的收益不仅是地区间的比较，更推进到产业之间、产权之间的比较，为要素选择更高的收益提供了不同的备选，扩展了要素的目标函数的定义域，从而实现了要素边际收益在空间上、产业上、产权上与效率的统一。人均收入收敛是在市场经济最终确立的背景下，要素自由流动引致的个体行为选择结果。可以说，在要素边际收益更高的地区，要素会产生高水平集聚，人口必然也会膨胀；而要素边际收益不太高的地区，要素集聚数量或许不高，但其形式和内容已发生重大改变，诸如互联网产业和高新技术产业，都是并不完全符合传统产业集聚规律的案例，这却是不需要大量人口的；最终的结果则是不同生产要素在不同空间、产业、产权中的流转引致了城乡人均收入的趋同，城乡要素流动出现均衡局面，从而实现了城乡一体化。

（二）要素流动，企业行为与城乡一体化

要素流动状态的变化对企业行为的影响是巨大的。企业作为追求投资收益的主体，要素的回报率关乎投资的收益率，关系企业的生存发展。因此，和个人相比，企业更加看重要素的回报率，而其他外生变量的影响则相对较小。本部分我们着重探讨的是，当要素流动和价格逐渐放松时，企业的行为约束和目标函数有了怎样的变化，这种变化又导致了企业行为的何种变化，而企业行为的变化又导致了什么样的结果，这种结果对于城乡一体化的意义是什么。经过层层推进、抽丝剥茧的分析，我们能够对在要素流动冲击下的企业行为与城乡一体化的运行机理有一个清晰的认识，从而为我们构建要素流动与城乡一体化的逻辑框架提供坚实的微观基础。

（1）要素自由流动冲击下企业行为的变化。要素流动从限制走向逐步自由的过程，是企业要素配置效率不断提升的过程。计划经济体制下，政府通过一系列的分割性制度隔绝城乡和产业之间的要素自由流动和交换，从而限制了要素之间组合配置效率的提升。当农村地区的生产关系改革撬动了"铁板一块"的计划经济时，农业生产率的大幅提升解放了大量农业生产力，剩余劳动力的自由流动对企业来说意味着劳动力要素和资本、技术组合的可能性大为扩展。当劳动力自由流动的规模不断扩大，企业的约束函数也发生了变化，即在自由流动的要素面前，企业的要素组合更丰富，要素的稀缺性大大降低，企业的成本更低，预算约束内的产量更大；另外，企业的目标函数也随之发生了变化，即企业将能够在数量和种类更加丰富的要素中选择能够带来最高收益的要素组合，其目标函数的取值范围扩大，企业的利润随着要素边际成本的下降而上升。企业预算约束和目标函数的变化对企业行为的影响在于，企业获取成本低廉、效率更高要素的激励上升，企业追求利润的动机被点燃，企业在不同要素之间的选择更加理性，企业的要素配置效率得到显著提升。

（2）要素价格管制放松背景下企业行为的变化。随着改革从农村推向城市，从农业推向工业，要素自由流动从地域松绑扩展到产业和产权层面的松绑。城市地区的改革是从国有企业改革开始的，也始终围绕着国有企业部门展开。计划经济时期的城市，想要提升城市的经济效率必须围绕着如何提升国有企业效率展开。国有企业的改革，不论是最初的放权让利还是之后的建立现代企业制度、股份分置改革，直到现今的混合所有制改革，其核心主线是不断硬化国有预算约束，从而将国有企业打造成独立高效的现代企业。从价格双轨制并轨，特别是要素价格放开以后，对国有企业形成了实质的硬性约束。同时，要素价格并轨，也为非公有制企业与国有企业同台竞争提供了基础。此时，不论是公有制企业还是非公有制企业，面对要素价格放开的冲击，其预算约束将随着要素价格的放开而收紧，即要素的价格将交由市场的供需定律决定，而非采取保护性的计划内价格，各种稀缺性要素的价格会大幅上涨，直到要素的供需水平在一段时间稳定下来，才会形成均衡价格；另外，企业的目标函数随着要素价格管制的放松，将在要素量价组合中选择收益最大化的配置组合，从而减轻要素价格放开对企业利润的冲击。企业预算约束和目标函数在要素价格管制放松的冲击下，表现出约束不断收紧硬化，利润目标在要素量价组合中寻求最优，企业的行为更趋理性，对于投资行为则更加追求风险性与收益性的统一，提升了企业的竞争能力。

（3）企业行为变化与城乡一体化：两个机制和一个结果。通过以上我们对要素自由流动转换过程中企业行为的分析，不难看出，贯穿其中的核心逻辑是两个机制，即配置效应和竞争效应，而最终都指向了一个结果，即企业微观效率提升。在要素流动的转换过程中，企业行为的变化是通过改变企业的约束函数和目标函数的方式，对企业行为形成影响的。那么，我们辨识的两个机制则是分别对应着个体的约束函数和目标函数的改变过程。配置效应对应了企业预算约束函数的改变过程，即随着要素流动从空间束缚解除，到产业及产权层面的流动束缚解除，企业可以选择不同的要素组合进行生产，从而扩展了生产可能性边界，同时要素价格的放开也收紧了企业，特别是国有企业的预算约束，使企业的投资行为更趋理性。竞争效应对应了企业目标函数的改变过程，即要素自由流动使要素之间为了获取更高的收益率而相互竞争，企业为了以更低的成本获取更优质的效率也处于竞争关系之中，因此要素之间的竞争效应为企业选择高效要素提供了基础，而企业之间的竞争关系也为要素与收益相匹配提供了可能，企业的目标函数随着要素之间的竞争关系及其本身的竞争关系而不断优化，希望以量价合理的要素组合获取最优的利润水平。在这两种机制的作用下，企业从竞争中不断获取效率改进的动力，企业的要素配置效率不断提升，从而提升了企业的微观效率。在配置效应和竞争效应的作用下，必然会导致一个结果，就是企业效率的提升，而企业效率的提升意味着整体微观经济效率的提升，不仅有助于提升城乡之间的人均收入水平，并且使其朝着趋同的方向前进。因此，企业微观效率的提升对城乡一体化起到了推动作用。

（三）要素流动，政府行为与城乡一体化

要素流动对于政府的冲击，伴随着政府的不断适应并加快自身转型和体制机制创新的过程。作为制度的供给者，对于要素流动束缚的解除，政府的态度从默许到支持，再到大力支持，每一次转变都是要素流动的实践催生的。可以说，政府的制度供给总是落后于经济实践的发展，其滞后性严重制约了要素流动推动全国统一大市场的构建，不利于城乡一体化的推进。因此，本部分探讨的是政府行为随着要素流动的冲击发生变化，这种变化对城乡一体化的作用是什么？我们仍旧沿着要素流动对政府的约束函数和目标函数的影响入手，探讨在约束函数和目标函数的影响下政府行为的变化，以及这种变化对城乡一体化的影响。

（1）放松要素流动管制对政府行为约束的影响。要素流动的自由化是和政府工作重心转移密不可分的。改革开放开启了政府工作重心转移的历程，同时政府间的组织关系也从高度集中的政治经济体系变为以政治分权为基础的财政分权制度，被誉为"维护市场的财政联邦制"（Qian，Weigeust，

1997)。这种政府间的组织关系，搭配以经济建设为中心的工作重心转移过程，极大地激励了地方政府发展经济，地方政府发展经济的动力不仅来自地方官员的晋升激励，可能还来自谋取政治经济控制收益权最大化。从另一个角度来说，政府从计划经济体制向市场经济转型的过程，是一个不断明确政府与市场边界的过程，是一个政府逐渐从市场的主要参与者、监管者、引导者嬗变为服务者、守护者的过程，是政府行为约束不断收紧的过程。从要素流动自由化角度来说，政府的行为约束是一个逐步呈现收紧的过程，即政府从可以自由支配要素的流动，到默许要素自由流动，到为要素流动制定相关的法律法规，再到尊重市场机制在要素流动过程中的决定性作用，政府对于要素流动的干扰逐渐降到最低，政府行为的约束逐渐被收紧在一定的范围之内，从而对于政府的转型的意义重大。在要素流动自由化的过程中，政府从开始的放弃地域限制，到之后的放弃价格限制，再到后来放弃产权限制，即要素可以实现空间自由流动、产业部门之间的自由流动和不同产权形式间的自由流动，从而在不断的管制放松中，实现政府自身的转型，即从全面管制型的计划经济型政府，到全面干预经济的转型经济型政府，再到全面尊重维护市场的市场经济型政府。而不断地转型就是政府行为约束不断收紧的过程，也是政府行为边界逐渐得到明确界定的过程，这对于要转型成为威权化市场型的政府来说，意义非凡。因此，要素流动自由化通过不断收紧政府行为边界，影响了政府的干预经济行为，加快了政府转型。

（2）放松要素流动管制对政府目标函数的影响。随着要素流动自由化，政府行为边界不断收紧，在这样的背景下，政府的目标函数也发生了相应的变化和调整。在计划经济体制下，地方政府作为计划经济的一个环节，切实执行中央政府的指令，坚守各种限制要素自由流动的政策，诸如阻止农村生产要素自由流动的人民公社制度、城市劳动工资控制制度，以及旨在阻断人口和劳动力资源在城乡间、地域间自由流动的户籍制度等。此时，政府的目标函数较为单一，就是完成中央政府交付的各项任务，并没有自主性。

当改革开放的大幕拉开，在政治集权、财政分权的体制下，为了调动地方政府发展经济的积极性，中央政府和地方政府形成了比较良好的激励机制和考核机制，而地方政府主政官员在晋升激励和财政分权带来的政治控制收益权最大化的激励下，会将目标函数调整为地方经济总量任期内极大化。发展水平不同的地方政府对于要素流动的态度截然不同。要素流动自由化呈现的由落后地区向发达地区，由落后产业向先进产业集聚的过程，会让落后地区和落后产业所在地的政府官员忧心忡忡，因为要素的流出对于地方经济的发展来说是致命性的。因此，落后地区的政府官员偏向于对要素流动采取抵触态度，甚至有些地区公然进行地方保护和市场分割，其目的是减少要素的流出和外来产品的竞争，从而在任期内极大化地方经济。然而，经济发达的地区，要素流动会加剧要素之间的竞争关系，从而促进要素效率的提升，通过竞争机制，企业能够从数量种类众多的要素中选择最合适的要素组合，从而提升了企业的效率，促进了本地经济发展，形成了跨域地方的统一要素市场，对于城市群的发展起到了极大作用。

当改革从集中促进经济增长的做大存量政策，转变为强调经济增长与环境保护、社会发展、地区协调和全面可持续的科学发展政策时，政府的目标函数也随之改变。同时，要素流动已经从初始的单向流动流往发达地区和先进产业，变为更加注重多方面考虑的双向流动趋势。因此，政府可以从本地区的要素禀赋结构出发，根据本地区的要素禀赋在区域或整个国家中占据的地位，选择合适的产业结构进行扶持和发展，从而为要素流动搭建顺畅的平台，希望从参与全国统一的分工体系中获取促进地区长远发展的基础。因此，这一阶段的要素流动自由化和全国统一大市场的逐步建立，让政府的目标函数迈向了为要素合理流动搭建平台、规范要素流动、为要素流动提供服务等方向，从而获取要素流动带来的收益。

（3）政府行为变化与城乡一体化：两个机制和一个结果。政府行为的变化也是在两重机制的作用下一步步演变的。具体来说，这两种机制是政府的转型效应机制和创新效应机制。转型效应机制主要传达的运作过程为，当政府面对要素流动对自身行为边界的冲击时，市场化的改革目标及其自身激励机制下任期经济总量最大化的目标面临着权衡，而只有通过政府自身的不断转型，逐渐适应市场经济体制下的运行规律，才能将两者的目标协调好。与此同时，转型效应不断明确了政府和市场的关系，划定了政府的行为边界，约束了政府的越位行为，同时也确保了政府对市场经济不足的地方进行补充，从而不断地推进市场经济的发展，促进经济的发展。创新效应机制则叙述了这样一种运行过程，当政府在转型过程基本结束以后，还会不断面临新问题、新情况，政府通过在转型期间积累的经验不断进行体制机制创新，理顺市场与政府的关系，不断将改革推向深化，从而不断释放制度供给，为新问题的解决奠定基础。通过转型效应和创新效应机制，政府行为的变化必然会带来一个结果，就是政府服务的不断优化，也就是说政府提供公共产品的数量、范围、种类向不断完善前进。而城乡公共服务不均等曾是制约城乡一体化的重要障碍，随着政府公共服务的不断优化，城乡之间公共物品供给逐渐均等化，加速了城乡一体化的进程。在城乡公共服务不断均等化的过程中，要素流动和分布就不仅只关注要素的边际收益是多少，更关注不同地区的差异化特色，从而达成了人均收入收敛的目的，奠定了城乡一体化最重要的基石。

本节我们从个人、企业和政府三个角度分析了要素流动自由化冲击对其行为的影响，并着重从要素流动自由化对行为主体的约束函数和目标函数的影响展开，探察了要素流动自由化影响个体行为的具体过程，并将行为主体的行为变化与城乡一体化相联系，探讨了行为主体的行为变化对城乡一体化的影响，从而构建了较为完整的要素流动自由化对城乡一体化的运行机理框架。下一节，我们将从能够影响城乡一体化的具体要素入手，简要梳理和分析这些要素是如何影响城乡一体化的。

## 二　要素流动影响城乡一体化：主要内容

哪些要素的流转配置影响了城乡一体化，是本节关注的核心内容。如果说前文的分析，是构建本研究理论框架的"上层建筑"，那么本部分的论述将着力构建本研究的"经济基础"，即哪些要素通过怎样的方式影响了城乡一体化。可以说，从前文高度抽象的理论框架建构和基本原理阐述，到本节具体内容的展开，遵循了从实践到理论再到实践的螺旋式的认识发展规律，这是构建完整理论框架的必要前提。

发展经济学"二元经济结构"理论认为，城乡"二元"结构的打破以农村无限供给的劳动力流出为前提，以城市工业不断发展为抓手，以农村农业发展转型为基础，通过劳动力不断从农村流入城市，提升人力资本的同时，推进自给自足的农村农业体系加速向市场经济条件下的新型农业转变，从而实现城乡二元经济结构的逐渐消除。劳动力从城市到乡村的流动，不仅增加了城市的集聚能力、减轻了农村的人地比例失衡压力，还提升了农村劳动力的边际收益，从而逐渐推动了劳动力资源在城乡之间的优化配置。当城乡之间的劳动力的边际收益逐渐缩小，劳动力在城乡之间的流动就已经从单向化的农村流向城市，转向了城市与农村双向互动流转，劳动力的流动过程必然伴随着技术要素、资本要素在城乡之间的流转和溢出，从而成为推动城乡一体化的重要原因。另一方面，当城乡二元经济结构逐渐消除，经济空间布局优化是区域乃至国家发展的重要目标，如何在城乡之间优化配置经济活动，对于城乡一体化至关重要。同时，二元结构转换期城市人口净流入急速膨胀，"大城市病"导致了要素回报率下降，而乡村地区的优美环境、高效而优质的公共服务、良好的基础设施则极具吸引力，同时国家意在优化经济空间布局而采取的扶持政策都成为吸引企业和个人回流的因素。因此，我们认为，劳动力、资金、技术和公共资源四种要素的流动配置能够构成推动城乡一体化的真正内核，是推动城乡一体化的重要推手。

（一）劳动力要素与城乡一体化

劳动力在城乡之间的流动，对于城乡一体化的影响机理，表现为生产方式和技能在城乡之间的扩散与交流，从而引致的城乡经济一体化。劳动力的流动，受到城乡和行业间的工资率不均衡分布的影响，呈现人力资本价值随工资率高低分布的局面，即工资率高的行业和地区，其劳动力所蕴含的人力资本价值更高。这背后的机理是，工资率高的行业和地区，其劳动生产率更高，需要的人力资本价值更多，人力资本的专用性更高，因此劳动力的边际价值就更大。当劳动力从工资率低的行业和地区，流向工资率高的行业和地区，并进入了这些行业和地区的企业时，伴随而来的是劳动力身上的人力资本价值不断积累。当劳动力的人力资本价值积累达到劳动力自身所能接受的上限时，劳动力的劳动边际价值也就达到最大。此时，单个劳动力的工资率分布已经在行业和地区实现了均衡，即对于具有极高人力资本价值的劳动力来说，无论在该行业的哪个地区或哪个企业就业，其获得的工资率都是大致相当的，其工资议价能力也是较强的。因此，此时劳动力的流动，已经不单单受到工资率的影响，转而追求舒适的工作生活环境、较好的公共服务和基础设施等，而随着高人力资本价值的劳动力在城乡间流动，新技术、新技能开始随着人员的流动而产生技术溢出和知识溢出效应，劳动生产率开始在城乡和行业之间逐渐均衡，城乡之间由于分工不同而导致的生产率差距和工资率差距开始逐渐缩小，城乡经济发展一体化进程加快，为城乡一体化提供了坚实基础。

（二）资本流动与城乡一体化

资金流动，特别是以投资的形式进行，实现了对特定行业和地区资本存量的积累。对城市系统来说，特别对工业化社会的中后期来说，投资往往需要持续大量地注入并不能即刻创造效益的新兴产业部门，才能实现经济结构的优化升级，引致城市经济的长期发展。资金流动随着企业投资布局的改变发生了方向性变化，引致了城乡关系的深刻变迁。这种资金流动对城乡关系的改变，是通过城乡间资金的来源和流出方向的转变实现的。从城市端来说，工业化中期之前，由于要素的集聚效应引发了知识溢出和技术进步，导致了大量的生产要素向城市地区集中，驱动了城市经济的快速发展。毫无疑问，这些要素都来自乡村地区，因此从城市资金的来源方向来说，其资金的来源主要是乡村地区的资金流入和资本增值。从城市资金的流出方向来看，由于城市地区的投资回报率远高于乡村地区，城市资本的增值进入了城市经济体系之中，进行了扩大再生产和经济循环，形成了城市地区资金在城市体系之中进行流动的封闭循环，形成了城市体系经济增长的强化机制。

然而，当城市规模扩张的幅度超越了最优边界时，规模经济将被拥挤成本所抵消，集聚力被离散力超越，生产要素特别是流动成本很低的资本要素会选择收益率更高的地区进行布局。因此，当城市的资金不再只是封闭在城市经济体系之中时，向乡村地区进行投资，便开始了城乡间资金流动方向的转向。从乡村端来说，当城市化浪潮展开之后，人口大规模向城市转移，乡村地区开始进行生产方式的工业化和现代化改造，人均产出在规模经济的作用下逐渐提高。乡村经济开始逐渐从人口的大量流失中复苏，乡村生态环境逐渐得到修复，并逐渐形成了独特的乡村风貌。当城市规模过于膨胀之后，生产要素在集聚—离心机制的作用下，会倾向选择更加合理的空间进行重新集聚。此时，环境优雅、地租低廉、生活成本较低的乡村地区吸引了城市地区的资本进行投资，不论是传统产业还是新兴产业，都倾向于在乡村地区布局，从而使大规模的资金流入农村地区，并在获得较好的投资回报率之后，选择在城乡之间按照收益率高低进行布局。此时，城乡间各自独立的资金循环链条被打断，资金流动的方向完全由要素边际收益决定，资本的配置效率明显提升，城乡一体化的进程逐渐加快。

## （三）技术资源流动与城乡一体化

城乡一体化滞后的根本原因是城乡技术发展失衡。农村劳动力的不断流出，特别是高素质的人才普遍外流，加剧了农村地区人才的紧缺和人力资本存量的缺失。技术力量的孱弱，令传统农业的转型进展缓慢，而作为短板的农业无法为现代工业提供强有力的支撑，也就谈不上城乡一体化。我们认为技术要素流动促进城乡一体化是从两个方面表现的：一是改造传统农业，促进农业现代化转型，推进农业现代化、新型城镇化、工业化和信息化协同发展；二是技术要素流动促进了农村地区的知识溢出，提升了农村的技术存量，为农村累积了人力资本。其运行机理是：技术要素的流动，很大程度上伴随着劳动力或者投资的流动而流动，即技术要素的流动是一种伴生的溢出现象。当然，这并不排除国家通过各种科技协会之类的组织向农村地区义务传授各种技术和知识，但是这种依附于行政力量的技术流动的效率是较为低下的，效果也难慰人心。因此，我们认为，技术要素的流动是和个人与企业的投资转向密不可分的。当城市超出自身的最优规模边界，要素的边际回报率逐渐下降，引起个人与企业投资和流动的转向。农村地区较为廉价的生产生活成本吸引了个人和企业，而个人和企业开始在城市的郊区甚至农村地区布局，吸引了更多的农民就近转移，加入现代化的生产生活活动无疑增加了技术要素的流动，积累了农村地区人力资本存量。另外，人口在不同地区间的转移，特别是高技术人才向农村地区的转移，会让更多技术和知识在城乡之间溢出，从而为城乡企业的发展提供信息交流的渠道，促进城乡之间要素的优化配置，促进城乡一体化。

## （四）公共资源配置与城乡一体化

城乡公共资源均衡化配置能够有效推进城乡一体化进程。公共资源配置作为决定地区长久发展的基础性变量，反映了一个地区的社会价值理念、政府管理水平和经济社会发展的潜力。城乡之间公共资源的均衡化配置，之所以能够推进城乡一体化进程，其主要的作用机理在于，通过改变经济增长过程中外生环境变量与内生变量的相互关系，促进要素优化组合配置，进而影响城乡经济增长、扩展城乡联系、增进城乡互动，从而加速城乡一体化进程。第一，城乡之间完善高效的基础设施网络是城乡发展乡一体化的基础条件，也是城乡一体化的必要条件。其运行机理是：一方面完善的城乡基础设施网络降低了城乡互联互通的成本，提高了交易效率；另一方面，完善的基础设施网络增进了城乡商贸流通、人员转移与信息交流，扩展了城乡联系的深度与广度，为城乡一体化的推进奠定了坚实基础。第二，城乡公共服务均等化，提升乡村公共服务质量，能够推进城乡一体化。城乡公共服务均等化是推进城乡一体化向更高层次发展的必要条件，是提升城乡一体化质量的必由之路。其运行机理是：一方面，城乡公共服务的均等化可以有效改善乡村地区人民的收入水平，扩大乡村地区的市场规模，有利于形成城乡统一大市场，促进城乡一体化；另一方面，城乡公共服务均等化可以稀释城乡要素分布的非均衡化外部条件，为企业、个人的投资提供新途径。

综上，本章我们首先从要素流动背景下的城乡一体化概念出发，明确了基于要素流动的城乡一体化的内涵和外延，界定了什么是要素流动的城乡一体化；其次，我们指出了基于要素流动的城乡一体化的特征，即基于要素流动的城乡一体化与其他形式的城乡一体化推进形式相比具有哪些鲜明特点；再次，我们进入了本研究的必要性论证，即为什么我们要从要素流动的视角出发研究城乡一体化，经过对充分性和必要性两方面系统的论述，我们认为中国城乡一体化滞后的原因是要素流动不畅，而解决中国城乡一体化的出路则在于要素流动的自由化；最后，我们从要素流动自由化何以能够促进城乡一体化的视角出发，较为系统地从要素流动自由化对经济行为主体的行为约束和目标函数的冲击与适应角度，论证了要素流动自由化推进城乡一体化的运行机理，并进一步阐述了是哪些要素的流动促进了城乡一体化，其背后的基本原理是什么，从而阐释了要素流动自由化和城乡一体化的对立统一关系。

# 第四章 江苏省要素流动与城乡一体化水平的测度

## 第一节 江苏省要素流动的测度

毋庸置疑，促进要素合理流动、优化配置是加速我国城乡一体化的重要手段。然而，土地、资本、劳动力、技术和公共资源等生产要素在城乡之间的配置额度、利用效率和流动能力存在较大差异，不同生产要素在城市与乡村的存在方式、流动方式也极为不同，不同的要素对城乡一体化的影响机理与作用能力也不相同。因此，为有效推进城乡一体化发展进程，厘清不同要素对城乡一体化建设的作用机理，需要对要素在城乡之间的流动进行定量分析。

### 一 劳动力流动的测度

中国自改革开放以来逐步建立了社会主义市场经济体制，要素在城乡之间流动的制度性障碍被逐渐破除，劳动力在城乡、产业、区域之间发生大规模流动。劳动力流动成为激发我国经济活力，推动我国几十年经济高速增长的重要力量。所以，国内外许多学者在研究我国经济发展时对这一现象给予了极大关注，不少学者试图利用各种技术手段准确、恰当地描述劳动力流动的演变，然而劳动力流动不仅涉及城乡、区域和产业等多层面问题，更存在多层面双向流动的问题，这使测量劳动力流动变得十分复杂。但是，测量要素流动对城乡一体化发展的影响又必须对这一变量进行准确测度。在对已有劳动力流动的相关文献进行梳理之后，笔者发现目前并没有反映农村劳动力流动规模的直接指标，不同学者在测度过程中选用的方法与指标区别很大，测度结果也存在较大差异。

测算方法上，段均（2012）在测度我国农村剩余劳动力转移时，使用了非农业人口占农村劳动力总量的比重。张广婷等（2010）在对我国劳动力转移与经济增长之间的关系进行分析时，构造了一个农业剩余劳动力转移的再配置效应的概念，用于刻画劳动力转移，其实质仍是农业部门与非农业部门之间的劳动力转移。程名望、史清华（2007）在研究经济增长、产业结构与农村劳动力转移时，对劳动力人口转移口径的鉴定是"到乡外就业6个月以上的劳动力；或者虽然未发生地域性转移，但在本乡内的非农产业就业6个月以上的劳动力"。陆学艺（2004）、欧阳峣和张杰飞（2010）计算农村劳动力转移数量所采用的方法是城镇从业人口减去城镇职工人口加上乡村从业人数减去人口得到农村非农业人口。应瑞瑶和马少晔（2011）、陈光普（2012）采用人口机械增长量来衡量劳动力流动规模，计算方法为"本年末总人口 − 上年末总人口 − 上年末总人口 × 本年人口自然增长率"。沈坤荣、余吉祥（2011）采用"城镇单位从业人员中农村劳动力的比例"代替农村劳动者在城镇的就业比例。除了运用区域统计年鉴外，还有一部分学者以历次人口普查或历次人口抽样调查的数据衡量劳动力流动，如段成荣、杨舸（2009）基于2005年全国1%人口抽样调查数据测得跨省劳动力流动中85%以上为城乡流动。贺佳丹（2014）利用1990年、2000年、2010年三次人口普查及1987年和2005年1%人口抽样调查的数据，以省际劳动力流动代替城乡劳动力流动，测算了我国城乡劳动力流动规模。也有部分学者如漆世兰等（2009）通过实际调研获得第一手样本数据，估算城乡劳动力流动规模。在城乡劳动力流动的测算结果上，胡英（2003）在测度1990~2000年城乡人口时利用了1990年、1995年、2000年三次人口普查数据，结果表明在这10年中城乡之间迁移总数为1.25亿~1.29亿人。卢向虎等（2005）在测算我国1978~2003年城乡人口迁移规模时，使用城镇总人口增长数量减去城镇人口自然增长数量，结果显示，在这25年间共有2.7762亿人口实现了城乡之间的迁移。盛来运（2008）、蔡昉和王美艳（2010）根据《中国农村住户调查年鉴》分别测算了2001~2005年与2001~2009年城乡劳动力转移人数，使用指标为到城镇就业达6个月以上的农民工人数，测算结果分别为1.26亿人和1.50亿人。

梳理当前测度城乡劳动力流动的相关文献，我们发现目前尚没有直接反映城乡劳动力流动的直接指标，并且城乡劳动力流动不仅包括区域内部城乡之间的流动，还有相当一部分劳动力来自区域外，这使准确测算城乡劳动力流动变得十分困难。国内外学者在测度城乡劳动力流动过程中所使用的指标、数据和方法分歧很大，因而测算结果存在很大差异。当然，由于城乡劳动力流动的复杂性，以及当前相关数据的严重缺失，想要准确衡量区域城乡要素流动规模是十分困难的。

本研究试图探讨要素流动对城乡一体化的影响机理，因此尽可能准确地衡量要素在区域内的流动能力十分关键。在已有测度城乡劳动力流动的文献中，多数文献将城乡要素流动视为区域内城乡之间劳动力流动，而忽视了从区域外流入的劳动力。已有文献及媒体公布的数据表明，东南沿海地区吸收了来自西部、中部的大量劳动力，我国省际之间存在大规模人口流动。本研究以江苏省各地级市作为实证分析的对象，但不能忽视从江苏省以外的其他省份流入的劳动力。为尽可能准确地测度劳动力要素流动对江苏省城乡一体化的影响，笔者测算了区域外部流入的劳动力流动比率：

$$区域间劳动力流动比率 = 区域人口机械变动率$$

$$区域人口机械变动率 = \frac{本年末总人口数量 - 上年末总人口数量 - 上年末总人口数量 \times 本年度人口自然增长率}{本年末总人口数量}$$

本研究借鉴陈光普（2012）测度城乡劳动力流动规模的方法。将区域人口机械变动率作为区域间劳动力流动能力的替代变量。因为区域人口机械变动率为一年中流入本地的外地人口在本年末总人口的比重，笔者认为这一比重与流入本地的劳动力在本地劳动力总量所占比重接近，因而认为可以将其作为替代变量。

本研究测度江苏省各地级市与外部的人口流动情况，衡量劳动力流动的规模和速度需要知道各市的人口迁移规模和人口自然增长率，通过查阅各市统计年鉴我们掌握了这两个变量对应的数据（见表4-1、表4-2）。

表4-1 2003~2012年各市人口自然增长率

单位：‰

| 城市 | 2003年 | 2004年 | 2005年 | 2006年 | 2007年 | 2008年 | 2009年 | 2010年 | 2011年 | 2012年 |
|---|---|---|---|---|---|---|---|---|---|---|
| 南京 | 0.08 | 2.29 | 2.34 | 2.18 | 2.84 | 2.51 | 2.18 | 0.90 | 3.70 | 2.19 |

续表

| 城市 | 2003年 | 2004年 | 2005年 | 2006年 | 2007年 | 2008年 | 2009年 | 2010年 | 2011年 | 2012年 |
|---|---|---|---|---|---|---|---|---|---|---|
| 无锡 | 0.00 | 0.95 | 0.67 | -0.27 | 0.68 | 0.49 | 0.25 | 0.70 | 0.95 | 0.60 |
| 常州 | 1.63 | 1.07 | 2.12 | 1.90 | 0.96 | 0.15 | -0.40 | -0.71 | 1.90 | 1.41 |
| 苏州 | 0.08 | 1.13 | 1.18 | 1.18 | 1.30 | 0.96 | 1.30 | 2.44 | 2.62 | 0.98 |
| 镇江 | 0.88 | -0.71 | 2.09 | 1.65 | -0.21 | -0.86 | 0.88 | 0.07 | 1.50 | 1.10 |
| 南通 | -1.47 | -1.02 | -1.08 | -0.81 | -1.69 | -1.60 | -1.51 | -0.89 | -0.94 | -0.79 |
| 扬州 | 1.13 | 0.50 | 3.81 | 1.37 | -0.85 | 1.19 | -1.68 | -1.63 | 0.25 | 0.13 |
| 泰州 | 0.99 | -0.04 | 1.59 | 1.81 | -2.76 | 2.00 | 2.05 | -1.92 | 2.91 | 0.86 |
| 徐州 | 5.68 | 9.84 | 11.13 | 11.25 | -3.30 | -1.42 | 1.31 | 0.94 | 1.71 | 5.49 |
| 连云港 | 6.04 | 9.02 | 7.64 | 6.98 | 0.11 | 5.20 | 4.89 | 5.02 | 10.23 | 4.73 |
| 淮安 | 3.39 | 6.08 | 6.62 | 7.32 | 1.32 | 6.56 | 2.12 | 6.73 | 9.66 | 4.75 |
| 盐城 | 2.18 | 2.40 | 3.76 | 6.41 | 4.82 | 4.69 | 3.12 | 4.24 | 5.31 | 3.10 |
| 宿迁 | 3.70 | 8.18 | 6.89 | 8.29 | 4.89 | 5.95 | 9.20 | 8.63 | 10.95 | 8.32 |

资料来源：根据2003~2012年《江苏省统计年鉴》数据测算结果整理。

人口自然增长率反映了地区人口自然增长的程度和趋势。从三大区域来看，苏中各市人口自然增长率最低，南通市人口2003~2012年的人口自然增长率全部为负，扬州和泰州的人口自然增长率也在部分年份为负值，苏南各市人口增长率高于苏中各市，但总体上增长率较低，苏北各市人口自然增长率最高，且远高于苏中和苏南各市。从各市人口增长率来看，南通市在10年中全为负值，无锡、常州、镇江、扬州、泰州和徐州在部分年份出现负值，其他城市则全部为正值。从人口自然增长的趋势来看，南京、苏州、盐城和宿迁四市的人口自然增长率逐渐增大，其他城市的人口增长率则呈现无规律的波动态势。从各市人口自然增长率的波动幅度来看，南京、无锡和南通等市波动幅度最小，在2%左右，而徐州、连云港和宿迁三市波动幅度最大，都在7%以上，其他各市波动幅度较小。

表4-2 2003~2012年各市人口迁移规模

单位：万人

| 城市 | 2003年 | 2004年 | 2005年 | 2006年 | 2007年 | 2008年 | 2009年 | 2010年 | 2011年 | 2012年 |
|---|---|---|---|---|---|---|---|---|---|---|
| 南京 | 8.90 | 10.06 | 10.83 | 10.13 | 8.22 | 5.74 | 3.95 | 2.09 | 1.60 | 0.73 |
| 无锡 | 3.94 | 4.23 | 5.35 | 5.08 | 3.63 | 2.23 | 1.33 | 0.58 | 0.96 | 1.83 |

续表

| 城市 | 2003年 | 2004年 | 2005年 | 2006年 | 2007年 | 2008年 | 2009年 | 2010年 | 2011年 | 2012年 |
|---|---|---|---|---|---|---|---|---|---|---|
| 常州 | 2.42 | 2.38 | 1.92 | 2.37 | 2.37 | 1.31 | 1.22 | 1.24 | 1.37 | 1.40 |
| 苏州 | 7.02 | 7.21 | 7.75 | 8.05 | 7.55 | 4.72 | 2.72 | 2.82 | 3.00 | 4.85 |
| 镇江 | -0.18 | 0.21 | -0.16 | 0.74 | 0.05 | 0.22 | 0.87 | 0.81 | 0.74 | -0.76 |
| 南通 | -1.53 | -3.04 | -2.09 | -0.45 | -2.36 | -1.18 | 0.09 | 0.94 | 2.68 | 0.92 |
| 扬州 | 0.88 | 0.45 | 0.29 | 1.70 | 1.00 | -0.01 | -0.22 | 1.07 | 0.82 | -1.69 |
| 泰州 | -0.84 | -0.87 | -1.52 | 0.64 | -1.51 | -0.81 | 2.06 | 1.64 | 1.00 | -1.21 |
| 徐州 | -0.92 | -0.75 | -1.74 | -0.99 | 9.30 | 7.25 | 9.51 | 14.38 | 2.11 | 8.51 |
| 连云港 | 0.02 | -3.24 | -0.21 | 3.94 | 2.76 | 3.51 | 0.00 | 4.63 | 2.36 | 3.42 |
| 淮安 | -0.34 | 0.98 | 0.24 | 1.13 | 0.54 | -0.59 | -3.89 | 0.99 | -0.70 | 0.99 |
| 盐城 | -1.23 | -0.14 | -2.61 | 0.94 | 1.18 | -1.88 | -1.87 | 0.31 | 0.24 | -0.83 |
| 宿迁 | 2.36 | -0.09 | -0.45 | 0.58 | -0.53 | -0.11 | 1.10 | 1.01 | 2.79 | 0.59 |

资料来源：根据2003~2012年《江苏省统计年鉴》数据测算结果整理。

为更清楚地显示各市人口的流动规模，我们给出了2003~2012年江苏省各市人口迁移规模总和，如图4-1所示。

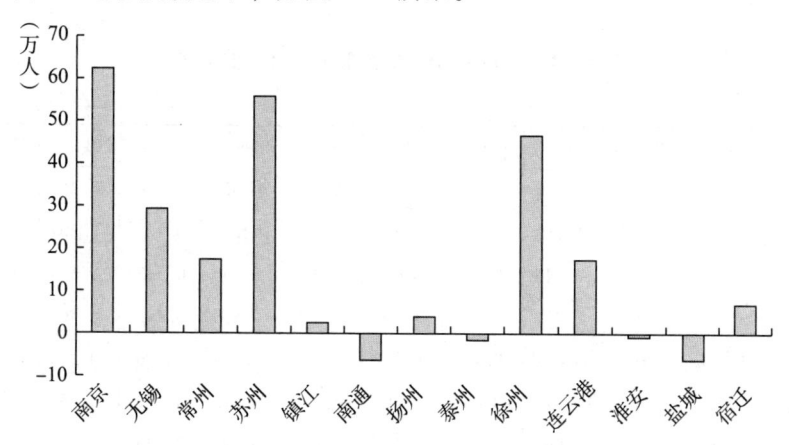

**图4-1 2003~2012年江苏省各市人口迁移规模总和**

资料来源：根据2003~2012年《江苏省统计年鉴》数据测算结果整理。

表4-2为江苏省各市2003~2012年人口迁移规模的测算结果，由年末总人口与自然增长人口相减得到。从各市人口迁移的方向来看，南京、无锡、常州和苏州等四市的测度结果全为正值，表明上述四市为人口净迁入城市，其他各市的测度结果有正值也有负值，表明人口在不同年份迁出、迁入情况存在差异。结合图4-1，我们可以看到，在三大区域中，苏南地

区为人口净流入地区，苏中地区为人口净流出地区，苏北地区的人口流入规模大于流出规模。在三大区域内部，就苏南各市而言，南京和苏州人口流入规模较大，无锡和常州次之，镇江最少；在苏中三市中，扬州市为人口流入地区，而南通市和泰州市为人口流出地区，且南通市人口流出的规模较大；在苏北五市中，徐州、连云港和宿迁三市为人口流入地区，淮安和盐城为人口流出地区，其中，徐州人口流入规模较大，而盐城人口流出规模较大。另外一个值得注意的情况是，各市人口流动规模可以将2008年作为分水岭，清晰地分为两个阶：2003~2007年，人口流动规模较大，特别是苏南地区人口流入规模很大，而苏中的南通和泰州，苏北的徐州、连云港和宿迁在这一时期人口流动以迁出为主；而在2008年以后，苏南各市人口流入规模显著缩小，上述以人口迁出为主的城市逐渐转变为以人口迁入为主。因此，作为东部发达省份的江苏省在全国范围内属于人口流入地区，但是，由于江苏省区域经济发展不均衡，人口在各市之间也存在不同程度的人口流动现象，而人口的流动方向和规模与当地经济发展状况息息相关。

2003~2012年江苏各市人口机械变动率如表4-3所示。

表4-3 2003~2012年各市人口机械变动率

单位：%

| 城市 | 2003年 | 2004年 | 2005年 | 2006年 | 2007年 | 2008年 | 2009年 | 2010年 | 2011年 | 2012年 |
| --- | --- | --- | --- | --- | --- | --- | --- | --- | --- | --- |
| 南京 | 1.556 | 1.724 | 1.818 | 1.668 | 1.331 | 0.919 | 0.627 | 0.330 | 0.251 | 0.114 |
| 无锡 | 0.890 | 0.946 | 1.182 | 1.110 | 0.786 | 0.481 | 0.286 | 0.125 | 0.204 | 0.389 |
| 常州 | 0.699 | 0.682 | 0.546 | 0.669 | 0.663 | 0.364 | 0.340 | 0.342 | 0.379 | 0.383 |
| 苏州 | 1.188 | 1.204 | 1.277 | 1.307 | 1.209 | 0.749 | 0.430 | 0.443 | 0.467 | 0.749 |
| 镇江 | -0.066 | 0.078 | -0.059 | 0.275 | 0.017 | 0.082 | 0.324 | 0.300 | 0.274 | -0.280 |
| 南通 | -0.197 | -0.392 | -0.272 | -0.058 | -0.308 | -0.155 | 0.012 | 0.123 | 0.350 | 0.121 |
| 扬州 | 0.194 | 0.100 | 0.063 | 0.372 | 0.218 | -0.002 | -0.047 | 0.233 | 0.177 | -0.369 |
| 泰州 | -0.167 | -0.173 | -0.303 | 0.127 | -0.202 | -0.162 | 0.409 | 0.325 | 0.197 | -0.238 |
| 徐州 | -0.101 | -0.082 | -0.189 | -0.106 | 0.989 | 0.765 | 0.993 | 1.478 | 0.216 | 0.859 |
| 连云港 | 0.005 | -0.691 | -0.045 | 0.823 | 0.572 | 0.719 | 0.001 | 0.930 | 0.467 | 0.669 |
| 淮安 | -0.065 | 0.187 | 0.046 | 0.211 | 0.101 | -0.110 | -0.728 | 0.183 | -0.130 | 0.181 |
| 盐城 | -0.154 | -0.018 | -0.327 | 0.117 | 0.146 | -0.231 | -0.231 | 0.037 | 0.029 | -0.101 |
| 宿迁 | 0.457 | -0.017 | -0.086 | 0.110 | -0.100 | -0.021 | 0.204 | 0.186 | 0.502 | 0.106 |

注：根据2003~2012年《江苏省统计年鉴》数据测算结果整理。

如上文所述，人口机械变动率是迁移人口在当地总人口中所占的比重，反映了区域人口流动的能力。据表4-3我们发现，南京、无锡、苏州和徐州的人口机械变动率较高，其他城市的变动率较低。从人口机械变动率的变动趋势来看，南京、无锡、常州、苏州四市在逐渐减小，而镇江、徐州两市在逐步增长，其他城市则呈不规则变动。可见，经济较为发达的地区的人口机械变动率也较高。

## 二 资本流动的测度

自1985年后，资本流向开始由农村向城市流动，而沿海地区优先发展的政策又使资本流向由中西部向东部流动，所以，东部地区城市的迅速发展相当程度上得益于乡村和中西部地区的资本流入。然而，资本流动的实际情况比人们的认识甚至理论分析要复杂得多，资本并不是从中西部和乡村一直单向流入城市的，流动的规模可能随着经济形势的变化发生剧烈变动。肖灿夫（2010）在运用FH模型对我国1985~2006年区域资本流动性进行考察时，发现我国国内资本流动性呈增强趋势，资本的流动规律是追求高回报率，空间距离递减，总体上呈"分散—集中—分散"特征（白井文，2001；陈永国，2006）。文建东（2004）、范剑勇等（2004）、杜跃平（2005）、钱雪亚等（2009）、封福育（2010）在考察区域资本流动时，发现省际资本流动、城乡资本流动与其地理位置、自然条件有关。张艳丽（2011）利用各省统计年鉴中的数据对省际资本流动规模做了计算，结果显示，1993~2009年东部地区资本流动表现为先流入后流出，流入规模于2004年达到高峰，为2579.8亿元，2006年资本流入转为流出，2007年资本流出规模达到5773.8亿元，江苏省的情况与此类似。褚保金等（2011）以江苏省39个县（市）为样本考察了农村资本的流向和规模，发现样本县（市）农村信贷资金净流出量从1997年的380亿元增加到2009年的3721亿元，流出比率也由1997年的12.14%上升到2009年的28.87%。

因此，资本流动对城乡一体化发展的影响并不是长期不变的，对其进行定量分析的前提是对资本流动规模做定量测度。由于资本流动是经济增长绩效、产业结构调整及空间布局等方面研究的重要内容，因而，许多学者利用诸多方法对资本流动的能力、规模及速度做了测度，分析这些方法后可将其概括为两大类。

(1) FH 回归法。Feldstein 和 Horioka（1980）首先提出利用投资和储蓄的相关性来测度资本流动的程度，他们用"跨期储蓄—投资"模型考察了 21 个 OECD（Organization for Economic Co-operation and Development）国家国内储蓄和投资的关系。该方法的基本思想为：在资本自由流动的条件下，资本会流动到回报率最高的区域，区域内储蓄和投资相关性较小，储蓄的增加不会增加当地的投资。所以，资本流动性高的地区，当地储蓄与投资的相关度较高，而资本流动度低的地方，二者的相关性低。

Feldstein 和 Horioka 利用 21 个 OECD 国家 1960~1974 年的平均储蓄率、投资率的数据。

$$(I/Y)_{it} = \alpha_i + \beta(S/Y)_{it} + \mu_{it}$$

其中，$I$ 为投资规模，$S$ 为储蓄规模，$Y$ 为国内生产总值，因而，$I/Y$ 为投资率，$S/Y$ 为储蓄率，$\beta$ 被称为储蓄保留系数，但更多的被称为 FH 系数，$\varepsilon$ 为误差项。$\beta$ 反映资本流动的强弱，取值范围为 0~1，$\beta$ 越大，表明资本流动能力越小，反之亦然。

FH 模型设计中初衷是检验国际间资本流动效应和国际金融市场发展程度，但很快就被其他学者改进，并引入国内甚至区域内部资本流动的研究中。Bayoumi 和 Klein（1995，9；1997）采用改进的 FH 模型，对 OECD 成员国加拿大省际的资本流动做了研究，发现加拿大各省之间资本基本可以实现自由流动，而面积大且经济较为繁荣的省份资本流动性面积小且经济欠发达的省份资本流动性明显要弱一些，因此，文章认为省际边界对资本流动基本没有影响。Kim 等（2005，2007）测度了东亚、南亚 11 个国家的 $\beta$ 值，结果表明 20 世纪 80 年代以来，这些国家的 $\beta$ 值大幅下降，即资本流动能力有所增强。Widjaja 等（2002）运用 FH 模型对印度尼西亚各岛之间的资本流动性进行测算，结果表明印度尼西亚各岛资本流动性很弱。

基于国外学者运用 FH 模型对资本流动测度的成功，国内学者也运用该方法对国内资本流动能力做了测度。胡永平等（2004）采用 ARDL - ECM 模型测算出东中西部的 $\beta$ 值分别为 1.41、0.96、0.5。麦勇、李勇（2006）测算的各省 1982~2005 年的 $\beta$ 值在 0.083~0.191。贺胜兵（2008）在考虑了经济规模、经济增长率和经济开放度的影响后，测算结果表明 $\beta$ 值与储蓄率、投资率存在非线性关系，而且经济增长越快的地方 $\beta$ 值越大，经济规模

越大的地区 $\beta$ 值越小。胡凯（2011）运用 FH 模型对我国省际资本流动能力做了测度，研究发现东部地区的资本数量与结构均优于中西部，所以即使通过政府渠道流向中西部的资金，又会经由市场渠道流回东部。张晓莉、刘启仁（2012）基于永久收入模型采用 OLS、GMM 和 Swamy's 随机系数模型等计量方法测度资本流动性，结果表明，我国全国资本流动能力低于 OECD 国家平均水平，且多数省份资本流动性较低，而且加入世界贸易组织并没有有效提升资本流动性。

（2）资本流动渠道测度法。王绍光、胡鞍钢（1999）和魏后凯（2002）等从金融、银行和政府转移的渠道分析了资金流动规模。樊纲等（2004）提出了一个测算区域资本流动规模的方法，该方法根据资本与货物反向流动，通过测算区域货物流动规模反向推断出资本流动的规模。胡凯、吴清（2012）也应用该方法对东部、中部和西部资本流动的绝对规模和相对规模做了测度。唐盛强（2011）、毛文华（2013）将资本流动的渠道分为固定资产投资、政府预算资金、FDI 和银行资金，将这四种渠道的资金流动规模各自测算后加总得到各省资金流动的总规模。黄先海、杨君（2011）在此基础上又加入了对外投资这一渠道。郭金龙、王宏伟（2003）从全社会固定资产投资、政府预算资金、银行资金、民间资金、外资和其他资本流动渠道六种渠道对资本流动规模分别测算并加总得到资金流动总规模。

根据上述对资本流动测度方法的介绍与评述，我们发现在测度资本流动的两种基本方法中，FH 回归法运用广泛，国内外学者运用该方法对 OECD 国家、欧盟与英美等发达国家、印度尼西亚等发展中国家以及我国国内区域资本流动规模、流动强度做了测度，其测度结果符合资本流动性增强的现状，而且不论是对发达国家还是发展中国家，在总体上测度结果是可置信的。相比 FH 模型，通过测度资本流动渠道资金规模达到测度资本流动规模的方法，对基本数据要求很高，其中政府预算资金、FDI、民间资本市场的资金流动规模的相关数据，在地市级层面上很难全面获得。基于上述认识，本研究采用第一种方法的主旨思想作为测度江苏省各地级市资本流动能力的基本方法。

在 FH 回归法中，测度区域资本流动需要得到该地区的国内生产总值（Y）、投资额（I）和储蓄额（S），而资本流动的规模则是二者之间的差额，其流动能力是二者相对变化的速度。所以，我们以投资额与储蓄额之间的差额作为资本流动规模的测度，以差额的变动幅度作为资本流动的流动能力。其中，投资额以该地区资本形成总额表示，即固定资本增加与存货增加的加总；储蓄额用该地区国内生产总值与最终消费的差额表示，其中最终消费差额由居民消费和政府消费两部分组成。笔者从江苏省各市统计年鉴和《江苏省生产总值核算历史资料汇编：1952~2010》等相关统计资料中查找了计算储蓄额和投资额的相关数据，由于各市统计指标设计存在差异，一些城市部分年份的相关数据缺失，笔者运用统计方法做了合理外推，如此，本研究选取了2003~2012年的年度数据作为实证分析样本。

首先，我们可以简单地分析一下江苏省各市的储蓄率和投资率的变动轨迹，从二者的变动趋势考察2003~2012年各市资源流动的轨迹。在这之前，我们先根据FH回归法的思想，分析各市的资本流动方向，表4-4的资本流动规模由储蓄额减去投资额得到，其中，正值为资本流出，负值为资本流入。

表4-4　2003~2012年江苏省各市资本流动规模

单位：亿元

| 城市 | 2003年 | 2004年 | 2005年 | 2006年 | 2007年 | 2008年 | 2009年 | 2010年 | 2011年 | 2012年 |
|---|---|---|---|---|---|---|---|---|---|---|
| 南京 | -179.49 | -212.55 | -73.95 | -53.40 | -11.81 | 0.96 | -25.87 | -22.46 | -51.52 | -31.47 |
| 无锡 | 277.62 | 351.86 | 443.23 | 559.86 | 868.81 | 965.92 | 776.17 | 837.72 | 963.18 | 983.38 |
| 常州 | 49.89 | 19.48 | 17.98 | 29.84 | 69.58 | 113.34 | 189.14 | 257.42 | -91.46 | -280.07 |
| 苏州 | 313.51 | 512.19 | 513.01 | 611.98 | 776.21 | 1235.88 | 885.81 | 1101.45 | 674.70 | 190.97 |
| 镇江 | 102.88 | 130.06 | 76.39 | 97.44 | 135.42 | 93.50 | 78.13 | 114.79 | -168.02 | -255.46 |
| 南通 | 53.84 | 32.63 | -16.72 | -80.16 | -84.63 | -140.18 | -106.43 | -110.68 | 54.23 | -261.84 |
| 扬州 | 84.53 | 71.05 | 75.54 | 75.59 | 68.15 | 46.83 | 41.51 | 36.14 | 43.88 | 32.02 |
| 泰州 | 53.39 | 47.95 | 62.16 | 81.97 | 81.74 | 85.69 | 105.13 | 116.40 | 190.07 | 217.22 |
| 徐州 | 69.14 | 86.13 | -58.09 | -38.33 | -76.99 | -33.80 | -143.07 | -129.31 | 6.34 | 90.71 |
| 连云港 | -74.79 | -50.66 | -36.50 | -11.93 | 14.49 | 14.22 | 16.73 | 19.56 | 17.79 | -10.46 |
| 淮安 | -6.90 | -0.50 | -13.38 | -13.94 | -28.96 | -39.65 | -82.92 | -72.88 | -157.48 | -196.71 |
| 盐城 | 26.22 | 7.72 | -21.87 | -49.41 | -97.57 | -147.93 | -168.30 | -167.18 | -140.60 | -121.45 |
| 宿迁 | -34.03 | -48.33 | -94.86 | -99.47 | -103.18 | -151.84 | -177.73 | -95.33 | -75.47 | -82.52 |

从资本流动方向来看，淮安和宿迁为资本净流入地区；无锡、苏州、

扬州市和泰州四市为资本净流出地区；常州、镇江、南通、盐城四市则为资本先流出后流入地区。从三大区域来看，苏南地区除南京外基本上为资本净流出地区，苏中地区也是资本净流出地区，而苏北地区是资本净流入地区；徐州市则是资本先流出后流入最后又转为流出。从资本流动的绝对规模来看，苏州和无锡的资本流动规模整体上远大于其他各市，扬州和连云港的资本流动规模稍小于其他各市。从三大区域来看，苏南地区、苏中地区和苏北地区在资本流动规模上呈梯次分布，苏南地区最大，苏北地区最小。从资本流动规模的变化趋势来看，南京、扬州、连云港三市的资本流动规模逐年缩小；无锡、常州、南通、泰州、淮安、盐城等六市的资本流动规模逐年扩大；苏州、徐州和宿迁三市的资本流动规模先扩大后缩小；镇江市的资本流动规模则是先缩小后扩大。从资本流动的整体情况来看，经济发达的苏南各市为资本流出地区，苏中各市也为资本流出地区，但流出规模小于苏南各市，而苏北各市则为资本流入地区。

## 三 技术流动的测度

技术进步是影响区域经济发展的重要因素，也是影响区域城乡一体化的重要因素。当前我国城乡二元结构突出的原因之一就是技术要素在城乡之间分配不均衡，而且严重缺乏劳动，以致城乡之间的劳动生产率的差距持续扩大。因此，缩小城乡差距的重要措施就是推动技术在城乡之间的均衡配置和自由流动。区域技术流动是由多方面因素决定的：一是跨国公司在国外设立分公司或子公司，将技术转让给其下属公司；二是技术引入国家通过进口商品，将技术引入本国；三是发达国家将本国落后技术转让给发展中国家，并赚取技术转让费。由上述技术流动的路径可知，技术转让是经由资本流动实现的，FDI 对技术溢出的效应显著为正。关于这一观点，许多国内外学者从理论与实证两个方向给予了支持。Xu（2000）认为 FDI 对多数欠发达国家和地区的经济增长存在积极作用，是技术流动的重要渠道。Djankov 和 Hoekman（2000）运用捷克企业的微观数据得到 FDI 对该国企业发展的影响显著为正。Savvides 和 Zachariadis（2005）对 32 个欠发达经济体的制造业做了详细分析，结果表明，FDI 对这些经济体的生产效率存在正向效应。Suyanto 和 Salim（2013）的研究也表明 FDI 对印度尼西亚技术引入存在正向效应。针对 FDI 对中国技术引进和流动的效应，国内外学者也做了丰富的研究。Du 等（2011）发现 1998~2007 年 FDI 对中国企业向前、向后关联效应均十分显著。谢建国（2006）采用我国 1994~2003 年省级面板数据的研究，发现 FDI 对中国省区技术效率提升存在显著正向溢出效应。杨亚平（2007）、邱斌（2008）研究了 FDI 对企业及其向前、向后关联存在正向效应。钟昌标（2010）采用地市级数据验证了 FDI 对生产效率的影响，结果显示 FDI 不仅提升了这些地区的生产效率，还带动了周边地区生产效率的改进。余长林（2011）研究发现，FDI 显著促进了我国技术进步，是我国技术水平提升的重要方式。

既然 FDI 与技术流动之间存在显著正向效应，那么，运用 FDI 替代技术流动即是可行的。对 FDI 的技术外溢效应的测度方法可分为两类：直接法和间接法。直接法是将 FDI 存量直接量化，间接法是采用替代指标。其中，国内学者多采用 FDI 存量法。何洁（2000）、何洁和许罗丹（1999）分别检验了 1985~1997 年我国工业部门的 FDI 对企业、行业，以及 1993~1997 年 28 个省（市）的面板数据的技术溢出效应。潘文卿（2003）也采用 FDI 存量研究了 FDI 对中国工业部门的技术溢出效应，并考察了东、中、西部 FDI 技术溢出效应的差异。

江苏省是我国较早实行对外开放的地区，FDI 是该省重要的融资来源，更是该省技术引进的主要渠道，技术溢出对江苏省经济发展做出了突出贡献。所以，江苏省各市技术要素流动的规模和能力可以通过 FDI 技术溢出效应得到。据此，笔者从江苏省各市统计年鉴中获得了 2003~2012 年 FDI 的数据，具体见表 4-5。

表 4-5　2003~2012 年江苏省各市 FDI 情况

单位：百万美元

| 城市 | 2003 年 | 2004 年 | 2005 年 | 2006 年 | 2007 年 | 2008 年 | 2009 年 | 2010 年 | 2011 年 | 2012 年 |
| --- | --- | --- | --- | --- | --- | --- | --- | --- | --- | --- |
| 南京 | 2210 | 2566 | 1418 | 1519 | 1963 | 2372 | 2392 | 2816 | 3566 | 4130 |
| 无锡 | 2701 | 2096 | 2007 | 2752 | 2772 | 3167 | 3203 | 3300 | 3505 | 4010 |
| 常州 | 855 | 580 | 731 | 1251 | 1835 | 2040 | 2582 | 2670 | 3052 | 3361 |
| 苏州 | 6805 | 5033 | 5116 | 6105 | 7165 | 8133 | 8227 | 8535 | 9016 | 9165 |
| 镇江 | 806 | 606 | 596 | 730 | 1064 | 1202 | 1441 | 1615 | 1808 | 2214 |
| 南通 | 731 | 1104 | 1532 | 2575 | 3117 | 2937 | 2005 | 2061 | 2166 | 2205 |

续表

| 城市 | 2003年 | 2004年 | 2005年 | 2006年 | 2007年 | 2008年 | 2009年 | 2010年 | 2011年 | 2012年 |
| --- | --- | --- | --- | --- | --- | --- | --- | --- | --- | --- |
| 扬州 | 481 | 814 | 526 | 761 | 875 | 1720 | 2266 | 2572 | 2103 | 2138 |
| 泰州 | 303 | 415 | 456 | 658 | 751 | 1050 | 1056 | 1363 | 1417 | 1450 |
| 徐州 | 341 | 329 | 261 | 244 | 443 | 583 | 698 | 1013 | 1466 | 1700 |
| 连云港 | 212 | 247 | 275 | 346 | 738 | 935 | 1040 | 1101 | 610 | 734 |
| 淮安 | 100 | 121 | 68 | 116 | 286 | 455 | 614 | 1052 | 1620 | 2121 |
| 盐城 | 239 | 154 | 162 | 325 | 811 | 944 | 1044 | 1304 | 1688 | 2111 |
| 宿迁 | 20 | 16 | 33 | 49 | 73 | 95 | 112 | 181 | 190 | 452 |

由表4-5可知，江苏省各市FDI在2003~2012年均出现了大幅增加，但各市之间的差距十分明显。从三大区域来看，苏南、苏中和苏北三大区域之间的差距仍十分明显，呈梯次分布，从发展速度来看，苏中地区发展最快、苏南地区次之、苏北地区最慢。从三大区域内部来看，在苏南五市中，苏州市在吸引外资方面一直明显领先于其他各市，无锡稍强于南京，常州与南京之间也存在不小差距，而镇江市明显落后于其他各市，但比苏中与苏南各市稍强，从发展速度来看，常州市的增长最快，镇江市次之，苏州市发展最慢；在苏中三市中，南通市稍强于扬州市，泰州市则显著落后于其他两市，其差距却缩小了，从发展速度来看，南通市发展最慢，泰州市发展最快，扬州市发展速度稍逊于泰州市；在苏北五市中，连云港与宿迁两市明显落后于其他三市，淮安与盐城发展绩效较好，从发展速度来看，淮安与宿迁两市的增长最快，盐城次之，连云港最慢。从上述分析中我们发现，在吸引外资的能力上，发达地区仍然优于欠发达地区，但最有吸引力的还是那些区域内发展水平居于中上游的城市。

在此基础之上，我们进一步对各市10年中FDI的总规模与增长幅度进行分析，从总体上了解各市FDI的状况（见图4-2）。

由图4-2我们看到，江苏省13个市中，苏州市FDI超过700亿美元，是各市中规模最大的，宿迁市规模最小，二者差距甚大。此外，南京、无锡和南通三市达到200亿美元以上，常州、镇江和扬州三市在100亿美元以上，而泰州、徐州、连云港、淮安、盐城和宿迁不足100亿美元，可见各市之间存在明显差距。就增长幅度而言，规模较小的淮安与宿迁两市增长幅度最大，其中，宿迁增幅约为23倍，淮安也超过20倍，盐城市增幅接近

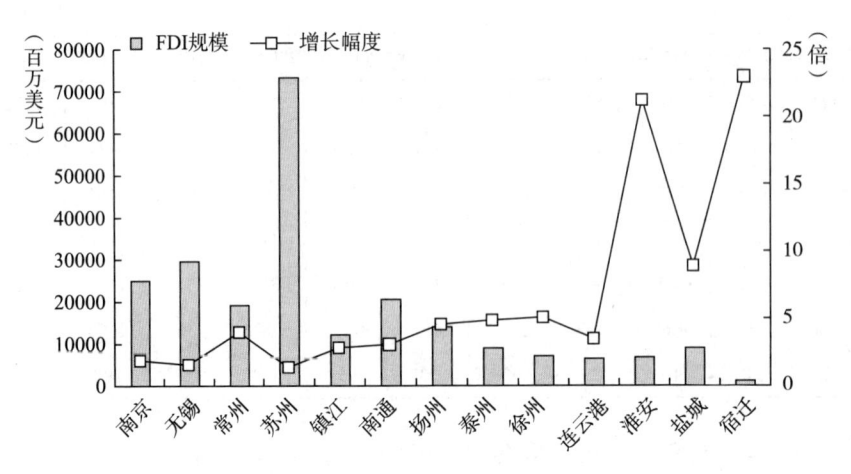

图 4-2 江苏省各市 2003~2012 年 FDI 的总规模与增长幅度

10 倍，其他各市均为 1~5 倍，其中增幅最小的城市是苏州市。

## 四 公共资源流动的测度

在公共资源的配置政策上，我国长期采取"以城市为中心"的发展策略，即将优质资源倾向性地配置给城市，使城市公共资源供给持续发展，而农村的公共资源显著滞后，农村公共资源供给未能随着农民的需要提升［蒋时节、祝亚辉（2009），姜鑫、罗佳（2012）］，这就约束了农村经济的发展，造成城乡二元结构问题的产生。2012 年胡锦涛在党的十八大报告中强调："逐步推动城乡一体化发展，实现城乡在基础设施、公共卫生等方面的一体化发展，促使城乡公共资源均衡配置，改变以城市为中心的发展理念，以城促乡，实现城乡的共同发展。" 2013 年李克强在政府工作报告中提出，我国区域城乡不平衡向协调发展，要不断完善农村水、电、路、气、信等基础设施。可见，公共资源在城乡之间配置的均衡化在实现城乡一体化中的重要地位。

公共资源在城乡之间的不均衡配置体现在多个领域。褚宏启（2009）认为我国城乡公共资源的二元结构具体体现在教育方面，如教师素质、办学条件及教育质量等。和立道（2011）、姜鑫和罗佳（2012）认为城乡公共卫生支出均有大幅增加，但城市增长速度快于农村，使公共卫生资源在数量与质量的获取能力上存在很大差距，如人员、经费及设备等。

可见，教育、卫生和社会保障等公共资源在城乡之间的配置均有较大差距，所以本研究从卫生这一特定领域测度公共资源在城乡之间的差距，具体指标是每万人拥有医院或卫生所床位数。为此，笔者从江苏省各市统计资料中获取了2003~2012年江苏省各市医院或卫生所床位数的相关数据，具体见表4-6。

表4-6  2003~2012年江苏省各市每万人拥有医院或卫生所床位数情况

单位：张/万人

| 城市 | 2003年 | 2004年 | 2005年 | 2006年 | 2007年 | 2008年 | 2009年 | 2010年 | 2011年 | 2012年 |
| --- | --- | --- | --- | --- | --- | --- | --- | --- | --- | --- |
| 南京 | 38.51 | 36.07 | 35.70 | 34.65 | 34.17 | 38.58 | 41.33 | 41.74 | 46.91 | 51.35 |
| 无锡 | 39.07 | 39.86 | 39.55 | 39.55 | 40.53 | 44.16 | 43.09 | 48.53 | 53.26 | 56.59 |
| 常州 | 33.76 | 34.19 | 33.37 | 34.42 | 38.60 | 38.86 | 40.93 | 40.78 | 41.45 | 50.86 |
| 苏州 | 32.36 | 34.91 | 38.46 | 43.83 | 46.95 | 51.69 | 55.91 | 57.77 | 63.53 | 67.57 |
| 镇江 | 28.88 | 29.68 | 30.26 | 30.67 | 30.12 | 30.51 | 31.05 | 32.07 | 37.34 | 42.33 |
| 南通 | 24.78 | 25.57 | 26.60 | 27.38 | 29.23 | 30.88 | 31.83 | 33.59 | 36.88 | 40.07 |
| 扬州 | 23.95 | 24.19 | 25.78 | 28.19 | 29.71 | 28.97 | 31.53 | 31.99 | 33.22 | 34.58 |
| 泰州 | 20.87 | 21.30 | 22.94 | 23.21 | 24.72 | 25.45 | 27.55 | 27.04 | 29.06 | 33.61 |
| 徐州 | 19.77 | 19.91 | 20.84 | 21.13 | 21.51 | 24.55 | 26.19 | 28.56 | 31.01 | 36.04 |
| 连云港 | 15.86 | 16.36 | 17.45 | 18.46 | 18.38 | 21.41 | 22.00 | 22.16 | 23.05 | 29.53 |
| 淮安 | 15.56 | 17.10 | 19.02 | 19.35 | 21.18 | 21.22 | 22.11 | 24.50 | 28.37 | 34.23 |
| 盐城 | 16.21 | 17.12 | 18.32 | 19.33 | 19.87 | 20.51 | 21.98 | 23.14 | 26.17 | 30.70 |
| 宿迁 | 13.63 | 12.53 | 14.31 | 17.04 | 17.18 | 19.79 | 21.96 | 24.32 | 27.37 | 28.89 |

注：根据京津冀环境污染治理指数测算结果资料整理。

由表4-6我们看到，江苏省各市每万人拥有医院或卫生所床位数在2003~2012年中增长速度很快，表明江苏省医疗卫生设施发展很快，但各市医疗卫生资源的发展水平与发展速度存在很大差异。从三大区域来看，苏南、苏中和苏北三大区域呈现递减的梯次分布。在三大区域内部，在苏南五市中，苏州市的医疗卫生资源水平最高，且明显高于其他城市，无锡次之，南京、常州较为接近，而镇江市水平最低，且明显低于上述四市。在苏中三市中，南通市水平最高，而泰州市水平最低，且这三个城市医疗卫生资源发展水平十分接近。在苏北五市中，徐州市发展水平明显高于其他各市，连云港与宿迁发展水平较低，其他各市则比较接近。总体而言，江苏省各市医疗卫生资源差距不大。

图4-3为江苏省各市2012年与2003年每万人拥有医院、卫生所床位数的比值，由此可知在10年中各市医疗卫生资源的发展速度。图中显示，各市医疗卫生资源均有大幅增长。从三大区域来看，苏北各市增长幅度最大，苏南与苏中较小，且增幅接近。在三大区域内部，苏南五市中，苏州市增幅最大，且明显高于其他城市，南京市增幅最小，除苏州外的其他各市增幅比较接近。苏中三市中，扬州市增幅最低，南通与泰州增幅相对较高，上述三市增幅接近。苏北五市中，淮安市增幅最大，徐州市增幅最小，其他三市居中，且增幅较为接近。

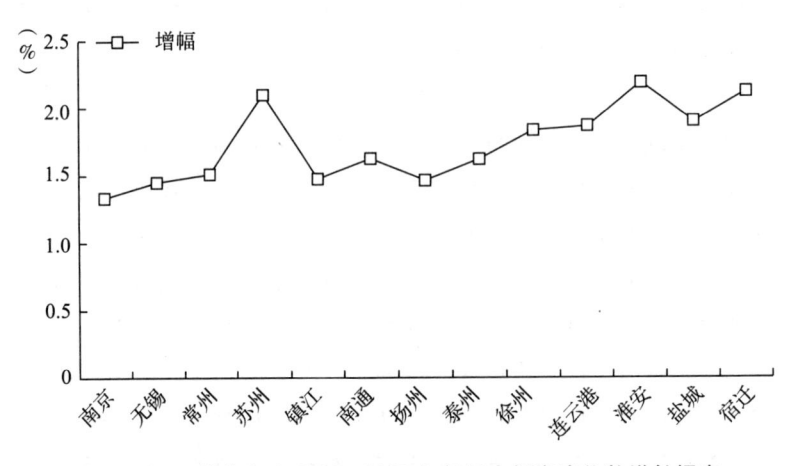

图4-3 江苏省各市2003~2012年每万人拥有床位数增长幅度

## 五 要素流动测度结果的对比分析

劳动力与资本是经济发展的两大生产要素，唯有二者的结合才能创造价值。劳动力与资本在区域间的流动存在某种程度的关联性，然而，这种关联性是一个较为复杂的系统，二者非同步流动，甚至不是始终同步流动，可能表现为在一定时期或部分区域之间是同向流动的，而在另一个时期或另一些地区是反向流动的。江苏省13个地级市按照经济发达程度可以鲜明地划分为三大区域。我们将对三大区域及其内部的劳动力流动和资本流动，以及二者的关系展开分析。

江苏省是我国东部经济发达省份，在"孔雀东南飞"的大形势下，江苏省整体上是人口流入大省，而该省资本流动则相对复杂些，一些研究表明，江苏省等经济发达省份在2006年之前为资本净流入省份，而在2006年以后为资本净流出省份。对江苏省在全国范围内的劳动和资本流动做宏观分析之后，对比江苏省三大区域之间劳动力和资本流动的变动规律，可以发现，尽管从整体上三大区域均为劳动力流入地区，但苏南各市劳动力的机械变动率在绝大多数年份中均为正，是明显的劳动力流入地区，而苏中各市中，南通和泰州两市多数年份的劳动力机械变动率为负，可见其劳动力流入规模很小，在局部年份甚至表现为劳动力流出。在苏北各市中，劳动力流动能力小于苏南各市，但远大于苏中各市，而且明显呈现2008年以前劳动力流动规模远小于2008年以后。进一步分析区域内部各市劳动力流动能力，在苏南五市中，除镇江市在2003年、2005年和2012年的劳动力机械变动率为负外，其他各市均为正，而且这些城市的劳动力机械变动率的变化趋势十分相似，基本呈现先下降后上升再上升的趋势，但总体上其人口流入的速度在稳步放缓，这一趋势恰恰与镇江相反。与苏南各市相比，苏中三市的劳动力机械变动率要剧烈得多，而且三市的变动轨迹也十分相似，其中南通市劳动力机械变动率由负转正，即劳动力由流出转为流入，泰州市也表现出相似的流动趋势，但在2010年以后，扬州市劳动力机械变动率迅速下降，到2012年转为负值。泰州市的劳动力机械变动率则由正转负，呈现两波先上升后下降的波动。在苏北五市中，徐州、盐城和淮安三市的劳动力机械变动率变动较为平稳，基本是在横轴附近波动，而连云港和宿迁两市的劳动力机械变动率波动幅度较大。从整体上看，苏北五市的机械变动率也呈现先负后正的特征，即人口迁移规模持续增大。

资本流动能力在时间维度上较为明显，是一个先增大后减小的过程，资本在空间维度上的表现则要复杂一些，从三大区域来看，苏南地区除南京外基本为资本净流出地区，苏中地区也是资本净流出地区，而苏北地区是资本净流入地区。苏南地区、苏中地区和苏北地区在资本流动规模上呈梯次分布，苏南地区最大，苏北地区最小。就资本流动能力而言，苏中三市整体较弱，苏南各市中南京市的资本流动能力极弱，其他城市较强，苏北各市的资本流动能力均较弱。

对比劳动力与资本两大生产要素在空间和时间上流动能力的变动趋势，我们发现，劳动力与资本的流动能力并非完全一致。如南京市的资本流能力极弱，但从南京市与其他城市在 2003~2012 年的劳动力流动能力的变动来看，南京市的劳动力流动能力仍然很强。再如，苏中三市中，南通市的资本流动能力最强，而泰州市的资本流动能力最弱，但苏中三市的劳动力流动能力没有体现出这一点。而宿迁市在江苏省 13 个地级市中经济水平相对落后，但其劳动力流动能力与资本流动能力很强，特别是该市的劳动力流动能力极强。

技术的承载主体是企业，技术流动是随着企业转移发生的。随企业转移的还有劳动力和资本。因此，技术流动与劳动力、资本流动在方向、规模和速度上是一致的。然而，技术毕竟与劳动力、资本有所区别：劳动力与资本在一个时点上只能投到一个地方，而技术能同时投到多个地方。劳动力和资本存在边际生产力递减效应，而技术不存在这种效应。这使技术先进地区的发展可能一直优于技术落后地区，使地区之间、城乡之间的差距不能有效缩小。因此，必须采取有力措施推进技术在区域之间、城乡之间快速流动，缩小其差距。

公共资源配置在城乡一体化中占据着重要地位，也是政府推动城乡一体化的主要方向。当前，我国公共资源配置的主体主要是政府，以城市为中心的发展战略的长期实施，使我国公共资源在城乡之间的配置的差距愈发扩大。乡村在公共资源上的不足，恶化了当地的投资环境，令其吸引资本流入和高素质人才流入的能力很差，特别是拥有高技术的企业不愿进入落后农村或落后地区，也使技术流动受阻，因此，要素流动在推动城乡一体化的过程中，公共资源配置占据着突出地位。

## 第二节 江苏省城乡一体化发展历程回顾

江苏省是我国较早展开城乡一体化建设的省份。作为我国历史上经济繁荣的地区和当今中国的经济大省，江苏省较早发现城乡二元结构问题并着手治理。

新中国成立以后 20 多年的计划经济时期，由于特殊的历史原因，我国对外开放度较低，在投资地域上更倾向于区域均衡发展，因而投资重点主要在中西部地区。这使江苏省的区位优势和基础优势未能有效发挥，但江苏省仍然开拓了一条独特的城乡结合、协同发展之路。20 世纪 60 年代中期，江苏省召开了第一次城市工作会议，确立了"以工支农、以城支乡、城乡结合、繁荣经济"的发展思路，1972年江苏省的第二次产业增加值即超过第一次产业增加值，并形成了颇具规模的以集体所有制为基础的社队企业。改革开放以后，江苏省的区位优势和基础优势得到发挥，城乡经济走上了高速发展之路，原来的社队企业顺利转型为乡镇企业。乡镇企业的异军突起为江苏省城镇化开拓了一条崭新的道路。乡镇企业的崛起不仅构成了工业化建设的重要力量，而且带动了小城镇快速发展。小城镇是大城市与农村之间物资和信息交流的桥梁和纽带，有效地促进了城乡结合、协同发展。1980年代初期召开的第二次城市工作会议，修正了第一次会议形成的决议，重新确立了"以城市为中心，以小城镇为纽带，以农村为基础，发展城乡经济、科技和文化网络"的发展思路。在这一思路的指导下，江苏省利用自身区位优势和良好的发展基础，积极引进外资，鼓励中小企业经营发展，组织和鼓励企业在城乡之间横向联合与跨区投资。随着经济发展水平的不断提升，乡镇企业出现分化现象，经营绩效良好的乡镇企业逐渐突破地域限制，形成经营范围遍布长三角甚至全国的大型企业集团，另一些经营存在问题的企业不幸夭亡了。而随着小城镇的发展，苏南地区形成了大城市、小城镇交互存在的网状格局，已经很难找到传统意义上的农村了。相比而言，苏中和苏北地区发展水平稍次。为推动江苏省城乡一体化建设，2002年以来，江苏省各市陆续制定了城镇体系和都市圈规划，开展沿江、沿海交通网络建设，推动大型建设项目向农村倾斜。

江苏省城乡一体化的历程和经验表明，城乡一体化建设是一个长期、系统的过程，应不断挖掘和发挥自身竞争优势，放开、搞活商品和要素市场，在宏观上统筹规划，以企业为微观基础，充分发挥市场在城乡一体化中的作用，走出一条适应当地情况的特色化道路。

## 第三节 江苏省城乡一体化的测度

### 一 指标体系构建

**（一）指标选取原则**

城乡一体化建设涉及社会发展的多个层面，描述这样一个复杂系统，所需指标自然很多。大体来说，描述指标越多，越能准确反映城乡一体化的建设水平，但随着指标数量的增加，工作量和难度就会成倍增加。因此，如何从众多指标中选择合适的指标并构建指标体系，成为一件很讲究技术的事情。为构建全面、科学、合理的评价指标体系，本研究在选取指标时遵循以下原则。

（1）全面性原则。城乡一体化是一个涉及经济、社会、环境等多方面内容的复杂系统，所以描述城乡一体化的指标必须覆盖城乡一体化建设的各个方面，才能确保测度结果的科学性、有效性。

（2）动态性原则。城乡一体化建设是一个长期过程，需要对其做长期跟踪和考察。因此，选择指标的数据必须能在长期中记录。

（3）可操作性原则。真实反映城乡一体化水平是本研究的重点，所以测度城乡一体化的指标应当有数据支撑并可以量化，尽量避免使用难以量化的指标，或者没有统计数据的指标。如果非用不可，尽量设计为判断型指标。

（二）已有指标体系评价

城乡一体化是我国当前经济社会建设的重要任务，也是我国社会科学学者研究的重要问题，而对城乡一体化水平的测度又是研究的热点。所以，许多学者在城乡一体化测度的指标体系构建方面做了很多工作，前人的研究成果值得我们借鉴。

江苏省经济发达，城乡一体化走在全国前列。2014年江苏省委常委讨论通过《江苏省新型城镇化与城乡一体化规划（2014～2020年）》，作为江苏省推进新型城镇化和城乡一体化建设的指导规划。该规划列出了江苏省新型城镇化与城乡一体化的主要建设指标。这些指标被分为四大类：总体发展水平、基本公共服务、基础设施和资源环境，笔者认为"总体发展水平"是其关键指标。其具体内容见表4-7。

表4-7 新型城镇化与城乡一体化主要指标

| 指标类型 | 指标 |
| --- | --- |
| 总体发展水平 | 常住人口城镇化率（%） |
|  | 户籍人口城镇化率（%） |
|  | 城乡居民收入比 |
|  | 城乡统筹规划优化覆盖率（%） |

续表

| 指标类型 | 指标 |
| --- | --- |
| 基本公共服务 | 农民工随迁子女接受义务教育比例（%） |
|  | 城镇失业人员、进城务工人员、新成长劳动力免费接受基本职业技能培训覆盖率（%） |
|  | 城镇常住人口基本养老保险覆盖率（%） |
|  | 城镇常住人口基本医疗保险覆盖率（%） |
|  | 城乡居民社会养老保险基础养老金水平比较指数（%） |
|  | 城乡居民医疗保险政策范围内报销水平比较指数（%） |
|  | 城镇常住人口保障性住房覆盖率（%） |
|  | 城乡最低生活保障标准并轨覆盖率（%） |
|  | "一委一居一站一办"城乡社区服务管理体制覆盖率（%） |
|  | 百万以上人口城市公共交通占机动出行比例（%） |
|  | 镇村公交覆盖率（%） |
| 基础设施 | 城乡统筹区域供水覆盖率（%） |
|  | 城镇污水达标处理率（%） |
|  | 城乡家庭宽带接入能力（Mbps） |
|  | 城乡社区综合服务设施覆盖率（%） |
|  | 城乡生活垃圾无害化处理率（%） |
| 资源环境 | 人均城市建设用地（平方米） |
|  | 生态红线区域占国土面积比例（%） |
|  | 城市建成区绿地率（%） |

注：根据京津冀交通网密度测算结果资料整理。

杨荣南（1997）认为城乡一体化包括六部分内容：城乡政治融合、城乡经济融合、城乡人口融合、城乡文化融合、城乡空间融合与城乡生态环境融合。而实现城乡一体化的基本条件是：城乡经济一体化、基础设施的革新、城乡生活水平和生活质量提高。顾益康等（2004）认为城乡一体化的含义是"在城市化过程中，以改革为动力，让农民享有公平的国民待遇、完整的合法权益和平等的发展机会，努力实现城乡地位平等、互补互促、城乡融合、协调发展和共同繁荣的过程"。因而，城乡一体化具体包含四方面内容：经济发展一体化、社会事业发展和社会保障一体化、基础设施和生态环境一体化、区域发展一体化。顾益康等提出的指标体系以1998年诺贝尔经济学奖获得者阿马蒂亚·森的社会福利指数为基础，从城乡一体化发展度、城乡一体化差异度和城乡一体化协调度三个方面构建评价指标体系。

上述两位学者在理论层面上为测度城乡一体化提供了基本思路，后来的学者结合案例在对基准指标体系做出修正之后构建了自己的指标体系，但总体思维没能突破上述两位学者指标体系构建的范围。宋雨洁（2013）、刘正（2007）、高永卉（2010）、汪婷（2014）、王加军（2012）、刘伟等（2010）、白永秀和胡碧涵（2014）等人构建的测度城乡一体化的指标体系的框架基本参照杨荣南先生的逻辑，而罗雅丽（2007）、赵锋（2010）、王蔚等（2011）、李春华（2013）、完世伟（2006）等人构建的指标体系则以顾益康先生的指标体系框架为依据。

（三）指标体系构建

对比这两种方法，我们发现杨荣南先生构建的指标体系所涉及的指标全部为城乡对比指标，其意图直接指向城乡在经济、社会、居民生活、公共服务等领域的差异程度，试图全方位反映二者发展水平的差异，紧紧抓住了城乡一体化的主旨。而顾益康先生的指标体系在反映城乡各领域发展的差异之外，将城市与乡村二者的发展程度包含在内，这样指标体系不仅可以反映城乡差异程度，还能够反映城乡各自的发展水平。笔者认为，顾益康先生构建的指标体系框架应优于杨荣南先生的指标体系框架，理由是城乡关系的相关理论显示，城乡差距存在一个先扩大后缩小的过程，所以欠发达地区的城乡差距并不一定比发达地区大，而笔者整理的数据也印证了这一理论。所以，笔者构建测度城乡一体化指标体系采纳了顾益康先生指标体系中将城乡一体化水平划分为城乡发展度、城乡差异度和城乡协调度的方法，并认为城乡差异度中的指标在本质上与城乡发展度和城乡协调度的指标趋同，所以根据性质将城乡差异度的指标分别划入城乡发展度和城乡协调度中。特别地，这两个指标大类分别体现了城乡一体化水平的两方面内容，却都不能代表城乡一体化水平，必须将二者统一，才是真实的城乡一体化水平。因此，笔者构建了城乡一体化指标体系，见表4-8。

表4-8 江苏省城乡一体化水平测度指标体系

| 评价目标 | 一级指标 | 二级指标 | 基础指标 | 指标符号 | 指标属性 |
|---|---|---|---|---|---|
| 江苏省城乡一体化水平 | 城乡发展度 | 宏观经济 | 人均国内生产总值（元） | $A_1$ | 正 |
| | | | 农村户均农村机械总动力 | $A_2$ | 负 |
| | | | 产业同构指数 | $A_3$ | 正 |
| | | | 劳动生产率（%） | $A_4$ | 负 |
| | | | 城镇登记失业率（%） | $A_5$ | 正 |
| | | 居民生活 | 居民人均储蓄（元） | $A_6$ | 正 |
| | | | 职工平均工资（元） | $A_7$ | 正 |
| | | | 每百户汽车拥有量（辆） | $A_8$ | 正 |
| | | | 人均电话拥有量（部） | $A_9$ | 正 |
| | | | 每百户宽带接入量（辆） | $A_{10}$ | 正 |
| | | | 居民消费价格指数 | $A_{11}$ | |
| | | 基础设施建设 | 人均道路面积（平方米） | $A_{12}$ | 正 |
| | | | 公路密度（千米/平方千米） | $A_{13}$ | 正 |
| | | | 每万人医院卫生所床数（张） | $A_{14}$ | 正 |
| | | | 每万人拥有出租车数量（辆） | $A_{15}$ | 正 |
| | | 资源环境保护 | 人均耕地面积（公顷） | $A_{16}$ | 正 |
| | | | 每万人二氧化硫排放量（吨） | $A_{17}$ | 负 |
| | | | 固废综合利用率（%） | $A_{18}$ | 正 |
| | 城乡协调度 | 经济发展 | 第一产业就业人员占全体就业人员比重（%） | $B_1$ | 负 |
| | | | 财政支出中支农比重（%） | $B_2$ | 正 |
| | | | 城市化率（%） | $B_3$ | 正 |
| | | | 城乡人均固定资产投资比 | $B_4$ | 负 |
| | | | 城乡人均用电量比 | $B_5$ | 负 |
| | | 居民生活 | 城乡人均消费性支出比 | $B_6$ | 负 |
| | | | 城乡人均收入比 | $B_7$ | 负 |
| | | | 城乡恩格尔系数比 | $B_8$ | 负 |
| | | | 城乡住房面积比 | $B_9$ | 负 |
| | | | 城乡家庭规模比 | $B_{10}$ | 负 |

如前文所述，区域城乡一体化水平的测度应当从城乡发展度和城乡协调度两个视角出发。其中，城乡发展度能够全面反映一个地方的经济社会

水平，是建设高水平城乡一体化的前提。尽管城乡一体化的核心内容是城乡居民在生活水平、基础设施和公共服务等领域享受同等待遇，但我们不能就此认为城乡一体化即是努力拉平城乡在上述领域的差距，营造一种城乡绝对公平的局面，而应当是推动城乡协调发展，共同享受经济社会发展成果，所以，我们要实现的是建立在物质与精神丰裕基础上的高水平的城乡一体化，而非深陷物质与精神双重贫乏的低水平的城乡一体化。对区域综合发展度的测度可以令我们直观地看到区域城乡一体化建设的基础条件，以及初步预测该地区城乡一体化建设可能达到什么样的水平。城乡发展度是全面反映区域经济社会发展的指标体系，其涉及内容应当包含经济、社会、生活、环境等多个领域，对江苏省城乡一体化建设的物质基础和发展水平进行综合评价。为准确测度江苏省城乡一体化水平，本研究设置了28个指标，分别从宏观经济发展水平、居民生活水平、基础设施建设水平和资源环境保护水平四个方面进行考察。而城乡协调度是描述城乡一体化发展水平最直接的复合指标。城乡一体化的提出即直接指向城乡二元经济结构的问题，而城乡协调度是对城乡在各领域发展水平差距的测度。城乡发展协调度的好坏反映了区域城乡二元结构问题的严重性和城乡一体化建设的难度。所以，笔者从众多指标中筛选出10个基础指标衡量江苏省各地级市的城乡协调度，对各市2003~2012年的城乡差距做定量分析。

上述指标中，部分指标对应的数据可以直接从相关统计资料中获得，另一些指标对应的数据则需要初始数据经过计算之后得到复合指标，它们的含义及其计算过程应详细交代。

（1）产业同构指数。该指标反映区域间产业结构所呈现的趋同趋势，区际产业结构差异越小，产业结构的地域特点越不明显，越难以发挥其竞争优势。测度产业同构的方法很多，本研究选择最常见的联合国工业发展组织国际工业研究中心提出的相似系数作为测度区域产业同构的基本方法，其公式为：

$$S_{ij} = \frac{\sum_n X_{in} X_{jn}}{\sqrt{\sum_n X_{in}^2 \sum_n X_{jn}^2}}$$

公式中 $i$、$j$ 表示相比较的两个区域，$n$ 表示产业个数，$X$ 表示某产业产值的 GDP 占比，$S_{ij}$ 即为产业同构系数，取值范围在0到1之间，值越大表示产业结构越接近。本研究中 $i$ 代表各地级市，$j$ 代表同年全国水平。

（2）劳动生产率。该指标微观上反映了地区就业人员的专业技能水平，宏观上反映了地区科技发展水平。计算公式为：

$$劳动生产率 = \frac{地区 GDP}{全社会就业人数}$$

（3）公路密度。该指标反映该地区交通设施建设状况，即该指标指每公里拥有公路里程数。计算公式为：

$$公路密度 = \frac{公路里程}{行政区划面积}$$

（4）城镇人均固定资产投资。该指标反映城镇固定资产投资水平。计算公式如下：

$$城镇人均固定资产投资 = \frac{城镇固定资产投资}{城镇人口数}$$

$$城镇固定资产投资 = 全社会固定资产投资 - 乡村固定资产投资$$

（5）城镇人均用电量。用电量常作为衡量地区经济社会发展水平的重要指标，本研究将该指标引入作为衡量城镇经济社会发展水平的重要指标。计算公式如下：

$$城镇人均用电量 = \frac{城镇用电量}{城镇人口数}$$

$$城镇用电量 = 全社会用电量 - 乡村用电量$$

（6）城镇家庭规模。随着社会的进步，家庭规模逐步缩小。子女抚育成本的上升和养老、医疗等社会保障服务水平的提高使家庭规模缩小。计算公式为：

$$城镇家庭规模 = \frac{城镇人口数}{城镇户数}$$

（7）每万人拥有出租车数量。出租车是城市中重要的交通工具，而且其主要为城市居民服务，所以本研究将该项指标放在衡量城镇发展水平的指标体系中，作为衡量城镇交通发展水平的基础指标。计算公式如下：

$$每万人拥有出租车数量 = \frac{出租车数量 \times 10000}{城镇人口数}$$

（8）农村第一产业就业人员占全体就业人员比重。该指标反映了农村就业人员在农业部门和非农业部分的分布。相比较而言，农村中非农业就业人员比农业就业人员在生活状态上更接近城镇居民。因而，第一产业就业人员占全体就业人员比重较低的地区更容易实现城乡一体化。该指标计算公式为：

$$农村第一产业就业人员占全体就业人员比重 = \frac{农村第一产业就业人数}{农村就业总人数} \times 100\%$$

（9）财政支出中的支农比重。农业现代化需要大量资金投入用于基础设施公共服务建设，财政支出中的支农支出是资金的重要来源，其所占比重越大，表明对农业的扶持力度越大，更有利于推动农业发展，提高农民的生活水平，推动农村基础设施建设，帮助解决"三农问题"。需要特别说明的是，由于原始统计资料中没有直接的支农支出，而是"农林水事务"支出，本研究以该项数据作为支农支出替代。计算公式为：

$$财政支出中的支农比重 = \frac{农林水事务支出}{财政支出} \times 100\%$$

（10）农村户均农业机械动力。该指标反映了地区农业的机械化程度，其所指向的数据越大，表明该地区农业机械化程度越高，越有益于实现城乡一体化发展。计算公式为：

$$农村户均农业机械动力 = \frac{农业机械总动力}{农村户数}$$

（11）人均耕地面积。耕地是农民赖以生存和发展的基础，人均耕地面积越大，农民越有可能依靠耕地致富。计算公式为：

$$人均耕地面积 = \frac{耕地面积}{地区人口数}$$

## 二 测度方法与数据来源介绍

### （一）测度方法介绍

城乡一体化发展水平评价指标体系中的指标权重反映了该指标在整个指标体系中的重要程度，所以对指标权重的确定是科学、准确评价区域城乡一体化水平的关键环节，选择合适的指标权重确定方法就显得十分重要。就已有测度城乡一体化发展水平的文献而言，确定城乡一体化测度指标体系的权重系数的基本方法可分为两种：主观赋权法与客观赋权法。其中，主观赋权法主要有专家打分法、相对指数法、层次分析法和网络层次分析法等方法，而客观赋权法主要有主成分分析法、因子分析法和熵值法等。而层次分析法、主成分分析法和因子分析法应用更为广泛。由于本研究所构建的评价指标体系所含基础指标较多，主观赋权法就显得力不从心。笔者在比较了各方法的优劣势之后，采用全局主成分分析法测度江苏省城乡一体化发展水平。

（1）经典主成分分析。经典主成分分析的核心思想是"降维"，即抽取影响目标事物的众多基本因素中的主要信息，形成少量对目标事物影响较大的综合因素。换言之，即是通过对基础指标对应的数据进行数学变换，将数据上有相似特征的基础指标压缩为一个综合指标，如此，影响目标事物的大量基础指标就会被简化为几个综合指标。在数学意义上，这些综合指标通常是多个基础指标的线性组合且互不相关，但能够反映基础指标的大部分信息。下面以测度城乡一体化建设水平为对象介绍经典主成分分析法的基本原理。

假设测度 $n$ 个地区的城乡一体化建设水平，基础指标有 $p$ 个，分别为 $x_1, x_2, \cdots, x_p$。则样本估计的原始数据可构成一个 $n \times p$ 的矩阵 $M_{ij}$，并且 $M_{ij} = (x_{ij})_{n \times p}$，其中 $X_{ij}$ 为第 $i$ 地区（$i = 1, \cdots, n$）的第 $j$（$j = 1, \cdots, p$）个基础指标的数据。对矩阵 $M_{ij}$ 中的数据做标准化（无量纲化）处理，得到标准化矩阵 $Z_{ij} = (z_{ij})_{n \times p}$，而后根据 $Z_{ij}$ 计算相关系数矩阵 $R$。变换相关系数矩阵求得其特征值及其特征向量。由于特征值是主成分的方差，因而其数值大小表示主成分对城乡一体化建设的作用能力，为使这种作用能力的大小得到更为直观的显示，利用特征值求得其贡献率和累积贡献率。根据累计贡献率超过 80% 的原则，确定主成分的个数。将主成分按照贡献率的大小排列，得到第一主成分、第二主成分……第 $P$ 主成分，表示为 $F_1, F_2, \cdots, F_p$。为揭示主成分与基础指标之间的关系，构建以下因子载荷矩阵。

$$\begin{cases} F_1 = a_{11}Z_{11} + a_{21}Z_{21} + \cdots + a_{p1}Z_{p1} \\ F_2 = a_{12}Z_{12} + a_{22}Z_{22} + \cdots + a_{p2}Z_{p2} \\ \vdots \qquad \vdots \qquad \vdots \qquad \vdots \\ F_p = a_{1n}Z_{1n} + a_{2n}Z_{2n} + \cdots + a_{pn}Z_{pn} \end{cases}$$

其中，$a_{1i}, a_{2i}, \cdots, a_{pi}$（$i = 1, 2, \cdots, n$）为相关系数。该矩阵直观地反映了基础指标与主成分之间的关系，揭示了主成分所代表的经济内涵。

最后，运用主成分及其贡献率计算地区城乡一体化建设的综合得分。

$$S_i = W_1 F_1 + W_2 F_2 + \cdots W_p F_p$$

（2）全局主成分分析。经典主成分分析法的特点是能够在信息损失最小的情况下达到"降维"的目的，由此使目标事物的解释变量大量减少，这一特点令该方法在对复杂事物的分析中被广泛运用。但经典主成分分析存在局限性，即不能反映目标事物的动态发展过程。因为，该方法只能用于处理横截面数据，而无法处理面板数据。如果按照年份对面板数据分别做经典主成分分析，又会存在不同主平面的问题，无法对样本在不同时点的结果做纵向比较。为保证结果的一致性和可比性，必须将不同时点的数据整合为一张立体时序数据表，然后运用经典主成分分析法，得到全局主成分，方能对目标事物在不同时点的表现进行对比，评价其动态发展过程。这种能够处理面板数据的主成分分析被称为全局主成分分析，其基本步骤如下。

假设我们需要对 $n$ 个地区 $T$ 年内的城乡一体化发展水平进行测度，指标体系含有 $p$ 个基础指标，分别为 $x_1, x_2, \cdots, x_p$。

（1）把这些具有相同样本点和相同变量名的数据分别整理为不同年份的横截面数据，而后将横截面数据按照时间顺序排放，如此就形成了一个 $(x_{ij})_{nT \times p}$ 的矩阵，其基本形式为：

$$D = \{X^t \in R^{n*p}, t = 1, 2, \cdots, T\}$$

（2）数据标准化处理：

$$x'_{ij} = (x_{ij} - \overline{x_j})/s_j \; (i = 1, 2 \cdots, n; \; j = 1, 2, \cdots, p)$$

其中，$\overline{x_j} = \dfrac{1}{n} \sum\limits_{i=1}^{nT} x_{ij}$；$s_j = \sqrt{\dfrac{1}{n} \sum\limits_{i=1}^{nT} (x_{ij} - \overline{x_j})^2}$

（3）计算数据标准化后的矩阵的协方差矩阵 $R$，并求得该矩阵的特征值及其对应的特征向量，分别记为：

$$\lambda_1 \geq \lambda_2 \geq \cdots \geq \lambda_p > 0; u_1, u_2, \cdots, u_p。$$

（4）利用特征值求得方差贡献率与累计方差贡献率：

$$W_j = \dfrac{\lambda_j}{\sum\limits_{j=1}^{p} \lambda_j} W_1 + W_2 + \cdots + W_m = \dfrac{\sum\limits_{j=1}^{m} \lambda_j}{\sum\limits_{j=1}^{p} \lambda_j}$$

（5）根据累计方差贡献率超过85%的原则，选取前 $m$ 个最大的特征值，根据 $F_k = Xu_k$，$K = 1, 2, \cdots, m$，得到全局主成分。按照贡献率大小将全局主成分命名为第一全局主成分，第二全局主成分，……第 $m$ 全局主成分。

（6）计算 $x_i$ 与 $F_k$ 的相关系数 $a_{ik}$，构成相关系数矩阵，也称主成分载荷矩阵，$a_{ik}$ 表示变量 $x_i$ 在全局主成分 $F_k$ 上的载荷。

$$\begin{cases} F_1 = a_{11}x_{11} + a_{21}x_{21} + \cdots + a_{p1}x_{p1} \\ F_2 = a_{12}x_{12} + a_{22}x_{22} + \cdots + a_{p2}x_{p2} \\ \vdots \qquad \vdots \qquad \vdots \qquad \vdots \\ F_k = a_{1n}x_{1n} + a_{2n}x_{2n} + \cdots + a_{pn}x_{pn} \end{cases}$$

（7）利用全局主成分与其贡献率得到地区城乡一体化的综合得分。

$$S_i = W_1 F_1 + W_2 F_2 + \cdots + W_p F_m$$

**（二）数据来源介绍**

本研究测度2003~2012年江苏省13个地级市城乡一体化的动态发展过程。城乡一体化发展水平反映了城乡之间在区域发展过程中呈现的动态演化关系，由于这种关系体现于自然、社会构成的生态系统的各个方面，包括经济、生活条件、基础设施建设、公共服务提供和社会保障建设等，因而，准确测度区域城乡一体化发展水平必须建立全面考察社会各个领域的指标体系。然而，指标选取在很大程度上受限于数据的可获得性，数据的可获得性包括真实性、完整性和连续性。笔者在综合考虑、遵循指标体系设置原则和数据可获得性两方面的基础上，完成了指标体系构建和数据收集工作。

本研究关于生产要素流与城乡一体化发展水平的测度的相关数据来源于以下统计资料：2003~2012年的《中国城市统计年鉴》、2003~2012年的《中国农村统计年鉴》、2003~2012年的《中国区域经济统计年鉴》、2003~2012年的《江苏省统计年鉴》以及2003~2012年江苏省各地级市的统计年鉴和发展公报。数据主要收集渠道有：统计年鉴和发展公报以及中国经济与社会统计数据库、国研网和CEIC等数据库。另外，笔者对少数缺失的数据做了相应的处理，复合指标的数据则是运用原始数据计算得到，具体计算过程上文已有详述。

本章主要内容为构建测度城乡一体化的指标体系。为此，我们首先介绍了构建指标体系的原则，而后对已有的、较为权威的指标体系指标做了评价，然后在区域社会发展度、城镇发展度、乡村发展度和城乡协调度四个方面构建了指标体系，以科学、准确地测度区域城乡一体化发展水平，最后简要介绍了测度方法和数据来源。

### 三 江苏省城乡一体化建设的现状分析

江苏省是我国自改革开放以来率先崛起的东部省份之一，其经济、社会发展一直走在全国前列，该省也是我国较早出现城乡二元结构并着手治理的少数省份之一。江苏省在探索城乡一体化道路过程中，逐步形成了符合自身发展特点的城乡一体化模式——苏南模式。该模式的特点是由民营经济发展带动城乡一体化发展。此外，江苏省各级政府对农村在基础设施、社会保障和公共服务等领域的大力投入，在推动地区城乡一体化的进程中也发挥了重要作用。

早在中央提出"城乡统筹规划建设""新农村建设"等一系列旨在缩短城乡差距、缓解城乡二元经济结构的战略举措之前，江苏省各地级市已经着手城乡一体化建设，并取得了不俗的成绩。江苏省，特别是苏南地区长期以来一直是我国重要的经济高度繁荣的地带，因而其区域发展水平、城乡发展水平远比全国平均水平高，这为江苏省在城乡一体化建设上从开始即打下了良好的基础，经过十余年努力，该省13个地市均在城乡一体化建设中取得了很大成就。本节就描述城乡一体化建设水平的一些重要指标做统计性描述，为易于比较，本研究按照传统，将江苏省13个地级市划分为苏南、苏中和苏北三大区域（见表4-9）。

表4-9 江苏省三大区域划分

| 地区 | 苏南 | 苏中 | 苏北 |
| --- | --- | --- | --- |
| 所含城市 | 南京、无锡、常州、苏州、镇江 | 南通、扬州、泰州 | 徐州、连云港、淮安、盐城、宿迁 |

#### （一）各市城乡发展现状

江苏省是我国发展较早、较快的省份，同时，也是我国城乡二元结构问题发展最早、治理工作开展最早的省份之一。经过多年的努力，江苏省各市城乡协调发展能力获得了很大提高，城乡一体化建设取得了显著成绩，这些成就体现在经济、社会、居民生活等方方面面。

劳动生产率大幅提升。劳动生产率是单位就业人员产业的产值，反映了该地区的技术水平和就业人员的素质。如图4-4所示，江苏省各市在2003~2012年的十年间，劳动生产率得到大幅提升，在就业人数增长缓慢的情况下实现了GDP的快速增长，其中宿迁市的增长尤为显著，2012年该市劳动生产率为2003年的5.3倍，增幅最低的是苏州市，增幅为2.1倍。从三大区域划分来看，苏中、苏北各市劳动生产率的增幅明显高于苏南地区，另一个可喜的情况是各市区域间劳动生产率的差距正在迅速缩小，如苏州市与宿迁市已经由2003年的7.8倍缩小到了3.14倍，呈现区域经济协同发展的良好态势。

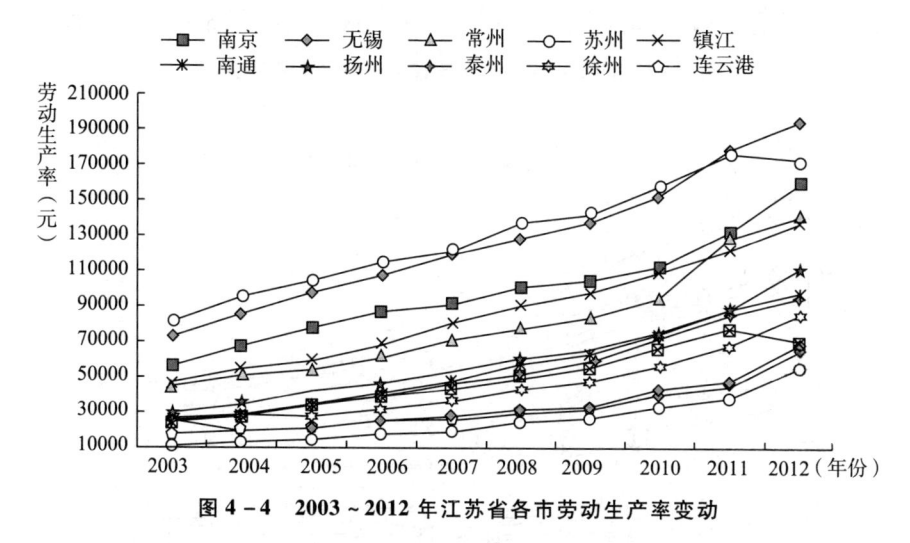

图4-4 2003~2012年江苏省各市劳动生产率变动

城镇失业率稳步下降。城镇居民登记失业率是反映地区经济发展和就业水平的重要指标。如图4-5所示，2003~2012年各市城镇失业率均稳步下降，截至2012年，各市城镇失业率均下降到3%以下。

第一产业产值占比稳步下降。2003~2012年各市第一产业产值在GDP中所占比重出现了大幅下降，然而下降幅度在不同区域之间差异很大。就第一产业占比本身而言，2012年苏南各市占比均在5%以下，苏州与无锡尤低，分别为1.62%和1.81%；苏中地区占比在7%左右，内部差距很小；在苏北地区，各市占比均超过9%，连云港、盐城、宿迁三市第一产业产值占比仍高达14.49%、14.62%和14.9%。对比三大区域第一产业产值占比，发现三大地区的产业结构存在明显差异，第一产业在苏北各市经济中的重要地位远非苏南各市可比（见图4-6）。

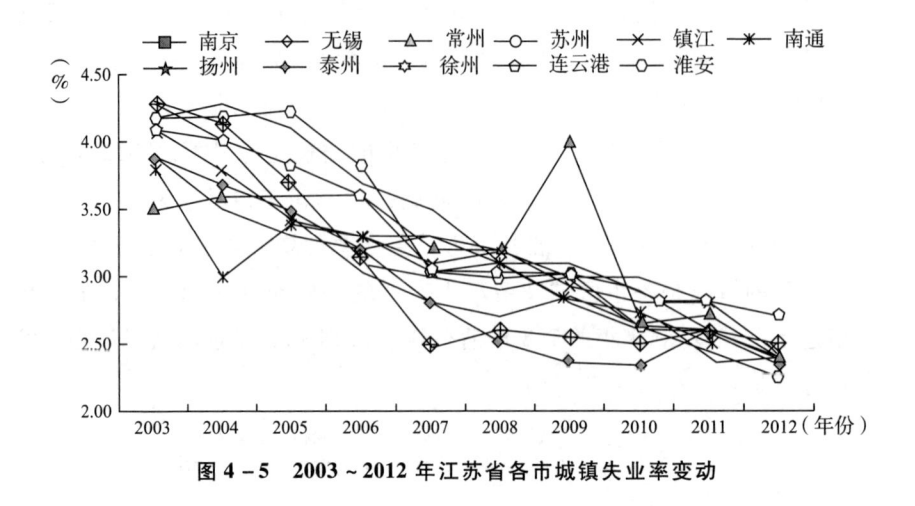

图 4-5 2003~2012 年江苏省各市城镇失业率变动

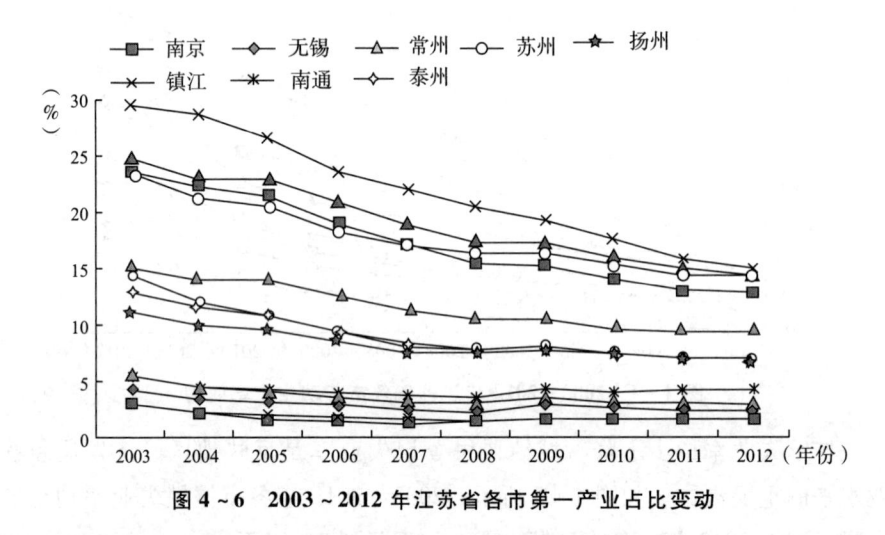

图 4-6 2003~2012 年江苏省各市第一产业占比变动

财政支出中支农支出比重逐步增加。如图 4-7 所示，各市财政支出中支农支出占比缓慢上升，2006 年以后增长步伐加快，体现了各市政府对农业投入的重视程度在不断上升。然而，不论是所占比重还是增长幅度，区域之间存在显著差异，苏南各市最低，苏中次之，苏北最高。在财政支出中，支农支出的占比为：2012 年，苏南地区占比的范围为 6.63~9.46，苏中地区占比的范围为 12.26~13.11，而苏北地区占比的范围为 13.81~17.50，呈现明显的阶梯性。而在增长幅度方面的表现更为明显：苏南地区增长为 0.02~3.43，苏中地区为 4.78~6.60，而苏北地区范围为 4.86~

8.32。这两项指标的地区差异体现了农业在区域经济中重要性的差异。

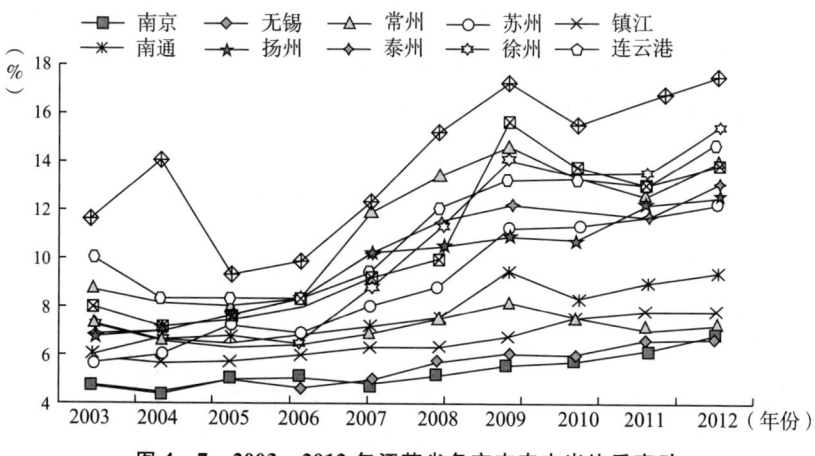

**图 4-7  2003~2012 年江苏省各市支农支出比重变动**

人均耕地面积略有下降。如图 4-8 所示，2003~2012 年各市人均耕地面积都有小幅下降。从三大区域来看呈现明显的阶梯形特征，苏南五市人均耕地面积较小，苏州三市居中，而苏北五市较大。人均耕地面积最小的无锡、苏州两市人均耕地面积仅为人均耕地面积最大的淮安、盐城的 1/3，无疑，在农业集约化经营方面，苏北各市先天优势明显。

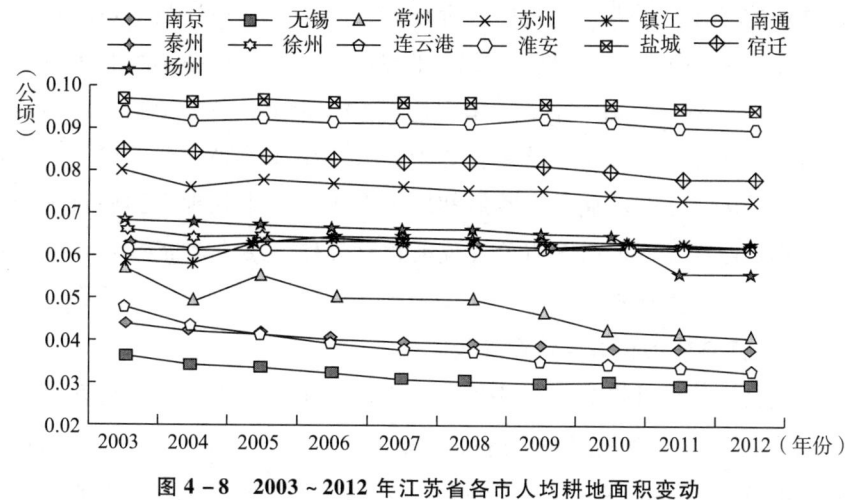

**图 4-8  2003~2012 年江苏省各市人均耕地面积变动**

每百户汽车拥有量逐年增加。该指标所指汽车包括私家车、公交车和出租车，其中私家车的比重占有绝对优势。因而该指标既能反映地区交通的建设水平，又能反映该地区居民的生活状况。如图 4-9 所示，各市每百户汽车拥有量大幅上升，表明 2003～2012 年各市交通设施和居民生活水平均有了很大改善。但是，区域之间汽车拥有量差距很大，经济发达的苏南五市汽车拥有量稳居全省前五名，而连云港、淮安、盐城、宿迁等苏北四市始终垫底，徐州也仅比泰州情况良好。

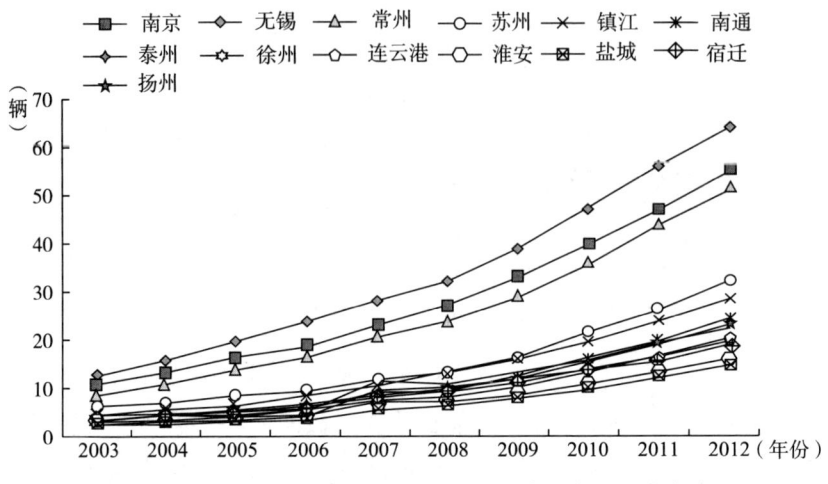

图 4-9　2003～2012 年江苏省各市每百户汽车拥有量变动

各市生活污水处理率。生活污水处理能力的提高不仅需要政府和居民环保意识的提高，还需要完善的处理设施，能够很好地反映区域城乡发展水平。如图 4-10 所示，2003～2012 年各市生活污水处理率均有了显著的提高，2012 年各市生活污水处理率均达到 50% 以上，特别值得关注的是经济相对欠发达的苏北各市在该项指标上有着不俗的成绩，并不亚于经济发达的苏南地区，表明苏北各市政府和居民在生活污水处理方面的重视程度提高和投入巨大。而苏南各市的表现则相对欠佳，10 年间的生活污水处理能力并未得到显著增强。

（二）江苏省各市城乡协调现状

城镇化水平显著提高。江苏省各地级市城镇化水平总体上走在全国前列。截至 2012 年，各地级市中南京市城镇化率最高，达到 80.2%，宿迁市城镇化率最低，为 51%。从三大区域划分来看，苏南地区各市城市化率最高，除南京外，无锡、苏州两市达到 70% 以上，常州、镇江两市也达到 60%，即便是城镇化率最低的镇江也远高于苏中、苏北各市；苏中各市城镇化率居中，三市城镇化率分别为 58.7%、58.8%、57.9%，差距非常小；

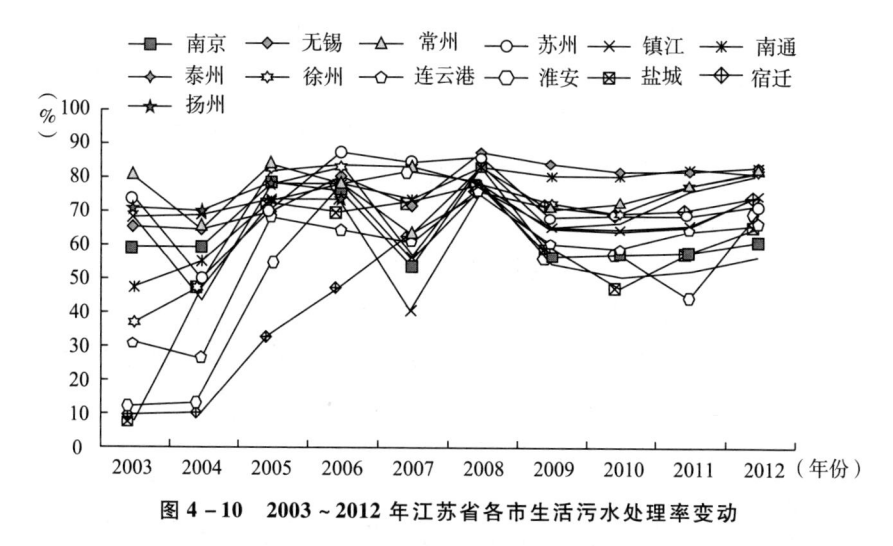

图 4-10　2003~2012 年江苏省各市生活污水处理率变动

苏北各市城镇化水平整体上低于苏中、苏南各市，各市城镇化率差距不大，最高的徐州仅比最低的宿迁高 5.7 个百分点。相反地，就城镇化率变动幅度而言，苏北各市最高，苏中次之，苏南各市最低。因此，从总体上来看，江苏省各市的城镇化率的差距明显缩小，在城镇化水平稳步提高的同时，呈现区域经济一体化的趋势（见图 4-11）。

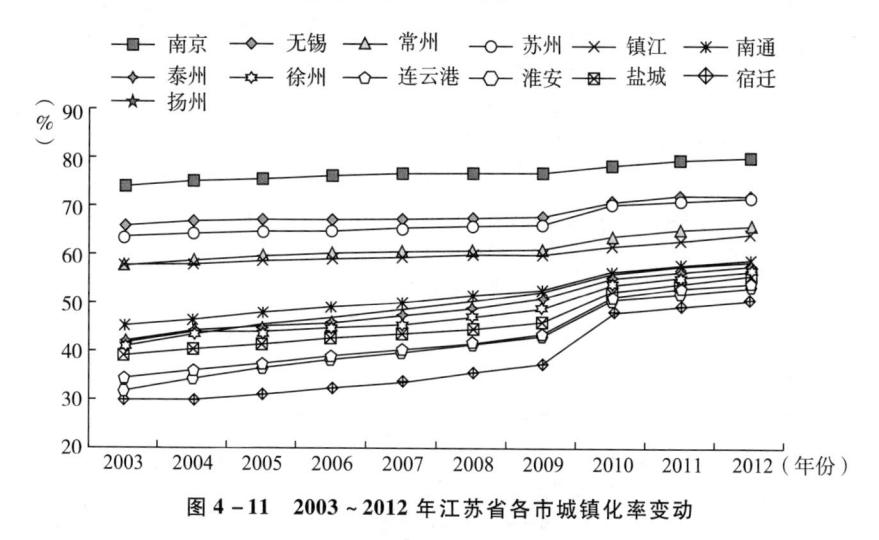

图 4-11　2003~2012 年江苏省各市城镇化率变动

各市城乡人均消费支出均出现了较大幅度的增加。图 4-12 为各市 2003 年城镇居民人均消费支出、农村居民人均消费支出与 2012 年的相应数据的比值。图 4-12 显示，各市农村居民人均消费支出增长幅度均高于城镇人均消费支出的增长幅度，在 10 年间增长了 3 倍！这种现象表明农村更深层次地参与市场经济，也显示了农村居民在消费观念上的转变。此外，从整体来看，苏中、苏北各市增长幅度要高于苏南各市，其主要原因应该是苏南地区基数较大。因为，从城乡居民人均消费支出的原始数据的对比发现：苏南地区城镇人均消费支出最高的苏州与苏北地区城镇人均消费支出最高的徐州差距由 2003 年的 1.46 倍扩大到了 2012 年的 1.83 倍，而在农村居民人均消费支出上，苏州与盐城的比值由 2003 年的 1.9 倍扩大到 2012 年的 2.1 倍。但是可以发现，一方面各市城乡人均消费支出差距正迅速缩小，另一方面区域之间的差距正逐步扩大。

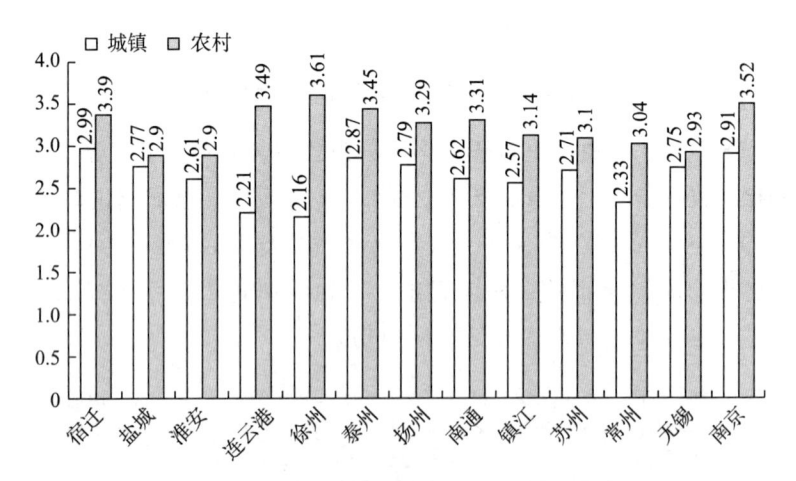

图 4-12 2003 年江苏省各市城乡人均消费支出增长幅度

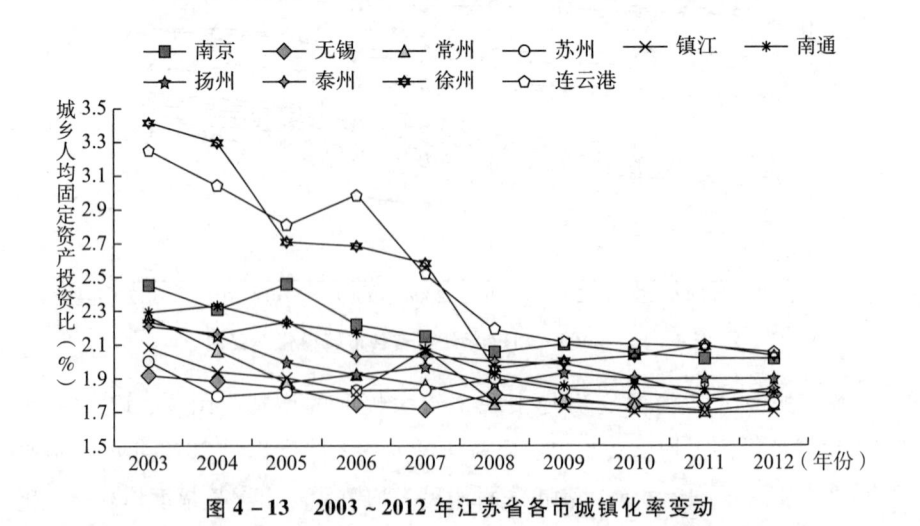

图 4-13 2003~2012 年江苏省各市城镇化率变动

江苏省各市城镇居民人均可支配收入和农村人均纯收入增长幅度都很大。图4-14为城乡人均纯收入的2003年与2012年数据的比值。南京、无锡、苏州、镇江、泰州五市城镇居民人均可支配收入增长幅度大于农村人均纯收入，其他七市情况相反。而前者恰好集中分布在苏南地区，表明经济较为发达的苏南地区城乡收入差距拉大，而经济发展相对滞后的苏中、苏北地区各市城乡收入差距缩小，且尤以苏北地区表现明显。图4-15为江苏省各市城乡收入差距变动，呈倒"U"形，表明各市城乡收入差距总体上呈现先扩大后缩小的态势，城乡居民在收入上的差距将日渐缩小。

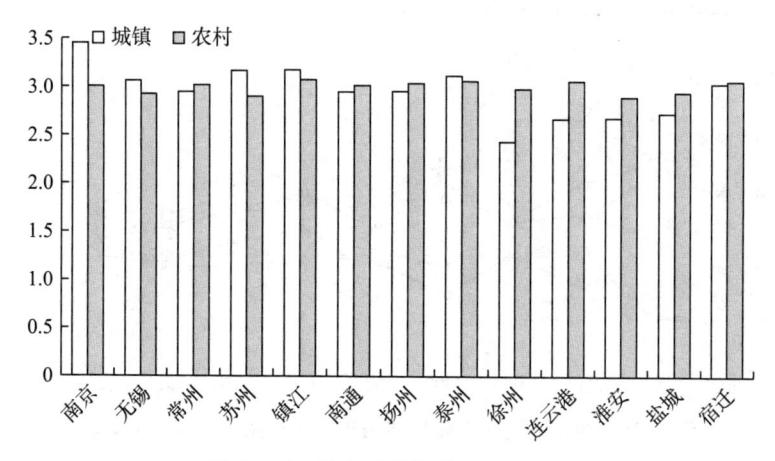

图4-14 城乡人均纯收入增长幅度

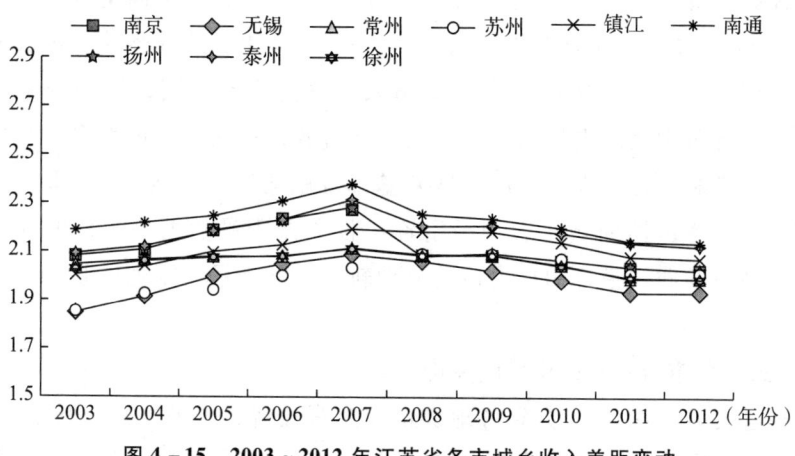

图4-15 2003~2012年江苏省各市城乡收入差距变动

城乡恩格尔系数差异度为地区城乡恩格尔系数之差。如图4-16所示，各市城乡恩格尔系数差异度正稳步缩小，其中，尤以南京、盐城和宿迁三市表现最为明显。这表明随着居民生活水平的提高，除食物外的住房、耐用品支出在消费中所占比重逐步扩大，城乡居民生活水平提高的同时，消费结构呈现趋同态势。然而，值得品味的是，除南京、常州、徐州、淮安、盐城和宿迁外，其余各市均出现了部分年份城乡恩格尔系数差异度为负的情况，其中无锡、苏州、镇江和泰州表现更为明显。

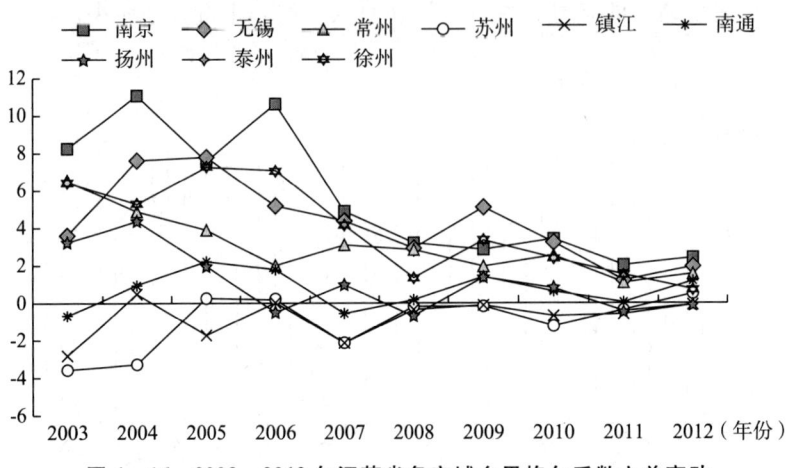

图4-16 2003~2012年江苏省各市城乡恩格尔系数之差变动

2003~2012年城乡人均固定资产投资比呈现剧烈波动，但没有显著减小的迹象。图4-17为城镇人均固定资产投资、农村人均固定资产投资在2003年与2012年分别计算得到的比值。在10年中，除苏州外各市农村人均固定资产投资增长幅度均大于城镇人均固定资产投资，这种现象在苏中、苏北各市中表现更加明显，表明江苏省各市存在明显加大农村投资的倾向，这有利于推动农村经济发展和基础设施的完善。然而，从图4-18我们看到，各市同期城乡人均固定资产投资差距虽然缩小了，但并不显著，且各市的曲线呈现明显类似的波动轨迹，波动最为剧烈的是2006年、2010年。

**（三）各市城乡一体化发展评价**

在过去10年中，江苏省各地级市在宏观经济、居民生活、基础设施、社会保障等领域取得了长足进步，特别是宏观经济和居民生活得到显著增强，江苏省各地级市已经具备了城乡一体化发展的物质条件。为缩小城乡

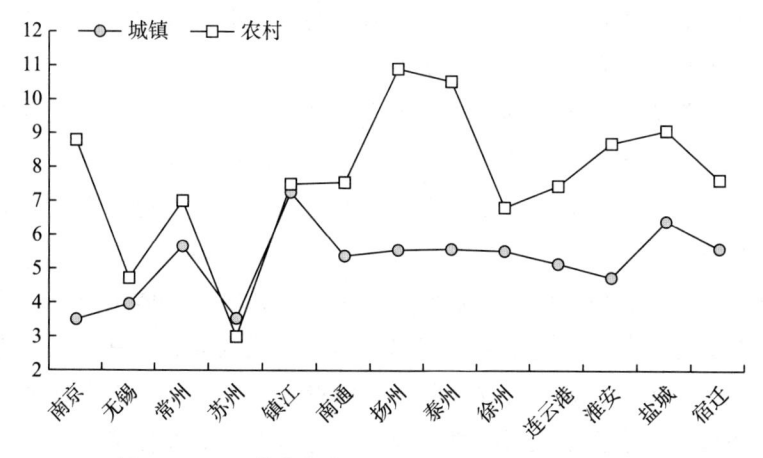

图 4-17　江苏省各市城乡人均固定资产投资比变动

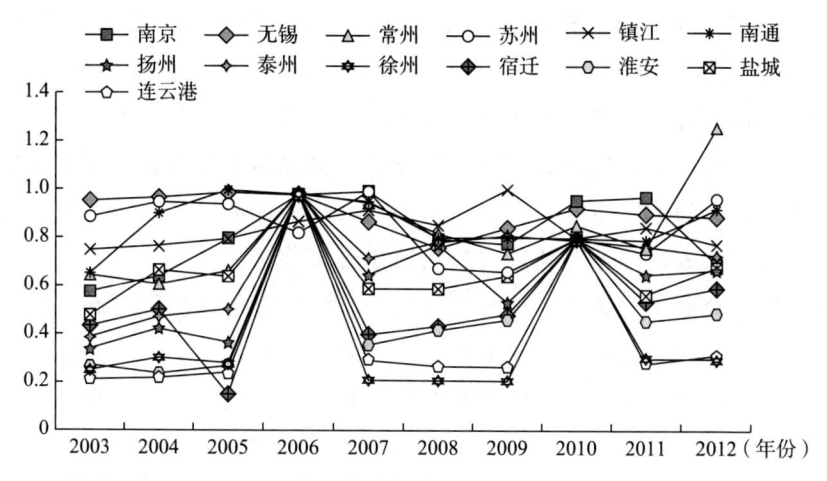

图 4-18　2003~2012 年江苏省各市城乡人均固定资产投资差距变动

差距，消除二元经济结构，江苏省各地级市采取了一系列措施，并取得了不俗的成绩。

各市经济实力、财政收支均处于较高水平，因此，不论是政府、企业还是个人资金都较为充裕，有能力在基础设施、公共服务、社会保障和支持"三农"等方面保证足够的资金投入；各市产业结构不断优化升级，苏南地区城镇化和工业化水平已经达到发达国家的水平，而这一地区的民营企业、乡镇企业十分活跃，有力推动了农村产业结构、就业结构的优化，推动了城乡在生活方式上的一体化。此外，城乡居民在人均可支配收入、人均消费支出和恩格尔系数上的差距逐步缩小，表明农村居民在收入、支出上全面赶超城镇居民，城乡居民在消费能力、消费方式等方面呈现趋同现象，而农民在消费观念上的转变得益于政府在基础设施建设、社会保障和公共服务等方面对农村的倾向性投入。张晓敏（2011）的研究表明，江苏省各市经过多年努力基本实现了农村失业、医疗、养老三大社会保障的全覆盖，建立了农村低保制度以维持特困居民的生计，初步构建了城乡社会保障体系。

尽管江苏省各地级市为统筹城乡发展、推进城乡一体化进程做了很多工作和努力并取得了一定成就，但仍暴露了一系列问题。首先，虽然农村居民在人均纯收入、人均可支配收入上的增长幅度总体上大于城镇，但城镇的增长额度却远大于农村。类似地，尽管增大了对农村基础设施的投资力度，也初步构建起了基本的公共服务和社会保障体系，但二者在交通运输、水电煤气等基础设施和人均教育资源、医疗资源等公共服务及保险、抚恤等社会保障上的分配严重失衡，这导致城乡一体化建设的质量不高。其次，江苏省各市城乡一体化建设在区域上差异很大，苏南地区在经济实力、居民生活乃至基础设施、公共服务和社会保障上全方位、远远地领先于苏北地区，而苏中地区处于中间水平。当苏南地区农村居民从事非农产业获得更高收入时，苏北地区农村居民仍过着靠天吃饭的生活。最后，不论是政府、企业还是居民，对城乡一体化、城乡统筹发展都存在误解，片面地认为城乡一体化就是农村城镇化，即农村居民迁入城市，城镇化率稳步提高，却忽视了农民市民化和农业产业化，这导致农民虽身在城市却无法享受市民待遇，农业由于青壮年劳动力流失、耕地萎缩而发展滞后。这也成为城乡二元结构未能被打破的重要原因。

## 四　江苏省城乡一体化水平测度

本研究采用全局主成分分析法对江苏省13个地级市城乡一体化水平的动态演变测度做定量分析。为确保城乡一体化水平测度结果的全面性和科学性，笔者先分别测度了城乡发展度和城乡协调度。本研究采用SPSS 17.0软件做全局主成分分析，根据全局主成分分析的技术要求，其累计贡献率达到80%以上方可认为主成分包含了原有指标的大部分信息。运用SPSS 17.0软件做全局主成分分析得到特征值及贡献率表、全局主成分载荷矩阵表和全局主成分得分系数矩阵表，而后才能分析区域城乡一体化的发展水平。统计软件运行结果得到特征值及贡献率表、全局主成分载荷矩阵表、全局主成分得分系数矩阵表。如表4-10至表4-12所示,通过特征值及贡献率表,结合累计贡献率80%和主成分的特征根大于1的原则,可确定主成分的个数;观察全局主成分载荷矩阵表可得到主成分对基础指标所含信息提取的比重;而观察全局主成分得分系数矩阵表可得到主成分与基础指标之间的相关度。

(一) 城乡发展度的测度

根据上文介绍的数据和方法,对江苏省各地级市的城乡发展度进行测度,结果得到3个全局主成分,分别命名为$W_1$、$W_2$、$W_3$,这3个主成分的累计贡献率为86.182%,其中,第一主成分贡献率为53.037%,能够较好地反映原始数据的信息。

表4-10 特征值及贡献率

单位:%

| 全局主成分 | 特征值 | 贡献率 | 累积贡献率 |
| --- | --- | --- | --- |
| $W_1$ | 9.547 | 53.037 | 53.037 |
| $W_2$ | 2.362 | 23.123 | 76.160 |
| $W_3$ | 1.804 | 10.022 | 86.182 |

表4-11 全局主成分载荷矩阵

| | $W_1$ | $W_2$ | $W_3$ |
| --- | --- | --- | --- |
| $A_1$ | 0.956 | 0.086 | 0.165 |
| $A_2$ | -0.226 | 0.557 | -0.551 |
| $A_3$ | -0.179 | -0.619 | 0.314 |
| $A_4$ | 0.934 | -0.032 | 0.151 |
| $A_5$ | 0.586 | 0.709 | 0.116 |
| $A_6$ | 0.939 | -0.006 | 0.183 |
| $A_7$ | 0.888 | 0.423 | -0.011 |
| $A_8$ | 0.861 | 0.133 | -0.150 |
| $A_9$ | 0.942 | 0.016 | -0.020 |
| $A_{10}$ | 0.943 | -0.039 | 0.052 |

续表

| | $W_1$ | $W_2$ | $W_3$ |
| --- | --- | --- | --- |
| $A_{11}$ | -0.131 | 0.065 | 0.554 |
| $A_{12}$ | 0.806 | -0.348 | -0.272 |
| $A_{13}$ | 0.715 | 0.450 | 0.083 |
| $A_{14}$ | 0.942 | -0.176 | 0.081 |
| $A_{15}$ | 0.528 | -0.449 | -0.611 |
| $A_{16}$ | -0.803 | 0.481 | -0.067 |
| $A_{17}$ | -0.379 | 0.404 | -0.019 |
| $A_{18}$ | -0.112 | 0.069 | 0.712 |

表4-12 全局主成分得分系数矩阵

| | $W_1$ | $W_2$ | $W_3$ |
| --- | --- | --- | --- |
| $A_1$ | 0.100 | 0.036 | 0.091 |
| $A_2$ | -0.024 | 0.236 | -0.305 |
| $A_3$ | -0.019 | -0.262 | 0.174 |
| $A_4$ | 0.098 | -0.013 | 0.084 |
| $A_5$ | 0.061 | 0.300 | 0.064 |
| $A_6$ | 0.098 | -0.002 | 0.101 |
| $A_7$ | 0.093 | 0.179 | -0.006 |
| $A_8$ | 0.090 | 0.056 | -0.083 |
| $A_9$ | 0.099 | 0.007 | -0.011 |
| $A_{10}$ | 0.099 | -0.016 | 0.029 |
| $A_{11}$ | -0.014 | 0.028 | 0.307 |
| $A_{12}$ | 0.084 | -0.148 | -0.151 |
| $A_{13}$ | 0.075 | 0.190 | 0.046 |
| $A_{14}$ | 0.099 | -0.074 | 0.045 |
| $A_{15}$ | 0.055 | -0.190 | -0.339 |
| $A_{16}$ | -0.084 | 0.204 | -0.037 |
| $A_{17}$ | -0.040 | 0.171 | -0.011 |
| $A_{18}$ | -0.012 | 0.029 | 0.395 |

## （二）城乡协调度的测度

根据上文信息，对江苏省各地级市城乡协调度的测度结果得到两个全局主成分，分别命名为 $X_1$、$X_2$，这两个主成分的累计贡献率为 82.551%，其中，第一主成分贡献率为 61.596%，能够较好地反映原始数据的信息（见表 4-13 至表 4-15）。

表 4-13 特征值及贡献率

单位：%

| 全局主成分 | 特征值 | 贡献率 | 累积贡献率 |
| --- | --- | --- | --- |
| $X_1$ | 4.160 | 61.596 | 61.596 |
| $X_2$ | 2.096 | 20.955 | 82.551 |

表 4-14 全局主成分载荷矩阵

|  | $X_1$ | $X_2$ |
| --- | --- | --- |
| $B_1$ | 0.916 | -0.079 |
| $B_2$ | -0.449 | 0.786 |
| $B_3$ | 0.823 | -0.200 |
| $B_4$ | 0.732 | 0.561 |
| $B_5$ | 0.374 | 0.642 |
| $B_6$ | 0.542 | 0.453 |
| $B_7$ | 0.693 | 0.453 |
| $B_8$ | 0.736 | -0.094 |
| $B_9$ | 0.646 | 0.041 |
| $B_{10}$ | -0.178 | 0.532 |

表 4-15 全局主成分得分系数矩阵

|  | $X_1$ | $X_2$ |
| --- | --- | --- |
| $B_1$ | -0.220 | -0.038 |
| $B_2$ | -0.108 | 0.375 |
| $B_3$ | 0.198 | -0.096 |
| $B_4$ | 0.176 | 0.268 |
| $B_5$ | 0.090 | 0.307 |

续表

| | $X_1$ | $X_2$ |
|---|---|---|
| $B_6$ | 0.130 | 0.216 |
| $B_7$ | -0.167 | 0.216 |
| $B_8$ | 0.177 | -0.045 |
| $B_9$ | 0.155 | 0.020 |
| $B_{10}$ | -0.043 | 0.254 |

### (三) 城乡一体化水平测度

根据前文信息，对江苏省各地级市城乡一体化水平进行测度，结果得到5个全局主成分，分别命名为 $Z_1$、$Z_2$、$Z_3$、$Z_4$、$Z_5$，这5个主成分的累计贡献率为81.874%，其中，第一主成分贡献率为41.961%，能够很好地反映原始数据的信息，见表4-16到表4-18。

表4-16 特征值及贡献率

单位：%

| 全局主成分 | 特征值 | 贡献率 | 累积贡献率 |
|---|---|---|---|
| $Z_1$ | 11.749 | 41.961 | 41.961 |
| $Z_2$ | 3.772 | 13.471 | 55.432 |
| $Z_3$ | 2.981 | 10.646 | 66.078 |
| $Z_4$ | 1.712 | 8.114 | 74.192 |
| $Z_5$ | 1.031 | 7.682 | 81.874 |

表4-17 全局主成分载荷矩阵

| | $Z_1$ | $Z_2$ | $Z_3$ | $Z_4$ | $Z_5$ |
|---|---|---|---|---|---|
| $A_1$ | 0.958 | 0.200 | 0.013 | -0.033 | -0.089 |
| $A_2$ | -0.330 | 0.477 | -0.491 | 0.420 | 0.016 |
| $A_3$ | -0.069 | -0.404 | 0.632 | 0.401 | 0.014 |
| $A_4$ | 0.944 | 0.093 | 0.037 | 0.022 | -0.059 |
| $A_5$ | 0.520 | 0.740 | -0.165 | -0.128 | -0.076 |
| $A_6$ | 0.960 | 0.084 | 0.039 | -0.120 | -0.027 |
| $A_7$ | 0.826 | 0.470 | -0.259 | -0.025 | -0.062 |

续表

|  | $Z_1$ | $Z_2$ | $Z_3$ | $Z_4$ | $Z_5$ |
|---|---|---|---|---|---|
| $A_8$ | 0.813 | 0.152 | -0.265 | 0.147 | 0.157 |
| $A_9$ | 0.909 | 0.098 | -0.158 | 0.113 | -0.016 |
| $A_{10}$ | 0.921 | 0.071 | -0.076 | 0.126 | -0.095 |
| $A_{11}$ | -0.069 | 0.095 | 0.308 | -0.555 | 0.389 |
| $A_{12}$ | 0.808 | -0.329 | -0.235 | 0.236 | 0.112 |
| $A_{13}$ | 0.673 | 0.444 | -0.178 | -0.264 | 0.082 |
| $A_{14}$ | 0.948 | -0.067 | -0.003 | 0.082 | -0.134 |
| $A_{15}$ | 0.509 | -0.533 | -0.522 | 0.174 | 0.176 |
| $A_{16}$ | -0.848 | 0.407 | -0.041 | 0.098 | 0.013 |
| $A_{17}$ | -0.368 | 0.371 | 0.126 | 0.257 | 0.682 |
| $A_{18}$ | -0.063 | 0.202 | 0.605 | -0.059 | -0.355 |
| $B_1$ | -0.887 | -0.017 | -0.330 | 0.078 | -0.040 |
| $B_2$ | -0.353 | 0.851 | -0.037 | 0.146 | 0.010 |
| $B_3$ | 0.929 | -0.148 | -0.135 | 0.045 | 0.007 |
| $B_4$ | 0.630 | 0.373 | 0.499 | 0.235 | 0.113 |
| $B_5$ | 0.187 | 0.281 | 0.613 | 0.557 | 0.022 |
| $B_6$ | 0.457 | 0.396 | 0.290 | -0.080 | -0.079 |
| $B_7$ | -0.527 | 0.642 | -0.349 | -0.054 | 0.056 |
| $B_8$ | 0.608 | -0.083 | 0.287 | -0.124 | 0.215 |
| $B_9$ | 0.539 | -0.088 | 0.264 | -0.228 | 0.346 |
| $B_{10}$ | -0.214 | 0.414 | 0.315 | -0.150 | -0.140 |

表 4-18　全局主成分得分系数矩阵

|  | $Z_1$ | $Z_2$ | $Z_3$ | $Z_4$ | $Z_5$ |
|---|---|---|---|---|---|
| $A_1$ | 0.076 | 0.051 | 0.004 | -0.022 | -0.082 |
| $A_2$ | -0.026 | 0.122 | -0.170 | 0.287 | 0.015 |
| $A_3$ | -0.005 | -0.103 | 0.219 | 0.274 | 0.013 |
| $A_4$ | 0.075 | 0.024 | 0.013 | 0.015 | -0.055 |
| $A_5$ | 0.041 | 0.189 | -0.057 | -0.087 | -0.070 |
| $A_6$ | 0.076 | 0.021 | 0.013 | -0.082 | -0.025 |
| $A_7$ | 0.065 | 0.120 | -0.090 | -0.017 | -0.058 |

续表

| | $Z_1$ | $Z_2$ | $Z_3$ | $Z_4$ | $Z_5$ |
|---|---|---|---|---|---|
| $A_8$ | 0.064 | 0.039 | -0.092 | 0.101 | 0.146 |
| $A_9$ | 0.072 | 0.025 | -0.055 | 0.077 | -0.015 |
| $A_{10}$ | 0.073 | 0.018 | -0.026 | 0.086 | -0.088 |
| $A_{11}$ | -0.005 | 0.024 | 0.107 | -0.379 | 0.361 |
| $A_{12}$ | 0.064 | -0.084 | -0.081 | 0.161 | 0.104 |
| $A_{13}$ | 0.053 | 0.113 | -0.062 | -0.181 | 0.076 |
| $A_{14}$ | 0.075 | -0.017 | 0.000 | 0.056 | -0.125 |
| $A_{15}$ | 0.040 | -0.136 | -0.181 | 0.119 | 0.163 |
| $A_{16}$ | -0.067 | 0.104 | -0.014 | 0.067 | 0.012 |
| $A_{17}$ | -0.029 | 0.095 | 0.044 | 0.175 | 0.633 |
| $A_{18}$ | -0.005 | 0.051 | 0.210 | -0.040 | -0.329 |
| $B_1$ | -0.070 | -0.004 | -0.114 | 0.054 | -0.037 |
| $B_2$ | -0.028 | 0.217 | -0.013 | 0.100 | 0.009 |
| $B_3$ | 0.073 | -0.038 | -0.047 | 0.031 | 0.006 |
| $B_4$ | 0.050 | 0.095 | 0.173 | 0.161 | 0.105 |
| $B_5$ | 0.015 | 0.072 | 0.212 | 0.381 | 0.021 |
| $B_6$ | 0.036 | 0.101 | 0.100 | -0.055 | -0.074 |
| $B_7$ | -0.042 | 0.164 | -0.121 | -0.037 | 0.052 |
| $B_8$ | 0.048 | -0.021 | 0.099 | -0.084 | 0.200 |
| $B_9$ | 0.043 | -0.022 | 0.091 | -0.156 | 0.321 |
| $B_{10}$ | -0.017 | 0.106 | 0.109 | -0.102 | -0.130 |

## 五　测度结果分析

城乡一体化是城乡居民共同享受经济社会发展的成果，测度区域城乡一体化水平不仅要关注城乡二元结构的严重程度、了解城乡在各领域存在多少差距，还需要关注城乡发展度和城乡协调度，建立在生产发展、生活富裕之上的城乡一体化才是我们的发展目标。沿着这一思路我们对江苏省13市的城乡一体化发展水平进行全面、科学的评价。

在全局主成分方法的介绍中我们提到，利用全局主成分得分系数矩阵与原始数据构成的矩阵可以得到各全局主成分的得分，而后以各全局主成分的贡献率作为权重,就可得到城乡一体化发展水平的综合得分。利用上述思路,我们分别得到了全社会发展度、城乡发展度和城乡协调度的综合得分,并根据各年份不同地区的得分为其做了排名。

## (一) 城乡发展度测度结果分析

城乡发展度是区域建设城乡一体化的物质基础,全面展示了当前经济社会发展的高度,经济社会越是发达的地区,越有能力统筹城乡发展,越有动力消除城乡二元结构。根据资本的边际报酬递减规律,发达地区丰裕的资本由于在城市中找不到合适的投资项目或投资回报率过低,将会在城市以外的广大农村寻找投资机会,农村由此获得更多的发展机会。而且,大量的资本流入农村,一方面缓解了青壮年劳动力流入城市,另一方面推动了农业剩余劳动力转化为非农业劳动力,推动了农业的规模化经营,也使城乡在市场、技术和人才方面加强了交流和共享。

表4-19为江苏省13市社会发展度的综合得分。数据显示,各市2003~2012年城乡发展水平均得到大幅提高,尽管三大区域发展水平仍呈梯次分布,但苏北各市的迅速发展使区域之间的差距迅速缩小。

表4-19 2003~2012年江苏省各市城乡发展度的综合得分

| 城市 | 2003年 | 2004年 | 2005年 | 2006年 | 2007年 | 2008年 | 2009年 | 2010年 | 2011年 | 2012年 |
| --- | --- | --- | --- | --- | --- | --- | --- | --- | --- | --- |
| 南京 | 7.282 | 8.011 | 8.468 | 8.974 | 10.321 | 11.941 | 14.412 | 15.795 | 17.251 | 19.674 |
| 无锡 | 8.050 | 9.103 | 9.723 | 11.016 | 12.382 | 14.682 | 16.838 | 19.083 | 21.140 | 21.601 |
| 常州 | 6.727 | 7.319 | 7.476 | 8.742 | 10.309 | 11.762 | 14.137 | 15.366 | 17.602 | 17.912 |
| 苏州 | 7.545 | 8.693 | 9.972 | 11.721 | 14.408 | 16.580 | 18.865 | 20.414 | 21.916 | 23.398 |
| 镇江 | 4.895 | 5.349 | 5.861 | 6.688 | 7.831 | 8.600 | 10.025 | 11.357 | 12.865 | 14.517 |
| 南通 | 4.545 | 4.935 | 5.398 | 6.030 | 6.929 | 7.882 | 9.358 | 10.353 | 11.988 | 13.461 |
| 扬州 | 4.224 | 4.739 | 5.329 | 5.321 | 5.815 | 7.186 | 9.419 | 10.679 | 12.183 | 12.418 |
| 泰州 | 6.879 | 7.132 | 7.739 | 7.990 | 8.961 | 9.763 | 10.870 | 11.799 | 12.097 | 13.875 |
| 徐州 | 3.005 | 3.070 | 3.656 | 4.308 | 5.077 | 6.024 | 7.337 | 8.178 | 9.031 | 9.967 |
| 连云港 | 1.836 | 2.500 | 3.000 | 3.674 | 4.315 | 5.335 | 7.861 | 7.860 | 8.968 | 9.884 |
| 淮安 | 3.157 | 3.337 | 3.621 | 3.931 | 4.653 | 4.923 | 5.820 | 7.067 | 7.361 | 8.361 |
| 盐城 | 3.459 | 3.110 | 3.963 | 4.318 | 4.854 | 5.249 | 5.630 | 5.696 | 8.697 | 8.269 |
| 宿迁 | 2.523 | 2.644 | 3.087 | 3.543 | 4.439 | 4.841 | 6.129 | 7.381 | 8.132 | 8.547 |

各市的数据显示，宿迁、南通、泰州和连云港等市发展较快，而南京、无锡、苏州发展较慢。其中，宿迁市发展速度最快，苏州市发展最为缓慢。从三大区域来看，苏中三市发展较快且发展较为均衡，苏北各市发展比较快但各市差距较大，而苏南地区整体发展较慢，相对落后的常州、镇江发展较快些。由于落后各市的赶超式发展，各市之间的差距迅速缩小，其中，宿迁市与其他各市的差距大幅缩小，特别是与苏南各市的差距明显减小，而在苏北地区内部，各市已基本不存在差距。雷达图更是清晰地表明，各市社会发展水平的差距逐年减小，而且各市呈现出同步缩小的趋势（见图4－19）。按照三大区域的划分，我们发现苏南、苏中、苏北的差距显著缩小。然而，需要正视的是三大区域之间仍存在很大差距，苏北各市的发展指数仍为苏南各市的一半，苏北各市发展落后的现实必然对其城乡一体化建设产生不利影响。

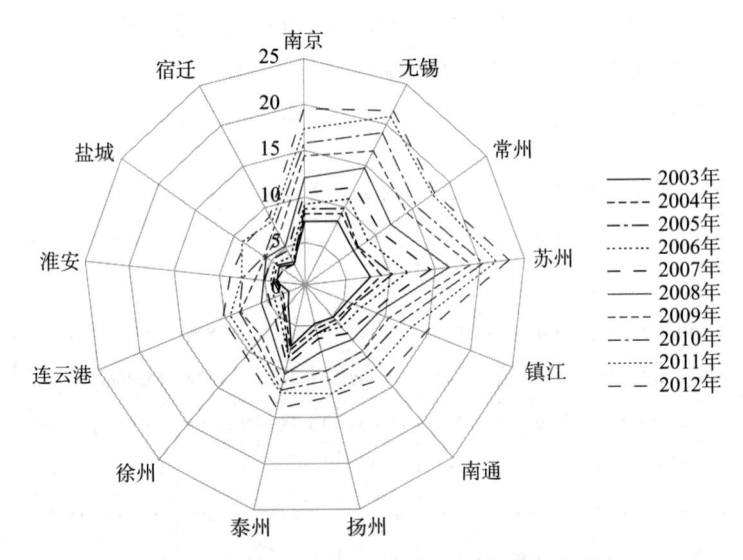

图4－19　2003～2012年江苏省各市城乡发展度

根据各市发展度的测度结果，我们对各市历年的发展水平做了排名。观察各市排名情况，我们发现各市排名均有波动，但并不明显。而且，苏南各市在镇江排名上升后包揽了前五名，除了传统的历史名城、省会城市南京外，苏州、无锡、常州三市表现出极强的竞争力，经济相对落后的镇江市历年均居于第五，且在相当长的时间内被苏中的泰州市挤出前五；苏中三市则位列苏南五市之后的第六到第八，泰州市表现突出，长期排在第五位,南通和扬州则是争夺七、八名;苏北各市一直位列九到十三。也就是说,苏南、苏中和苏北在社会发展度上呈明显的梯次分布,三地区之间社会发展的显著差异使各市名次仅在区域内变动,盐城市排名持续下降,连云港市排名持续上升。在苏南地区,无锡市在2003~2014年一直位于第一名,在2005年以后被苏州市超越,南京市与常州市分别居于第三和第四位。在苏北地区,徐州市排名有所上升,淮安市排名略有下降,宿迁市排名靠后,表明其经济社会发展滞后(见表4-20)。

表4-20　2003~2012年江苏省各市城乡发展度排名

| 城市 | 2003年 | 2004年 | 2005年 | 2006年 | 2007年 | 2008年 | 2009年 | 2010年 | 2011年 | 2012年 |
|---|---|---|---|---|---|---|---|---|---|---|
| 南京 | 3 | 3 | 3 | 3 | 3 | 3 | 3 | 3 | 4 | 3 |
| 无锡 | 1 | 1 | 2 | 2 | 2 | 2 | 2 | 2 | 2 | 2 |
| 常州 | 5 | 4 | 5 | 4 | 4 | 4 | 4 | 4 | 3 | 4 |
| 苏州 | 2 | 2 | 1 | 1 | 1 | 1 | 1 | 1 | 1 | 1 |
| 镇江 | 6 | 6 | 6 | 6 | 6 | 6 | 6 | 6 | 5 | 5 |
| 南通 | 7 | 7 | 7 | 7 | 7 | 7 | 8 | 8 | 8 | 7 |
| 扬州 | 8 | 8 | 8 | 8 | 8 | 8 | 7 | 7 | 6 | 8 |
| 泰州 | 4 | 5 | 4 | 5 | 5 | 5 | 5 | 5 | 7 | 6 |
| 徐州 | 11 | 11 | 10 | 10 | 9 | 9 | 10 | 9 | 9 | 9 |
| 连云港 | 13 | 13 | 13 | 12 | 13 | 10 | 9 | 10 | 10 | 10 |
| 淮安 | 10 | 9 | 11 | 11 | 11 | 12 | 12 | 12 | 13 | 12 |
| 盐城 | 9 | 10 | 9 | 9 | 10 | 11 | 13 | 13 | 11 | 13 |
| 宿迁 | 12 | 12 | 12 | 13 | 12 | 13 | 11 | 11 | 12 | 11 |

### (二) 城乡协调度测度结果分析

城乡一体化发展思想的核心主旨是推进城乡在发展成果、基础设施、社会保障和公共产品提供等方面获得均等的享受机会。因此,缩小城乡在上述领域的差距是实现城乡一体化发展的必要条件。然而,正如上文所述,城乡一体化发展程度的高低并不单指城乡之间的差距不断缩小,还需要关注城乡各自的发展程度,城乡共同贫困的一体化不是真正的城乡一体化,我们追求的城乡一体化是建立在城乡居民共享发展成果和富裕上的一体化。所以,为避免在测度中陷入上述误区,本研究在测度了城镇和乡村的发展度之后,又测度城乡之间的差距,即城乡协调度。表4-21是对城乡协调度的测度结果，我们发现，2003~2012年各市城乡协调度均有所上升，较为发达的苏南各市上升幅度较小，相对落后的苏北地区上升幅度则较大，因此，各市城乡协调度之间的差距明显缩小。

表4-21　2003~2012年江苏省各市城乡协调度

| 城市 | 2003年 | 2004年 | 2005年 | 2006年 | 2007年 | 2008年 | 2009年 | 2010年 | 2011年 | 2012年 |
| --- | --- | --- | --- | --- | --- | --- | --- | --- | --- | --- |
| 南京 | 0.899 | 1.820 | 2.073 | 2.718 | 3.092 | 3.376 | 3.642 | 3.752 | 4.136 | 4.264 |
| 无锡 | 2.862 | 3.253 | 3.308 | 3.491 | 3.579 | 3.720 | 3.718 | 4.119 | 4.177 | 4.240 |
| 常州 | 0.947 | 1.465 | 1.910 | 2.186 | 2.351 | 2.445 | 2.573 | 2.973 | 3.156 | 3.323 |
| 苏州 | 2.328 | 2.772 | 3.172 | 3.664 | 3.819 | 3.957 | 4.332 | 4.659 | 4.826 | 4.910 |
| 镇江 | 0.252 | 0.644 | 0.861 | 1.292 | 1.504 | 1.726 | 1.940 | 2.263 | 2.589 | 2.818 |
| 南通 | -2.170 | -1.467 | -0.410 | 0.562 | 1.149 | 1.583 | 2.088 | 2.422 | 2.652 | 2.837 |
| 扬州 | -0.496 | 0.074 | 0.454 | 0.890 | 1.197 | 1.532 | 1.948 | 2.458 | 2.774 | 2.969 |
| 泰州 | 2.189 | 2.757 | 3.295 | 3.753 | 4.190 | 4.606 | 4.995 | 5.529 | 5.775 | 6.010 |
| 徐州 | -4.982 | -4.512 | -3.135 | -2.755 | -2.260 | -1.724 | -1.276 | -0.819 | -0.399 | -0.172 |
| 连云港 | -5.915 | -4.998 | -4.472 | -4.098 | -3.550 | -3.111 | -2.728 | -2.128 | -1.736 | -1.334 |
| 淮安 | -4.696 | -4.932 | -4.555 | -3.681 | -3.550 | -3.161 | -2.496 | -1.817 | -1.605 | -1.283 |
| 盐城 | -4.247 | -3.414 | -3.006 | -2.628 | -2.207 | -1.867 | -1.285 | -0.979 | -0.758 | -0.518 |
| 宿迁 | -4.974 | -4.240 | -3.881 | -3.618 | -3.213 | -2.818 | -2.239 | -1.257 | -0.841 | -0.649 |

通过雷达图（见图4-20）我们能清晰地观察到各市城乡协调度的变动过程。如表4-22所示，2003~2012年各市城乡协调度出现了不同程度的上升，南京市城乡协调度最高，淮安市最低，三大区域城乡协调度梯次分布明显，但这种差距经过10年发展已经大幅缩小。三大区域内部各市的差距较三大区域之间的差距要小得多，且这种差距没有显著缩小。三大区域中，苏北各市上升幅度最大，苏中各市次之，苏南各市居末，三大区域在城乡协调度上呈明显的梯次分布。比较三大区域之间的差距，区域北部的差距要小得多。在苏南各市中，无锡市得分最高，苏州市紧随其后，常州和镇江得分较低，但各市差距很小。在苏中三市中，泰州得分最高，南通和扬州得分较低，三市差距大于苏南五市。在苏北各市中，盐城和徐州得分明显高于其他三市，而淮安和连云港得分较低。

考察各市城乡协调度的排名我们发现，各市排名波动幅度不大。苏南各市中苏州、无锡、南京和常州稳居前五名，无锡和苏州稳居前三名，南

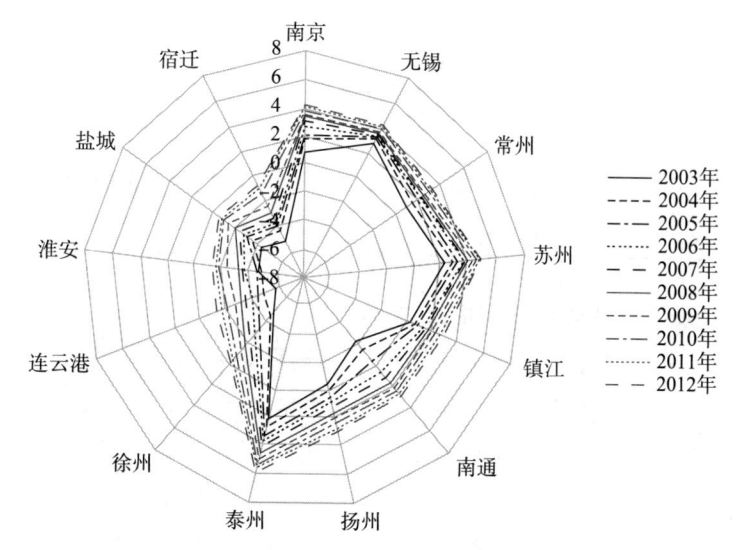

第四章　江苏省要素流动与城乡一体化水平的测度 / 125

图 4-20　2003~2012 年江苏省各市城乡协调度

京居第四，常州居于第五。镇江因为泰州的关系居于第六，而且名次在2008 年以后有所下滑。苏中三市中，泰州市表现突出，超越苏州、无锡等城市长期居于第一位，南通和扬州两市争夺第七名和第八名，且有上升的迹象。在苏北五市中，徐州市的排名逐渐由十二上升到第九名，在苏北各市中居首，连云港名次垫底，盐城市自 2009 年之后由第九名下滑至第十名，宿迁市保持第十一名基本不变，淮安市城乡发展度排名第十三（见表 4-22）。

表 4-22　2003~2012 年江苏省各市城乡协调度排名

| 城市 | 2003 年 | 2004 年 | 2005 年 | 2006 年 | 2007 年 | 2008 年 | 2009 年 | 2010 年 | 2011 年 | 2012 年 |
|---|---|---|---|---|---|---|---|---|---|---|
| 南京 | 5 | 4 | 4 | 4 | 4 | 4 | 4 | 4 | 4 | 3 |
| 无锡 | 1 | 1 | 1 | 3 | 3 | 3 | 3 | 3 | 3 | 4 |
| 常州 | 4 | 5 | 5 | 5 | 5 | 5 | 5 | 5 | 5 | 5 |
| 苏州 | 2 | 2 | 3 | 2 | 2 | 2 | 2 | 2 | 2 | 2 |
| 镇江 | 6 | 6 | 6 | 6 | 6 | 6 | 6 | 8 | 8 | 7 |
| 南通 | 8 | 8 | 8 | 8 | 8 | 8 | 7 | 7 | 7 | 8 |
| 扬州 | 7 | 7 | 7 | 7 | 7 | 7 | 8 | 6 | 6 | 6 |
| 泰州 | 3 | 3 | 2 | 1 | 1 | 1 | 1 | 1 | 1 | 1 |
| 徐州 | 12 | 11 | 10 | 10 | 10 | 9 | 9 | 9 | 9 | 9 |

续表

| 城市 | 2003年 | 2004年 | 2005年 | 2006年 | 2007年 | 2008年 | 2009年 | 2010年 | 2011年 | 2012年 |
|---|---|---|---|---|---|---|---|---|---|---|
| 连云港 | 13 | 13 | 12 | 12 | 12 | 13 | 13 | 13 | 13 | 13 |
| 淮安 | 10 | 12 | 13 | 13 | 13 | 12 | 12 | 12 | 12 | 12 |
| 盐城 | 9 | 9 | 9 | 9 | 9 | 10 | 10 | 10 | 10 | 10 |
| 宿迁 | 11 | 10 | 11 | 11 | 11 | 11 | 11 | 11 | 11 | 11 |

### （三）城乡一体化水平测度结果分析

在工业化和城镇化时期，城镇由于占据明显的政策优势和市场优势，经济社会发展较农村明显处于优势地位，大量经济资源会从农村流向城镇，使城镇在要素聚集、基础设施建设、公共服务提供等领域日趋完善，推动城镇快速发展成为造成城乡二元结构的重要原因。然而，当城镇发展到较高水平时，由于资本收益下降、空间不足、消费市场狭窄等问题，政府会加大对乡村的投资力度，提升农村的产业结构、基础设施和公共服务，要素也会从回报日益减少的城镇向农村回流，推动农村发展。然而，这一趋势会受到区域、城镇和农村所处发展阶段，以及政府在协调城乡发展中的立场等因素的影响。因此，各市城乡一体化水平由城乡发展水平和城乡协调水平共同决定，并且受到政策、制度等因素的影响，所以，本节将对江苏省各市城乡一体化水平做综合测度，测度结果如表4-23所示。

表4-23 2003~2012年江苏省各市城乡一体化水平测度结果

| 城市 | 2003年 | 2004年 | 2005年 | 2006年 | 2007年 | 2008年 | 2009年 | 2010年 | 2011年 | 2012年 |
|---|---|---|---|---|---|---|---|---|---|---|
| 南京 | 3.438 | 4.070 | 4.299 | 4.774 | 5.723 | 6.824 | 8.429 | 9.393 | 10.419 | 11.955 |
| 无锡 | 4.251 | 5.052 | 5.456 | 6.393 | 7.321 | 8.927 | 10.354 | 11.968 | 13.643 | 14.032 |
| 常州 | 2.548 | 3.113 | 3.461 | 4.348 | 5.477 | 6.521 | 8.217 | 9.196 | 10.828 | 11.021 |
| 苏州 | 3.245 | 4.184 | 5.070 | 6.325 | 8.134 | 9.626 | 11.208 | 12.363 | 13.622 | 14.589 |
| 镇江 | 1.267 | 1.663 | 1.968 | 2.798 | 3.488 | 4.211 | 5.208 | 6.168 | 7.162 | 8.343 |
| 南通 | 0.025 | 0.492 | 1.152 | 1.856 | 2.684 | 3.492 | 4.638 | 5.443 | 6.625 | 7.671 |
| 扬州 | 0.653 | 1.171 | 1.741 | 2.071 | 2.602 | 3.254 | 4.802 | 5.795 | 6.944 | 7.214 |
| 泰州 | 2.316 | 0.381 | 3.228 | 3.515 | 4.370 | 5.075 | 3.639 | 6.667 | 7.067 | 8.263 |
| 徐州 | -1.576 | -1.384 | -0.681 | -0.140 | 0.621 | 1.508 | 2.577 | 3.224 | 3.947 | 4.840 |
| 连云港 | -1.912 | -1.440 | -1.035 | -0.536 | 0.202 | 0.978 | 2.879 | 2.947 | 3.782 | 4.512 |

续表

| 城市 | 2003年 | 2004年 | 2005年 | 2006年 | 2007年 | 2008年 | 2009年 | 2010年 | 2011年 | 2012年 |
|---|---|---|---|---|---|---|---|---|---|---|
| 淮安 | -1.287 | -1.394 | -1.146 | -0.680 | -0.141 | 0.269 | 1.090 | 2.078 | 2.372 | 3.264 |
| 盐城 | -0.968 | -0.727 | -0.331 | 0.048 | 0.734 | 1.173 | 1.638 | 1.769 | 3.649 | 3.807 |
| 宿迁 | -1.491 | -1.076 | -0.894 | -0.531 | 0.319 | 0.813 | 1.876 | 2.908 | 3.604 | 4.308 |

表4-23显示，2003~2012年各市城乡一体化水平均得到显著提高，各市城乡发展差距显著缩小，但差距仍十分明显。从时间维度来考察各市城镇发展水平，我们发现：尽管各市城镇发展水平均有了大幅度提高，但不论是发展速度还是提升程度均呈现趋同现象。值得注意的是，从三大区域来看，经济发达的苏南各市在城镇发展速度上逊色于欠发达的苏北各市，而苏中三市在三大区域中表现更为出色。从空间维度观察各市在城镇发展水平上的差距，我们发现，发展水平最高的是苏州市，最低的是淮安市，总体上各市城镇化发展差距在逐步缩小。从三大区域来看，仍然呈梯次分布，苏南各市发展水平最高，而苏北各市最低，苏中各市居中，三大区域之间的差距有所缩小。在三大区域内部的苏南五市中，由于相对落后的镇江市的赶超发展，苏南各市发展差距显著缩小，除镇江外，常州市的发展也十分瞩目。苏中三市中，南通市逐步从领先地位先后被扬州和泰州超越，泰州市则后来居上，取代南通市和扬州市成为苏中第一，三市之间的差距也经过了一个先缩小后扩大的过程。苏北五市发展差距得到显著缩小，连云港市的发展进步很快，但盐城市的发展相对其他城市还是显得很慢，其他各市发展步调比较一致。

各市城乡发展水平的排名显示，各市总体排名变动幅度不大，各市中唯有泰州市的名次发生了跨区域波动，一度取代苏南较为落后的镇江市上升到第五位。三大区域仍然呈梯次分布，苏南靠前，苏中次之，苏南居后。在三大区域内部的苏南五市中，苏州市和无锡市争夺第一名十分激烈，苏州市逐步取得优势，南京市排在第三名，常州市排在第四名，镇江市一度被挤出前五。苏中三市中，南通市和扬州市争夺第六、第七名，泰州市一度上升到第五名。苏北五市中，徐州市名次总体上升，并取得苏北五市首席地位，盐城市的名次下滑严重，连云港市上升幅度较大，宿迁市和淮安市波动不大（见图4-21、表4-24）。

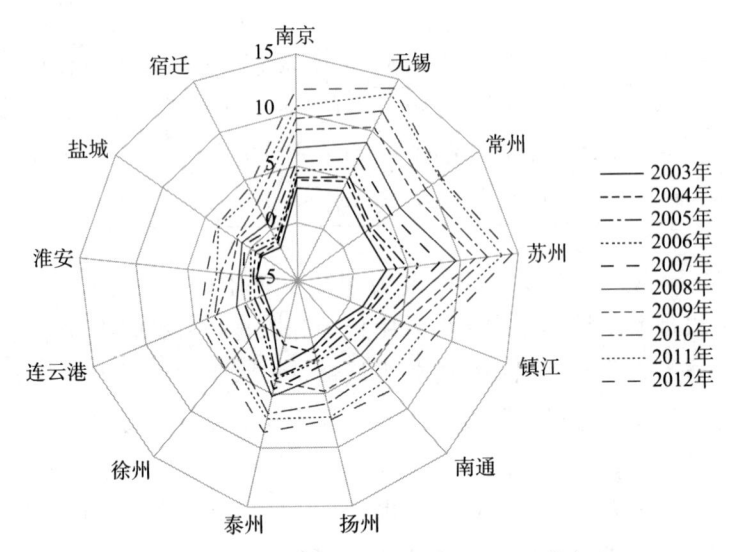

图 4-21　2003~2012 年江苏省各市城乡一体化水平

表 4-24　2003~2012 年江苏省各市城乡发展度排名

| 城市 | 2003年 | 2004年 | 2005年 | 2006年 | 2007年 | 2008年 | 2009年 | 2010年 | 2011年 | 2012年 |
| --- | --- | --- | --- | --- | --- | --- | --- | --- | --- | --- |
| 南京 | 2 | 3 | 3 | 3 | 3 | 3 | 3 | 3 | 4 | 3 |
| 无锡 | 1 | 1 | 1 | 1 | 2 | 2 | 2 | 2 | 1 | 2 |
| 常州 | 4 | 4 | 4 | 4 | 4 | 4 | 4 | 4 | 3 | 4 |
| 苏州 | 3 | 2 | 2 | 2 | 1 | 1 | 1 | 1 | 2 | 1 |
| 镇江 | 6 | 5 | 6 | 6 | 6 | 6 | 5 | 6 | 5 | 5 |
| 南通 | 8 | 7 | 8 | 8 | 7 | 7 | 7 | 8 | 8 | 7 |
| 扬州 | 7 | 6 | 7 | 7 | 8 | 8 | 6 | 7 | 7 | 8 |
| 泰州 | 5 | 8 | 5 | 5 | 5 | 5 | 8 | 5 | 6 | 6 |
| 徐州 | 12 | 11 | 10 | 10 | 10 | 9 | 10 | 9 | 9 | 9 |
| 连云港 | 13 | 13 | 12 | 12 | 12 | 11 | 9 | 10 | 10 | 10 |
| 淮安 | 10 | 12 | 13 | 13 | 13 | 13 | 13 | 12 | 13 | 13 |
| 盐城 | 9 | 9 | 9 | 9 | 9 | 10 | 12 | 13 | 11 | 12 |
| 宿迁 | 11 | 10 | 11 | 11 | 11 | 12 | 11 | 11 | 12 | 11 |

## 六　测度结果的对比分析

正如前文中多次强调的，城乡一体化水平测度是一个复杂系统，高水平的城乡一体化应当建立在城乡经济社会高度发达的基础之上，而非简单地拉平城乡在经济社会领域的差距。然而，毕竟城乡一体化的主旨是缩短城乡差距、弱化城乡二元结构，因而将城乡发展水平、城乡协调水平和城乡一体化水平结合起来，分析前者与后者的联系与区别是十分必要的。

(1) 城乡发展度与城乡协调度的对比分析。2003~2012年江苏省13市不论是城乡发展度还是城乡协调度均呈现良好的发展态势，表明自中央政府提出城乡一体化发展思想以来，各市均给予了高度重视，在推动区域经济发展的同时，在实现城乡协同发展上获得了很大成就。从时间维度来看，城乡发展度与城乡协调度均显著提升，且均呈现苏南发达地区发展起点高但发展速度缓慢，相对落后的苏中、苏北各市发展起点低但发展速度较快，三大区域之间的差距显著缩小。然而，值得注意的是，苏中三市在城乡发展度上的表现整体上优于苏北五市，而在城乡协调度上却相对落后，这表明相对于苏中地区，苏北各市的第一产业在国民经济中的比重较大，所以对"三农"问题关注度较高，在"扶农"政策上的力度更大，愿意将更多的经济资源投入进来。从空间维度来看，各市的城乡发展度与城乡协调度的差距均显著缩小，三大区域之间的差距更加明显，但三大区域之间仍保持了苏南、苏中、苏北的排列次序，且在短期内不会发生变化。对比各市在城乡发展度与城乡协调度的标准值，我们发现各市在城乡发展度上的差距远大于城乡协调度，表明各市在经济发展水平上的差距仍然悬殊，而城乡差距的水平并不是很大，所以相对落后的苏中、苏北各市在选择发展战略时，仍应当将推动经济快速发展置于首位，不应过于追求城乡一体化建设，否则就会陷入前文所述的低水平的城乡一体化。从各市在城乡发展度与城乡协调度的排名来看，各市位次变动幅度都较小，三大区域在城乡发展度与城乡协调度上的位次保持明显的一致性，显示了城乡发展与城乡一体化建设的同步性，即区域社会发展水平较高的地区城乡协调发展的水平也越高。这其中，泰州市是个例外，尽管泰州市在城乡发展度上表现也很好，但泰州市的城乡协调度竟然超过苏南各市。从三大区域内部来看，就苏南地区而言，各市城乡发展度与城乡协调度上的差异不大，由于泰州市在城乡协调度上的卓越表现，苏南各市整体在城乡协调度上落后于城乡发展度，这表明在经济较为发达的地区，区域社会发展水平与城乡协调发展水平并非严格同步。在影响城乡协调发展水平的因素中，除经济发展外，可能还有要素流动能力、政府政策倾向，以及地理区位和历史条件等。苏中各市中，除泰州市外的其他两市的城乡发展水平与城乡协调水平显示出截然相反的情况，表现了苏南各市中城乡协调水平与城乡发展水平表现迥异的情形。苏北五市中，城乡发展水平与城乡协调水平的排名均出现了较大波动，且排名对比出现了很大的不一致性，经济发展明显落后于其他各市的宿迁市，城乡协调水平的排名却上升了一位。一个更为有趣的现象是，多个城市在区域社会发展水平与城乡协调水平上的排名向相反的方向发展，连云港市城乡发展水平的排名在由第13名向第10名上升时，城乡协调水平却稳定在第13名，盐城市则表现出相反的情况。这表明在经济社会发展相对落后的地区，区域社会发展速度越快的地区，城乡之间的差距反而扩大了。

（2）城镇发展度与城乡一体化水平的对比分析。2003～2012年江苏省13市城乡发展度与城乡一体化水平均取得了巨大进步，二者存在很强的一致性，表明各市在区域经济社会发展方面对城乡一体化存在强烈影响。对比2003年各市的城乡发展度和城乡一体化水平，我们发现，各市的排名存在很大差异，尽管三大区域的排名一致表现为苏南、苏中和苏北，但各市的排名很不相同，在苏南五市中，苏州、无锡、常州三市的城乡发展度比其他城市明显要好，南京和镇江的城乡发展度则明显滞后，但在城乡一体化水平方面，南京表现优异，而苏州表现相对较差，镇江的表现略好。在苏中三市中，泰州市表现均很好，在两方面都超过了镇江，而南通市在城乡发展度上表现卓越，却在城乡一体化水平上表现不好，扬州市在两方面均表现平平。在苏北五市中，徐州市的城乡发展度的表现明显优于城乡一体化水平，淮安市则相反，其他城市介于上述两市之间。对比2012年各市的城乡发展度和城乡一体化水平的表现，我们看到，各市的排名比2003年更加趋于一致，特别是苏南五市的排名表现出惊人的一致。在苏中三市中，泰州市经济发展水平明显滞后，但其城乡协调度则表现良好，南通和扬州市的城乡协调度和城乡一体化水平的表现一致，在苏北各市中，连云港与徐州两市在两方面均发展良好，宿迁、淮安和盐城三市则发展相对滞后。对比各市城乡发展度和城乡一体化水平的发展速度，我们发现，二者的表现也惊人的一致，苏州、无锡、南京和常州四市牢牢占据了前4名，镇江市的城乡一体化水平虽落后于南通市，但仍占据了第6位，扬州市获得了该有的地位，泰州市则表现不佳。在苏北各市中，连云港表现格外突出，不论是城乡发展度还是城乡一体化水平均获得了较快发展，徐州市的表现也不错，宿迁、淮安和盐城三市则表现不佳。

（3）城乡协调度与城乡一体化水平的对比分析。2003~2012年，江苏省13市城乡一体化水平有了很大提高。在分析江苏省各市城乡经济社会发展情况时，笔者发现，各市农村取得的成就比城市更大，表明各市对农村发展给予了高度重视，在大力推行城乡一体化建设、加快农村发展速度中做了大量工作。对比江苏省各市城乡协调度和城乡一体化水平的测度结果我们发现，2003年城乡协调度与城乡一体化水平具有很强的一致性，除南京、苏州和泰州三市外，其他城市的排名没有发生变化，其中，泰州市城乡协调度比其城乡一体化水平排名高两位，而南京的城乡协调度比其城乡一体化水平低三个名次，苏州则是高了一个名次，表明在这一时期，南京市城乡协调水平较低，而其经济社会发展程度较高。对比2012年二者的情况，我们发现，各市的城乡协调度和城乡一体化水平出现了严重分化，尽管从三大区域来看，苏南、苏中和苏北仍然呈现传统的梯次分布，但具体到各市的发展情况则出现了较大差异，泰州市的城乡协调度提高很多，在各市中排名第一，而其城乡一体化水平虽然在苏中各市中排名居首且与镇江市发展十分接近，但落后于苏南其他各市。苏州、无锡、南京和常州等苏南四市的城乡协调度和城乡一体化水平的排名较为稳定，但镇江市的排名则出现较大落差，其城乡协调度的排名发展水平远较城乡一体化水平为慢，表明镇江市在经济快速发展的同时，城乡之间的发展差距没有获得同步缩小。除泰州市外的苏中其他两市的城乡协调度与城乡一体化水平的排名互换，作为传统名城的扬州市的城乡协调度较新近发展起来的南通市为好，而其城乡一体化综合水平则是南通市占优。在苏北各市中，徐州市在城乡协调度和城乡一体化水平上均居首位，连云港市的排名落差最大，其城乡一体化水平的排名远远优于城乡协调度，表明连云港在推动经济发展过程中，农村发展相对滞后，而盐城市与淮安市则表现出相反的情况。对比各市城乡协调度与城乡一体化水平的发展速度，我们发现，二者的排名出现了较大波动，从三大区域来看，其城乡协调度的次序分别为苏北、苏中和苏南，而城乡一体化水平的次序则是苏南、苏中和苏北。就二者在各市的发展速度的差异来看，南通市不论是城乡协调度还是城乡一体化水平的发展速度都很快,而其城乡协调度的发展尤为显著。徐州等苏北四市在城乡协调度上获得了快速发展,淮安市则在二者上的发展相对滞后。在苏中各市中,南通市和泰州市城乡协调度发展优于城乡一体化水平,扬州市则是唯一的二者排名一致的城市。在苏南各市中,南京市城乡协调度发展较快,而无锡市则相反。苏州市是苏南各市中唯一获得均衡发展的城市。

  本章利用第三章提出的指标体系和测度方法从城乡发展度、城镇协调度、城乡一体化水平三个角度,对 2003~2012 年江苏省各市的要素流动与城乡一体化水平做了测度,而后对测度结果做了对比分析。

# 第五章　要素流动对江苏省城乡一体化影响的分析

　　城乡一体化的实质是缩小城乡差距，实现区域经济社会均衡发展。经济增长理论和各国经济发展的实践表明，生产要素投入和生产效率是区域经济发展的关键因素，也是造成城乡二元结构的主要原因，还是缓解乃至消除城乡二元结构的基本着力点。因此，资本、劳动等生产要素的流动必然深刻影响区域经济的发展，进而对地区城乡一体化建设产生巨大影响。本章将利用前文中的结论，从理论和实证两个方面分析要素流动对城乡一体化建设的影响，以期从中发掘要素流动对城乡一体化发展的影响路径，进而为提出推动区域城乡一体化建设的政策建议奠定基础。

## 第一节　要素流动影响江苏省城乡一体化的理论分析

　　生产要素是一个地区组织生产、实现经济增长的基础条件，所谓"巧妇难为无米之炊"，生产过程必须由劳动与资本结合，再辅之一定的生产技术才能实现。所以，城市和农村在发展速度和发展水平上的差距，首先应当从要素在两类地区的分配上进行分析，有关要素流动的统计数据充分证明，进入近代以来，随着工业化与城市化的兴起和发展，生产要素在城乡之间发生了大规模流动，正是要素的大规模流动，打破了城市和农村作为独立系统发展的方式，将二者紧密联系了起来，但这种联系导致城乡的发展差距持续扩大，最终出现城乡二元结构。

　　从空间经济学的视角来看，要素配置、流动与生产效率是紧密相关的，区域之间的要素投入和生产效率的差异造成了要素在区域之间的自由流动。

具体到城市和农村两类地区，近代以来，随着工业化和城镇化的兴起与发展，城乡之间发生了明显的分工效应，城市集中生产工业制成品，乡村继续从事农业生产，为城市提供生活必需品，由于工业部门相比农业部门具有很大的生产效率优势，所以，城市具有较高的生产效率，对生产要素产生显著的集聚效应，生产要素本身的逐利性，使农村的经济资源如资本和劳动等要素不断涌入城市，导致城市所获得的要素远多于农村，加上更高的生产效率，其经济发展速度就快于农村，城乡之间的发展差距由此显现，并不断扩大。然而，这种差距在发展到一定程度后，又会因农村的要素投入规模和生产效率大幅提升，经济资源由城市向农村回流，引发农村经济的赶超式发展，所以城乡差距会经历一个先扩大后缩小的倒"U"形发展过程（见图5-1）。

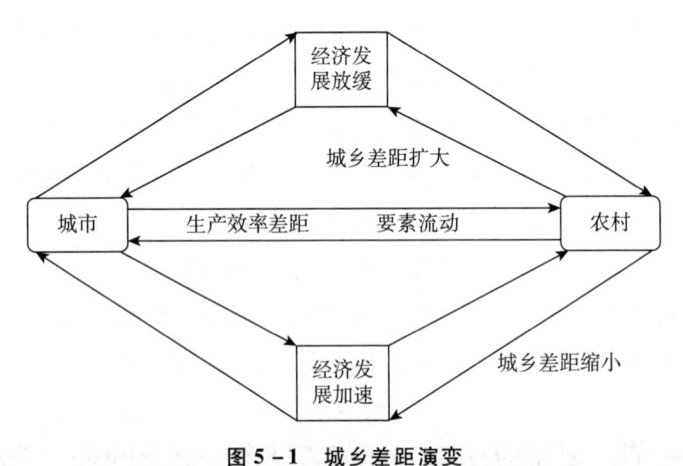

**图5-1 城乡差距演变**

城乡差距的倒"U"形发展的机理是：在工业化、城镇化早期，市场和政策的优势，特别是生产效率上的优势，使城市成为工业生产的聚集地，工业远较农业为高的生产效率，吸引农村的生产要素向城市聚集，要素的聚集效应进一步推动了城市的经济增长，而农村地区既丧失了优质经济资源，又维持着落后的生产效率，经济发展缓慢，城乡之间的差距迅速拉大。城市不可能完全脱离农村而无限制地增长，当城市经济发展到一定水平或城乡差距拉大到一定程度之后，生产要素单向流动导致的要素过度集聚会造成许多问题，如城市内部发生过度拥挤和污染、生产要素因投资回报率不足而闲置、经济体之间出现过度竞争等，而农村由于长期缺乏投资，发生基础设施落后、居民消费能力不足，教育、医疗等公共投资滞后等问题。此时，要素逐利性本质使要素从过度聚集的城市回流到稀缺的农村。当然，要素回流的过程实质上是通过企业和产业等载体的转移实现的。随着企业和产业向农村转移，农村的生产效率得到大幅提升，经济加速发展，城乡之间的差距逐步从扩大转变为收敛，最后实现协调发展。这个过程又因工业化进程的演进而从根本上消除了城乡二元经济结构问题。在工业化初期，城乡之间的分工十分明确，但随着工业化的深化，工业逐渐向农村转移，城市产业结构逐渐向服务业部门倾斜，而服务业部门的生产效率低于工业部门的生产效率，日渐以工业为主导产业的农村的生产效率逐渐超过日渐以服务业为主导产业的城市，农村对经济资源的吸引力随之超过城市，开始走上赶超式发展之路。随着后工业化时代的到来，服务业在整个国民经济中逐步居于主导地位，城市与农村的经济结构日渐趋同，城乡二元结构最终实现真正的一体化发展。

以江苏省为例，我们看到，江苏省是我国东部经济大省，在江苏省内部，不仅存在一般意义上的城乡差距，还存在苏南、苏中和苏北三大区域在经济发展阶段上的显著的梯次分布特征，这为考察我国城乡一体化的发展历程、发展特征和发展趋势等提供了良好的样本。作为东部发达省份，江苏省是要素流动的活跃地区，江苏省不仅内部各地市之间、城乡之间存在要素流动，与其他省市之间也存在要素流动，这种大规模的要素流动对江苏省城乡一体化建设产生了很大影响。同样地，江苏省是我国传统的经济发达地区，城乡二元结构问题出现较早，寻求破解城乡二元结构问题的起步也较早，江苏省在城乡一体化建设中积累了丰富的实践经验。然而，当前所处的发展阶段决定了不论是经济发达的苏南地区，还是相对落后的苏北地区，都处在快速工业化和城镇化的发展阶段，所以，不可能出现如欧美等成熟的发达国家和地区那样处于后工业化时期的城乡高度协调的现象。因此，对江苏省城乡一体化测度结果也很难体现出城乡一体化发展整个过程，我们也就无法观察到要素流动对城乡一体化发展影响的全部过程。

## 第二节　要素流动对江苏省城乡一体化影响的实证分析

要素流动对城乡一体化的影响是一个长期、复杂的过程。前文对江苏省13个地级市的要素流动与城乡一体化建设水平做了测度，本节在此基础上探讨要素流动对区域城乡一体化发展的影响，所涉及的所有变量及其含义如表 5-1 所示。

表 5-1 变量及其含义

| 变量性质 | 变量名称 | 变量含义 |
| --- | --- | --- |
| 被解释变量 | URDD | 城乡发展度 |
|  | URCD | 城乡协调度 |
|  | URDL | 城乡一体化水平 |
| 解释变量 | LMS | 劳动力流动规模 |
|  | CFS | 资本流动规模 |
|  | TFS | 技术流动规模 |
|  | PRFS | 公共资源流动规模 |
| 控制变量 | FTD | 外贸依存度 |
|  | GDPGR | GDP 增长率 |
|  | EC | 财政支出 |

在考察要素流动对城乡一体化建设的影响之前，我们先对所有变量做统计性分析，以了解这些数据的一些统计特征，表 5-2 反映了被解释标量与解释变量均值、标准差、最小值和最大值。

表 5-2 变量的描述性统计

| 变量名 | 均值 | 标准差 | 最小值 | 最大值 |
| --- | --- | --- | --- | --- |
| URDD | 8.8579 | 4.7955 | 1.836 | 23.398 |
| URCD | 0.5656 | 3.0342 | -5.915 | 6.01 |
| URDL | 3.9636 | 3.855 | -1.912 | 14.589 |
| LMS | 1.7619 | 3.2249 | -3.89 | 14.38 |
| CFS | 93.339 | 295.5441 | -280.07 | 1235.88 |
| TFS | 1786.727 | 1931.412 | 15.82 | 9146.9 |
| PRFS | 30.6782 | 10.9046 | 12.53 | 67.57 |
| FTD | 46.3985 | 56.1356 | 2.31 | 277.67 |
| GDPGR | 13.8978 | 1.5297 | 10.1 | 18.9 |
| EC | 22454.38 | 20190.66 | 2491 | 111347 |

本章利用 STATA 软件对江苏省地市级面板数据做处理，采用面板数据

的固定效应（FE）和随机效应（RE）来考察要素流动对城乡一体化建设的影响，以验证笔者所预测的要素流动对城乡一体化建设的影响。为避免存在"虚假回归"的问题，我们首先需要对面板数据序列进行平稳性检验。

本文采用 LLC 检验与 IPS 检验对面板数据及其一阶差分进行单位根检验，其滞后期数根据 AIC 原则选取，包含截距项与时间序列项，结果如表 5-3 所示。

表 5-3　单位根检验

| 变量 | 水平值（c, t, n） LLC 检验 | IPS 检验 | 一阶差分值（c, t, n） LLC 检验 | IPS 检验 |
| --- | --- | --- | --- | --- |
| URDD | -0.6751 | 0.3122 | -2.011** | -3.7089** |
| URCD | -3.0521*** | 0.2868 | -8.5596*** | -1.9214** |
| URDL | -2.6105*** | -0.8175 | -.1.728* | -1.9369* |
| LMS | -2.5258*** | -0.9384 | -2.4643*** | -4.7923** |
| CFS | -3.0747*** | -1.7323* | -2.9543*** | -2.5782** |
| TFS | -0.5616 | -1.8494* | -1.9383** | -2.5952** |
| PRFS | 6.2272 | 0.5889 | -3.1332** | -9.183*** |
| FTD | 3.4546 | -1.9564** | 2.9491* | -1.9623** |
| GDPGR | -0.5112 | -3.4546*** | -1.4154* | -3.4185*** |
| EC | 4.8728 | 0.7003** | -2.1224* | -10.619*** |

注：*、**、*** 分别表示在置信水平为 10%、5% 和 1% 下拒绝原假设。

通过表 5-3 我们看到，FTD、GDPGR、EC 的水平值接受 LLC 检验、IPS 检验的原假设，表明原值不存在单位根，为非平稳数据；URDD、PRFS、TFS 在 5% 的置信水平上拒绝原假设，表明原值存在单位根，为平稳数据；URCD、URDL、LMS、CFS 的水平值在 1% 的置信水平上拒绝 LLC 检验的原假设；LMS、CFS 在 10% 的置信水平上拒绝原假设，表明原值存在单位根，为平稳数据。对于一阶差分值而言，URDD、URCD、URDL、LMS、CFS、TFS、PRFS、FTD、GDPGR、EC 分别在 5%、1%、10%、1%、1%、5%、5%、10%、10%、10% 的置信水平上拒绝 LLC 检验的原假设，URDD、URCD、URDL、LMS、CFS、TFS、PRFS、FTD、GDPGR、EC 分别在 5%、5%、10%、5%、5%、5%、1%、5%、1%、1% 置信水平上拒绝 IPS 检验的原假设，表明原值存在单位根，为平稳数据。

从上述单位根检验结果中我们看到，尽管各被解释变量与解释变量之间不是同阶单整的,但被解释变量的单整阶数不高于解释变量的单整阶数,因此,我们认为这些变量之间可能存在协整关系,下面我们将进行协整检验。

在进行回归之前,我们先运用 Eviews 6.0 对面板数据序列进行协整检验。我们采用 EG 两步法做协整检验,先对方程进行回归得到残差序列值,而后对残差序列值做单位根检验得到结果,如表 5-4 所示。

表 5-4 残差序列原值的单位根检验

| 检验方法 | URDD | | URCD | | URDL | |
|---|---|---|---|---|---|---|
| | LLC 检验 | IPS 检验 | LLC 检验 | IPS 检验 | LLC 检验 | IPS 检验 |
| 残差序列 | -5.58*** | 12.34** | -1.735** | -6.07** | 1.292*** | -3.52** |

注:*、**、***分别表示在置信水平为10%、5%和1%下拒绝原假设。

LLC 检验、IPS 检验在 5% 的置信水平下拒绝原假设,表明残差序列是平稳的,即变量间存在协整关系。

## 一 要素流动对城乡发展度的影响的实证分析

如上文所述,城乡发展度是城乡一体化建设的基础,唯有较高的发展水平才能实现城乡共同繁荣,因此,我们首先分析要素流动对城乡发展度的影响。在模型设计中,我们将要素分为劳动力和资本两种,测度二者对区域社会发展水平的影响,而劳动力和资本流动又从流动规模和流动能力两个角度进行分析,所以本节构建模型的具体形式如下:

$$URDD_{it} = \alpha_i + \beta_1 \times LMS + \beta_2 \times CFS + \beta_3 \times TFS + \beta_4 \times PRFS + \sum_{j=1}^{3} \gamma_j \times Control + \eta + \mu_{it}$$

其中,$URDD_{it}$ 为城乡发展度,$\beta_1$、$\beta_2$、$\beta_3$、$\beta_4$ 分别表示劳动力、资本、技术与公共资源的流动能力。$i = 1, 2, 3, \cdots, N$ 为江苏省各地级市,而 $t = 1, 2, 3, \cdots, T$ 为样本年度,$\gamma_j$ 是控制变量的系数,$\alpha_i$ 为截距项,$\eta$ 为常数项,$\mu_{it}$ 为随机扰动项。在数据处理上,本文对劳动力、资本、技术与公共资源的相关数据做了对数化处理,以期在保持原有数据性质不变的前提下,消除异方差现象。此外,本文加入了时间虚拟变量以控制时间对被解释变量的影响。

由协整检验可知,解释变量与被解释变量之间存在协整关系,为进一步了解解释变量与被解释变量之间的关系,我们采用格兰杰因果检验分析解释变量与被解释变量之间的因果关系。格兰杰因果检验的误差修正模型如下：

$$\Delta URDD_{it} + \pi_{1g} + \sum_{p} \pi_{11ip} \Delta URDD_{it-p} + \sum_{p} \pi_{12ip} \Delta LMS_{it-p} + \sum_{p} \pi_{13ip} \Delta CFS_{it-p} +$$
$$\sum_{p} \pi_{14ip} \Delta TFS_{it-p} + \sum_{p} \pi_{15ip} \Delta PRFS_{it-p} + \varepsilon_{1i} ECM_{t-1}$$

$$\Delta LMS_{it} + \pi_{2g} + \sum_{p} \pi_{21ip} \Delta LMS_{it-p} + \sum_{p} \pi_{22ip} \Delta URDD_{it-p} + \sum_{p} \pi_{23ip} \Delta CFS_{it-p} +$$
$$\sum_{p} \pi_{24ip} \Delta TFS_{it-p} + \sum_{p} \pi_{25ip} \Delta PRFS_{it-p} + \varepsilon_{2i} ECM_{t-1}$$

$$\Delta CFS_{it} + \pi_{3g} + \sum_{p} \pi_{31ip} \Delta CFS_{it-p} + \sum_{p} \pi_{32ip} \Delta URDD_{it-p} + \sum_{p} \pi_{33ip} \Delta LMS_{it-p} +$$
$$\sum_{p} \pi_{34ip} \Delta TFS_{it-p} + \sum_{p} \pi_{35ip} \Delta PRFS_{it-p} + \varepsilon_{3i} ECM_{t-1}$$

$$\Delta TFS_{it} + \pi_{4g} + \sum_{p} \pi_{41ip} \Delta TFS_{it-p} + \sum_{p} \pi_{42ip} \Delta URDD_{it-p} + \sum_{p} \pi_{43ip} \Delta LMS_{it-p} +$$
$$\sum_{p} \pi_{44ip} \Delta CFS_{it-p} + \sum_{p} \pi_{45ip} \Delta PRFS_{it-p} + \varepsilon_{4i} ECM_{t-1}$$

$$\Delta PRFS_{it} + \pi_{5g} + \sum_{p} \pi_{51ip} \Delta PRFS_{it-p} + \sum_{p} \pi_{52ip} \Delta URDD_{it-p} + \sum_{p} \pi_{53ip} \Delta LMS_{it-p} +$$
$$\sum_{p} \pi_{54ip} \Delta CFS_{it-p} + \sum_{p} \pi_{55ip} \Delta TFS_{it-p} + \varepsilon_{5i} ECM_{t-1}$$

上述模型中，$\Delta$ 表示一阶差分，$p$ 为滞后期。若差分项显著，表明被解释变量与解释变量存在长期格兰杰因果关系；若误差修正项 $ECM_{t-1}$ 显著，表明被解释变量与解释变量存在短期格兰杰因果关系；若差分项与误差修正项均显著，则存在双向格兰杰因果关系。检验结果如表5-5所示。

表5-5 要素流动对城乡发展度的影响的格兰杰因果检验

| 变量 | $\Delta URDD$ | $\Delta LMS$ | $\Delta CFS$ | $\Delta TFS$ | $\Delta PRFS$ |
| --- | --- | --- | --- | --- | --- |
| $\Delta URDD_{t-1}$ | 0.343* | 0.563* | -0.356 | -0.355* | 0.435* |
| $\Delta URDD_{t-2}$ | 0.243*** | 0.453** | 0.312** | 0.532** | -0.457** |
| $\Delta LMS_{t-1}$ | 0.365 | -0.023 | 0.644 | 0.324* | -0.524 |
| $\Delta LMS_{t-2}$ | 0.676*** | 0.435*** | -0.553** | 0.433*** | -0.569*** |
| $\Delta CFS_{t-1}$ | 0.547 | 0.742** | -0.337 | 0.129 | 0.072** |
| $\Delta CFS_{t-2}$ | 0.542* | 0.489** | 0.324*** | -0.489* | -0.345 |
| $\Delta TFS_{t-1}$ | -0.122 | 0.259* | 0.089 | -0.531*** | 0.434 |
| $\Delta TFS_{t-2}$ | 0.532** | 0.437*** | 0.346** | 0.546** | 0.634* |
| $\Delta PRFS_{t-1}$ | 0.312 | -0.342* | 0.640* | 0.325** | -0.074* |
| $\Delta PRFS_{t-2}$ | 0.631* | -0.534* | 0.341*** | -0.434** | -0.643*** |
| $ECM_{t-1}$ | 0.623*** | -0.232* | 0.368*** | 0.335 | 0.223** |

我们利用软件 STATA 12.0，对上述模型做回归分析，得到的计量结果如表 5-6 所示。

表 5-6 要素流动对城乡发展度的影响的计量结果

| 被解释变量 | URDD | | | |
| --- | --- | --- | --- | --- |
| 解释变量 | （1） | （2） | （3） | （4） |
| LMS | 0.0624* | -0.3952*** | -0.3257*** | -0.1785** |
|  | (1.98) | (-3.27) | (-3.05) | (-2.03) |
| CFS |  | 0.072*** | 0.2*** | 0.0015* |
|  |  | (3.70) | (2.14) | (2.25) |
| TFS |  |  | 0.1462 | 0.0656* |
|  |  |  | (-1.3) | (-2.28) |
| PRFS |  |  |  | -0.0563*** |
|  |  |  |  | (15.62) |
| FTD | 0.309*** | 0.311*** | 0.316*** | -0.321*** |
|  | (7.61) | (7.591) | (5.235) | (6.154) |
| GDPGR | 0.078*** | 0.079*** | 1.038*** | 1.043*** |
|  | (6.354) | (6.630) | (15.390) | (15.140) |
| EC | -0.023* | -0.022 | -0.028 | -0.009** |
|  | (-1.830) | (-0.702) | (0.847) | (-1.982) |
| 常数项 | 3.46*** | 5.9687*** | 3.557*** | 1.0174*** |
|  | (60.28) | (63.32) | (91.51) | (90.65) |
| $R^2$（with in） | 0.6099 | 0.6388 | 0.6098 | 0.6774 |
| LM 检验（P 值） |  |  |  |  |
| F 检验值 | 11.82 | 13.24 | 9.26 | 0.8233 |
| Hausman 检验（P 值） | 6.11 (0.047) | 12.26 (0.0066) | 7.14 (0.0246) | 22.33 (0.0246) |
| 年度虚拟变量 | 是 | 是 | 是 | 是 |
| 备注 | FE | FE | FE | FE |

注：*、**、*** 分别表示显著性水平为 10%、5% 和 1%。

模型（1）考察了劳动力流动能力对城乡发展度的影响，计量结果显示，劳动力流动能力在 10% 的显著性水平上呈现正效应，验证了劳动力流动对城乡发展存在有利影响。在模型（2）中我们加入了资本流动能力，结果显示，不仅资本流动能力在1%的显著性水平上为正，而且劳动力流动能力的显著性水平得到很大提升，并且城乡发展度的相关程度得到很大提高。在模型（3）中，我们考察了技术流动能力对城乡发展度的影响，结果显示，资本流动规模对城乡发展度的影响并不显著。在模型（4）中，我们在模型（3）的基础上加入了公共资源流动能力，计量结果显示，资本流动能力在1%的水平上显著为正，而公共资源流动能力则在10%的显著性水平上为负，表明削弱了资本流动能力对城乡发展度的正面影响。

综上所述，资本、劳动力与技术等要素流动对城乡发展度有正面影响，即要素流动推动城乡加速发展，公共资源流动对城乡发展度有负面影响。相比之下，资本对城乡发展的影响更为显著，从侧面显示，与劳动力相比，资本和技术在江苏省乃至我国仍是相对稀缺的要素，我国经济增长的人口红利在2003～2012年一直发挥着重要作用。

## 二 要素流动对城乡协调度的影响分析

分析要素流动对城乡协调度的影响所使用的模型，与上文中分析区域社会发展度的模型类似，数据处理过程和模型的设定也相似。模型的具体形式如下：

$$URCD_{it} = \alpha_i + \beta_1 \times LMS + \beta_2 \times CFS + \beta_3 \times TFS + \beta_4 \times PRFS + \sum_{j=1}^{3} \gamma_j \times Control + \eta + \mu_{it}$$

由协整检验可知，解释变量与被解释变量之间存在协整关系，为进一步了解解释变量与被解释变量之间的关系，我们采用格兰杰因果检验分析解释变量与被解释变量之间的因果关系。格兰杰因果检验的误差修正模型如下：

$$\Delta URCD_{it} + \pi_{1g} + \sum_p \pi_{11ip} \Delta URCD_{it-p} + \sum_p \pi_{12ip} \Delta LMS_{it-p} + \sum_p \pi_{13ip} \Delta CFS_{it-p} + \sum_p \pi_{14ip} \Delta TFS_{it-p} + \sum_p \pi_{15ip} \Delta PRFS_{it-p} + \varepsilon_{1i} ECM_{t-1}$$

$$\Delta LMS_{it} + \pi_{2g} + \sum_p \pi_{21ip} \Delta LMS_{it-p} + \sum_p \pi_{22ip} \Delta URCD_{it-p} + \sum_p \pi_{23ip} \Delta CFS_{it-p} + \sum_p \pi_{24ip} \Delta TFS_{it-p} + \sum_p \pi_{25ip} \Delta PRFS_{it-p} + \varepsilon_{2i} ECM_{t-1}$$

$$\Delta CFS_{it} + \pi_{3g} + \sum_p \pi_{31ip} \Delta CFS_{it-p} + \sum_p \pi_{32ip} \Delta URCD_{it-p} + \sum_p \pi_{33ip} \Delta LMS_{it-p} + \sum_p \pi_{34ip} \Delta TFS_{it-p} + \sum_p \pi_{35ip} \Delta PRFS_{it-p} + \varepsilon_{3i} ECM_{t-1}$$

$$\Delta TFS_{it} + \pi_{4g} + \sum_p \pi_{41ip} \Delta TFS_{it-p} + \sum_p \pi_{42ip} \Delta URCD_{it-p} + \sum_p \pi_{43ip} \Delta LMS_{it-p} +$$

$$\sum_p \pi_{44ip}\Delta CFS_{it-p} + \sum_p \pi_{45ip}\Delta PRFS_{it-p} + \varepsilon_{4i}ECM_{t-1}$$

$$\Delta PRFS_{it} + \pi_{5g} + \sum_p \pi_{51ip}\Delta PRFS_{it-p} + \sum_p \pi_{52ip}\Delta URCD_{it-p} + \sum_p \pi_{53ip}\Delta LMS_{it-p} + \sum_p \pi_{54ip}\Delta CFS_{it-p} + \sum_p \pi_{55ip}\Delta TFS_{it-p} + \varepsilon_{5i}ECM_{t-1}$$

上述模型中，$\Delta$ 表示一阶差分，$p$ 为滞后期。若差分项显著，表明被解释变量与解释变量存在长期格兰杰因果关系；若误差修正项 $ECM_{t-1}$ 显著，表明被解释变量与解释变量存在短期格兰杰因果关系；若差分项与误差修正项均显著，则存在双向格兰杰因果关系。检验结果如表 5-7 所示。

表 5-7　要素流动对城乡协调度的影响的格兰杰因果检验

| 变量 | $\Delta URCD$ | $\Delta LMS$ | $\Delta CFS$ | $\Delta TFS$ | $\Delta PRFS$ |
|---|---|---|---|---|---|
| $\Delta URCD_{t-1}$ | 0.654 * | -0.432 | 0.145 * | -0.424 * | -0.454 *** |
| $\Delta URCD_{t-2}$ | 0.056 *** | -0.342 ** | 0.676 *** | 0.389 | 0.325 * |
| $\Delta LMS_{t-1}$ | 0.643 | -0.534 * | 0.547 | 0.137 *** | -0.434 *** |
| $\Delta LMS_{t-2}$ | 0.046 *** | 0.389 | 0.542 * | 0.547 | -0.437 |
| $\Delta CFS_{t-1}$ | 0.256 | 0.137 *** | 0.640 * | 0.325 *** | -0.074 * |
| $\Delta CFS_{t-2}$ | 0.453 * | 0.547 | 0.341 *** | -0.434 *** | -0.643 *** |
| $\Delta TFS_{t-1}$ | -0.633 | 0.542 * | 0.547 | 0.137 * | -0.434 *** |
| $\Delta TFS_{t-2}$ | 0.036 ** | -0.122 | 0.542 * | 0.547 *** | -0.437 |
| $\Delta PRFS_{t-1}$ | 0.483 | -0.342 ** | 0.640 * | 0.325 *** | -0.074 * |
| $\Delta PRFS_{t-2}$ | 0.453 * | -0.534 * | 0.341 *** | -0.434 *** | -0.643 *** |
| $ECM_{t-1}$ | 0.143 *** | -0.232 | 0.368 *** | 0.233 * | 0.223 |

我们利用软件 STATA 12.0，对上述模型做回归分析，得到的计量结果如表 5-8 所示。

表 5-8　要素流动对城乡协调度的影响的计量结果

| 被解释变量 | URCD | | | |
|---|---|---|---|---|
| 解释变量 | (1) | (2) | (3) | (4) |
| LMS | 0.45757 ** | -1.6585 * | -0.2557 *** | -0.956 * |
| | (2.54) | (-1.45) | (-2.85) | (-2.24) |

续表

| 被解释变量 | URCD | | | |
|---|---|---|---|---|
| 解释变量 | (1) | (2) | (3) | (4) |
| CFS |  | 0.4657** | 0.2678*** | 0.079** |
|  |  | (2.89) | (3.14) | (2.87) |
| TFS |  |  | 0.0617*** | 0.15** |
|  |  |  | (-3.92) | (-3.17) |
| PRFS |  |  |  | 3.765*** |
|  |  |  |  | (11.87) |
| FTD | 0.124** | 0.034** | 0.085* | 0.044 |
|  | (3.61) | (2.591) | (2.155) | (-0.154) |
| GDPGR | 0.052* | 0.063** | 0.852*** | 1.002* |
|  | (1.854) | (6.432) | (5.34) | (2.144) |
| EC | 0.232* | 0.226* | 0.287*** | 0.309** |
|  | (-2.830) | (-2.702) | (5.847) | (-3.982) |
| 常数项 | 16.88*** | 15.68*** | 15.67*** | 17.71*** |
|  | (36.63) | (38.17) | (92.08) | (2.11) |
| $R^2$（with in） | 0.8331 | 0.8392 | 0.8309 | 0.9074 |
| LM 检验（P 值） |  |  |  |  |
| F 检验值 | 32.48 | 32.08 | 35.68 | 66.83 |
| Hausman 检验（P 值） | 9.69 (0.0079) | 14.76 (0.002) | 5.89 (0.0425) | 36.13 (0.0000) |
| 年度虚拟变量 | 是 | 是 | 是 | 是 |
| 备注 | FE | FE | FE | FE |

注：(1) 括号中的数字为 p 值；(2) *、**、*** 分别表示显著性水平为 10%、5% 和 1%。

模型 (1) 考察了劳动力流动能力对城乡协调度的影响。计量结果显示，劳动力流动能力对城乡协调度的影响在 5% 的显著性水平上为正，而且系数较大，表明劳动力流动能力的提高有利于城乡协调发展。模型 (2) 在模型 (1) 的基础上加入资本流动能力，结果显示，资本流动能力对城乡协调度的影响在 5% 的水平上显著为正，且相关度较高。由于资本流动能力变量的加入，劳动力流动能力对城乡协调度的影响由正面效应转变为负面效应，尽管显著性水平由 5% 下降到 10%，但是其相关性非常高。模型 (3) 考察了技术流动能力对城乡协调度的影响，结果显示，技术流动能力对城乡协调度的影响显著。模型（4）在模型（3）的基础上加入了公共资源流动能力在时间和空间维度上的影响，结果显示，不仅公共资源流动能力在1%的显著性水平上存在正效应，而且技术流动能力对城乡协调度的影响也在1%水平上为显著正向关系。

### 三 要素流动对城乡一体化水平的影响分析

分析要素流动对城乡一体化水平的影响所使用的模型，与上文中分析区域社会发展度的模型类似，数据处理过程和模型的设定也相似。模型的具体形式如下：

$$URDL_{it} = \alpha_i + \beta_1 \times LMS + \beta_2 \times CFS + \beta_3 \times TFS + \beta_4 \times PRFS + \sum_{j=1}^{3} \gamma_j \times Control + \eta + \mu_{it}$$

由协整检验可知，解释变量与被解释变量之间存在协整关系，为进一步了解解释变量与被解释变量之间的关系，我们采用格兰杰因果检验分析解释变量与被解释变量之间的因果关系。格兰杰因果检验的误差修正模型如下：

$$\Delta URDL_{it} + \pi_{1g} + \sum_p \pi_{11ip} \Delta URDL_{it-p} + \sum_p \pi_{12ip} \Delta LMS_{it-p} + \sum_p \pi_{13ip} \Delta CFS_{it-p} + \sum_p \pi_{14ip} \Delta TFS_{it-p} + \sum_p \pi_{15ip} \Delta PRFS_{it-p} + \varepsilon_{1i} ECM_{t-1}$$

$$\Delta LMS_{it} + \pi_{2g} + \sum_p \pi_{21ip} \Delta LMS_{it-p} + \sum_p \pi_{22ip} \Delta URDL_{it-p} + \sum_p \pi_{23ip} \Delta CFS_{it-p} + \sum_p \pi_{24ip} \Delta TFS_{it-p} + \sum_p \pi_{25ip} \Delta PRFS_{it-p} + \varepsilon_{2i} ECM_{t-1}$$

$$\Delta CFS_{it} + \pi_{3g} + \sum_p \pi_{31ip} \Delta CFS_{it-p} + \sum_p \pi_{32ip} \Delta URDL_{it-p} + \sum_p \pi_{33ip} \Delta LMS_{it-p} + \sum_p \pi_{34ip} \Delta TFS_{it-p} + \sum_p \pi_{35ip} \Delta PRFS_{it-p} + \varepsilon_{3i} ECM_{t-1}$$

$$\Delta TFS_{it} + \pi_{4g} + \sum_p \pi_{41ip} \Delta TFS_{it-p} + \sum_p \pi_{42ip} \Delta URDL_{it-p} + \sum_p \pi_{43ip} \Delta LMS_{it-p} + \sum_p \pi_{44ip} \Delta CFS_{it-p} + \sum_p \pi_{45ip} \Delta PRFS_{it-p} + \varepsilon_{4i} ECM_{t-1}$$

$$\Delta PRFS_{it} + \pi_{5g} + \sum_p \pi_{51ip} \Delta PRFS_{it-p} + \sum_p \pi_{52ip} \Delta URDL_{it-p} + \sum_p \pi_{53ip} \Delta LMS_{it-p} + \sum_p \pi_{54ip} \Delta CFS_{it-p} + \sum_p \pi_{55ip} \Delta TFS_{it-p} + \varepsilon_{5i} ECM_{t-1}$$

上述模型中，$\Delta$ 表示一阶差分，$p$ 为滞后期。若差分项显著，表明被解释变量与解释变量存在长期格兰杰因果关系；若误差修正项 $ECM_{t-1}$ 显著，表明被解释变量与解释变量存在短期格兰杰因果关系；若差分项与误差修正项均显著，则存在双向格兰杰因果关系。检验结果如表 5-9 所示。

表 5-9 要素流动对城乡一体化水平的影响的格兰杰因果检验

| 变量 | $\Delta URDL$ | $\Delta LMS$ | $\Delta CFS$ | $\Delta TFS$ | $\Delta PRFS$ |
| --- | --- | --- | --- | --- | --- |
| $\Delta URDL_{t-1}$ | 0.212* | 0.547 | 0.337*** | -0.434*** | -0.042 |
| $\Delta URDL_{t-2}$ | 0.040* | 0.137*** | -0.342** | 0.640* | -0.074* |
| $\Delta LMS_{t-1}$ | 0.557 | 0.640* | -0.534* | 0.341*** | -0.643*** |
| $\Delta LMS_{t-2}$ | 0.325*** | 0.341*** | 0.389 | 0.443*** | 0.343 |
| $\Delta CFS_{t-1}$ | -0.414 | 0.433** | 0.137*** | 0.421* | -0.434** |
| $\Delta CFS_{t-2}$ | -0.437** | 0.623*** | -0.232*** | 0.198** | 0.137*** |
| $\Delta TFS_{t-1}$ | -0.534* | -0.454** | 0.339 | 0.297 | 0.547 |
| $\Delta TFS_{t-2}$ | 0.389 | 0.223*** | 0.137*** | 0.547** | 0.325*** |
| $\Delta PRFS_{t-1}$ | 0.137** | -0.342 | 0.640* | 0.325*** | -0.434* |
| $\Delta PRFS_{t-2}$ | 0.621*** | -0.534* | 0.241*** | -0.434*** | -0.437** |
| $ECM_{t-1}$ | 0.423* | -0.232*** | 0.328*** | 0.432*** | 0.223 |

我们利用软件 STATA 12.0，对上述模型做回归分析，得到的计量结果如表 5-10 所示。

表 5-10 要素流动对城乡一体化水平的影响的计量结果

| 被解释变量 | URDL | | | |
| --- | --- | --- | --- | --- |
| 解释变量 | (1) | (2) | (3) | (4) |
| LMS | -0.0282 | 0.05304*** | -0.5571* | -0.2557** |
|  | (-0.79) | (3.35) | (-2.85) | (-1.99) |
| CFS |  | 0.079*** | 0.6785*** | 0.0297 |
|  |  | (3.79) | (3.14) | (1.52) |
| TFS |  |  | 0.6754*** | 0.2432** |
|  |  |  | (-3.92) | (-2.16) |
| PRFS |  |  |  | 0.576*** |
|  |  |  |  | (14.48) |
| FTD | 0.354** | 0.314** | 0.385* | 0.440 |
|  | (3.61) | (2.591) | (2.155) | (-0.154) |

续表

| 被解释变量 | URDL | | | |
|---|---|---|---|---|
| 解释变量 | (1) | (2) | (3) | (4) |
| GDPGR | 0.152 * | 0.163 ** | 0.132 *** | 1.212 * |
|  | (1.854) | (6.432) | (5.34) | (2.144) |
| EC | 0.302 * | 0.326 * | 0.284 *** | 0.309 ** |
|  | (-2.830) | (-2.702) | (5.847) | (-3.982) |
| 常数项 | 3.89 *** | 3.91 *** | 3.70 *** | 3.16 *** |
|  | (54.22) | (57.84) | (130.11) | (45.05) |
| $R^2$ (with in) | 0.3258 | 0.3827 | 0.4846 | 0.7113 |
| LM 检验（P 值） |  |  | 0.000 |  |
| F 检验值 | 3.69 | 4.88 |  | 7.73 |
| Hausman 检验（P 值） | 10.97 (0.0042) | 24.11 (0.0000) | 3.56 (0.1690) | 11.72 (0.0028) |
| 年度虚拟变量 | 是 | 是 | 是 | 是 |
| 备注 | FE | FE | RE | FE |

注：*、**、*** 分别表示显著性水平为10%、5%和1%。

模型（1）考察了劳动力要素流动能力对城乡一体化水平的影响。计量结果显示，劳动力流动能力对城乡一体化水平的影响并不显著，而且这种影响还是负面的，表明当前现有城镇的人口容纳能力正逐步下降，过多的人口涌入城镇对城乡一体化不利。模型（2）加入了资本流动能力这一变量，结果显示，资本流动能力在1%的显著性水平上为正，而劳动力流动能力由于流动规模的加入也在1%的显著性水平上为正，这表明劳动力的适当流入对城乡一体化存在有利影响。模型（3）考察了技术流动能力对城乡一体化水平的影响，结果显示，技术流动能力在1%的显著性水平上为负，资本流动能力在1%的显著性水平上为正。模型（4）在模型（3）的基础上加入了公共资源流动能力，结果显示，资本流动能力对城乡一体化的影响在1%的显著性水平上为正，表明资本流动能力对城乡一体化水平存在正向影响。

实证分析表明，城乡一体化是区际要素流动和重新配置的结果。因此，调节区际要素流动的规模和速度成为调整城乡关系的重要内容。劳动力、资本、技术与公共资源作为影响区域发展的基本生产要素，它们在区际之间的流动会深刻影响到区域内城乡的发展。上述实证分析结果显示，劳动力、资本、技术与公共资源对城乡一体化发展存在正向显著影响。因此，要素流动能力和流动规模对城乡一体化均具有正面作用，即要素流动规模越大、流动速度越快越有利于区域城乡一体化建设水平的提高。具体到不同要素，我们发现，资本对城乡一体化发展的影响要大于劳动力对城乡一体化发展的影响，当资本的相关变量参与到模型中后，劳动力对被解释变量的影响力就会被削弱，而资本对城乡一体化水平的影响也远较劳动力的影响显著，相关系数也大于劳动力的相关系数。这表明，在当前江苏省城乡建设中，资本仍是比劳动力更为稀缺的要素，经济发展速度仍决定于资本规模和边际收益。技术流动能够促进劳动力与资本流动，进而推动城乡一体化发展，公共资源流动由于更多地受到政府的支配，而政府出于公共资源均等化提供，促进城乡同步发展对城乡协调度的促进作用明显强于对城乡发展度的作用。这是由于当前江苏省各市有大量来自中西部地区的农民工就业于当地，其劳动供给趋于无限，所以其对城乡一体化建设的影响也就十分有限。而劳动力的大规模流入在为当地经济发展提供就业的同时，也为当地经济社会发展造成很大压力，过多的人口聚集到城市，致使劳动的边际效益长期得不到提升，迁移人口的生存与生活条件也难以改善，对当地的经济、社会和环境造成压力，不利于当地发展。所以我们在计量结果中会发现，劳动力流动规模在加入模型后，劳动力流动能力对被解释变量的影响就会转为负向效应，也就是说劳动力流动规模增加能够推动城乡一体化发展，此时，劳动力流动能力的增强对城乡一体化建设却是不利的。所以，劳动力流动规模的适度增加有利于城乡一体化发展。与劳动力相比，资本对经济环境更为敏感，其逐利性也更强，所以，在劳动力仍大规模涌入东部大城市的时候，东部大城市已经由资本输入转变为资本输出，这一点也可以从本书对江苏省资本流动规模的测度中体现出来。经济较为发达的苏州、无锡等市的资本流动方向在2003~2012年已经发生大逆转，这些地区由资本流入转为资本输出，所以本书中的测度结果表明资本流动规模对城乡一体化发展的影响不显著，而资本流动能力对城乡一体化发展存在显著的正面效应。

# 第六章　要素流动影响城乡一体化建设的机制与路径

## 第一节　劳动力流动影响城乡一体化的机制与路径

劳动力流动是城乡一体化的重要内容，其表现形式为城镇化。然而，当前城镇化并没能促进城乡一体化，而是将农村中的优质人力资本输入城市，进一步扩大了城乡差距。因此，我们需要重新审视当下城镇化发展模式，重新配置城乡之间的人力资本，令其有助于推动二者共同发展，实现城乡一体化。

### 一　劳动力流动促进城乡一体化的机制

劳动力流动或者说人力资本在城乡之间的配置，促进了城乡经济的发展，加速了城乡一体化进程。在探讨了劳动力促进城乡一体化的主要作用机理以后，我们进入探讨劳动力流动促进城乡一体化的具体机制，其主要的机制有要素优化组合的配置效应、知识技术传播的溢出效应、分工扩展的市场规模效应三种形式。下面我们分别进行探讨。

要素优化组合的配置效应。经济学理论的演进，是对人类社会经济发展实践的高度抽象性概括，是对人类经济社会发展规律的深刻阐释。人力资本要素已经成为经济增长的内生驱动力，不论是资本、资源、技术还是制度，这些已经被从理论和经验上论证过对经济增长具有重要作用的因素，都必须和人力资本要素进行恰当、合理的组合，才能发挥应有的要素配置效率。劳动力是人力资本的载体，劳动力在城乡和行业之间的转移，会促进要素的优化组合。劳动力在行业和城乡之间的流转,是人力资本重塑的过程,是人力资本专用性不断加强的过程,是人力资本不断累积的过程。随着劳动力在城乡之间的转移,人力资本积累水平逐渐升高,城乡之间人力资本积累的差距逐渐缩小。随着城乡之间人力资本积累水平的逐渐均衡化,城乡开始选择更加适宜各种要素发挥协同效应的地区进行要素布局。此时,城乡之间对要素分布的吸引力,就更加关注不同的人力资本的分布状况,不同的产业也随着具有高人力资本专用性的劳动力地域分布而进行布局。在集聚效应和专业化效应的作用下,产业集群逐渐形成,要素优化的配置效率不断提升,城乡之间的经济差异不断缩小,城乡一体化加速形成。

知识技术传播的溢出效应。劳动力的城乡转移,对于城乡一体化最重要的影响就是加速了知识和技术的传播,提升了知识和技术的传播效率。劳动力从乡村走向城市,是人力资本积累和升值的过程,是将传统农业生产的劳动力向现代工业生产改造的过程,是人力资本的结构转换过程。劳动力由乡村进入城市,由传统农业部门进入现代工业部门,以往的人力资本都是有关农业生产方面的积累,对于城市的现代工业部门来说并无太大意义。因此,劳动力的人力资本积累开始了结构转换过程,将把适应现代城市工作、生活、学习的技能与知识教授给进入城市的农村务工者。农村务工者逐渐转变为现代产业工人,具备了从事现代工业部门生产的能力,并随着技术日趋熟练而成为人力资本专用性较高的劳动力。一方面,当一部分农村务工者成为人力资本价值较高的劳动力,他们面临的工资率将在城乡之间日趋均衡,这部分劳动力返乡就业或者回乡创业,都将把城市现代工业部门的生产技术、管理经验等知识带回乡村地区,从而促进了城乡之间的知识传播,提升了城乡之间的知识溢出效率。另一方面,这些进城务工者往往"离乡不离土",逢年过节或农忙时节都会返回乡村地区,这时候他们也会将城市的所见所闻带回乡村地区,促进了知识传播。特别是具备了基本器械操作技能的务工者,将会在农业生产过程中权衡人工和机械劳作的费用之比,并倾向于使用农业机械,提升农业生产效率。当农村劳动力流出较多,人工成本高企的现实会逼迫乡村地区在农业生产中使用机械,而懂得机械操作的进城务工者,自然会将相关的知识和技能传授给当地农民,从而促进了知识溢出效应,加速了农村地区的发展,促进了城乡一体化。

分工扩展的市场规模效应。市场规模的大小决定了分工程度的高低,而分工的发展又能扩展市场规模,促进经济的螺旋式增长。从城乡经济系统来看,城市经济之所以能够实现长期增长,要素集聚特别是人口的高度集中,造就了城市规模庞大、层次立体的市场体系,能够保证劳动分工最低的收益门槛。而分工的深化和迂回式生产的加剧,产业内分工向产品内分工演变,吸纳了更多的要素进入分工体系,从而创造了更加庞大的市场规模,造就了更为广阔和丰富的需求层次,创造了经济增长的内生动力,驱动了城市经济的持久发展。反观乡村地区,生产要素相对分散,不论是人口还是其他生产生活资料,都呈现了空间上高度疏离的状态,要素集聚的节点规模都很小,无法支撑纵向生产链或横向产业链的分工收益,所以分工程度较低。但在乡村地区,我们经常可以看到一个木匠或铁匠可以生产各式各样的产品,并且很可能方圆数个村落才拥有一个木匠或铁匠。这都是因为生产要素分布过于分散,并且由购买力决定的市场规模难以支撑数量众多的分工。然而,当劳动力在城乡之间流动成为常态,并随着要素的优化组合和知识与技术的广泛传播成为可能时,城乡之间的分工形态将发生变化。当劳动力在城乡之间流动,统一的劳动力市场逐渐形成,随着劳动力统一市场的建立,其他要素市场和产品市场也逐渐破除地区分割,加速了城乡之间的商贸流通,创造了规模庞大的城乡大市场,从而促进了城乡一体化。一方面,进城务工的乡村劳动者,不仅将知识和技术带回了乡村,更将大部分收入投向了乡村,当购买力决定的市场规模开始膨胀时,分工开始发展,并随着农村的收入逐渐增加,在农业现代化和以城带乡与以工促农的扶持下,市场规模向着更为广阔的方向和更为深入的程度发展,这引致了分工程度的加深,从而促进了乡村地区的发展,为城乡一体化创造了坚实基础。另一方面,随着城市拥挤成本的提升,城乡接合部或者城市近郊成为要素集聚的地区,企业的投资和人口的进入,引致了市场规模的快速成长,成为诱导性极强的刺激因素,极大地推动了所在地的分工深化,从而推动了地区的经济发展,为城乡一体化奠定了坚实基础。

## 二 劳动力流动促进城乡一体化的路径

劳动力流动促进城乡一体化的路径,是劳动力流动促进城乡一体化机制的运行方式。我们也总结为以下三种具体的路径。第一，要素组合优化配置机制的市场路径。要素的优化组合，是要素按照收益率进行行业或空间布局的过程，而要素的收益率则是市场机制作用下的结果。不同行业对要素的需求是完全不同的，其中的价格需求弹性也是不尽相同的。而价格需求弹性则是与不同行业在生产过程中对不同要素的需求密切相关的，同时也和要素的供求状况、要素替代品的供求状况有关联。这些错综复杂的关联，需要在市场机制的作用下，在价格杠杆的作用下，在各种相关因素的影响与决定下，呈现要素的边际回报率。要素的优化组合配置，其目的是提升要素的配置效率，提高要素的边际回报率，进而获取超额利润。企业在进行投资时，会对要素的空间分布所导致的收益率不均衡给予充分考虑，而为了使要素的优化组合配置效率最高，必须厘清政府公共权力的边界，破除阻碍市场机制发挥作用的制度安排，从而为要素的优化组合配置提供顺畅的机制环境。

第二，知识和技术传播的社会路径。知识和技术在城乡之间的传播和溢出，需要良好的社会基础作为支撑。相对于城市来说，乡村社会保守、闭塞、落后，对于新知识和新信息的接受能力也相对较差，这就对知识的传播和溢出造成了极大的困扰。当新的技能和知识并不能被大众所接受时，知识的溢出效应也就无从谈起，那么城乡之间的生产技术、价值理念、创新活动之间的差距会越来越大。因此，只有加快知识传播的速率，提升知识接收的效率，才能将知识溢出的效应发挥到极致，促进城乡共同进步。知识和技术的传播，之所以会受到来自接收方和接受过程的双重阻碍，其根本问题在于并没有相关的组织或者机构能够将知识和技术的溢出转化为能够真切地促进乡村发展的生产力，即缺乏从理论或理念到实践的二传手。政府一方面依靠必要的扶持组织向乡村地区进行公益性质的知识和技术的传输，但是必须有大量的社会性组织参与其中，才能扭转封闭保守的社会环境；另一方面搭建从知识溢出到生产力提高的桥梁，让知识溢出发挥最大效力。社会路径强调了社会化组织对知识和技术传播的重要性，而社会化组织包括了各种农业协会、农业生产合作社、农会等群众自发或倡议召集建立的非政府组织，这些组织充当了二传手的角色，会发挥好传播知识和提高生产力的作用，促进知识溢出效应的发挥。

第三，分工扩展与市场规模机制的协同路径。分工扩展来自市场规模的扩大，而市场规模的扩大，则是来自购买力的上升，一方面可能是存量人口的收入上升，另一方面也可能是新增人口的流入扩大了存量人口。不论是存量人口收入上升，还是人口流量加大，都是从消费数量的增加方面扩大了市场容量，从而为分工深化创造了条件。既然市场规模的扩展来自两个方面，那么在此基础上的分工扩展必然也离不开两条路径的协同作用。第一，提升城乡特别是农村居民的收入水平。城镇化是工业化浪潮推进的必然趋势，将更多的人口和要素集聚在更富有生产效率的空间内部，是对要素分布按收益率高低布局规律的基本尊重。城镇化的显著后果是人口从农村向城镇的集中，农村人口的流失导致了农村存量人口的下降，其市场规模会进一步萎缩，除非有坚实的收入水平作为持续上涨消费量的支撑，否则城乡之间的分工扩展将无从谈起。乡村地区市场规模萎缩，城乡商贸流通也会进一步萎缩，会导致城乡之间的统一市场无法形成，城市多余的产品向乡村地区倾销，却无法达到应有的目的，最终损害城乡的经济增长。因此，不论是从乡村地区来看，还是对城市经济增长来说，乡村地区的市场规模萎缩都是长期利空的。第二，破除劳动力转移的体制机制障碍，降低劳动力转移的成本，形成劳动力"用脚投票"机制，促进区域间合理竞争，走向共同发展。劳动力在区域间的转移，将增加不同地区的流量人口，扩充流入地区的市场规模，带来消费促进经济增长的效应。市场容量的扩大，将带来生产链的纵向分工和产业与产品之间或内部的横向分工，这会吸纳更多的要素进入分工体系，从而成为封闭的正向反馈循环，促进了经济增长，加快了城乡一体化。

## 第二节　资本流动影响城乡一体化的机制与路径

资本流动比劳动力流动更加灵活，在城乡一体化中也具有更高的灵活性。所不同的是，城乡一体化随着劳动力由农村流向城市，而资本流动的大趋势则是由城市流向农村，当前城镇化的高速发展，表明农村剩余劳动力输出既是应然之事又是实然选择，但资本并没有显出由城市大规模流向农村的倾向，但区域间资本由发达地区向欠发达地区流动却已经开始，这可以看作资本由城市流向农村的前奏，但其对城乡一体化的影响机制与路径是怎样的，仍需要认真分析和梳理。

## 一 资本流动与城乡一体化的机制

资本流动通过哪些具体的机制实现了对城乡一体化进程的推进作用,是我们需要详细进行探讨的主要内容。资金流动具有层次性,即不同的投资主体进行了不同层次的决策,引致了不同的投资效果,其中的机制自然也并不一致。因此,本节从不同投资主体出发,探讨资金流动的不同实现机制对城乡一体化的影响机理。

政府投资的内化效应、示范效应和洼地效应。国家投资对于城乡一体化进程的推动作用主要通过两个机制来实现。第一,国家投资的内化效应。国家增进全体国民福利,旨在为缩小地区收入差距、城乡不平等这一系列问题而采取的区域协调规划,特别是城乡一体化战略选择,将是破解这些问题的关键。国家对城乡一体化的推进,当然要在遵循市场机制的基础上,着力改变城乡间要素回报率不均衡的现实,即通过大力修建基础设施特别是交通设施的方式,降低城乡间要素流动的通勤成本,增强乡村地区对要素的向心力,从而将对乡村的投资内化为个人和企业投资的理性决策。第二,国家投资的示范效应。国家对特定行业和地域的大规模投资,标志着国家对此的扶持力度,也预示着相关倾向性配套设施和制度安排随之而来。这些都刺激了投资嗅觉敏锐的企业与个人投资者在国家培育的新兴增长极中获取自身的利润增长点。因此,国家投资对个人和企业投资起到了示范效应。第三,国家投资的洼地效应,国家会通过特殊的制度安排,诸如财税安排、土地政策等制造要素集聚的洼地,改变要素流动的方向,吸引要素集聚,实现集聚效应,引领经济增长。

企业投资的杠杆机制。相较于个人投资,企业投资具有一定的前瞻性和计划性。企业受困于传统大都市的拥挤成本高企、要素价格向下刚性等一系列离心力因素干扰,会积极寻找更适合进行投资的空间位置进行布局。企业的投资决策,伴随着严格周密的程序,有着较为完备的风险控制体系,有系统的市场评估、投资环境前期调研等必要的实地调查作为支撑,以及投资之后的效果评价和及时跟踪反馈。因此,企业的投资具有较高的认可性,往往作为个人投资的依据和标杆,获得个人的追捧。当企业决定向某个领域或者地域进行投资时,往往会因为自身投资决策的科学性、投资决策的成本收益匹配性、投资过程的程序性等特征,吸引相关企业和个人选择加入企业的投资序列。同时，企业的相关上下游企业，会根据其投资决策做出调整，从而可以看到，企业投资量或许并不大，但是可以撬动数量众多的相关利益者、投资方资金，从而制造投资的杠杆效应，加速资金流动在城乡间的合理布局。当企业的投资逐步跟进，形成相关产业的规模化集群之后，产业间和产业内部的分工随着迂回生产链条的延伸而不断加深，知识溢出效应随之加强，技术进步引领了经济增长，从而为城乡一体化注入了强劲动力。

个人投资的相机抉择机制。根据前文所述，个人投资具有分散性、灵活性、投机性、滞后性等特征，这些基本特征决定了个人投资在城乡一体化进程中具有显著的相机抉择机制，即人们的选择和决策不可被准确预期，能够根据情况变化做出较为快速的反应。从更为一般的角度来理解，相机抉择机制是人们在环境不确定条件下进行风险规避的自然结果。在城乡一体化进程中，社会投资结构的转变是随着企业乃至国家的投资方向转变而逐步扭转的，个人投资能够根据投资环境的变化做出预期和判断，任何旨在进行相机规则的政策都会面临时间不一致性。因此，这需要政府对城乡一体化进程的持续关注和强力推进，综合运用各种方式进行投资环境的改造。只有当投资方向在城乡间发生转换并在量上逐渐得到积累之后，个人投资将追逐着投资的新热点而动，选择在乡村地区或城郊地区进行住宅投资。随着企业和国家投资的示范效应，越来越多的个人决策者会倾向于跟随众人的选择，在乡村地区进行投资，从而带动乡村地区发展。因此，个人投资的相机抉择机制，决定了个人投资是城乡一体化进展顺利的加速器，是城乡一体化进展缓慢的分解器，具有双面性。想要实现个人投资对城乡一体化的推动，必须坚持政府先行、企业引领，构筑良好的投资环境才可以实现。

金融机构资金流动的选择效应和强化机制。金融机构的资金流动，带有极强的趋利性，是金融组织在行业间和城乡间进行优化配置的必要手段。金融组织的资金流动，需要通过选择贷款发放的方向和数量，控制不同行业和地区的资金流量，而这又取决于不同地区和行业的资本回报率高低。当企业将厂址设在远离城市的地区或当居民将住宅投资在远离核心城市的地区时，资本回报率的地区分布将逐渐发生离散。城乡一体化进程的启动，是国家的金融财政扶持手段，会引导金融组织将资金导向这一过程，在企业和个人投资驱动下,广袤乡村地区的金融组织和服务的严重滞后性,迫切需要金融组织介入,提供金融服务,从而增加资金流量,疏通城乡一体化进程的资金血脉。因此,金融组织选择在哪些区域和行业进行布局,将影响城乡一体化进展的方向和支撑产业,具有很强的选择效应。当金融组织选定之后,大量资本的跟进又会强化这种投资倾向,从而促进特定产业和地区的发展,形成金融组织的资金流动对城乡一体化的强化机制。

## 二 资本流动推进城乡一体化的路径

政府投资先行示范,企业投资跟进布局,个人投资多元充实,金融组织提供投资平台。城乡一体化并不会自觉地依靠市场机制实现,而是需要政府宏观调控的引导,构建层次性、体系性的推进步骤,才能收获良好的政策效果。具体来说,通过资金流动推进城乡一体化的实现路径的布局应遵循:政府投资先行示范、企业投资跟进布局、个人投资多元充实、金融机构提供投资平台的思路,进行系统谋划(见图6-1)。

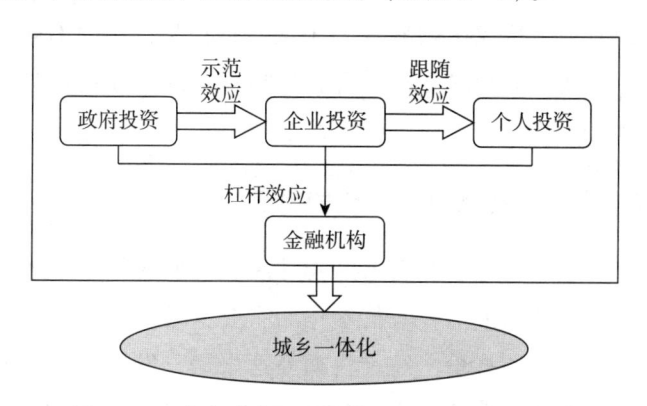

**图6-1 资本流动影响城乡一体化的机制与路径**

所谓政府投资先行,首先就是国家利用制度安排者的优势,为城乡一体化推进确立制度红利,制造政策洼地,大力进行基础设施建设,降低通勤成本、降低要素流动成本、提升资本回报率,从而在成本和收益两个层面创造良好的投资环境,起到示范作用;其次,根据国家的战略布局,以及城市对要素"离心力"因素的增多,企业特别是国有企业会选择跟进国家的投资部署,将业务向农村转移或扩张,提高自身资本的配置效率,增加企业的利润,在这种杠杆机制的作用下引领更多企业集聚,既壮大了企业的生产规模，也为农村经济发展注入了活力；再次，个人观察到了国家和企业的投资决策，会选择前往这些地区进行投资，由于这种投资形式充满了多样性，丰富了新兴地区的投资环境，优化了新兴地区的投资结构，从而将国家与企业的决策内化成个人决策的变量，带来了人口的集聚，使农村成为投资和建设的重点地区，产业结构、生产方式发生巨大变化，农民生活水平大幅提高，基础设施、公共服务与城市同步，从而推进城乡一体化的进程；最后，为保障上述经济主体顺利实现其发展目标，金融机构将通过提供各种各样的投资融资平台来支持城乡一体化，即面向政府、企业和个人的金融服务，会有很好的杠杆效应，从而引导更多的资金流向农村，引领农村经济快速增长，推进城乡一体化进程。

## 第三节　技术流动影响城乡一体化的机制与路径

技术流动可以随着劳动力或资本流动，也可以进行独立的技术贸易，其流动方式的差异会造成影响城乡一体化的路径与机制的不同。因此，我们首先需要梳理技术流动的方式，而后考察不同流动方式影响城乡一体化的路径与机制。

### 一　技术流动推动城乡一体化的机制

当经济发展达到较高水平后，技术对区域发展的作用越来越凸显。当前，发达国家已经进入由知识与技术作为主要推动力的发展阶段。江苏省是我国经济相对发达的省份，经过长期高速发展，发展方式正由劳动力与资本驱动的外延发展模式向知识与技术驱动的内涵发展模式演进，如图 6-2 所示。因而，技术日渐成为衡量区域经济社会水平的关键因素。因此，促进区域间、城乡间要素的加快流动，有利于缩小区域、城乡之间的差距，实现区域协调发展和城乡一体化。

城乡二元结构在我国形成并逐步固化的主要原因是城乡在产业结构、生产方式上存在差异，而导致产业结构与生产方式出现差异的原因正是技术水平的差距。就产业结构而言，农村仍然以第一产业为主，第二、第三产业发展相对滞后，大量工业制成品、现代服务依赖城市，城市的产业重心已经逐步从第二产业转向第三产业，通过输送制成品与现代服务换取农

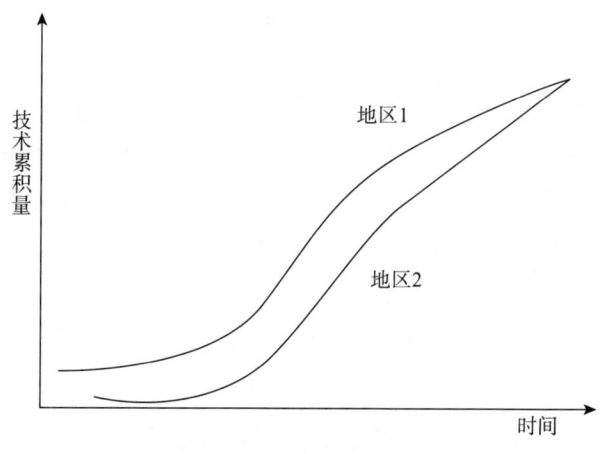

图 6-2 两区域技术增长曲线

村的原材料和农业产品。农村难以发展工业与现代服务业的关键问题在于其不具备相应的生产技术。当前我国农村在资本与劳动力方面有丰富的资源，但在先进技术的获取上存在很大困难。在生产方式上，我国农村地区仍是以家庭承包责任制为基础的小农生产方式，这种方式生产规模小、市场灵敏度差、技术更新能力弱，与现代农业发展方式相去甚远。反观城市，其早已建立了以现代企业为主的生产管理方式，规模效益突出、市场反应迅速，极大地提高了劳动生产效率。因此，技术流动在推动城乡一体化中存在两种机制（见图 6-3）。

产业结构优化机制。经济增长的相关理论与实证分析表明，随着产业结构的重心逐步由第一产业向第二、第三产业转移，劳动生产效率会逐步提高，经济体会实现高速增长（王庆等，2011；华中炜，2012；吕健，2012）。农村以第一产业为主的产业结构必然导致经济发展速度落后于城市，而实现城乡一体化的重要措施是在农村发展第二、第三产业。产业结构变动规律表明，随着产业结构的优化升级，产业重心会逐步由第一产业过渡到第二产业，再由第二产业过渡到第三产业。当城市逐步向以第三产业为主的产业结构调整时，第二产业会从城市逐步向农村转移，此时，农村应做好承接的准备，积极引进生产技术，利用长期积累的劳动力与资本，在农村大力发展第二产业，逐步调整农村的产业结构。结构化减速理论表明，第三产业的劳动生产率低于第二产业。当农村逐步向第二产业过渡而城市逐步向第三产业过渡时，农村发展速度会快于城市，城乡差距将逐步缩小，推动城乡一体化发展。当然，产业结构优化不会自动实现，产业转移也不会自行发生，农村应积极培养自身产业承接的能力，加快人力资本发展，积极吸引外资，改善基础设施和公共服务，积极准备从城市承接转移产业。在这一过程中，农村应将工作重点放在技术引进和消化上，限制城市凭借技术优势，以资本输出的方式扩大生产，进而将产业转移的收益大部分回流进城市，农村应充分利用自身的资本与劳动力优势，结合引进的技术，组织一批本地企业，将所得收益留在农村。随着产业的进一步调整，农村又会获得引进现代服务业的相关技术的机会，如此循环往复，即可逐步实现城乡在产业结构上的趋同，进而实现城乡一体化。

生产方式革新机制。传统农业中以家庭承包为主要生产组织方式，这种生产方式规模过小，不能实时掌握市场信息，缺乏灵活变动，对新技术、新设备不能及时采用，这些问题使小农生产方式体现出分散性、盲目性和落后性的特点，难以适应当前瞬息万变的市场环境，且由于未能形成产业链，农产品多数以初级产品的形式被销售，所得收益就十分有限。因此，必须对传统生产方式进行革新，使传统农业向现代农业转变，其核心就是引入具有先进科学技术、管理技术的企业。在现代农业中，企业发挥着组织生产、向前向后服务、推广新技术的作用。企业自身的特征，使其主动与市场接触，了解并掌握市场最新信息，并用于指导生产；规模经济能显著地增加收益，企业将倾向于组织农户进行大规模生产；由于新设备、新技术能够极大地提高劳动生产效率，节约人力资本和改善产品质量，从而逐步实现农业生产的机械化、自动化和智能化。此外，为实现利益最大化和规避风险，企业会将经营领域向农业生产的上下游扩展，向上有诸如种子、化肥的生产销售，机械设备的制造等业务，向下则是初级产品的深加工及产品销售中的物流和运输等业务，从而打造出一条完整的产业链。因此，传统农业在向现代农业转变的过程中，新技术的引进与运用将是关键，而作为技术载体的企业则是主要推动者和执行者。由于企业在城市拥有悠久的发展历史，在技术获取与管理水平上拥有丰富的经验，因而农业将小农生产转变为企业经营时，不仅需要借鉴技术，更需要借鉴城市企业的管理经验。因此，一种可行的方法是由城市企业提供资本与技术，农村居民提供劳动，双方形成利益共享与分成机制，推动农业现代化发展，提高农村劳动生产效率，提高农村居民收入，加速城乡一体化。

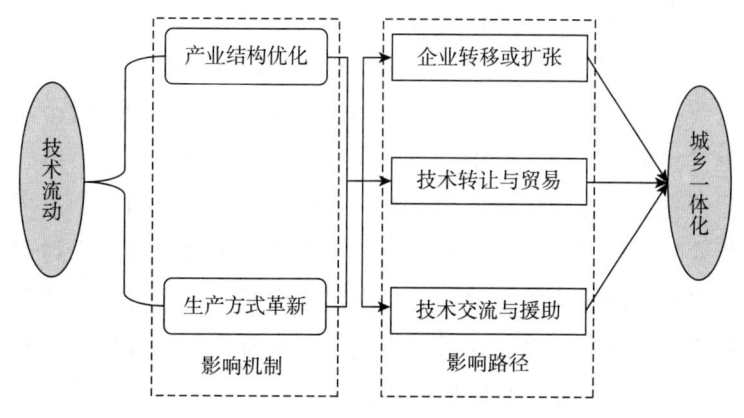

图 6-3 技术流动影响城乡一体化的机制与路径

## 二 技术流动推动城乡一体化的路径

从技术流动的内涵来看,技术流动的本质是技术持有者将技术运用到新的市场,或将技术的所有权或使用权转移给其他人。因此,技术流动存在多条路径,不同路径对城乡一体化的影响存在差异。通过对技术流动特征的分析,我们认为存在如下三条路径,且对城乡一体化的影响方式及效果存在差异。

企业转移或扩张。为实现长期发展,企业都有做大做强的愿望,具备技术优势的企业更是如此,企业规模日渐扩大。另外,出于降低成本的考虑,企业更倾向于选择要素价格低的地区。近年来,城市土地、劳动力价格快速上涨,企业生产成本随之快速上浮,对企业经营造成很大压力,很多企业选择将生产基地向周边的农村地区转移,这就为农村剩余劳动力就业与农村居民收入增加提供了机会。在转移或扩张过程中,企业通常只是携带技术、资本和少量管理与技术人员进驻新的生产基地,基层工作人员则就地解决,农村居民应抓住就业机会,进入企业学习新知识、新技术,既可提高劳动技能,还能增加家庭收入,可谓一举多得。此外,企业进驻还可为当地服务业发展创造机会,提升公共资源供给,为当地政府创收,可谓一举多得。当然,如果能进行村企合资,则更利于当地居民掌握核心技术,获得的收益也将更多。所以,随着企业扩张或转移,技术流入农村地区,为农民掌握新技术提供了机会,也为农村调整产业结构、农民改善生活质量、农业生产方式转变创造了机会,进而推动了城乡一体化。

技术转让与贸易。技术转让与贸易是当前区域技术流动的重要形式。在市场化、全球化的浪潮下，技术也具备了商品的属性，独立的技术贸易日渐成为贸易的一种新类型。由于技术持有者在获取技术或技术研发时，通常会支付或承担相应的费用，而这些技术在应用过程中又会产生实际价值，这使得技术的有偿转让成为可能。当前，城乡差距的一个重要表现是双方在技术的掌握上存在极大差距。技术落后极大地束缚了农村产业结构的调整与农业生产方式的转变，农村利用现有资本，通过技术转让的方式获取迫切需要的技术。由于农村资本规模小且分散，通过技术贸易的方式获取技术，需要将分散在各家庭的少量资本集中起来，尽管这一过程会十分艰难和复杂，可一旦成功，就能将分散的要素集中起来，极大地提高要素的利用效率。所以，城乡之间的技术贸易，不但能增进农村的技术水平，还能够凝聚农村的经济资源，从而带来意料之外的收益，对提高农村整体发展水平、推动城乡一体化极有助益。

技术交流与援助。上述两种途径需要农村为引进技术支付一定费用，但农村长期缺乏资本积累，流动资金稀缺，一直需要各级政府给予补贴。因而技术有偿转让虽然能够推动农村发展，却消耗了农村本就稀缺的资本，使得后续投资乏力，如此，对农村发展作用有限。况且，长期以来，我国采取"以城市为中心"的发展战略，将优势资源优先配置给城市，使得城市在技术获取与开发能力上远远超过农村，客观上造成了农村技术获取能力的落后。因此，在推动城乡一体化战略的过程中，城市以无偿方式向农村转让部分技术是应当的。在转让的具体实施方法上，可以采取交流与援助的方式，即提倡城乡之间就目前技术稀缺的状况进行交流，双方共同商讨解决之法，而后城市以技术援助的方式，无偿将技术转让给农村，做到真正的"技术支农"。通过频繁的技术交流与援助能够有效解决农村遇到的技术问题，转变农村生产方式，使其从依赖劳动与资本投入的外延式发展转为依赖技术与知识的内涵式发展，从此拉开农村高速发展的大幕，推动城乡一体化格局的形成。

## 第四节 公共资源流动推动城乡一体化的机制与路径

公共资源实质上是资本和劳动结合的实物形式，之所以将其从资本和劳动中分离出来进行单独分析,是因为随着我国市场经济发展的不断深入,以及新一轮改革中强调的市场在要素配置中发挥了决定性作用,资本和劳动力流动将基本由市场配置,但在公共资源配置领域,政府在短期内仍将居于主导地位。就推动城乡一体化建设而言,由政府主导城乡资源配置是主要选择,因为这样更能保证公共资源分配的公平性。

## 一 公共资源配置推动城乡一体化的机制

城乡公共资源配置通过硬件的基础设施网络和软件的公共服务两个层面,影响了城乡一体化进程。因此我们从完善基础设施网络引致的城乡交易成本机制和均等化的公共服务引致的城乡要素分布影响机制两个层面,来探讨城乡公共资源配置对城乡一体化的影响。

城乡之间的基础设施网络完善引致的交易成本机制,降低了城乡之间的交易成本,增强了城乡之间的经济联系,推动了城乡一体化。城乡之间的要素流动越频繁,两者之间的联系越紧密。然而,随着交易频率的升高,交易费用不可避免地也会随之升高。在交易频率和交易费用的两难选择中寻求突破,是增进城乡之间经济联系的主要突破口。城乡之间的基础设施状态决定了城乡之间交易成本的高低。落后的基础设施网络增加交易成本体现在以下三个方面:第一,增加了人员流动的通勤成本,通勤成本的增加会减少劳动力分配在工作和闲暇上的时间,从而折损了劳动力的劳动效率,降低了劳动力要素的边际生产力;第二,增加了商品流通的成本,这不仅表现为通勤成本的存在会增加乡村鲜活农产品的运输周期,降低其产品的竞争力,还体现为各种互不联通的交通基础设施会分割市场,导致竞争效应的折损;第三,信息的传播对于当今社会的重要性不言而喻,而信息基础设施的落后,会让信息传递的速率大大降低,这不仅会让城乡之间的市场失灵,而且会对企业和个人的投资决策产生极大困扰,严重影响城乡之间经济决策和商品贸易的往来。因此,基础设施网络的完善,可以极大地降低城乡之间的交易成本,减少劳动力流动的通勤成本,提升城乡商贸流通的速度,降低产品运输的成本,提升信息传播的准确性和时效性,从而提升城乡之间的交易效率,推进城乡的经济往来,为城乡一体化奠定坚实的经济基础。

城乡之间的公共服务均等化引致的要素分布影响机制,提升了乡村地区对要素流集聚的向心力，加快了乡村地区的产业发展，为城乡一体化奠定了坚实的产业基础。要素分布受到向心力和离心力的影响，向心力包括便利完善的基础设施、高效便捷的公共服务、政策的优惠支持、大量的高素质劳动力、较为良好的产业依托等，而离心力则包括拥挤成本、通勤成本、交易成本等。随着城乡之间交易成本的下降，要素流动的频率会加快，范围会扩大，从而带动了要素分布在城乡之间进行均衡配置。当城市的规模超出了最优边界，而且受到拥挤成本、地租成本、环境恶劣、要素价格偏高等困扰时，企业和个人会对投资方向和领域进行科学研究和优化配置。此时，由于乡村地区在和城市的交互中，逐渐积累了产业基础，拥有了良好的基础设施网络，提高了社会公共服务水平，并且由于人口的大量迁出，对环境的破坏得到有效遏制，环境承载力得到恢复，这些都成了要素集聚的向心力，从而加速了要素在城乡之间进行均衡布局，引致了城乡之间经济社会一体化进程加速，为城乡一体化的全面推进奠定了坚实基础。

## 二 城乡公共资源配置推动城乡一体化的路径

城乡公共资源配置推动城乡一体化的路径，决定了城乡公共资源配置的道路走向问题，表征了城乡之间在公共资源配置过程中如何达到最优化的过程。城乡公共资源配置过程，是分布在城乡之间的要素逐渐走向均衡的过程。因此，从更为一般的意义上来说，有什么样的城乡公共资源配置推动城乡一体化的路径，就有什么样的要素流动路径。我们认为，在中国特殊的政治经济制度背景下，公共资源的最主要提供者——政府的行为，对公共资源的城乡配置起着至关重要的作用。因此，城乡公共资源配置推动城乡一体化的路径，应该以政府行为为主要内容，分析围绕政府经济行为、政治行为和社会行为构建城乡公共资源配置推动城乡一体化的路径。

从经济上来说，在工业化中后期，城市经济和工业部门的发展已经较为成熟，曾经从乡村地区流动到城市的经济要素，为城市和工业的发展做出了极大贡献，这导致乡村地区的相对落后。要实现城乡一体化，关键是城市和乡村两个经济系统，在各自高度发展的基础上实现互相融合，在经济上表现为根据城市与乡村的专业化禀赋不同而进行分工协作，从而实现经济上的紧密联系，夯实城乡一体化的经济基础。如前文分析，城乡公共资源配置水平对城乡要素分布起到了重要影响。当城市化和工业化的历程已经相对成熟，乡村地区成为制约地区和国家长久发展的包袱时，以城带乡和以工促农成为政府政策的首要选择，其中公共资源配置则是涉及时间较长、牵涉范围极广的领域，也是最重要的领域。因为这不仅关系到城乡要素均衡分布的效率问题，还关系到发展成果在全体国民中共享的公平问题。而城乡公共资源配置、政府的财政支持则是最主要的路径之一。政府通过财政直接补贴、税收减免和转移支付的方式，为乡村地区的发展注入强大活力，提升乡村地区的公共资源供给数量和水平，从而为乡村地区的长远发展奠定基础。

从政治上说，中国政府长久以来实行的城乡分割的"二元社会管理制度"是阻碍城乡公共资源优化配置的根本原因。城乡分割的社会管理制度，服务于以重工业为核心的赶超战略，是一种系统性、制度化地从农村地区获取积累资金的方式，确保了将绝大部分资源集中在某些重点领域并进行高速发展。然而，国家的战略取向从赶超型过渡到崛起型，以及地区之间特别是城乡之间巨大差距的现实，迫使政府将注意力集中在如何实现发展中的协调化，从而实现国家的整体发展。二元化的社会管理制度阻碍了要素的自由流动，并且加剧了要素分布不均和公共资源配置不公，导致乡村地区的长期落后。因此，从实现城乡一体化的角度来说，破除城乡分割的社会管理制度是政治上的根本任务，是促使公共资源配置更加公平的根本保证。

从社会发展的角度来说，公益组织和社会化组织的兴起，能够有效弥补政府公共资源供给不足。从一般意义上来说，社会化非政府组织的勃兴，与经济发展水平呈现密切的正相关性。第三方组织是经济发展水平较高的产物，是在成熟的非人际性交往大规模进行的基础之上，拥有了一系列经济和政治条件之上的产物。然而，这并不等于说，社会化组织必须等待经济发展到了高水平以后才能进行大规模发展，而是可以采取积极培育、重点扶持的形式，在经济发展中扶持社会成长，在社会成长中促进经济发展，形成经济发展与社会成长相辅相成的关系。特别是在农村地区，往往由于在农业生产过程中，单家独户的形式已经越来越不能适应当代市场经济的发展，各种农业协作组织和专业化组织也在不断地茁壮成长。这些都是社会化组织的良好雏形，政府应该给予积极引导和重点扶持，以促进农村地区社会组织的蓬勃发展，弥补乡村地区公共资源配置不足的问题，破解农村地区社会成长不足的矛盾，从增量角度扩大城乡公共资源供给，从而为城乡一体化发展奠定坚实的社会基础。

在上一章不同要素对城乡一体化影响能力的实证分析的基础上，本章分别剖析了劳动力、资本、技术和公共资源四种不同要素影响城乡一体化的机制与路径。在分析过程中，我们发现，这四种要素影响城乡一体化的机制与路径存在较大差异，这应当是不同要素自身的特点造成的。同时，各种要素对城乡一体化的作用并不是独立的，而是存在促进或抑制的关系。所以，在制定相关政策建议时，应充分注意这种差异性和关联性。

# 第七章 要素流动影响下城乡一体化的国际经验与政策建议

## 第一节 要素流动影响下城乡一体化的国际经验分析

城乡一体化是城乡关系演变的阶段性要求，是人类对城乡关系认识的深化。伴随着工业化浪潮席卷而来的城乡关系演进，表征了要素集聚方式、空间布局和数量规模发生了重大变化。在前工业化时期，人类社会的生产生活集中在乡村地区，由于农业活动是绝大部分人的主要生产活动，其投入和产出都与农业密切相关。在农业社会中，农业的投入主要是劳动力，因此劳动力数量的多寡决定了农业的产出。一方面，农业社会受制于"马尔萨斯陷阱"，人口的递增总会在达到资源约束上限时，在大规模的瘟疫和战争后急剧减少，从而跌进了循环往复的陷阱。另一方面，生产资料的私有制决定了劳动力的配置必然也是局限在一家一户的范围之内的，大规模的联合劳动既没有组织基础也没有激励机制。因此，要素的集聚方式呈现单家独户的占有，其空间分布是高度分散化的，并且要素集聚的规模是很小的。然而，当工业化从城市发端，要素的集聚方式跃出了单家独户自然人占有的形式，公司制——这一全新的生产资料所有形式，打破了自然人的配置要素的局限性；要素的空间分布开始从分散走向集中，特别是集聚在工业集中的城市地区，提升了要素的利用效率，释放了极大的生产效率；要素的数量和规模都呈现井喷式增长和集中，以人口为核心的要素纷纷向城市集中，并在规模经济机制作用下，爆发出指数级增长态势，极大地增加了生产要素的存量，丰富了要素的利用形式。

从要素集聚方式、空间布局与数量规模的变迁中不难看出，城市和乡村作为两种形式的要素运作系统，有着鲜明的差别。然而，当工业化逐渐在城市地区完成，乡村系统与城市的经济联系随着工业化的驱动，由疏离走向不断紧密，乡村系统运作要素的过程也随之变得城市化起来。乡村地区在与城市的频繁交往中，获取了城市逐渐繁荣的秘诀，从而将要素的运作过程复制到了乡村地区，引领了乡村地区的发展。不过，值得注意的是，乡村地区复制和学习城市化的运作方式的节奏是缓慢的，养成工业化运作方式的能力也需要很长时间，在这期间城乡之间的经济社会差距鸿沟，已经逼迫着政府为了维持社会的长治久安，必须选择为弥合城乡发展的鸿沟，进行一些必要的政策支持和经济扶持。那么，采取何种方式既能够弥补城乡之间巨大的发展鸿沟，又能避免政府的扶持造成的乡村地区长期发展能力的下降，是摆在面临这一困境的国家面前的重大考验。当中国的工业化进程向纵深推进，地区之间、城乡之间的发展差距鸿沟，不仅导致了改革开放成果的不均等化，也造成了国家长期发展的效率损失，这引起了国家的高度重视。作为后起国家，历史上那些已经完成了工业化的国家，面对城乡差距巨大的困境，采取了什么的政策和措施，收获了什么样的效果，对于我们的政策设计和实践展开有着重要意义；同时，那些与我们发展阶段国情相似，正在进行工业化的发展中国家，对于弥合本国的城乡差距进行了那些举措，其中收获的成果和具有警示的教训是什么，对于我们推进城乡一体化同样意义非凡。（白永秀、王颂吉，2013）

本章以要素流动视野下城乡一体化的国际经验研究为题，重点探讨了发达国家和发展中国家采取的缩小城乡差距的政策效果和经验教训，一方面，意在为我们前文进行的实证研究提供历史素材的应照，一方面是为我们后文提出更加科学合理的政策建议奠定基础。本章的安排，我们主要以国别进行串联，而这些国家的排列顺序也与其工业化的历史长短一一照应，所以能够给我们提供一个城乡差别缩小化政策的工业化进程光谱，让我们能够更加清晰地辨识处于不同工业化阶段，所需要采取的正确措施。

## 一　英国的城乡一体化经验

英国作为工业革命的策源地，经历的工业化历程最完整，最早遭遇城乡发展不平衡的困境，也是最早开始着手弥补城乡差距并取得显著成果的国家。在本书的第二章，我们在进行城乡一体化理论梳理时，也曾就当时的社会状况和理论演技进行了较好的陈述和拟合，并认为理论来源于实践，是实践中无法解决的困局呼唤全新的思考方式、行为模式的抽象化表达。因此，我们对英国城乡一体化经验的梳理与总结，不能单纯就事论事地进行机械化观点陈列与举措列举，需要把这些措施融入具体的、客观的历史实践中进行理解，从而真正总结出能够指导我国现实之用的经验与教训。

英国的城乡一体化模式，可以称为精密协调发展模式。英国的城乡一体化，是经历了工业化和城市化的洗礼，目睹了"城市病"带来的对于经济社会发展的危害之后，以高度的城市化为依托，以精准详尽的缜密科学论证和规划为前提，以大力发展中小城市为抓手，通过逐步形成结构合理精密协调的城市体系，带动了城乡一体化。英国的城乡一体化模式以工业化逐步推进、科学规划步步跟进、城乡要素流动无碍、公共服务均等化为主要特征，代表了高度城市化基础上的城乡一体化的实现路径。本小节我们拟从英国城乡一体化历程、英国城乡一体化的措施、英国城乡一体化的启示三个方面，来全面梳理英国的城乡一体化模式。

**（一）英国城乡一体化历程**

英国最早爆发了第一次工业革命，是最早经历了城市化和工业化进程的国家。英国的城市化历程表现出明显的阶段性，大致可以划分为四个阶段：第一阶段是18世纪后期到19世纪晚期，其特征是激进式的自由放任的快速城市化；第二阶段是20世纪初到20世纪中期，其特征是有序的郊区城市化；第三阶段是20世纪中期到20世纪80年代，其特征是较为明显的逆城市化过程，即要素向乡村地区进行集聚；第四阶段是20世纪80年代以来，其特征是再城市化，即城乡一体化。

英国的城市化历程与其工业化发展历程，以及全球化形势有密切关系。第一阶段的快速城市化，不仅得益于英国在工业革命中抢占先机，率先进入了工业化的快速轨道；还在于随着欧洲殖民活动的加剧，新世界大量黄金白银的流入导致了商业革命和价格革命，以及统一的世界市场催生的全球化贸易，都极大地刺激了英国的工业生产。工业生产规模的不断扩展，不仅集聚了规模庞大的要素，还扩展了经济增长的空间范围，从而加速了城市化。这一时期，乡村地区的人口和要素大量流出，进入城市，导致农村地区的逐渐落后。第二阶段，由于交通基础设施不断完善、交通工具的革新发展和大城市主城区生产生活成本的高昂，以及要素集聚的拥挤成本导致的效率损失，大城市周边的郊区成为要素集聚的新场所。随着人口和生产要素的集聚，郊区也逐渐实现了城市化，成为大城市的卫星城。在第三阶段，一方面随着城市地区资源承载能力达到上限，另一方面信息化和全球化分工的推进，以及高新技术和新兴产业对传统生产要素的扬弃，导致城市化进程出现了逆城市化，即主要的高新产业或企业总部布局在远离大城市的小城镇，比如英国劳斯莱斯总部在德比小城，英国最大超市乐购总部在切相特小镇。经过了城市化的全面发展，英国的城市化率在 20 世纪 80 年代已经达到了 78%，然而英国城乡之间的差距仍然存在，特别是城市化过程中的无序化，导致城乡发展的断裂。因此，当城市化进程进行到了逆城市化阶段，说明城市化红利引致的经济增长潜力基本上已经释放完毕，城市地区的环境资源约束已经达到临界，如何挖掘经济空间布局的红利，促进经济增长，成为英国大力推行城乡一体化的重要诱因。

### （二）英国城乡一体化的措施

20 世纪 80 年代以来，英国城市化进程趋缓，城市化方向从外延城市化逐渐向内涵城市化发展。如果说英国以往的城市化历程，是单纯依靠快速的工业化进程催生了要素集聚的空间场所——城市，进而产生了对人口的源源不断的需求，然后实现了人口向城市的集聚，从而导致了快速的城市化，那么 20 世纪中叶以后，英国的城市化历程随着逆城市化历程的开始，宣告了以人口为核心的要素流动，不再仅受到工资率的影响，而是受到了各种因素的综合影响。如何能够实现人的最大发展，在经济增长中不断扩展人的福利，是经济发展追求的终极目标，也是英国在无序城市化进行到资源环境约束达到极限之后的深刻认识。当城市化不再能够为人的最大发展提供最有效的平台时，采取城乡一体化的方式，不仅是对资源环境的减压，同时拓展了人口流动的范围和途径，又花了经济空间布局结构，从而促进了经济的快速增长。总体上来说，英国推进城乡一体化的政策着眼点在于，构建以人口均衡流动为核心的城乡均衡发展环境，打破外部因素导致的人口流动受限，其中最主要也是影响最深远的措施有以下三个方面。

第一，法制先行，规划立法，创建城乡一体化的制度基础。20 世纪初，英国的城市化无序发展已经引起了学术界和民众的一致关注，其中霍华德的"田园城市"理论，便是对这一时期城市规模不限扩张导致的各种社会生态问题的一种回应。随着第二次世界大战的结束,城乡综合发展的理念已经深入人心,1947年英国颁布了《城镇与乡村规划法》,标志着城乡统一规划从理念走向法律,成为一项正式的制度安排,为城乡一体化奠定了坚实的制度基础。随后英国出台了《新城法案》《农村政策白皮书》《城乡规划法》等一系列法律法规,不断夯实了城乡一体化的制度基础,为英国城乡一体化提供了厚实的制度保障。

第二,大力发展中小城市,建立从农村到大城市的要素流动节点,提供要素均衡流动平台。要素集聚的状态不单单只在大城市的高度集聚,或者乡村地区的分散集聚,在大城市和乡村地区之间,要素集聚流动还选择在中小城市进行集聚,发挥更好的效益。随着大城市向郊区蔓延,核心城市的中心城区与周边城区逐渐形成了规模庞大的巨型城市,伦敦在1800年便成为世界上首个人口突破百万的城市,说明工业化力量极大地扩展了城市的规模。然而随着城市规模的扩张,要素的规模经济效应随着拥挤成本、环境污染、社会治安等一系列问题的产生而下降,迫使要素选择流往更加适宜发挥效应的地区。因此,逆城市化进程便是对城市规模不经济的反映。为了合理纾解要素流动的无序,英国政府采取了大力发展中小城镇,积极合理引导要素向中小城市集聚的策略,其具体的措施有将一些行政性政府机关从大城市主城区搬移、将新成立的全国性办事机构设置在中小城镇、鼓励大型企业集团将总部设立在中小城市等一系列方式,促进了一大批中小城市的发展,为要素均衡流动提供了重要平台,从而促进了经济发展空间布局的优化,提升了城乡一体化水平。

第三,大力缩小城乡之间基础设施差距,努力实现公共服务城乡均等化,为要素流动创造均衡环境。经历了工业化历程的英国,其城乡差距并不在于城乡居民的收入有着难以弥合的鸿沟,而是体现在城乡之间公共资源配置方面的差异。城市地区由于集聚了大量的人口和生产要素,资本家或者说对国家的政治决策过程中影响力较大的集团和个人都居住在城市地区,因此政府的立法和财政支持与公共资源配置都较为偏向城市地区,导致城乡之间公共资源配置方面存在差异。随着城市规模无序无限膨胀,公共资源配置不论是存量还是增量都很难满足城市地区居民的需要,因此导致了人口的逆城市化进程。当人口和要素流向农村地区和中小城市时,滞后的基础设施与公共服务都构成了人口和要素难以扎根的理由。因此,英国政府为了缩小城乡差距，实现国民福利的整体增进，促进经济空间布局的优化，加大了对农村地区的基础设施投资和在公共服务均等化方面的努力。在基础设施完善方面，英国的主要措施有大力投入资金建设农村民众能够负担得起的住房，通过"2008～2011年"燃气分销价格调控机制，引导企业为400个社区的2万户家庭接入管道燃气（李亚丽，2013），英国政府投入4.13亿英镑进行补贴，扶持农村公交进行亏本经营，从而满足农村居民的出行需要，英国政府成立"英国宽带建设署"为农村地区的信息化建设进行大力支持，旨在缩小城乡信息发展的鸿沟。在公共服务均等化方面，英国采取的主要措施有政府对农村地区的医疗卫生机构进行补贴，明确规定农村地区的教育机构不得轻易关闭，并对14～19岁的学生进行职业教育补贴，设立"农村治安基金"为农村地区的社会安定提供保障，环境方面设立了垃圾排放回收的全流程体系，在邮政方面确立了"一英里范围"原则，即居民居住点距离最近的邮局不得超过一英里，方便居民的物流通信需求，还有为农村地区提供全面完善的金融服务，等等。总之，英国从方方面面细化落实城乡一体化的公共资源配置均衡化要求，为要素自由流动和经济空间布局优化提供了均衡环境。

### （三）英国城乡一体化的启示

英国作为完整经历了工业化历程的老牌资本主义国家，虽然最早享受了城市化发展带来的增长红利，最早遭遇了城市化无序发展导致的"城市病"，也最早提出并实践了城乡一体化，其经验丰富、效果显著，但也存在需要我们进行借鉴的教训。

英国城乡一体化的核心经验，是树立城乡一体化的战略理念，并通过立法、行政、宣传的手段进行全面践行。没有发展理念的转变，任何实质性的举措都会被路径依赖机制所消解，最终导致政策效果流产。发展理念的转变，不仅来自现实的倒逼，还来自科学的审时度势、对未来发展趋势的准确预判。当发展理念转变深入人心，具备了民意基础和科学依据之后，将这种发展理念通过法律化的形式确立下来，并成为一项稳固的制度安排，将是引致关键性政策举措不转向不分散的根本保障。英国通过立法的形式，将城乡一体化的理念落实成了一项制度安排，是其后续政策依次展开并取得良好收效的根本保证。我国长期以来奉行城乡分割的"二元化"社会管理体制，不仅是发展理念的城乡分割，更是制度化的城乡要素配置扭曲的根源。因此，必须尽快破除城乡之间的发展偏向，构建城乡发展一体化的理念和制度安排。其次，建立城乡之间要素流动的中转站，大力发展中小城市。在规模巨大的中心城市和广袤的农村地区，要素的集聚形式应该是丰富多样的，而并非大城市和乡村的两个极端选择。大力发展中小城市，不仅能够缓解大城市的资源环境承载压力，还能够发展中小城市成为农村劳动力就地转移和就近转移的场所，优化城市体系结构，形成分工协作的城市群，从而促进我国城乡协调发展。最后，优化城乡公共资源配置，为农村地区提供完善的公共资源与优质的公共服务。在我国城乡一体化过程中，必须大力推进公共资源配置的均衡化，力求改革开放成果共享，这不仅是城乡一体化的目标，也是促成城乡一体化的关键措施，对城乡协调发展意义重大。

英国城乡一体化的经验教训在于，尽早树立协调发展理念，引导城乡合理有序发展。英国的城乡一体化进程，是建立在高度城市化基础之上的，是逆城市化之后的举措，也是现实倒逼的结果。然而，我国的城乡一体化不能重复英国的老路和弯路，应该旗帜鲜明地在城乡发展不均衡的今天便树立城乡协调发展的理念，尽快采取城乡一体化。因为，城乡差距的出现，是城乡两种经济系统在市场经济作用下必然出现的结局，也是改革开放的必然结果，是阶段性产物。那么，我们就应该坚持发展的问题在发展中解决的思路，在不断深化改革中解决城乡差距问题，而不是将城乡差距问题变成历史问题留给后人解决，如此只会增加解决问题的难度和风险，不利于国家经济社会的长远发展。在改革中暴露问题、在发展中解决问题，才能将改革、转型与发展三者统一起来，减少解决问题的成本，从而促进我国城乡协调发展。

## 二　美国的城乡一体化经验

美国是第二、第三次工业革命浪潮的领军者，是世界经济的"领头羊"，长期以来是世界政治经济最强大的国家。相较于英国，美国面积广阔、资源丰富、人口众多、国内市场巨大，城乡之间形成了较为协调的分工专业化体系，其城乡一体化取得了显著成果。美国的城乡一体化，可以说是郊区化发展模式。美国经济的崛起，始于第二次工业革命，并在第三次工业革命时期取得了遥遥领先于世界的水平。因此，美国的城乡一体化模式，也与两次工业革命的历程密切相关。如果说第二次工业革命，美国还在重工业化的引导下，实现高速的城市化，那么第三次工业革命为美国城乡一体化带来了契机。美国在第三次工业革命时期，郊区城市化与"逆城市化"过程显著，依托工业化和高度城市化国家的坚实基础，以高新技术的兴起为背景，以快捷便利的高速公路网络、广泛普及的汽车等交通工具为依托，其经济社会发展逐步由城市地区扩散到城郊地区甚至农村的小城镇地区，从而促进了这些地区的快速发展。与此同时，逆城市化与郊区城市化，带来了乡村公共资源配置和服务体系的逐步完善，农业现代化水平不断提升，从而促进了城乡之间的共同发展，实现了经济持续增长。

本节我们以美国城乡一体化的历程为分析内容，主要剖析美国城乡一体化的历程与背景、美国城乡一体化的举措以及美国城乡一体化的启示，以期从美国的城乡一体化经验中寻求能够指导我们的有益启示以及能够避免的经验教训。

### （一）美国的城乡一体化历程

美国是由英国曾经位于北大西洋西岸13块殖民地联合起来完成独立并逐渐发展壮大起来的国家。美国的国土面积广阔、人口众多、人力资源丰富，工业门类齐全并高度发达，2013年GDP超过16万亿美元，占到世界GDP的近1/3，人均GDP近五万美元。美国的发展历程，是一部市场经济制度不断在世界范围内扩展并逐渐确立绝对领导地位的过程，是全球一体化进程不断较快的过程，也是新技术革命不断发展、人类创新能力不断得到增强的过程，还是美国取得世界政治经济秩序维护者和领导者地位的过程。我们回顾美国的城乡一体化历程，必须将其置于这样一种立体的层次中进行考虑，才能较为全面地理解美国城乡关系的变动，为我们敏锐地捕捉美国城乡发展理念的转变与举措提供有利和更为科学的视角。

作为世界第二、第三次工业革命的策源地和领导者，美国经济的崛起路径与英国有显著不同。第一次工业革命的英国，其工业化历程发端于棉毛纺织业的机器革新和生产力水平的大幅提升，其后逐渐散播到采掘业、交通运输业等部门，进而引起了国民经济各个产业部门的生产力水平提升与经济结构调整，从而逐步完成了第一次工业革命。在美国取得独立到进行南北战争，完成国家内部统一和大市场的这一段时间，是英国主导的第一次工业革命时期，也是美国经济逐步取得发展的时期。作为英国曾经的殖民地，美国与英国保持了较为良好的经济政治往来，在第一次工业革命爆发时积极加入了这一技术革命，并在本土有着多项的技术发明和革新。这一时期，美国的城乡发展呈现高度的南北差异。在美国的北方，得益于第一次工业革命以及丰富的煤炭、铁矿资源，其工业化水平不断提升，城市经济规模迅速膨胀，人口不断流向城市，农村和城市之间形成了一定的产业风，并受惠于工业发展，其农业发展水平也不断提升，经济结构不断得到优化，工业产值不断得到提升。在美国的南部，由于黑奴和庄园经济的存在，劳动力的人身依附关系十分严重，人口流动不自由，因此其工业化发展极其缓慢，城市规模也远不及北方地区，农业经济仍旧占据了其国民经济的主要部分。

从美国独立战争结束到第一次世界大战结束时期，即19世纪60年代到20世纪20年代，是美国发展的黄金年代，也是美国城乡关系发展剧烈变化的时期。得益于美国南北战争，一方面，美国南部的蓄奴制遭到废除，劳动力自由流动的程度迅速提升；另一方面，随着战争的结束，美国的统一大市场逐步形成，在市场规模的刺激下，工业化、城市化和农业现代化同步推进，驱动了美国经济的快速增长。在此时期，由于欧洲地区的移民不断向新大陆的涌入，不仅为美国的发展增加了大量的劳动力资源，也为美国的发展奠定了丰厚的人力资源基础。美国在完成了第一次工业革命的基础上，凭借国内统一大市场破除了要素流动的障碍和市场经济不断完善以及远离动荡的欧洲的地理优势，引领了世界第二次工业革命浪潮。第二次工业革命，以重化工业为代表，电力、钢铁、化学等工业门类的崛起，迅速地改变了城乡关系，壮大了城市规模。重化工业是资本密集型产业，不仅占地面积巨大，而且需要大量较高素质的劳动力，这就导致了城市规模和数量的急速膨胀。1860~1910年，美国人口在1万~2.5万人的城市由58个增加到369个，人口在10万人以上的城市由9个增加到60个。城市化率不断得到提升，从1860年不足20%，提高到1930年的56%。

第二次世界大战（以下简称"二战"）之后，美国以布雷顿森林体系为依托，确立了美元的国际货币地位，实现了对国际经济秩序的领导。在这一时期，一方面美国和苏联争霸，催生了美国对于高新技术的需求，迫切需要以航空航天、电子计算机为代表的新兴产业大发展，获得对苏联的全面压倒优势；另一方面，随着西欧和日本从战败中复苏，资本主义世界体系之间爆发了激烈的竞争关系，这也促使了美国凭借高新技术获得竞争优势的需要。在这两方面的压力之下，加之美国雄厚的经济、技术、人才、资源优势，美国很快主导了第三次工业革命，并取得了独一无二的世界超级大国地位。在这一时期，美国凭借雄厚的经济实力，修建了贯通全国的高速公路网络，并随着劳动生产率的提高、汽车价格的降低和人民收入水平的提升，汽车广泛普及，为美国的发展一体化提供了条件。由于美国城市在第二次工业革命以来的无序膨胀，其"大城市病"日益严重，人口饱和到来的各种经济社会问题不断涌现，拥挤成本导致的要素效率的损失，引致了美国迫切需要对经济发展的空间布局进行优化，从而促进经济的持续健康发展。人口开始向大城市周边的郊区和小城镇流动，并由于高新技术产业对环境的高度要求和其临空经济的特点，偏远的小城镇地区也逐渐得到了高新技术企业的青睐，出现了城市郊区化和"逆城市化"现象，极大地缓解了大城市的人口压力和资源环境约束，成为城乡融合的重要途径，并引致了城乡一体化水平的不断提升，逐步实现了城乡协调发展。

## （二）美国城乡一体化的举措

美国的城乡一体化，是在其实现了高度的城市化和工业化的基础上展开的。起点高、基础好、体制机制健全等特征，决定了美国的城乡一体化，既是应然之势，也是实然选择。一方面，随着二战后美国掌握了资本主义世界的领导权，通过与主要资本主义国家的内部贸易，实现了分工专业化体系，实现了整体经济的快速增长，而美国作为领导国家，无疑占据了分工体系的最高端，这促使美国能够继续引领世界技术发展的方向，以计算机、航空航天、生物制药等为代表的新一轮技术革命加剧了美国与其他国家的技术差距。然而，高新技术产业的特征是，对于资源，特别是自然资源的依赖度较低，对于大规模的劳动力需求也大幅下降，而对于自然环境的要求却很高，对于基础设施的便利性要求也较高，属于较为典型的临空型经济。高新技术的这一特征，决定了其选址和布局将远离重工业化催生的特大城市，而青睐环境优美、交通便利的中小城镇。

另一方面，第二次工业革命以来，重化工业的大力发展引致的高速城市化，带来的是城市规模无限扩张，城市中心拥挤成本高企，人们的通勤成本随着城市距离的无限扩张而不断升高，这无疑降低了城市规模经济的效应，从而导致了城市规模的负外部性不断增大。当城市的最优边界超出了合理范围,"大城市病"引致的不仅是资源配置随要素多度集聚而导致的效率损失,还有不断恶化的自然环境、社会治安环境以及不断收紧的资源环境约束,这逼迫个人和企业选择从大城市的中心城区逃离,选择距离大城市较近、交通便利、环境优美、资源约束较低的城郊地区和小城镇进行生产生活布局,从而呈现了要素流动引致的郊区城市化。美国城乡一体化之所以取得十分显著的成果,与美国采取的具体措施密不可分,其中包括修建完善的交通基础设施网络、大力推进农业现代化、促进产业经济空间布局优化,从而提升了城乡一体化水平。

第一,完善的交通基础设施网络是美国城乡一体化取得成功的基础。从美国城乡一体化的历程不难看出,生产要素的自由流动是引致美国城乡一体化发展的重要原因,而生产要素的流动成本则直接决定了要素流动的效率。大城市的集聚经济面临着两难抉择,即要素集聚引致的知识溢出效应的正外部性和要素集聚导致的拥挤成本高企的负外部性,如何正确处理这两者的关系决定了大城市经济社会的发展水平。美国城乡一体化的高度发达,也可以看作较为合理的解决了这一困境的结果。当大城市的中心城区由于土地供应有限,地租价格飙升,而大型制造业企业由垂直装配变为流水作业形式的工艺流程改变,提升了其对土地的极大需求,从而在地租成本无法接受的困境,和企业面临着搬离集聚经济区域而导致的技术与金融外部性损失的风险,以及远离消费市场导致的运输成本高企的两难困境。然而,20世纪50年代以来,美国政府从间接扶持公共交通基础设施,转变为大力介入交通基础设施,从而彻底改变了美国城市之间、城乡之间的交通设施状况。美国国会于1956年通过了《联邦援助公路法》,进而开始了大规模的全力援助公路建设历程。该法案同时建立了联邦公路信用基金(Federal Highway Trust Fund),这一基金通过征收汽油、车辆、轮胎等消费税的方式资助公路建设。1983年,联邦政府用于公路建设的费用累积为5000亿美元。美国各地建立了庞大的公路与道路网。到1995年,美国已拥有1300万英里的公路与街道。公路网络,特别是高速公路网络的建成,极大地改变了城乡之间联系渠道,极大地降低了城乡之间的交通运输成本,公路沿线的土地随着便利交通区位而价值大增,极大地吸引了土地开发企业和房地产进行土地开发,从而为美国居民和企业将生产生活布局在城郊地区提供了坚定的基础。1940~1970年郊区人口增长275%,而城市人口仅增长50%。增长的差距使美国人口布局发生了变化,郊区在整个人口中的比例大幅度上升。1970年,郊区人口超过了城市中心,成为美国人口最多的地区。20世纪80年代,城市人口进一步向郊区分散,居住在郊区的人口超过一亿人,占全美人口的44%。美国完成了由城市国家向郊区国家的转变,郊区化成了美国城市化的主要方向。

第二,农业现代化发展为城乡一体化成功提供了动力之源。美国的城乡一体化是建立在高度的工业化和城市化的基础上,同时不能忽视的是,美国的农业发展水平也是城乡一体化的重要决定力量。城乡一体化,绝非城市单向度地引领农村发展,对农村进行无限度的扶持,而是通过工业化、规模化、机械化的方式创造农业发展的内生动力,驱动农业发展成为现代化农业,从而构建城乡一体化的坚实基础,实现城乡之间在高度发展的基础上,进行产业分工和职能划分,引领经济空间布局的合理优化。美国地广人稀,可耕作土地面积广阔,农业机械化水平较高,这些优势都为农业现代化提供了必要条件。然而,政府坚持市场机制的前提下,对农业和农村地区的大力扶助,为农业现代化提供了更加坚实的基础,代表性的措施有以下四点。首先,一系列的农业发展立法,为农业发展奠定了稳固的制度基础。《1936年美国农村电气化法》《1964年农场与农村综合开发法》修订后分别成为《1972年农村发展法》《1978年农业信贷法》《1984年农业紧急信贷法》《1986年农村工业援助法》《1990年农村经济开发法》《1992年农业信贷改善法》《1994年农民家计划完善法》《2000年三角洲流域局法》等,为美国政府支持和扶持农业和农村发展,提供了法律依据。其次,长期以来实行农产品价格政策,对农产品进行差额补贴,保护了农民的利益,增加了农业受益。再次,农村公共产品供给体系建设,为农村地区发展提供了长期保证。美国政府通过设立专职的农村地区发展机构,司职农村地区的教育、医疗、农业技术服务推广、农产品销售和生产信息推广等特定任务,为农村发展提供了有力支持。最后,加强对农业科技的支持力度,促进农业现代化发展的内涵式创新式发展。美国政府通过一系列的法案法规支持农业科技,如1862年,美国国会就通过了《莫里尔赠地学院法》,为农业科研院校的发展奠定了基础,农业科研项目经费以政府预算拨款为主,解决了科研院所的后顾之忧。

(三)美国城乡一体化的启示

美国作为世界头号政治经济强国,其发展历程和发展经验,值得后发国家不断地进行研究和深入学习，只有这样，才能引领国家民族可持续发展。美国的城乡一体化历程及其经验，为我们国家进行城乡一体化，促进城乡融合提供了良好样本。我们认为，美国推进城乡一体化过程中，通过构筑了连接全国城乡的公路交通网络和州际之间的高速公路网络，极大地降低了要素流动的成本，节约了交易成本，从而提升了交易效率，促进了要素在城乡之间的合理流动，引致了郊区城市化，并逐渐在大城市周围形成连绵的都市带，从而达成了高度发达的城乡一体化。具体来看，美国的城乡一体化过程，为我国推进城乡一体化提供的重要借鉴有以下两个方面。

第一，构建便捷高效的交通基础设施网络，发挥大城市的辐射带动作用。中国的大城市，特别是中西部地区的大城市，无法对所在地区形成强大辐射带动的一个很重要原因是，大城市与郊区甚至偏远乡村地区的联系不紧密，即交通设施不健全，无法形成低廉高效的城乡互动，要素在城乡和城际之间的流动转移成本极高，阻碍了生产要素的集聚和分化。因此，大力兴修高效便捷的交通基础设施网络，降低人口、商品、要素、信息流动转移的成本，促进大城市辐射带动作用的发挥，形成大中小城市合理分工、协同发展的局面，能够有效缩小城乡收入差距，促进城乡一体化。

第二，促进农业现代化发展，在农村形成完善的公共产品供给体系。城乡一体化的内核是，城乡基于自身禀赋的基础形成专业化分工的协作体系，结果是城乡之间收入差距缩小，城乡之间基础设施和公共服务均等化，经济空间布局优化，自然生态环境与风俗风貌各具特色。美国的城乡一体化经历告诉我们，大城市近郊可以在大城市的辐射带动下，成为卫星城市，与大城市形成连绵的都市带，而大部分农村地区的比较优势仍然是农业。然而，这种农业并非低效的传统农业，而是高度工业化和信息化的现代化农业，是充满了内涵化的创新式发展农业，能够支撑大城市，乃至整个国家经济增长的大农业。因此，加强对农业的扶持力度，特别是加强农业的内生增长能力，利用科技和信息化手段改造传统农业，增加农村地区的公共产品供给，是保证农业发展方式转型，形成现代农业的必由之路。

美国城乡一体化过程所呈现的不足，以及中国与美国现实国情的不同，需要我们在推进城乡一体化过程中不断警惕。一方面，在农业现代化和农业产业化的推进过程中，特别注意维护农民的权益，在尊重农民意愿的基础上，结合地区实际，走出一条独特的农业现代化道路。另一方面，在城镇化的过程中，特别注意大中小城市的经济空间布局，协调城市体系，避免出现"大城市病"。

### 三 日本的城乡一体化经验

日本，是近代以来崛起的唯一非欧美的资本主义强国，是近代亚洲唯一跻身世界强国之列的国家，也是深受中国传统文化影响的东亚国家。日本经历过工业化引致的快速崛起，这给予了日本无限的信心和膨胀的野心，也将国家引入了毁灭之路。二战以后，日本在美国的扶持下，重新走上了快速发展的道路，20世纪70年代初，已经成长为美苏以外的世界第三大经济体，其经济科技实力不容小觑。然而，不论是二战之前的快速工业化历程，还是二战以后快速复兴的过程，日本都并没有很好地实现城乡一体化，城乡关系的协调发展成为日本政府必须重点关注的核心问题。因此，日本从20世纪70年代，基本实现了工业化的前提下，开始了以工业反哺农业的过程，逐渐实现了城乡一体化。

相较于美国，日本的人口超过1亿人，占到全世界总人口的2.2%，而耕地面积只占全世界耕地总面积的0.4%，是一个典型的地少人多的国家。日本快速的工业化，导致城乡之间差距过大等一系列城乡关系的深层次矛盾，并在二战后日本的新一轮复兴中不断积累，最终引发了全社会对城乡关系的关注和城乡政策的变迁。日本在推进城乡一体化过程中采取的措施，可以概括为工业反哺农业模式，其核心是在基本完成工业化的前提下，通过工业从城市向农村地区的扩展、工业化收益对农业的补贴，对农村地区实施的金融支持和公共服务供给完善，建立农业协会等中间组织，促进农业向现代化转型，从而形成工农业协调、城乡一体化的局面。本节我们以日本的城乡一体化为主要分析内容，分析日本的城乡一体化历程、日本的城乡一体化措施以及日本的城乡一体化启示。

#### （一）日本的城乡一体化历程

众所周知，日本的现代化历程起自1868年的明治维新。日本19世纪晚期开始的工业化历程，具有明显的后发优势。彼时，第一次工业革命余波犹在，第二次工业革命方兴未艾，作为后起之秀的日本，既能够享受第一次工业革命已经普及的各种技术与工艺，又能快速地从第二次工业革命中吸取各种最先进的技术，第一、第二次工业革命交叉进行。日本的工业化在两次工业革命的间隙展开，吸收了两次工业革命的精华，促进了日本的快速崛起。然而，值得注意的是，明治维新将日本的封建社会改造成现代社会的过程中，始终坚持以农业为基础大力发展工业，而其中具有深远影响意义的是，废除了明治维新之前江户时代土地禁止买卖的规定，基本解除了农民对土地和领主的人身依附关系。这就促进了劳动力要素的自由流动，为城市化和工业化创造了基本条件。从明治维新到二战结束，日本的城市化率不断提高，从1920年的18%上升到1940年的40%，城市化与工业化水平的攀升，驱动了日本的快速发展。然而，因为日本地广人稀，土地价格高昂，并且日本政府对农业高度关注，日本农户的土地经营规模始终很小，未能够达到利用现代生产要素需要的最低临界点，日本的农业发展始终并未如工业一般，从传统走向现代，对日本的工业化并未形成有力的推动，反而导致城乡之间的差距不断扩大。

二战以后，日本进入了第二次崛起的复兴之路。随着美国的大力扶持，资本主义主要国家成立的经合组织之间的广泛贸易，以及日本自身丰富的廉价的高素质的劳动力供给，三个层面的因素共同驱动了日本的经济快速发展。在这一时期，日本首先依靠自身丰富的人力资源储备，建立了以劳动力密集型为主的产业结构，吸纳了大量的农村劳动力进入城市。日本地狭人稠的现状，逼迫日本政府采取了大城市集中发展的策略，逐渐形成了以东京、大阪和名古屋为中心的太平洋沿岸三大都市圈，这里集中了全国将近50%的人口。日本的快速复兴，引致了人口的城镇化水平不断提高，从1950年的36%上升到了1975年的76%，一举成为在亚洲率先实现城市化的国家。然而，日本的快速城市化，导致的严重问题是，日本农村地区的快速衰落，传统的村落社会迅速崩溃，城乡差距迅速拉大。

为了应对不断扩大的城乡差距，从20世纪50年代末期开始，日本政府开始关注城乡一体化问题，并采取了一系列积极有效的措施，而其中最核心的要点是以工业反哺农业。依靠良好的工业基础和战后资本主义世界百废待兴的旺盛需求，以及美国的大力扶持，日本的工业化有了长足进步，城市化水平有了很大提升。日本的农业人口转移在战后达到历史最高水平，年均转移递增率为3.6%，第一产业就业人员比重从1955年的41%下降到1970年的19.3%，城市人口由1950年的37%上升到1970年的70%，基本完成了城市化。与此同时，日本的国民生产总值于1967年超过英法两国，

1968年又一举超过德国，成为仅次于美国的第二大经济体。从日本快速复兴的历程不难看出，日本的工业化和城市化之间有很好的相互促进关系，两者呈现了极高的正相关关系。"黄金十年"（1945~1955年）让日本从战败的阴霾和破败中走出，国家实力得到了极大提升，而城乡关系的恶化让日本政府很早便开始积极探索解决城乡发展失衡问题。一方面，加快农业现代化改造，日本于1961年出台了《农业基本法》，把积极缩减工农之间的收入差距作为主要的政策目标；在1962年和1970年两次修改了1952年制定的《农地法》，废除了限制农业经营面积上限的规定，撤销了对土地的租赁限制（郭建军，2007）。另一方面，选择了将农村工业化的途径，大力发展农村工商业，制定了《农村地区引进工业促进法》《半岛振兴法》《过疏地区或越法特别措施法》，促使要素由大都市向地方城市和农村流动，加快农村的工业化进程，从而促进了农村地区的发展，加快了城乡一体化。

（二）日本城乡一体化举措

二战以后日本经历了"黄金十年"，国民经济得到迅速恢复，经济增长速度很快，城市地区依托工业化发展提速，农业虽有所发展，但相较于城市，却日渐衰落。基于这样的现实，日本政府采取了一系列应对城乡差距扩大的举措，期核心要点便是围绕以工业反哺农业，一方面大力发展现代农业，从政策松绑、资金扶持、扩大公共服务供给、建立农业合作组织等方面助力农业现代化改造；另一方面，通过农村工业化，大力向边远城市和乡村转移工商业，使乡村进入城市的分工体系，承担一定的产业链上分工任务，提升农村地区的产业化水平和专业化水平，从而促进经济空间布局优化。

众所周知，日本是一个地狭人稠的国家，人均耕地面积十分狭小，不利于形成现代要素生产组合发挥效力的最低界限，因此农业发展呈现水平效应却没有增长效应，即农业总产出在人力、化肥、机械的不断投入下可能是不断增加的，但人均产量没有实质性突破，这就形成了所谓的"内卷化"。当现代工业的发展速度加快，劳动力自由流动的樊篱被拆除，工农业之间巨大的收入鸿沟，将促使人口向城市的工业部门集中，而农村劳动力的大量流失，对于传统农业来说，不啻釜底抽薪。因此，农村陷入发展的困境自然难以避免。一方面，日本政府有感于传统农业对劳动力的依赖，和人口迁移对农村地区的致命性影响；另一方面城市地区的资源环境约束的不断收紧,也迫使日本政府必须加快农业现代化和农村工业化进程。日本政府采取了哪些措施?这些措施又分别起到了什么作用?下面我们将分别进行具体介绍和阐述。

第一,日本政府出台了一系列的法案法令和政策法规,破除要素流动的障碍,促进了农业现代化和农村工业化进程。1950 年,日本制定了国土综合开发的相关法律,为地区发展奠定了协调发展的根本大法。1952 年制订的《农地法》规定了每户农户拥有土地的上限,并限制了土地的流转经营,进一步束缚了土地资源的自由流动,造成了要素分散的规模不经济,导致了小农经济难以发展成为现代农业的困局。1961 年,日本出台了《农业基本法》,明确规定农业政策的最终目标在于改善农业与其他产业的生产力差距,实现农业与其他产业就业者的收入均衡,并制定了相应的政策举措来加以保障(孔祥利,2008)。1962 年和 1970 年两次修改了 1952 年制定的《农地法》,废除了限制农业经营面积上限的规定,撤销了对土地的租赁限制,解除了土地这一农业生产最重要生产资料的流动限制,为农业的规模化经营铺平了道路,加速了生产要素的集中,提升了规模经济水平。1969 年制定了《农振法》,1970 年再次修改了《农地法》和《农协法》,并创设了农业人养老金制度。20 世纪 70 年代相继出台的《农村地区引进工业促进法》、《工业重新配制促进法》加速了工业向农村地区转移,一方面解决农村地区的劳动力就业;另一方面建立农村地区和城市地区的产业链接,构建农村地区的专业化比较优势,形成合理的城乡产业分工。

第二,日本对农业发展进行了从资金倾斜、金融支持到价格补贴等多方位的帮扶。早在 1930 年便出台了补助金农政,即将农村发展需要的资金列入政府预算,并交给政策执行的地方、团体和个人,以促使农业政策的落实。二战以后,为了弥补地方之间财政能力的差异,日本也采取了通行的财政转移支付方式,弥补落后地区的财政不足,缩小地区间农业政策落实的差异。除了采取直接的财政转移支付和财政专项资金进行农业现代化扶持,日本政府还积极安排制度性财政资金入股农村金融机构。这些金融机构不仅可以享受长达 15 年的分红优惠,还有政府贴息、有税税率和再保险等一系列优惠政策。农村金融机构不仅可以办理传统的存贷业务,还获得了经营农业生产资料购销、办理结算、证券买卖、债券发行、保险等业务的许可,积极进行国外市场开拓。二战后,随着日本工业化水平不断提高,农业生产的机械化水平也不断提高,从 1960 年用于机械支出仅为 841 亿日元,上升到 1975 年的 9685 亿日元,增长了 10 多倍。值得注意的是,在农业机械化的过程中,大面积农田平整、基础排水设施和饲料基地完善等超越单个农户经济实力和需要的农业生产基础设施建设,均有国家投资建设。财政预算的资金倾斜和金融手段的支持都是外生性的手段,而对农业进行的价格补贴政策则是一种经济上的内生化手段,可以改变农业生产者的目标函数,从而形塑农业生产者的生产行为。不论是在流通领域,还是在农产品的进口环节、农产品的生产环节,甚至在农业生产的基础设施方面,日本政府都制定了详细的补贴措施和政策,保护了农业发展。

第三,建立覆盖城乡的社会保障体系,促进城乡协调发展。二战以后,由于战争极大地消耗了日本的实力,日本国内经济濒临崩溃,全国有将近 1/3 的人口生活在贫困线下,为了实行对国民的紧急救助,为贫困线以下的国民提供基本的生活保障,于 1946 年出台了《生活保护法》。以此为契机,覆盖全面的社会保障体系逐步建立起来。1959 年的《国民健康保险法》,要求 1961 年 4 月以前全国所有町村中的农户、个体经营者等无稳定职业和收入的人必须强制参加医疗保险。1959 年的《国民年金法》,将原来并未参与养老保险的农户、个体经营者等纳入养老保险中,规定 1961 年 4 月以前 20~60 岁的日本农民、个体经营者必须强制参加养老保险。随着覆盖城乡的社会保障体系的建立,不论是城乡还是行业,日本国民普遍享受到了普惠的社会保障服务,这就为日本国民进行消费决策、生产投资决策解决了后顾之忧,十分有利于其进行消费和生产投资决策,促进了日本经济增长。特别是对于农民来说,完善的社会保障使农业生产不再是一种靠天吃饭的职业,扩大面积的农业生产所承担的风险可以被社会保障提供的完善收入保障所对冲,从而降低了投资风险,有利于农业生产的规模化经营,提升农业生产率。

第四,大力发展农业合作组织,推进农业现代化发展。人少地多的矛盾,决定了日本深耕细作的农业传统。小农经营的特点,是生产规模过小,生产资料难以集中。为了解决小农经济的难以扩大规模,抗风险性差,市场适应性低等弊端,日本政府与 1947 年 11 月颁布了《农业协同组合法》,大力扶持农协发展,借以贯彻日本政府的农业和农村政策。按照日本农协的理念,农协的基本功能是"发展中间商业,排除中间商人"。即农协要在各个商业环节上保护农民利益，排除金融资本、商业资本和工业资本对农民的盘剥。在政府的扶持下，从中央到地方，再到农户，建立里一套完整的农协体系。农协通过其自身强大的组织网络、办事机构和业务活动，同农户建立了广泛而密切的联系，在农业发展的各个环节都至关重要。面对千家万户的小规模农户，农协起到了在产前、产中、产后诸环节使小农户同大市场接轨的作用。农协作为中介组织，包办了农业生产经营销售活动的一切杂务，能够为农民专心进行农业生产创造良好的环境，并为农民增产增收提供良好的服务，促进了农业生产技术的提升，为日本农业走向产业化、社会化和规模化提供了有力保障。

### （三）日本城乡一体化的启示

日本作为后起之秀，在其快速崛起的历程中，既能处理好工业化和城市化的关系，实现了工业化和城市的协同发展，又能处理好城乡发展失衡的历史难题，实现了城乡一体化，值得其他国家大力借鉴。在日本两次崛起的历程中，农业发展始终是日本政府关心的战略性问题，但由于政策措施的差异导致了截然不同的结局，这也是需要我们警惕的地方。总体来说，日本的城乡一体化，是依托高速发展的工业化积累的实力，对农业进行现代化改造，对农村进行工商业引入，从而实现的。这对于同样地少人多、工业化处于加速时期的中国来说，启示意义巨大。

日本城乡一体化值得借鉴的地方有三点：第一，完善各类政策法规的出台，从制度上确立城乡一体化的地位。城乡一体化，是要素自由流动的过程，是要素流动释放出最大经济活力的过程，也是要素按收益高低进行配置的过程。日本废止对土地规模的限制，从而为农业规模化经营扫清了障碍，开辟了道路。同时，各种法规政策的出台，也为日本的农业现代化提供了制度基础。第二，完善农业全方位扶持体系，从资金、制度、技术、组织、公共服务等多方面多层次立体化的角度对农业实行全面扶持。从日本的经验中不难看出，不论是国家预算内资金，还是金融机构或者价格补贴政策，抑或是全面的城乡保障制度以及全国性的农会，都生动阐述了国家对农业的大力扶持，并且是各个方面全力推进，才能取得成效。第三，积极探索农村工业化途径，实现经济空间布局优化。日本的经济空间布局主要集中在太平洋沿岸工业地带，然而为了促进农村地区的发展，日本政府积极制定各类法律，引导相关企业向农村地区转移，并基于生产链条或者产业链条的协同性，形成专业化分工体系，从而加入了全国统一的大市场和大分工体系，促进了农村地区的发展，扩充了农村地区的市场容量，增加了农村地区的商业繁荣度，实现了城乡一体化。

日本的城乡一体化需要警惕的地方有两点。第一，对农业的扶持，应该注意以创造农业内生增长动力为主，避免长时间大规模的农产品价格补贴。农产品价格补贴和农业过度保护，导致农业经营效率提升缓慢，粮食自给率不断降低，对农业的战略性地位是一种腐蚀。因此，对于农业的保护应该侧重于转变农业发展方式，构建农业现代化发展的平台和条件，而非单纯的保护和补贴。第二，警惕工商业引入农村有可能导致的大规模造城运动。工商业由城市转移到农村，是农村城镇化的过程，也是农业用地向工业用地和城市用地转移的过程，而土地的流转涉及农民的切身利益，城镇的兴建则要依托于扎实的产业基础和人口基础，切不可轻易造城，避免造成资源浪费和农民利益受损。

## 第二节　要素流动影响下的城乡一体化的政策建议

推进城乡一体化的路径，因为地区实践和时序演进的不同，而呈现多种多样的局面。从本书的研究视角来看，我们认为从要素流动引致的资源优化配置的角度推进城乡一体化，不仅符合当下我国改革推进到纵深层次的发展阶段的要求，也适合具有巨大地区差别的中国现实。从区域发展的实践来看，选取江苏省作为分析要素流动对城乡一体化推进的主要内容，不仅是因为江苏省整体经济发展水平近年来发展较高，能够与中国近年来宏观经济走势相吻合，而且江苏省内部苏北、苏中与苏南，恰如中国的东中西部，其地区间差距也很大，这就决定了江苏省的实践情况可以作为中国发展的一个缩影，为我们提供极其有益的经验参考。本节我们根据江苏省在城乡一体化发展过程中的具体实践，结合中国深入改革、结构转型的宏观背景，照应要素流动的实现要求，提出了三个方向性的政策走向，然后分别就方向性的政策走向，提出较为具体的具有针对性且富有政策操作意义的建议，从而构筑较为科学全面的政策建议，为我国推进城乡一体化提供有益支持。

## 一 破除要素流动的体制障碍

城乡分割的社会管理体制，是阻碍要素流动推动城乡一体化的根本原因。要素流动受到人为制度安排的阻碍，不能按照要素收益率高低进行自主布局，导致城乡之间差距扩大。当赶超战略逐渐转变为和平崛起战略，非均衡化的政策设计所追求的效率优先原则，应该逐渐让渡到关注并解决各地区发展差距的兼顾公平的原则。这就要求政府在施政过程中，首先需要关注破除阻碍个地区发展不均的体制机制障碍，去除人为设置在城乡、地区和行业之间的壁垒，构建要素流动和资源优化配置的公平型制度。从中国改革不断深入的宏观背景来看，以人为本的理念逐渐深入人心，那么各地区人民共享改革开放成果的诉求不断增强，这逼促政府加快自身改革，清晰界定政府边界，约束政府行为，提供完善的公共资源，从而适应新条件下为人民服务的要求，为经济发展提供制度保证。本节我们从政府的视角入手，提出破除要素流动体制机制障碍的具体政策建议，丰富中国政府深入改革的选择路径。

### （一）废除城乡户籍制度差异，取消制度性歧视

城乡户籍制度是政府城乡分割的"二元化"社会管理体制的最集中体现，也直接关系城乡资源配置与公共服务供给，是导致城乡差异不断扩大的直接原因。城乡户籍制度的差异，不仅关乎资源配置这个决定经济增长的基础问题，还关乎劳动力在城乡之间流动与归属问题。因为户籍制度表征了城乡不同的福利制度，因此户籍制度变相地存在着一种制度性歧视，即城市的户籍制度代表了更高的福利水平，而农村的非城市户籍制度则象征了水平更低的福利收益。这种制度性歧视，一方面导致中国的劳动力流动呈现明显的"候鸟式"特征，即农村劳动力"离乡不离土"，无法在城市地区扎根落户，无法将自身发展与城市社会发展进行捆绑，归属感低下且缺乏必要的技能极容易导致农民工无法实现就业或者收入很低，这加剧了这些农民的边缘性，从而很有可能使进城务工者铤而走险、萌生犯罪念头，产生极其严重的社会问题，不利于社会的长期发展；另一方面，制度性歧视导致进城务工者更加青睐高工资的城市，这就引致中心城市过度膨胀，而中小城市发展缓慢，城市规模分布结构极不合理，造成经济效率的损失。人口在城市之间的非合理分布，导致大城市福利损失，也导致中小城市人

口集聚不足，从而导致其要素集聚能力下降而发展缓慢，拖累整体经济增长。因此，废除城乡户籍制度差异，取消制度性歧视，是要素流动推动城乡一体化的首要任务。

## （二）加大对农村地区的投入力度，建立系统性的财政支农制度

农村地区缺乏资本要素，是一个不言而明的事实。随着工业化和城市化的提速，人口大量向城市集聚，由此引发的城市规模扩大，分工和专业化效应增强，城市在规模效应和不完全竞争机制的作用下，资本回报率明显高于农村，因此资本要素自然流入城市地区。资本要素的持续流入，增加了城市地区的资本存量，丰富了城市的资金流量，促进了城市地区的持续发展。农村地区资本要素的匮乏，一方面导致了农业生产方式徘徊在很低层次，新技术新方法难以在一成不变的落后农业生产中得到发展，滞后了农业现代化的发展；另一方面，资本要素的匮乏，农业生产组织形式难以形成规模化效应，单家独户的生产组织形式，极大地分散了生产要素，导致了资本积累过程缓慢，严重地影响了农业发展。因此，从政府的角度来说，当工业化和城市化发展到了一定层次，必须重点关注农业和农村地区的发展，通过释放农村地区的发展潜力，推动城乡一体化进程，促进城乡经济社会共同进步。政府应该选择以工促农、以城带乡的战略，通过已经发展起来的工业部门和城市地区，主动带动农村地区的发展，而这其中最主要的是要加大对农村地区的资本投入，增加农村地区的资本存量，驱动农村地区的发展。政府需要进行的工作有四点：第一，建立系统性的支农体系顶层设计，设立中央深化农村改革与发展领导小组，以其为牵头，囊括财政、土地、税务、金融、交通运输、工业和信息化等部门，形成全方位的支农局面；第二，建立农业农村扶助支持远景规划，对农业支持的领域、方式、时间安排等进行统一规划，保证支农政策的长期稳定性和连续性；第三，国家设立农村发展专项基金，在各个省、区、市对应设立此项基金，并将这项基金交由农村发展银行代为管理，按照省、区、市的经济发展状况，设立年增长率目标和配置实用的结构安排，保证农村能够获得最直接的财政扶持；第四，鼓励各种投资主体对农村地区基础设施建设、公共服务投入的资金融资，并以国家财政为背书大力支持农村资金投入的证券化，扩大支农资金来源和数量，加快农村地区发展，推进城乡一体化建设。

### （三）将支农助农引入官员考核制度，收紧支农政策的效果约束

支农助农政策效力的发挥，离不开基层政策执行者在实践过程中的鼎力支持。一般来说，政策的边际效力会随着政府层级的延伸而衰减。当一项十分重要的政策，传达到乡镇级别的政府，其政策的重要性和有效性，对基层主政者的影响力已经微乎其微。支农助农的政策从书面走向实际，连接其中的是基层的政府主政者。政策如何解读，政策力度如何把握，政策目标的设计者是无法进行动态跟踪的，这是不言而明的。那么如何监督政策执行过程中基层政府主政者的行为，对于政策效果的发挥意义重大。在中国特殊的政治经济背景下，地方官员行为是仕途升迁引致的政治经济控制权收益最大化的函数，能够主动辨别各种政策目标的边际效用，从而选择将努力最大化到政策目标边际效用最大的政策上，从而增加仕途升迁的概率。从政策制定者——中央政府的角度来看，想要支农助农的政策不衰减，必须收紧政策的效果约束，即必须将政策效果明确为基层主政者的核心实现目标，一般来说可以实行"一票否决"制，将支农政策效果直接和官员考核机制相联系，不能达标者，将在官员政绩考核中视作不合格，取消官员的近三年升迁机会，从而彻底将支农助农政策与官员最关心的目标进行捆绑。这样能够最大限度地约束政府官员的行为方向，从而确保支农政策的效果。

## 二 规范要素流动的市场秩序

不完善的市场秩序，是城乡之间要素流动不能引致资源配置效率升高的根本原因。要素流动的根本原因，是不同地区的市场环境下的要素边际收益不同，即要素收益的落差导致了要素从市场发育较差、市场秩序失衡的地区，流入市场发育较好且市场秩序良好的地区。当市场秩序良好的地区，集聚了大量生产要素，能够带来要素集聚的规模效应，推动地区经济增长。同时，经济增长又能够强化良好的市场秩序，因为经济增长的不断进行能够鼓励大规模非人际交往的展开，而大规模非人际交往则表征了社会信用水平较高，第三方监督机构运行良好，市场秩序公平、公开、公正。这些又进一步吸引了要素的集聚，从而驱动了地区经济的长期健康发展。农村地区的市场发育缓慢、市场秩序混乱，加剧了要素的流失，从而导致农村地区的发展长期陷入迟缓之中。本节，我们从规范要素流动的市场秩

序入手，提出要素流动推动城乡一体化的市场发展政策建议，丰富城乡一体化实践的政策思路。

（一）推动农村地区市场规模扩展，为要素均衡流动创造运行平台

农村地区的市场规模很小，缺乏对要素集聚足够的吸引力，导致了城乡之间要素分布的严重不均衡。随着中国市场经济改革释放了城市经济发展的巨大活力，政府逐步松绑的城乡要素流动体制机制障碍，促进了要素，特别是劳动力从乡村向城市转移。一方面，城市在要素集聚引致的规模经济效应作用下，经济增长保持长期高速运转，人均收入水平大幅提升，市场有效规模不断扩大，从而驱动了城市经济的持续发展。另一方面，劳动力的时空转移，导致了城市地区的人口不断增多，人口的增加引致了市场规模不断扩大，市场规模扩大又导致了分工程度的加深，从而促进了经济增长。从一般的意义来说，一方面市场规模决定了分工水平，同时分工的发展也能促进市场规模的扩大，两者呈现互相促进的关系，这是市场规模的分工效应；另一方面是市场规模的扩大象征了旺盛的消费需求和不断高企的有效需求，这刺激了厂商进行投资的热情，驱动了社会扩大再生产的不断进行，增加了社会的资本投资与资本存量，从而促进了社会的经济增长并反映了市场规模的消费乘数效应。因此，不难看出，市场规模对于要素的流动有着重大的影响，市场规模狭小的农村地区往往无法形成旺盛的消费需求，也就无法刺激生产投资与资本积累，生产要素的生产效率也就无法提升，这就导致了生产要素的边际收益不高，从而导致了要素从农村地区向城市地区的流动，使农村地区的发展一直较为缓慢。

没有不断扩展的市场规模，就没有农村地区的大发展，也就没有城乡经济在市场一体化背景下的分工协作，也就没有最终的城乡一体化；没有不断扩展的市场规模，城市的过剩产能也无法被消化，城市的经济发展也要受到影响；没有不断扩展的市场规模，城乡之间就无法通过统一的大市场获得有效连接，城市和乡村也就无法在分工协作的基础上实现共同发展。因此，乡村地区的市场规模发展，不仅对乡村地区来说具有重大发展促进作用，对于城市地区，对于整个经济体的发展来说，都具有决定性的意义。因此，从拓展乡村地区的市场规模来说，我们认为，需要做到以下三点。

第一，树立全国一盘棋，城乡大市场的观念。坚决杜绝地区之间、城乡之间人为制造要素、产品和人员流动的障碍，为市场规模的扩展提供制度保

障。第二，增强人民收入水平，建立人民收入增加计划，特别是农村地区农民的收入，增强有效市场需求，夯实市场规模扩展的经济基础。第三，大力推进中小城镇的建设，吸引农村地区的劳动力就近转移，增强农村地区的市场规模。

（二）积极培育农村地区市场体系，为要素均衡流动创造基础条件

农村地区市场发育水平较低，致使要素均衡流动的条件严重缺乏。推动城乡一体化，就是促进要素在城乡之间的交换与流动，而城乡一体化的最终目的是使要素分布在城乡之间呈现均衡流动与布局、经济集聚与分散在空间上的布局科学。农村地区的市场发育水平较低，这一点毋庸置疑。要素流动受到不同地区市场要素收益落差的影响，而要素收益落差和市场发育密切相关。这体现在，一方面，市场发育水平的高低，是经济发展水平、历史文化因素和政府政策的综合体现，能够反映一个地区的综合禀赋，因此具有一种信息显示的作用。这就导致了要素往往会流往市场发育程度较高的地区，因为市场发育程度较高，表征了更好的经济增长、更为开放包容的社会文化氛围和更加高效健全的政府，这些都是能够带来要素收益递增的因素。另一方面，市场发育水平的高低，会从成本和收益两个方面决定要素的收益。当一个地区的市场发育水平较高，那么这个地区比较能够扫清交易过程中的诸多障碍，交易成本显然很低，从而引发了交易效率的提升，促进了交易行为的拓展，进而促进了地区的经济增长。当地区的经济增长持续进行时，要素的收益率自然也就能够保持在较高的水平上，这反过来会加剧要素的集聚，从而推动经济的持续增长。因此，市场发育水平高低对于经济增长，进而对于要素均衡流动来说，至关重要。

政府的宏观调控作为市场的有益补充，只能在尊重市场经济规律的基础上发挥作用。因此，引导要素在城乡之间的均衡流动，还需要构建市场机制这个基础条件。虽然前文我们指出，政府必须大力构建支农助农体系，以举国之力支持农村地区发展，才能推动城乡一体化，进而实现全面发展，然而，政府支农助农政策，并不妨碍国家推进培育农村地区市场体系建设的展开。这两者并不相悖，甚至是互相促进的关系。因为，政府对农村的扶助规划，只不过是扭转城乡之间积累已久的、由差别性制度安排导致的收入差距，而农村地区的长远发展则不可能一味依靠政府"输血"。因此，政府地区培育农村地区的市场体系，无疑是一种主动"造血"行为，能够

为农村的长远发展提供内生动力。具体来说，积极培育农村市场体系的方向和措施可以分为两点：第一，进一步放开兴办企业、投资融资等领域的管制，为农村地区市场力量的兴起进行政策松绑，从而为农村地区的市场发育奠定制度基础；第二，坚持资源配置中市场机制的基础地位，坚决避免政府的行政手段干预资源配置过程，杜绝行政力量对市场力量的侵蚀，疏通市场机制发挥效用的通道；第三，坚持破除要素流动的区域壁垒，破除行政分割造成的要素流动障碍，坚持统一市场体系建设理念。

### （三）规范完善农村地区市场秩序，为要素均衡流动创造良好环境

农村地区不仅存在市场发育程度不高，而且其市场秩序也是较为混乱的。市场秩序是市场经济发展的内在要求，也是促进市场经济发展的内在动力。市场经济的发展，离不开有序的竞争环境、可信的交易行为以及普及的市场理念。我国的农村地区在改革开放以来，受到市场经济冲击，对传统文化和信念影响很大。然而，改革开放以来市场经济对农村地区的冲击，明显并没有起到积极的效应。淳朴的乡村文化被奸诈的商业文化所腐蚀，注重熟人社会信用评价的乡村文化，被市场化的非人际交往中的机会主义动机所侵蚀，从而严重破坏了孕育乡村地区市场秩序的文化土壤，使农村地区的市场秩序长期较为混乱。混乱的市场秩序，没有对公共、公开、公正的市场机制的基本尊重，欺行霸市、短斤缺两、以次充好、假冒伪劣行为泛滥，市场机制的运行受到极大破坏，对于农村地区的长远发展极为不利。另外，混乱的市场秩序，最核心的是加速了要素，特别是关键性生产要素的外流，导致了农村地区长期发展缓慢。这是因为，混乱的市场秩序，需要企业和个人花费更多的时间和精力在纷繁复杂的信息中甄别有用信息，同时还要避免在交易过程中的任何不正当竞争行为和欺诈行为，这无疑会加大企业和个人的交易成本，因此对于要素收益来说，是负向影响。

规范和完善农村地区的市场秩序，对于要素在城乡间的均衡流动来说，是一种环境同质效应，即市场秩序的逐渐规范，能够抹平城乡之间外部因素对要素流动的有偏影响。从更为一般的意义来说，市场秩序内生于市场的发育水平之中，没有高水平的市场发育度，很难想象市场秩序的规范和有序。然而，这并不等于说，我们不能同时兼顾市场培育和市场秩序的规范与完善。并且，值得特别关注的是，只有在市场体系的培育中不断坚持完善市场规范，才能培育出运转正常的市场体系，否则将导致市场培育和

经济增长的"南辕北辙"。从这一点出发，我们认为，规范和完善农村地区市场秩序的要义主要有以下三点：第一，坚持在市场培育中进行市场规范的完善，在市场逐步的规范中发展市场经济；第二，制定各种详细完备的市场秩序法规，为市场运作厘定各种边界；第三，保持市场运行过程中的有效监管，对破坏市场秩序的不法行为保持高压管控态势，进行严厉打击，维护市场秩序。

### 三 培育要素流动的社会环境

不完善的社会体系，加大了要素在城乡均衡流动的成本，导致了要素在城乡分布的不均衡。要素流动不仅受到经济收益的驱动，同样也受到不同地区社会公共服务供给、社会组织的兴盛等多方面因素的影响。特别是对于劳动力来说，社会发展水平的高低，更是成了除去收入之外，最能影响迁移决策的变量。随着工业化和城市化向纵深发展，以往单纯依靠简单技能便能在城市立足的劳动者和城市发展只是依靠低水平的劳动密集型驱动的"摊大饼"式的规模扩张，都不能适应新形势的发展。这意味着，不论是城乡，想要获得新的发展，必须转变经济结构，这必然会刺激对于高技能劳动力的需求，提升高人力资本价值的劳动力面对的工资率。当高技能劳动力紧俏，工资率对于他们而言在地区间已经趋于均衡，而社会环境则会成为影响其进行迁移决策的重要变量。当然，不仅对于高技能劳动力，对于普通劳动者而言，社会环境同样重要。因为社会环境的好坏，能够影响他们的生活成本，从而影响他们的收入水平。从资本的回报率来看，社会发展水平的高低，不仅预示了一个地区经济发展水平的高低，还显示了一个地区政府社会管理水平的高低，彰显了一个地区的长远发展潜力，是更加值得企业进行长期投资关注的变量。因此，对于推进要素在城乡之间均衡流动而言，培育良好的要素流动的社会环境，至关重要。下面，我们将从增加城乡社会公共服务供给、培育城乡社会组织、拓展城乡社会经济交往三个方面，提出政策建议。

#### （一）积极拓展城乡经济社会交往，平滑要素均衡流动障碍

城乡经济社会交往，是城乡要素流动均衡化的基础条件。城乡之间要素均衡流动，是城乡一体化的本质要求，也是实现城乡一体化的根本手段。要素在城乡之间均衡流动，并不是说要素需要在城乡间进行平均分布，或

者遵循特定的、人为制定的规则进行空间或行业分布，而是要在尊重市场机制的基础上，根据城乡之间的独特禀赋和产业分工进行有所选择的分布。这就要求，要素流动不能人为地进行扭曲引导，更不能人为地为了特定目的设置障碍、阻碍要素自由流动。因为要素流动只有在符合市场机制作用下，才能流向收益相对更高的地区，其才能发挥更好的资源配置效应，从而提高社会的整体效率。如果人为地扭曲了要素流动过程，或者人为地通过制度安排设定了要素流动的路径，不仅是要素收益的损失，更是要素优化组合配置收益的损失，还是城乡社会经济发展效率的损失。历史经验告诉我们，一味地追求公平，不仅不利于经济效率的发挥，还会最终阻碍社会整体福利水平的提升。当城乡之间经济社会交往不断扩大，要素流动冲破体制机制地樊篱，才能在实践中化解城乡要素均衡流动的障碍，从而促进城乡一体化的发展。

城乡经济社会交往，本质是以要素流动为核心的人员流、产品流、信息流的集中。人口转移增进了城乡的信息互换，商贸往来扩展了城乡的经济联系，信息播散拉近了城乡的时空距离。城乡经济社会交往，能够增强打破"二元化"社会管理体制下城乡对立的意识，通过人员在城乡之间的流动，一方面将城市地区的新知识、新技能、新思维引进农村地区，促进农村地区的现代化发展；另一方面，农村地区广阔的市场需求，丰富的人力资源，低廉的投资成本，都能够刺激在城市地区负担沉重的企业前来投资，从而推动农村地区的发展。通过城乡之间的商贸流通，增加了城乡之间对于自身和对方在产业分工中比较优势的认识，从而能够更加集中地进行专业化训练、提升生产效率、推进自身发展。在互相分工和专业化的机制下，城乡之间形成互相支持互为补充的经济体系，两者在经济要素的互相争夺关系逐渐转变为相互合作协同共生的关系，从而为城乡一体化的发展奠定坚实基础。通过信息与知识在城乡之间的传播，能够迅速地将农村地区拉进现代化的信息社会，并通过网络的即时传播，极大地缩短城乡之间的时空疏离感，加快城乡之间的相互融合，推进城乡一体化。因此，推动城乡经济社会交往，需要做到以下三点：第一，大力完善城乡之间的基础设施网络系统，为城乡经济社会交往提供高效便捷的通道和平台；第二，加快地方的改革进程，政府提升地方政府的工作效率，将地方政府真正打造成为服务型政府，为城乡之间人员往来、商贸流通和信息播散创造高效环境；第三，丰富城乡之间的交往主体，推动企业和个人在城乡之间进行新型投资、居住决策，在扩大城乡交往的固定联系基础上，不断拓展城乡社会经济交往的形式。

### （二）增加城乡社会公共服务供给，优化要素均衡流动环境

城乡公共服务供给水平的差异，影响了城乡要素集聚的方向和效率。如前文分析，城乡供给服务供给水平的差异，是长期以来城乡二元社会管理体制的产物，是要素流动制度化扭曲的具体表现。从一般意义上来说，首先公共服务供给水平能够反映一个地区的经济发展水平，因为公共服务供给需要强有力的政府财政作为支撑，或者有明确的政府间分摊计划作为保证；其次公共服务供给水平能够反映一个地区的政治发展水平，因为公共服务供给的数量和质量，是政府（公共服务的提供者与征税者）和民众（公共服务的享受者与纳税人）两者之间博弈的结果，可以较为清晰地管窥民众与政府的力量对比；再次，公共服务供给水平能够反映一个地区的社会发展水平，因为公共服务供给的数量和质量单纯依靠政府提供，总会出现覆盖范围和水平高低冲突的两难选择，而社会发展水平高的地区则可以通过价格机制提供俱乐部产品，甚至有更多的社会组织和慈善扶助基金可以进行募捐，从而扩展政府提供公共服务的范围和层次。不难看出，公共物品服务供给数量和质量，深刻地反映了地区发展的整体情况，这些想象又起到了信号传递的作用，从而导致了要素流动的非均衡化。

因此，从增加社会公共服务供给的角度来说，需要进行的工作有以下几点。第一，大力进行城镇保障房和公租房建设，解决城镇低收入者的住房需求。一方面随着城镇化提速，越来越多的人口将从乡村转移到城镇地区，而这部分人想要在城市地区定居，不仅是户籍身份的转变，更需要一定的物质基础，其中住房需求便是其中最大的诉求。另一方面，近年来城市房价快速上涨，对城市低收入者的收入增长造成了极大影响，也极大地挤出了这部分民众的其他消费需求，从而导致了底层收入者对自身人力资本投资的不足，难以适应城市的工业化纵深发展和创新需求，从长远说都是对社会发展的不利因素。因此，大力兴建保障房，不仅是降低要素在城乡之间均衡流动的成本，也是破解城市内部转型压力的必经之路。第二，积极进行社会保障制度改革，提升全社会保障水平。城市地区的正规部门较多，提供的各种社会保障制度比较完善；而农村地区则由于正规部门就

业人员少,公共服务投入少,其社会保障水平较低。近年来,我国已经建立了覆盖城乡的社会保障制度,但是其水平还是太低,需要政府进一步提升农村地区的社会保障水平。第三,大力兴办职业教育,鼓励更多农村劳动力进行职业教育化人力投资。随着工业化向纵深推进,对高技能劳动力的旺盛需求,会提升人力资本积累的投资需要。不仅在城市地区,更要在农村地区大力兴办一大批职业教育学校,实行人口和劳动力的就地转移,减轻中心城市负担的同时,加快要素在中小城市的集聚,特别是人口向中小城市的集中,从而促进要素随着人口转移而均衡流动。

**(三)大力培育引导城乡社会组织,丰富要素均衡流动路径**

城乡之间众多的社会组织,能够有效地丰富城乡间要素均衡流动的路径。要素均衡流动,其目的既不是要求要素平均分布,也不是要求要素完全自由流动,而是要求要素流动在遵循市场机制的基础上满足社会发展目标,做到要素利用效率与经济社会发展目标相结合的布局状态。这里需要明确的是,市场机制是要素流动的基本机制,是决定要素均衡布局的根本性制度,而在市场机制之上如何满足既定的目标,则可以有多种路径进行选择。我们可以选择由政府提供各种外围政策红利,将国家政策目标内化为投资主体的投资决策变量的方式,改变要素流动的具体路径;也可以选择通过规划国企投资布局的方向和数量,吸引配套措施跟进的方式,吸引要素集聚。不论采取何种方式,可以看到的是,改变要素流动主体决策的一定是市场机制,即要素的收益落差是其决策的根本原因。

在尊重市场机制的基础上,社会组织的大力发展,能够有效地丰富城乡要素流动的路径。从农村来说,在农业生产经营过程中,农民可以根据互相的需要,自发地组成各种服务于生产、经营与销售的专业化组织或者农业协会,通过集中要素增强议价能力,分散市场风险,最大化农户收益。从城市来说,不论是出于提供俱乐部公共产品的需要组成的营利性社会化组织,还是为了进行慈善事业或公益事业而组建的非营利性的社会化组织,都能够掌握一定数量的资源,从而具备了进行要素投资布局的条件。这些社会化组织的发展和健全,能够为要素均衡流动提供一种全新的路径,即农业协会可以和城市的社会组织进行对接,接受付费或者免费的服务,从而尽可能提高自身的效率,增加农民的收益。同时,社会化组织对农村地区的投资或者调研,也可以通过农村的社会组织进行,从而提供了更多的合作可能。在这种多重的合作中，要素流动的路径进一步被拓展，其中对于要素收益落差的认识也会更加清晰，从而增加了要素进行均衡布局的概率，提升了要素的配置效率，有效地推动了城乡一体化进程。具体来说，我们应该从两个方面来大力培育城乡社会化组织，一方面放宽各种民间组织注册设立的审批门槛，推行民间组织的注册制与事后备案制，简化民间组织成立的行政手续，降低民间组织成立的行政成本，为民间组织的蓬勃发展提供制度保证；另一方面，规范民间组织的行为，制定民间组织运作的规则，保证民间组织蓬勃发展不变向、不变质，从而丰富要素均衡流动的新路径，成为推进城乡一体化的有力抓手。

　　本章我们从破除要素流动的体制障碍，夯实要素流动推动城乡一体化的制度基础；规范要素流动的市场秩序，尊重要素流动推动城乡一体化的经济规律；大力培育引导城乡社会组织，丰富要素均衡流动路径这三个方向，提出了要素流动视角下推进城乡一体化的政策建议。

## 下 篇
## 京津冀协同发展对城乡一体化的影响研究

# 第一章 绪论

城乡一体化是促进我国区域协调发展的重要内容，是引导我国城乡之间、区域之间健康发展的重要途径，是实现城乡之间居民收入水平稳步提高、人民共享改革开放发展成果的重要保障。城乡一体化是破解城乡发展失衡、区域发展差距过大问题的关键。本研究拟以京津冀协同发展为主要研究背景和切入点，集中探讨区域协同发展对城乡一体化的机理、路径。区域协同发展的本质是不同区域之间按照比较优势原则，构建要素流动按照边际收益率均衡配置的机制，形成相互关联协作的产业体系，从而走向区域经济发展一体化。城乡一体化进程，是城乡和区域间要素流动与配置逐渐趋向最优化的过程。因此，从一定意义上来看，区域协同发展与城乡一体化的本质都是为了引导要素和产业在空间上的优化配置，引致经济空间布局优化配置。

京津冀协同发展的目的在于，通过构建京津冀区域统一市场，实现京津冀地区区域内各项要素的自由流动和合理配置，从而加快带动河北省经济增长并进一步实现增长质量的提高，促进京津冀协同发展的实现及京津冀综合优势的高效发挥，建构以京津冀增长极为依托的环渤海经济带，进而完成由京津冀驱动北方经济发展的伟大使命，最终发展起围绕以北京和天津为核心的具有世界影响力的世界级城市群。因此不难看出，在京津冀协同发展的过程中，城乡发展能够借助京津冀地区区域内各项要素的自由流动和合理配置，从而走向一体化，大幅提升区域整体竞争力，增加城乡居民收入，破解城乡二元结构困局，从而走向经济空间布局的优化。

基于上述认识，本研究以京津冀为例探讨区域协同发展对城乡一体化的影响,从理论和实证两个层面阐释了区域协同发展对城乡一体化的影响机理,为后续可行性的研究从区域协同发展的角度分析城乡一体化奠定了坚实基础,也为我国城乡一体化建设处于并不相同发展水平的不同地区提供可资借鉴的经验。

为此,本研究以区域协同发展对城乡一体化的影响为研究对象,综合运用理论分析与经验研究相结合的研究方法对其做了探讨。笔者首先梳理和评述了相关的研究文献,然后从区域协同发展影响城乡一体化的方式与机理、问题和出路、模式与路径三个方面构建了区域协同发展影响城乡一体化的理论框架。其次,笔者在参考前述研究有关测度区域协同发展和城乡一体化水平的方法的基础上,对2000~2014年京津冀地区的协同发展与城乡一体化水平进行了测度。再次,笔者构建了面板数据模型,定量分析了区域协同发展中经济协同、产业联动、环境治理和公共服务共享四个维度对城乡一体化水平的影响。并根据实证分析的结果,指出了上述四种区域协同发展的主要途径影响城乡一体化的机制和路径。最后,根据本研究的实证结果,给出了促进京津冀协同发展与城乡一体化建设的政策建议。

本研究拟达到的目标有如下三点:第一,构建区域协同发展与城乡一体化的耦合分析框架;第二,量化分析京津冀区域协同发展与城乡一体化的现状,从中提炼出关键的影响因素,实证检验区域协同发展对城乡一体化的影响,并从中识别影响城乡一体化的区域协同因子;第三,以实验数据为支撑,以实践经验为基础,为京津冀协同发展背景下的地区城乡一体化提供富有操作意义的政策建议。

## 第一节 本研究的理论意义与现实意义

### 一 理论意义

第一,拓展了城乡一体化的研究范畴,深化了城乡一体化的研究深度。笔者的博士学位论文集中在对城乡一体化的相关研究上,发现了现有研究的主要问题在于就城乡一体化谈城乡一体化,而忽视了社会经济发展变迁的外在冲击对城乡一体化的影响作用,因此研究深度不够且范围不够宏阔。本研究以京津冀协同发展的宏观背景为切入点,详细分析了在区域协同发展的背景下，区域城乡一体化的机理与路径是如何变化与适应的，从而在此基础上进一步探讨了在区域协同发展的战略下城乡一体化如何推进的问题。

第二，打通了区域协同发展与城乡一体化之间的理论关联，并提出了丰富的经验证据。区域协同发展作为新形势下京津冀地区发展的最新动态，对于区域城乡发展的重要性不言而喻，京津冀的一切问题抛开了这个大前提进行研究都是有失偏颇和不够全面的，因此，本研究建立了区域协同发展与城乡一体化之间的理论关联，并进一步运用经验证据对我们的理论关联进行了验证和探讨，从而形成了较为全面和丰富的研究结论和政策建议。

## 二 现实意义

京津冀地区是我国最重要的政治、经济、文化与科技中心，具有地域的完整性和较强的人文亲缘性；在区位、人力、技术和资源方面具有天然互补优势；在我国三大经济区域中占据着极其重要的战略地位；是国家自主创新战略的重要承载地，肩负着我国参与全球竞争和率先实现现代化的重任。因此，京津冀地区整体协调发展离不开城乡一体化，城乡一体化对京津冀地区的发展壮大意义深远。

第一，增强了区域城乡一体化的实践性。本研究在对区域协同发展推动区域城乡一体化的研究成果进行认真梳理的基础上，先从理论维度对区域协同发展对城乡一体化的影响做了深入探讨，而后针对京津冀协同发展对城乡一体化的推动作用做了进一步实证分析，具有较强的实践性和可操作性。

第二，揭示了推动城乡一体化建设的机制与路径。本研究在对京津冀地区城乡一体化现状及问题做深入分析后，提出区域协同发展对于城乡一体化的作用机制和路径的具体内容，以期全面、客观地总结和归纳出区域协同发展对区域城乡一体化的影响路径，指导京津冀地区乃至全国城乡一体化建设，具有较强的现实意蕴。

第三，提出了区域协同发展推动城乡一体化的可行的保障措施。本研究在对京津冀协同发展对城乡一体化的影响进行理论和实证分析的基础上，提出了区域协同发展影响城乡一体化的机制与路径，并从破除区域协同发展的体制障碍、规范区域经济要素自由流动的市场秩序和大力提升区域协同发展的基础设施三个方面给出了相关政策建议。

## 第二节 研究内容及创新性

### 一 研究主要内容概述

本研究主要内容分为六个部分：第一章为绪论，介绍了本研究的选题背景和意义、研究对象和方法、基本思路和分析框架以及可能的创新点。

第二章为文献综述，梳理了国内外有关区域协同发展与城乡一体化的相关文献，指出了已有文献的贡献和不足之处。

第三章为本研究的理论框架，构建了区域协同发展与城乡一体化的作用机理的理论框架。区域协同发展将进一步打通区域市场，促进要素和产品在区域统一市场内流动与配置，深化经济体内部与经济体之间的分工网络，加强区域内企业、政府、高校、银行等行为主体的联系与互动，形成协调互动、结构有序的发展格局。在区域协调发展的作用下，城乡关系将更为紧密，农村市场化程度会得到进一步提高，农村更多的经济资源将流入区域统一大市场，更多企业会投资于农村，农村日益成为区域统一大市场的关键组成部分。所以，区域协同发展必然对区域内经济体的城乡一体化产生重要影响。而影响方向、影响程度、影响路径则受到区域协同发展水平、经济体在区域内的地位与作用、经济体的城乡一体化水平的制约。

第四章为区域协同发展和城乡一体化水平的测度。本章借鉴已有研究成果中对区域协同发展的研究方法，对京津冀地区的区域协同发展程度进行了科学测度，还分析了城乡一体化测度的指标体系构建原则，原始指标的含义和计算方法，测度方法的主要内容和数据来源，并对测度结果做了分析。此后，分析了区域协同发展在城乡一体化过程中是如何发挥作用的，并运用京津冀地区区域协同发展因子与城乡一体化水平的相关数据，测度了区域协同发展对城乡一体化水平的影响。

第五章就区域协同发展推动城乡一体化的实证检验和具体路径做了分析。其中我们认为，区域体制机制一体化是从区域的各项正式制度入手，首先破除各种阻碍要素流动的体制机制束缚；其次三地通过协商一致的原则建立各种资本流动、劳动力流动、信息共享的体制机制,在协同发展中促进城乡一体化。产业一体化是从三地的产业协同入手,消除环京津贫困带,引领河北诸城市进入京津冀经济体系,从而在产业一体化过程中把乡村吸引进经济协作体系,推进城乡一体化。空间一体化是指通过建立高效便捷的交通运输体系,降低城乡之间的运输物流成本,缩短城乡之间的时空距离,从而打破城乡分割的局面,加速城乡一体化。公共服务一体化是指通过京津冀地区提供无差别的公共服务来"熨平"城乡之间由于公共服务差异导致的差距。生态环境一体化的路径是通过改善城乡生态环境,构建城乡基于生态差异的环境景观,消除因环境污染和生态破坏导致的城乡差别,通过构建统一完善的环境治理方案,给予京津冀整体面貌的改善,吸引更多的投资与人才,带动经济发展。另外,疏解大都市的中心城区人口,从而促进城乡发展的一体化。

第六章为政策建议。京津冀地区协同发展是国家高度的宏伟战略,是打造中国增长第三极的和世界性城市群的载体。京津冀的协同发展,并不是发展北京、天津及河北的几个大中城市,而是希望以这些城市为纽带和支点,构建统一市场范畴下的区域增长网络,从而最大限度地激活京津冀地区的增长潜力,优化京津冀地区的城乡资源配置效率,最终实现京津冀地区的共同富裕。因此,区域协同发展推动城乡一体化的政策建议,既具有一般性的普适意义,又能够对京津冀地区的历史实践进行指导,具有非常重要的现实意义。

## 二 本研究的创新点

本研究预期的创新有以下几点。

第一,从区域协同发展影响下的城乡一体化的概念与特征、问题和出路、内容和机理三个发面构建了本研究的理论框架。

第二,从区域协同发展的角度对京津冀地区城乡一体化水平做了分析。已有研究很少从区域协同发展视角研究城乡一体化,而将研究重点放在城乡一体化的实现模式和路径上,由于缺少对城乡发展失衡体制成因的科学分析,所提出的发展模式与路径也成了无源之水,既没有理论说服力也没有可操作性。基于上述认识,笔者从区域协同发展的视角探讨城乡一体化的成因、现状、问题及其解决之道,构成完整的研究体系,相信对我国城乡一体化建设有所助益。

## 第三节  研究方法、技术线路与研究方案

### 一  研究方法

本研究在对已有文献详细梳理的基础上，借鉴了结构主义的一些研究思路和研究方法。由于所研究问题十分复杂，涉及区域经济、空间经济等内容，所以本研究运用了多种现代经济学研究方法，归纳起来主要包括以下几种。

（1）理论与实证分析相结合的方法。本研究对区域协同发展与城乡一体化的理论分析在第二、第三章。在第二章中，我们试图梳理区域协同发展的相关研究，尝试从中发掘学术界关于区域协同发展的概念、特征、机制、路径等关键性信息，从而为后文以区域协同发展为视角探讨城乡一体化作为铺垫。在第三章中，本研究从城乡一体化的概念与特征、问题和出路、方式和机理三个方面构建了区域协同发展影响研究城乡一体化的理论框架。实证分析分布在第四章。笔者在第四章先对京津冀地区城乡一体化的现状做了分析，然后运用全局主成分分析法对京津冀区域协同发展和城乡一体化水平做了测度。本研究也将检验区域协同发展对城乡一体化的影响结果。如此，在研究区域协同发展和城乡一体化的研究基础上，对区域协同发展的规律、城乡一体化的一般路径以及区域协同发展对城乡一体化建设的影响进行了理论阐述。为验证理论分析的结果，本研究运用大量统计数据做了实证分析，以支持理论分析的结论。

（2）定性与定量分析相结合的方法。区域协同发展对城乡一体化的影响机理是十分复杂的，本研究运用定性与定量相结合的方法予以分析。在定性分析中，笔者首先从区域协同发展的视角对城乡一体化做了重新定义，拓展了城乡一体化的内涵，分析了区域协同发展视角下城乡一体化的特征。而后，探讨了当前京津冀地区乃至我国区域协同发展束缚城乡一体化的问题所在，并给出了相应的解决办法。

（3）静态与动态分析相结合的方法。区域协同发展对城乡一体化建设的影响是一个连续、动态的过程，在分析这个过程时，我们既需要了解不同地区在某一时间点上区域协同发展对城乡一体化建设的影响，还需要了解不同时间点区域协同发展对城乡一体化的影响的差异，进而分析产生这

种差异背后潜藏的原因，这就需要我们使用针对某一时点的静态分析和针对不同时点的动态分析相结合的方法。为此，本研究对京津冀2000～2014年区域协同发展对城乡一体化水平的影响做了描述和分析，考察了京津冀地区城乡一体化在15年中的动态演进过程，从中挖掘区域协同发展对城乡一体化的影响路径。还采用比较静态法，对2000年和2014年的主要区域协同发展、城乡一体化以及前者对后者的影响结果做了对比分析，从中找出不同时点上要素流动对城乡一体化的不同影响。

## 二 技术路线

技术路线遵循"背景介绍—文献梳理与述评—理论分析框架构建—实证检验—路径识别—政策建议"的一般研究路线，进行详细而充分的论证与分析，见图1-1。

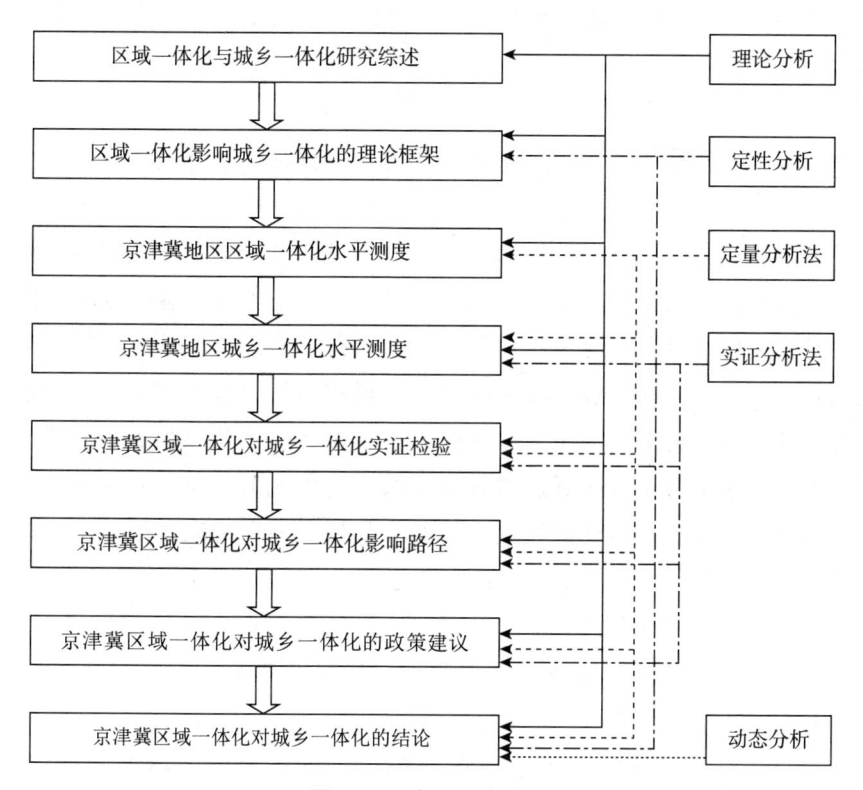

图1-1 主要研究方法

## 三 研究方案

研究方案以理论研究与实证研究相结合的方式,从理论拓展与实证检验两条路径展开。理论拓展遵循"文献梳理—文献述评—概念定义与扩展—概念框架关联—理论分析框架搭建"的步骤循序进行。

实证检验遵循"实地调研—素材收集—数据采集—实验方法选择—构建数据分析框架—进行数据实验—甄别影响因子—得出一般结论"的步骤进行。具体实施过程是,借鉴已有研究成果中对区域协同发展的方法,对京津冀地区的区域协同发展程度进行了科学测度,还分析了城乡一体化测度的指标体系构建原则、原始指标的含义和计算方法、测度方法的主要内容和数据来源,并对测度结果做了分析。然后,分析了区域协同发展在城乡一体化过程中是如何发挥作用的,然后运用京津冀地区区域协同发展因子与城乡一体化水平的相关数据,测度了区域协同发展对城乡一体化水平的影响。

## 第四节 研究的分析框架与基本论点假设

本研究的分析框架如图1-2所示。本研究首先介绍了区域协同发展对城乡一体化影响的研究背景、意义和方法,梳理了国内外有关区域协同发展、城乡一体化以及二者关系的相关文献,在指出已有文献的贡献和不足之后构建了区域协同发展对城乡一体化的影响的理论分析框架,在此基础上以京津冀为分析案例,对区域协同发展与城乡一体化水平做了测度,而后利用测度结果分析了区域协同发展对城乡一体化的影响,并分析了不同要素流动影响城乡一体化的机制和路径。最后,根据研究结论给出了京津冀乃至我国推进城乡一体化建设的政策建议。

本研究的基本论点如下:

论点1:区域协同发展程度的加深,能显著提高地区的城乡一体化水平;

论点2:区域协同发展通过经济一体化、产业一体化、环境一体化、公共服务一体化四个方面来推进城乡一体化。

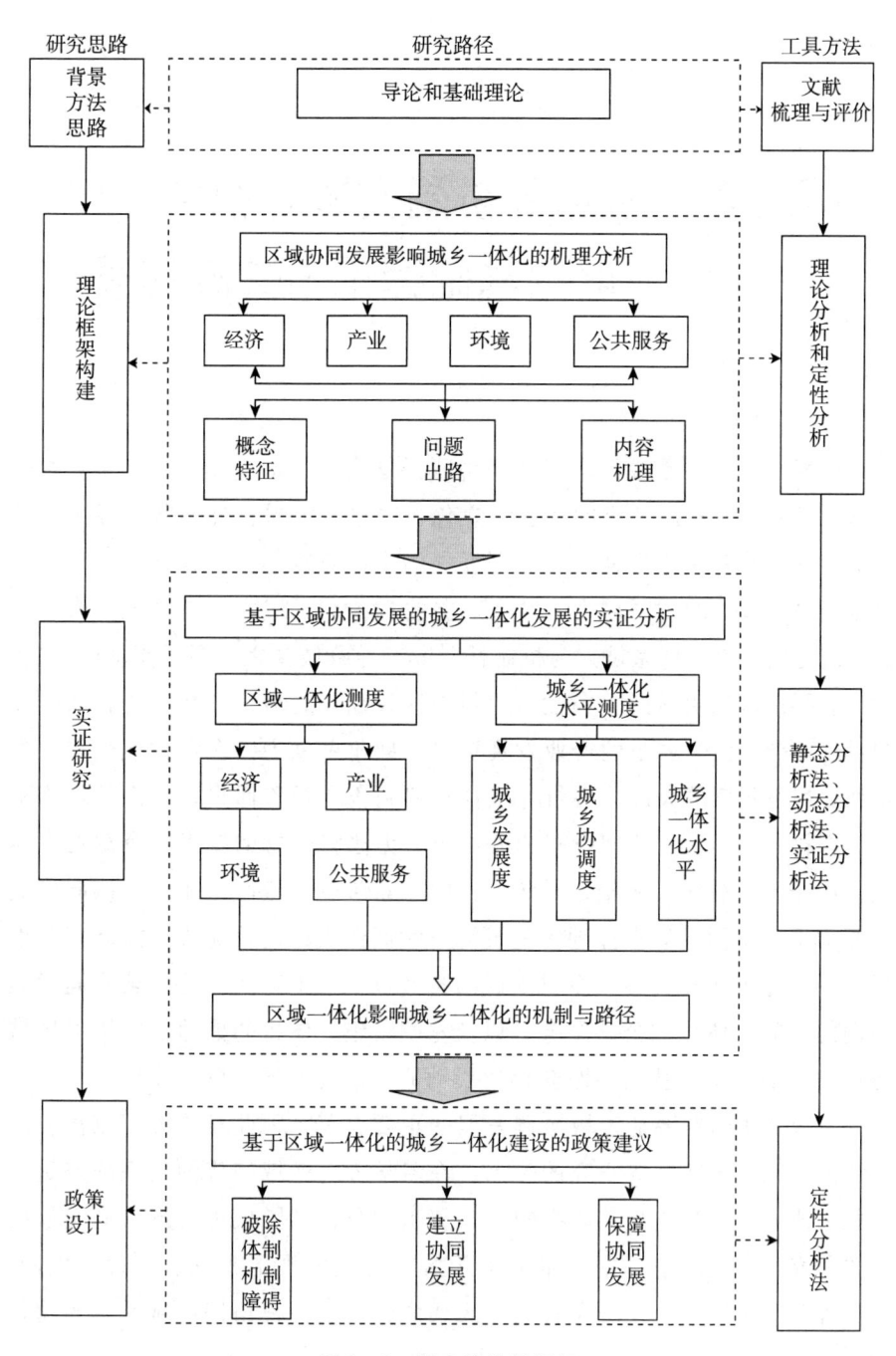

图 1-2 研究的分析框架

# 第二章 京津冀协同发展与城乡一体化的基础理论与文献综述

　　区域协同发展是地区之间在经济联系紧密、要素交流频繁、贸易往来加深的基础上，不断形成的社会、文化、空间、机制和公共服务逐步一体化的过程。城乡一体化是区域协同发展的重要组成部分，区域协同发展是推动城乡一体化的重要动力。城乡对立的根源在于城市经济系统与农村经济系统之间的有机联系被人为机制性阻隔，导致城乡之间要素流动的方向、数量和层次呈现明显的单向性。农村地区长期作为城市的要素提供者，无限供给的劳动力为城市的产业发展提供了廉价劳动力，在农村地区保守的消费习惯下积累的大部分银行存款被转移到资本投资回报率更高的城市地区，农村地区落后的基础设施和公共服务无法将优秀的要素和资源留在本地，从而不断被城市集聚，导致农村的不断落后。然而，在区域协同发展的驱动下，不同地区按照地区的资源禀赋而形成的比较优势，能够充分地形成劳动分工协作关系，乡村地区的自然也会在不同地区的区域协同发展浪潮的空间一体化和公共服务，以及基础设施一体化的推动下，搭上区域协调发展的快车，从而不断获得发展动能，最终实现城乡一体化。

　　京津冀协同发展是区域协调发展的重要典范，因此目前关于京津冀一体化的研究是区域经济研究的热点，许多学者对区域经济的宏观战略进行了相关研究。本章作为本研究的文献梳理部分，试图梳理区域协同发展的相关研究，尝试从中发掘学术界关于区域协同发展的概念、特征、机制、路径等关键性信息，从而为后文以区域协同发展为视角探讨城乡一体化做铺垫。

　　区域协同发展的研究，经历了从概念辨析到特征分析，经过运行机理探察和实行路径考察,再到传导机制和实现模式的研究过程,是一个由浅入深、由表及里的研究进路。区域协同发展的概念最初由国际经济学和国际政治经济学的相关学者提出,用以构建一种能够反映联系日益紧密的不同国家和地区迫切希望构建一体化组织进行利益协调诉求的理论范式,是国际经济一体化向纵深领域发展的必然需求。国际经济学家力图从国际贸易引致的国际间要素流动和产业转移与劳动分工的视角,为区域协同发展注入经济内涵。20 世纪 50 年代以来,西方主要国家进行了广泛和深入的区域协同发展的实践,积累了丰富的经验,形成了众多的国际经济合作组织,为区域协同发展的理论进展累积了丰富的研究素材和实践经验。然而,中国的区域协同发展主要是借助区域经济一体化推进的区域协同发展的途径,因此注定了中国的区域协同发展的历史使命与西方国家的区域协同发展历程并不相同。作为实现区域协同发展的一种路径,区域协同发展的本质在于构建基于地区资源禀赋基础上的比较优势的区域产业联系,从而实现在大范围的区域内部更好地利用资源禀赋和比较优势,提升区域之间的基础设施和公共服务水平,缩小地区之间的发展差距和生活水平落差,最终实现区域协同发展,走向社会主义共同富裕。

本章,我们将从概念到模式、从特征到机制、从机理到路径,全面梳理区域协同发展的相关研究,试图探察区域协同发展推动城乡一体化的可能性路径和机制,为后文展开理论分析奠定坚实的理论基础。

## 第一节 区域协同发展的概念与特征

区域协同发展的概念经历了从经济一体化向空间、基础设施与服务一体化不断推进,是一个不断发展并丰富其内涵的概念。区域协同发展的理论起点在于国际区域经济合作与协调,其概念内涵的核心是经济一体化,通过不断取消区域合作组织内部的物理壁垒、关税壁垒和贸易壁垒,构建区域合作组织内部统一的大市场,从而促进区域内部的要素更加合理的自由流动,促进区域之间的产业按照资源禀赋和比较优势进行科学化分工,从而激发不同地区的经济增长潜力,实现区域内部的共同发展。然而,区域协同发展的国际经验探索实践,是不同国家之间的经济合作和关税谈判、贸易机制磋商等,与一国内部的区域协同发展并不十分适合,但其主要的思路和形式还是非常值得我们总结和学习的，可以作为我们进行区域协同发展实践的经验。因此，我们首先从概念上梳理区域协同发展的源流和脉络，对于后文的理论构建和经验研究，具有十分重要的基础作用。

庞效民（1997）从国际区域经济合作的基础性概念和基本理论视角切入，在对国际社会20世纪60年代以来和冷战结束以来的国际区域协同发展演进趋势进行了详细梳理与阐述的基础上，探讨了区域协同发展的理论意蕴和丰富内涵，并结合近年区域合作的实践和最新发展动向，提出了澄清区域协同发展相关概念的必要性。金载映（1998）从世界区域协同发展的发展态势入手，首先介绍了世界区域协同发展的形成背景，认为世界区域协同发展是在两个以上的国家为了降低甚至取消关税和相关贸易壁垒，形成区域集团组织内部共享关税优惠和自由贸易，对外则制定统一的关税与贸易的一种区域合作形式。这种区域合作形式在北美自由贸易区和欧盟的实践中不断得到推广，作者同时认为未来的区域合作组织会不断勃兴。

戴军（1999）认为区域协同的发展出现了很多新兴特点，具体包括：第一，区域协同发展态势和世界经济的全球化趋势并行发展的特征；第二，区域协同发展组织的丰富外延和深刻内涵同时得到了发展，从单一的关税和贸易协调走向了全方位的区域政策协调和统一货币的设计；第三，区域协同发展背景下的区域内部各参与主体相互合作，区域组织之间的跨区域合作关系不断向纵深演进交织；第四，在组织体制层面，区域协同发展呈现了开放性、排他性和歧视性同时共存的特征，即区域合作组织内部的开放性和组织外部的排他性、歧视性及不同组织之间的相对开放性、排他性同时存在的特征；第五，在区域组织的运行方式层面，存在两种动力形式，一种是以市场化机制为推动力量的相对松散和灵活的区域合作组织，另一种是依赖于契约达成的相关组织进行推进的相对机构化和机制化的区域合作组织。

谷源祥（2002）认为，区域协同发展经历了由微观企业的相互之间基于产业分工和产品分工形成的自发阶段，以及国家与政府为了消除不同国家之间在关税、贸易和其他方面的差别化待遇而主动推进的协调阶段。与此同时，他认为，区域协同发展可以为区域组织内部成员引致以下利益：第一，区域协同发展能够消除各个国家和地区之间的贸易壁垒，促进物流、人流和信息流以更低的成本进行流动和迁移，极大地降低了交易成本，提升了资源配置效率；第二，区域协同发展能够显著地扩大国内市场的空间和规模，促进不同的国家和地区按照自身的资源禀赋和比较优势进行劳动分工，从而提高整体的劳动生产率；第三，区域协同发展能够加剧地区之间的企业竞争，促进企业之间的互相竞争，在竞争中不断进行生产创新、管理创新，提高劳动生产率，增强区域产品的国际竞争力，从而促进区域整体生产率；第四，区域协同发展能够促进各成员之间的对外投资和技术溢出，从而将有限的资本更为紧密地投入最富有效率的产业和部门中，激活地区的创新生产浪潮，扩大地区的经济影响力和国际影响力；第五，区域协同发展能够达成内部成员认可的统一行动规则和协调机制，作为整体与其他区域组织和国家进行谈判的能力将显著提高，能够增强区域之间的经济合作关系；第六，区域协同发展有助于形成共同的区域安全观，形成较为稳定、和谐的区域关系。

杨宏玲（2004）认为近年来区域协同发展具有以下新特点：第一，区域经济一体化的目标是贸易自由化；第二，区域经济合作组织的内部成员同质性下降，异质性趋势明显，混合型的特征越发显著；第三，区域协同发展的组织方式从单一的契约型关系向平等协商型的新型组织方式演化；第四，区域协同发展的地理扩张速度加快，从大洲内部开始转向洲际的大范围合作；第五，开放型日益成为区域协同发展的最显著特征，趋势明显加强；第六，区域合作组织之间的对话机制和交流机制不断加深，相互之间进行联合的趋势越来越明显；第七，区域合作组织的一体化进程出现了多层次和立体式特征，成员之间交叉重叠现象显著；第八，发展中国家在世界区域经济一体化的浪潮和组织中，作用不断提升、突出。

姚腾霄（2009）论述了环渤海地区经济一体化的现状与特点，他认为，环渤海地区目前的区域经济一体化存在以下特点：第一，环渤海地区的区域经济一体化取得了较大进展，主要表现在环渤海地区的省、区、市建立了高层区域协调机制，并签署了一系列共识性协议与备忘录，形成了问题磋商和利益协调的定期对话机制和定期磋商机制，同时在交通建设、产业布局分工、基础设施、电子信息等领域达成了一系列合作，有力推动了区域协同发展进程；第二，环渤海地区的区域协同发展还需要进一步拓展合作空间、构建合作机制、建立合作结构，从而实现环渤海地区的长期区域协同发展。

吴群刚、杨开忠（2010）认为京津冀区域协同发展的核心在于通过制定适切的公共政策，实现京津冀地区人口和专业的有机衔接。刘新建（2010）从区域协同发展的国际背景入手，阐述了区域协同发展概念的核心是区域市场一体化，并认为从一种状态来看，区域协同发展指的是相邻的地区之间在货物商品、生产要素的全面、自由、无障碍交流与迁移，作为一种过程，区域协同发展则是指为了达成区域协同发展最终的状态而在区域内部实行的各种从基础设施到公共服务、从交通到经济、从政治机制到利益协调等一系列实现方式和路径。孙久文（2015）认为区域经济一体化就是区域内部各种经济主体在空间内部的相互作用关系，作为一种空间经济过程，区域协同发展的基本特征就是劳动力、资本、技术、信息等要素在空间上的自由有序流动，促进各种生产要素按照区域的资源禀赋和比较优势进行有机组合，从而形成空间集聚，推动经济活动在空间上的扩散，进而实现区域经济协调发展和资源配置的空间布局优化。同时，孙久文指出，从理论上看区域经济一体化过程就是经济活动在空间上从集聚到分散的实现过程，是区域内部经济协调均衡发展的实现过程；从实践上看，区域协同发展是区域内部的各个参与主体为了实现区域内部的合作与协作，通过组成相关的协调机构和达成某些具体的契约与承诺，推动区域内部的商品和要素自由流动、扩张区域的市场规模、构建统一的区域大市场，最终实现区域协同发展的格局的过程。

京津冀三省市同处华北平原，京津两市被河北省环抱，地缘和人文上的亲缘特征使京津冀协同发展成为可能。2014年，习近平就推进京津冀协同发展提出"7点要求"，京津冀协同互动发展开创新局面。2015年，中共中央政治局审议通过了《京津冀协同发展规划纲要》。该纲要将京津冀地区的功能定位为以首都为核心的世界级城市群，将北京市定位为"全国政治中心、文化中心、国际交往中心、科技创新中心"，将天津市定位为"全国先进制造研发基地、北方国际航运核心区、金融创新运营示范区、改革开放先行区"，将河北省定位为"全国现代商贸物流重要基地、产业转型升级试验区、新型城镇化与城乡统筹示范区、京津冀生态环境支撑区"，形成"一核、双城、三轴、四区、多节点"的功能互补、错位发展的空间布局，通过有序疏解北京非首都功能、产业联动发展、公共产品共建共享、生态环境联防联控，形成经济结构更加合理、区域内发展差距显著缩小、生态环境总体向好、公共服务均衡供给的区域协同发展格局。

## 第二节 区域协同发展的测度与衡量

区域协同发展的测度，是客观评价区域协同发展推进程度的标尺，是制定区域协同发展规划的基础，是推动区域协同发展的前提。因此，大量的学者采用科学的方法，建立合适的指标体系，并运用相关数据对不同区域的一体化程度进行科学的度量。本部分系统地梳理相关的研究，探察不同学者对于区域协同发展的衡量体系和测度指标，从而为后文建立起科学合理的指标体系奠定基础。

陈红霞、李国平（2009）从商品市场一体化的视角切入区域经济一体化，尝试利用京津冀地区 1985~2007 年的九大类主要商品的相对价格数据，对京津冀的市场整合程度做全面的测度和评价。经过数据的测算，得出了如下结论：第一，京津冀地区的市场整合程度整体趋于升高，区域协同发展的市场水平不断提升；第二，区域内部相邻地区的整合程度存在差异，京津地区的整合程度最高，而津冀地区的整合程度最低；第三，通过对时间序列数据进行分析发现，京津冀市场自 20 世纪末以来发展速度很快，并且呈现较为稳定的状态。

周立群、夏良科（2010）利用 1989~1997 年的京津冀地区、长江三角洲区域和珠江三角洲区域的数据，通过建立完整的测度指标体系，使用层次分析法和标准差值法两种测度方法，对以上三个大都市圈的区域经济一体化水平进行了系统的测度。测度结果表明，三大区域中梯度开放策略和渐进改革的层次性引致的区域协同发展程度差异，导致京津冀地区的区域协同发展程度最高，珠三角地区的一体化程度最低，长三角一体化程度居中。并且存在一个显著的趋势，即随着经济发展方式的转变和经济基础的不断增强，三大区域的一体化水平都有不同程度的提高，三个区域之间的差距越来越小。

千慧雄（2010）利用 1978~2008 年长三角 16 个城市的 GDP 数据，根据区域经济一体化完全状态下各主体生产份额的理论分布符合齐普夫定律（Zipf's Law），对比现实中长三角地区各个城市产出份额的实际状况，从而测定实际与理论的偏差距离，获得地区区域经济一体化程度的真实水平。

研究结果显示，自1978年以来，长三角的区域协同发展经历了变化较为显著的三个阶段，第一阶段为1978～1989年，改革开放释放的制度红利和政策红利促进了长江三角洲地区的区域协同发展程度不断加深，作者将其概括为"制度变迁推动型"区域协同发展模式；第二阶段是1990～1999年，经济结构的调整和各个城市之间的竞争加剧，导致了这一阶段的区域协同发展裹足不前，作者将其命名为"制度与市场角力型一体化"；第三阶段是2000～2008年，随着中国加入WTO，大量的外贸红利不断打破长三角地区市场一体化的阻碍壁垒，基于协作分工形成的市场一体化程度不断加深，区域协同向纵深发展，作者将其概括为"市场推进型一体化"。作者最后认为，长三角的区域协同发展是一个以上海为核心的一体化过程，其中交通基础设施的一体化扮演了重要角色。

杨凤华、王国华（2012）利用长三角地区1985～2008年两省一市的商品零售价格信息，使用相对价格法作为动态测度指标，探察长三角地区商品市场一体化的水平。测算结果表明，长三角地区相邻区域的相对价格方差变动趋势大致类似，都呈现了明显的先上升后下降的阶段演变特征。进一步地，作者发现，1985～1997年，长三角地区的相对价格方差变动率较大，这说明在这一时间区间内部，长三角地区的区域协同发展整合程度出现了一定的波折。这是由于在经济发展的上升阶段，要素的丰瘠在很大程度上决定了地区的经济增长水平，在各个地区竞争激烈的格局下，地方官员倾向于构筑要素流动的壁垒，防止要素被更为发达的地区吸引，因此地区的一体化程度受到了不同程度的干扰。而进入1998年以后，长三角地区在对外开放不断取得重大突破的背景下，顺应了经济发展的规律，开始逐渐主动削弱地区壁垒，积极参与到市场一体化的进程中去。

李雪松、孙博文（2013）首先参照世界银行提出的通行指标，即通过密度指标、距离指标和分割指标三个维度对区域协同发展进行了清晰的界定，在此基础上构建了较为全面的区域协同发展的评价指标体系，利用2000～2010年的数据，通过使用层次分析法对长江中游区域的一体化程度进行实证测度和分析。实证结果表明，在长江中游区域的三大城市群中，一体化程度最高的是长株潭城市群，一体化程度最低的是环鄱阳湖城市群，武汉城市群的一体化程度则居中，但是总体来看三大城市群都呈现了区域协同发展程度不断提高的趋势。其次，作者还就长江中游三大城市群的其他层面的一体化程度进行了研究，其中市场一体化、社会一体化和行政一体化维度的区域协同发展水平在三大都市圈中的表现各有差异，但都呈现差异不断缩小的趋势。最后，作者还对长江中游三大都市圈未来一体化的趋势进行了预判，认为长株潭都市圈的区域协同发展提升速度最快、环鄱阳湖的后发优势明显、武汉都市圈的一体化水平在稳步提高。

邬晓霞等（2014）以相对价格法为理论基础构建了区域市场一体化指数，利用京津冀地区1985~2012年的商品零售价格信息，实证检验了京津冀地区1985~2012年的区域市场一体化水平和演进趋势。研究结果表明，京津冀地区的区域市场一体化程度具有较为明显的阶段性特征，大致可以分为三个阶段：第一阶段为1985~1988年，表现为变化平稳、一体化指数波动幅度小；第二阶段为1989~1997年，由于国际经济形势的变化和国内经济结构的调整等原因，区域市场一体化程度出现了一定的波动；第三阶段为1999~2012年，进入21世纪以来，借助于外贸红利，中国的经济获得再一次飞跃发展，随着经济基础的不断改善和经济实力的不断增强，三个地区的市场一体化呈现稳步提升的态势。

## 第三节 区域协同发展的动力机制及影响因素

王亭亭（2002）认为京津冀区域协同发展的主要制约因素的核心矛盾是地区之间经济利益的竞争，而这具体表现在以下六个方面：第一，京津冀区域观念淡薄，长期以来存在同质性竞争，大规模的产业同构和重复建设导致区域内部内耗严重，缺乏统一的协调机构进行区域内部各主体之间的协调工作，导致区域内部的产业布局、贸易往来、劳动分工等存在一系列严重的问题，制约了京津冀地区的整体区域收益；第二，区域结构失衡，京津两市发展超出资源承载力约束，同时三地的各种基础设施和公共服务存在显著差异，导致了要素的流动呈现单向性，加剧了区域内部的失衡；第三，区域政策存在梯度差异，京津地区率先获得国家的政策扶持，在市场机制的作用下形成了区域发展的循环累计关系，不断扩大地区之间的差距；第四，缺乏较为合理的公共区域各主体之间的利益协调机制，因为京津地区长期享受国家的各项补贴和扶持，而令三个地区的发展处在并不公平的起点上，导致区域差距不断扩大；第五，京津冀地区的城镇体系不够完善，不足以形成大城市与小城市之间的相互衔接，空间布局和协调的载体的缺失会导致城乡之间与区域之间的融合载体的匮乏，小城镇和中小城市的缺乏导致城乡一体化的实现路径缺乏，从而使区域之间的差距越来越大；第六，地区之间缺乏统一的金融性市场，金融服务功能的滞后和金融体系的封闭，导致资本无法进入最需要和回报率最高的产业或部门，导致地区的金融资源利用效率不高，地区的发展受到影响。

## 第四节 现有研究的贡献与不足

现有研究为我们提供了丰富的研究素材，让我们对京津冀协同发展与城乡一体化的研究进展有了较为清晰的认知，有助于我们展开接下来的研究，但是也存在三个较为突出的问题：第一，现有研究并没有很好地将城乡一体化融入京津冀协同发展的框架之中，呈现了两者互相分离、凌乱无章的格局，即作为区域失衡问题的地区发展差距的不同表现形式并没有被很好地整合在一个框架之内，从而导致了思考问题的不全面和不系统，可能会掩盖问题的本质与解决问题的正途；第二，现有研究对京津冀地区的协同发展与城乡一体化之间的理论关系与逻辑架构并没有足够的重视，很多研究只是指出了其中可能存在的必要性和重要性，却没有点透两者之间的关系，从而导致对这一问题的研究深度远远不够，无法很好地从区域协调发展的框架中搭建城乡一体化问题的解决平台，从而忽略了问题之间存在的真正关联性；第三，现有研究缺乏从实证角度去验证京津冀区域协同发展与城乡一体化的关系，从而导致现有研究经验证据的缺乏。

# 第三章 区域协同发展影响城乡一体化的理论分析

区域协同发展是区域间或区域内经济体协调互动、合作共赢的高级阶段，是区域经济社会发展由无序向有序、由"单增长极"向"多增长极"转变的过程。区域协同发展不是区域内经济体的简单叠加，而是经济体的协调互动，达到"1+1>2"的效果（王金杰、周立群，2015）。所以，从博弈论的视角分析，区域协同发展是正和博弈，而不是零和博弈。区域协同发展不仅使区域整体经济社会发展向好，而且使区域内所有经济体都能受益，是真正意义的"帕累托"改进。因此，区域协同发展是区域内经济体共同追求、努力实现的区域发展模式，但实际情况是很多地区的经济体未能按照上述模式发展或发展成效很不理想，京津冀地区即如此。城乡一体化是城乡关系发展的高级阶段。人类历史就是一部城乡关系史，经历城乡分离、城乡对立、城乡一体化三个发展阶段，我国目前正处于城乡对立向城乡一体化跨越的过渡阶段，城乡居民收入与消费差距过大、城乡公共产品供给不均衡、"三农问题"突出等弊端凸显。面对复杂状况与重重困难，必须加强顶层设计，找出系统性解决方案，全面推进城乡一体化建设。对区域内的一个经济体而言，如果我们将推进城乡一体化建设作为发展目标，那么区域协同发展便是影响这一目标实现的关键外部因素。区域协同发展将进一步打通区域市场，促进要素和产品在区域统一市场内流动与配置，深化经济体内部与经济体之间的分工网络，加强区域内企业、政府、高校、银行等行为主体的联系与互动，形成协调互动、结构有序的发展格局。在区域协调发展的作用下，城乡关系将更为紧密，农村市场化程度会得到进一步提高，农村更多的经济资源将流入区域统一大市场，更多企业会投资于农村，农村日益成为区域统一大市场的关键组成部分。所以，区域协同发展必然对区域内经济体的城乡一体化产生重要影响。而影响方向、影响程度、影响路径则受到区域协同发展水平、经济体在区域内的地位与作用、经济体的城乡一体化水平的制约（杨继瑞、周立新，2013）。

因此，有必要从区域协同发展和城乡一体化的基本概念入手，从理论角度探寻区域协同发展影响城乡一体化的方式与机理、问题和出路，构建通过区域协同发展促进城乡一体化的模式与路径。本章从理论维度进行分析，搭建区域协同发展影响城乡一体化的理论分析框架。

## 第一节 区域协同发展影响城乡一体化：概念和特征

### 一 区域协同发展的概念和特征

学术界对区域协同发展尚无一致定义，许多学者从不同视角对其做了解释。本书研究的核心内容是区域协同发展对城乡一体化的影响。因此，笔者从影响城乡一体化的视角给出区域协同发展的概念。笔者认为，区域协同发展是在区域内经济体相互开放的条件下，通过引导经济体之间优势互补、合理分工、协调互动、共同发展，使区域内经济体实现持续发展并不断缩小差距。

由上述定义可知，区域协同发展呈现如下几个特征。其一，开放是区域协同发展的前提条件。区域内的经济体不能相互封闭、各自为战，应当向其他经济体开放本地市场，引导本地经济行为主体积极对外开展经济活动，经济体之间彼此加强经济社会交流。其二，引导是区域协调发展的必要条件。尽管在市场经济条件下，经济行为主体根据成本—收益原则从事经济活动，但政府宏观引导仍不可或缺，特别像在中国这样的经济发展方式呈现政府主导特征的国家，中央和地方政府在经济发展中扮演着重要角色，过去地方政府在以GDP为核心的政绩考核机制下，往往采取各自为战，甚至以邻为壑的发展方式，因此，推进区域协同发展必须要求政府转变发展理念，以促进完成区域协同发展中的多种工作。其三，分工是区域协同发展的基本手段。"斯密式增长"认为分工和专业化有利于提高劳动生产率、扩大与深化市场，从而拖动经济增长。区域协同发展理论的核心思想即通过构建区域统一大市场，加强区域内经济体之间的分工协作，实现优势互补、共同发展。其四，共赢是区域协同发展的最终目标。区域协同发展应当令区域内所有经济体都能从中受益，不能以牺牲部分经济体的发展机会换取另一部分经济体的发展。同时，在充分考虑相对发达经济体的发展权益的基础上，对欠发达经济体做出有限度的政策倾斜，加速这些经济体发展，以缩小区域内经济体之间的发展差距。

区域协同发展是一个涵盖多方面内容的系统性综合概念。我们认为，区域协同发展应包含经济协同发展水平、产业结构联动发展水平、区域统一大市场发展程度、生态环境联防联控能力和公共设施均等化程度。经济协同发展水平指区域内经济体经济发展水平，居民收入水平持续提高并不断缩小差距；产业结构联动发展水平指区域内经济体的产业结构的调整与升级方向符合自身比较优势，产业承接与转移有序有效进行，形成分工合理、结构有序的产业布局；区域统一大市场发展程度指区域内经济体市场相互开放，产品和要素配置效率不断提高，经济体之间横向联系日趋紧密；生态环境联防联控能力指区域内经济体针对影响区域整体发展的生态环境问题，如雾霾、沙尘暴等，强化联合治理能力，提升治理效率与效果；公共设施均等化程度指区域内经济体在基础设施、公共服务供给上形成统一标准，取消公共设施投资的制度性分割，加强欠发达经济体公共设施建设。

## 二 城乡一体化的概念和特征

城乡一体化是城乡关系演进的一个历史阶段。在经历了城乡分离、城乡对立后，城乡关系逐步向一体化发展。在漫长的人类文明史中，乡村和城市是人类聚居的两种形态，当工商业经济发展到一定程度后，在乡村基础上城市人口进一步集聚形成，这一时期农业是社会经济的基础，人口中的绝大多数居住在乡村，又因城市因商品交换、政治军事目的而兴起，这一时期为城乡分离阶段。西方发达国家进入工业化时期后，城市进入快速发展时期，由于工业生产效率远高于农业生产效率，而城市是工业聚集地，因此城市相对乡村形成"高地效应"，劳动力、资源、土地等经济要素由乡村流入城市，城乡差距由此拉大。在集聚效应的作用下，乡村经济资源大规模向城市流动，城乡差距日益扩大。城市因集聚大量经济资源益发繁荣，乡村则因经济资源的大规模流失而日益凋敝。乡村衰落与城市病并存，对社会发展与居民生活造成严重不利影响，城乡关系由此进入对立阶段。随着城市规模持续扩大，拥挤效应凸显，企业经营成本快速攀升。此时，一些基础条件较好的乡村受到企业的青睐，经济资源出现向乡村回流的态势，城乡差距开始缩小。此后，经济资源在城乡之间双向流动，城乡在经济、政治、社会、文化、生态上的差距不断缩小，出现一体化发展趋势，这一时期即城乡一体化阶段，也就是本书的研究对象。

中国城乡关系演进有其特殊性。中国城乡关系变迁是在外部冲击与内部适应的共同作用下进行的。古代中国城乡关系处于城乡分离阶段。1840年后，西方列强入侵中国，中国进入半殖民地半封建社会，在西方商品和市场经济理念的强势冲击下，中国传统城乡关系瓦解，少数沿海城市获得发展，内陆城市与乡村日益凋敝。1949~1978年是计划经济时期，以城乡户籍制度为核心的一系列制度安排将城乡关系人为对立起来。改革开放以后，固化城乡关系的一系列制度逐渐放松，城乡之间的联系与交流开始加强，渐进性的市场化改革与政府的城市倾向政策使城乡出现高度分散，城乡差距不断扩大。党的第十八次全国代表大会和党的十八届三中全会指出，解决"三农"问题和缩小城乡发展差距的根本途径是城乡一体化，开启了加速推进城乡一体化建设时期。学术界对城乡一体化的研究更为深入，政府也为推进城乡一体化采取了一系列措施。理论与实践的不断发展为准确理解城乡一体化、切实推进城乡一体化奠定了扎实基础。

基于上述分析，笔者认为，城乡一体化是打破城乡分割对立状态，从经济、政治、社会、文化、生态等层面推进城乡融合发展，构建以工促农、以城带乡、城乡一体的新型城乡关系，促进农业现代化、农村城镇化、农民市民化，最终实现城乡一体化发展。由概念可知，城乡一体化呈现如下几个特征。其一，协调互动是城乡一体化的前提条件。城市对乡村的虹吸效应与一系列的城市偏向政策安排使城市与农村发展地位不对等，城乡关系的实质是城市对农村经济资源的汲取，城乡一体化应逐步调整经济资源由农村流向城市的单向流动方式为城乡之间经济资源顺畅流动、合理配置的双向流动机制，否则城乡差距将持续扩大。其二，城乡一体化是一个多领域、多层次的概念。城市和乡村是两种文明表现形态，在经济、政治、社会、文化、生态等诸多领域存在显著差异，并且在不同阶段，上述领域的表现与程度颇为不同，因此，城乡一体化应协调多领域内容，最终实现全方位的城乡一体化发展。其三，城乡一体化是乡村追赶城市的过程。在由城乡对立逐步转变为城乡一体化的过程中，城市处于领先状态，城乡一体化的过程在很大程度上是城镇化的过程，是乡村全方面向城市学习、演进的过程。其四，城乡一体化的最终目标是消除城乡差异。城市与乡村是人类的两种聚居状态，城市在乡村基础上进一步集聚而成，随着经济社会发展，城乡间的差异也会消失。

### 三 区域协同发展与城乡一体化的关系辨析

区域经济学理论认为，由于禀赋条件的差异，区域内经济体获得的发展机会不同，部分经济体的发展水平会领先于其他经济体，从而形成区域内经济体发展差距。尽管由于内外部环境的变迁，起始领先的地区会衰落，落后地区可能获得超常规发展，但整体来看，区域内经济体的发展机会与发展水平绝不会是均等的，经济体之间会呈现核心—边缘特征。不同经济体之间的发展差距、经济体内部的发展差距，即这一抽象理论的具体体现。因此，就实质而言，区域协同发展与城乡一体化是相同的。

区域协同发展与城乡一体化都可以根据弗里德曼提出的核心边缘结构理论解释。弗里德曼认为经济协同可以在空间上划分为核心区与边缘区，核心区具有较高的创新变革能力，获得熊彼特式经济增长，边缘区经济增长依附于核心区，由于存在扩散效应与聚集效应的共同作用，区域内经济体会经历由彼此隔绝、孤立发展到相互联系、不平衡发展，进而转变为彼此联系、平衡发展。这一过程同时伴随着核心区规模扩大与两区发展差距的逐步缩小。区域协同发展是区域内发达经济体（核心区）与欠发达经济体（边缘区）由非平衡发展向平衡发展转变，并逐步缩小差距的过程。城乡一体化则是城市（核心区）与乡村（边缘区）不断缩小差距，并实现一体化发展的过程。就区域内一个独立经济体而言，城乡差距是内生变量，与其他经济体之间的差距是外生变量。区域协同发展所引致的经济体之间发展差距缩小，势必导致经济体内部城乡差距的变动。

## 第二节 区域协同发展影响城乡一体化：方式与机理

区域协同发展对城乡发展的影响，对区域内经济体而言，是外部冲击、内部适应的过程。如前文所述，区域内经济体分布表现为核心—外围结构，即一部分为发达经济体，另一部分为欠发达经济体。区域协同发展对发达经济体的城市与乡村和对欠发达经济体的城市与乡村的影响方式与机理存在明显差异，必须分别进行分析。再者，区域协同发展尽管在形式上表现为经济发展、产业结构、环境治理、公共产品供给，其实质却是通过改变区域内经济行为主体的决策行为与约束条件，引导经济行为主体通过加快区域协同发展促进城乡一体化，具体见图 3-1。

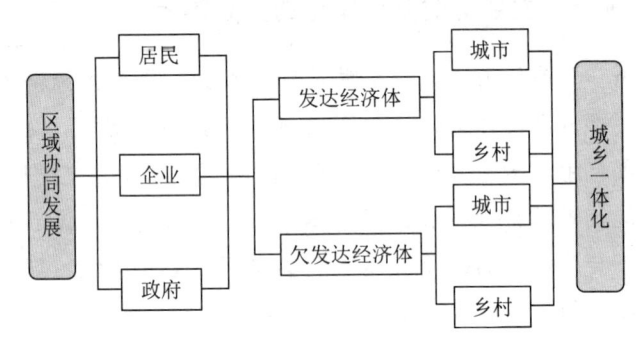

图 3-1　区域协同发展影响城乡一体化的方式与机理

## 一　区域协同发展影响发达经济体城乡一体化的方式与机理

发达经济体的城乡一体化水平相对较高，这主要因为发达经济体处于较高的发展阶段。较高的发展阶段意味着较高的经济发展水平、较高的城镇化水平、较好的基础设施和公共服务水平。但并不意味着发达经济体的城乡关系和谐，城乡居民收入和消费差距过大；城乡居民生活质量与发展条件差距过大；城市扩大占地损害农民利益；城乡管理体制不同，管理水平有待提高。城乡接合部管理薄弱、"瓦片经济"盛行、违法建设普遍、人口聚集无序、生态环境脏乱、发展和安全隐患突出等"大城市病"严重。

（一）区域协同发展改变了居民工作与生活区位决策的目标函数与约束函数，扩大了城乡居民的生活与工作空间，优化了发达经济体的城乡规模与边界

发达经济体的城市患有严重"大城市病"：居住成本高昂、交通拥堵严重、空气质量差等。但是发达经济体的城市往往是高技术企业、高技术人才、高等院校和科研机构的集聚地，具有更多的发展机会和更强的创新能力。尽管大城市的集聚效应与规模优势使人们知道"大城市病"带来的不

利影响，却仍源源不断地向城市涌入，越发加重了"大城市病"。因而，区域协同发展影响发达经济体城市持续发展的主要方式在于缓解"大城市病"，以及疏解城市的非核心职能。发达经济体城市居民在享受城市便利性的同时，也饱受"城市病"的折磨，这些都是构成居民工作与生活区位决策的影响因素，定义了居民决策的目标函数与约束函数。发达经济体城市的集聚优势使高素质、高技能居民获得了更多的发展机会和更高的收入水平，但拥挤成本给低学历、低技能居民的工作和生活造成了很大压力。区域协同发展会改变上述影响因素，进而改变居民决策的目标函数与约束函数。城市的集聚优势与规模效应会吸引高素质、高技能人才自发聚集，区域协同发展会加速集聚过程，使更大范围内的人才向发达经济体城市聚集。低学历、低技能居民的合理疏解，是区域协同发展亟须解决的重要问题。上述居民群体，部分是外来移民，部分是本地居民。外来移民进入城市是为了谋取发展机会、获得更高收入，但由于学历低、缺技能只能从事餐饮、环卫等技术、专业要求低的工作，他们很难加入城市户籍，成为城市正式居民，因而无法享受该市的公共服务与社会保障，并且居住和工作环境较差。要通过区域协同发展疏散这部分人群，核心在于疏解他们的工作岗位，即将低端产业从发达经济体城市转移至周边乡村或欠发达经济体城市。为保障外来移民的二次移民成功，应在户籍、社保等制度上做出安排，使之成为新城市的正式居民。相比而言，本地居民中有相当一部分居民难以与外来高素质人才竞争，因此他们不得不从事收入较低的工作，而疏解这部分人群的难度极大，因为他们对城市有着深刻的乡土恋情和繁杂的人脉关系，这就对移民疏解与城市改造增加了困难。因此，要疏解本地居民必须给予其相应的利益补偿，一是保持原有公共服务与社会保障不变，二是补偿本地居民因转让宅基地而造成的损失，三是为本地居民提供移民补贴。对外来移民与本地居民而言，区域协同发展能够帮助他们获得新的工作机会，大幅降低工作、生活成本，以及"大城市病"带来的不利影响（叶裕民等，2008）。

对发达经济体的农村居民而言，他们的收入与消费水平远低于城市居民，发展条件与生活质量也相对落后。不过，发达经济体的乡村居民也有其优势，并在区域协同发展下得到了进一步加强。其一，靠近大城市为农村产业多样化提供了可能。随着发达经济体城市集聚效应与拥挤效应的凸显,许多利润水平低的产业向外转移,周边农村也因地缘优势而成为首选之区。同时,乡村农业种植结构也向以供应城市为目标的高经济价值的方向调整,如农村逐渐由种植粮食向种植蔬菜、花卉等转变。再者,农村也可以向城市提供服务业,如运输、餐饮、旅游等。从而不断创新农民收入途径、提高农民收入水平。其二,吸纳和输送人才,提升本地人力资本水平。由于发达经济体在教育、科研、创新等领域具有集聚优势,其农村居民拥有比其他经济体更多的提升自身素质、能力的机会,所培养的人才在区域协同发展效应下和在更广阔的范围内能够实现自身价值。同时,因为靠近大城市的地缘优势以及自身发展的需要,农村也会成为外来人才的聚居地,吸纳、利用这些人才,对优化该地区的人力资本结构和提高经济社会发展具有重要意义。其三,在城市规模扩张过程中,保障城乡接合部居民的土地转让权益。发达经济体城市的集聚优势与规模效应使其规模长期处于扩张之中,随着城市边界向外延伸,周边农村逐步城镇化,成为大城市的一部分。由此更外围的农村成为城郊区,如此周而复始,直到城市边界不再向外延伸为止。在这一过程中出现了不同于城市与乡村的第三种地区——城乡接合部。城乡接合部是被纳入城市管辖,但尚未完全融入城市的农村地区。该地区居民丧失了赖以生存和发展的土地,工作与生活方式快速向城市居民转变,这种快节奏的转变导致居民无所适从,再加上扭曲的土地收益补偿机制,使该地区居民难以承受城市文明的冲击,进而产生了一系列问题。由此,城乡接合部成为发达经济体城乡一体化进程中问题最突出的地区,如何安置失地居民,如何确保他们的合法权益,如何帮助他们成为合格的城市居民是亟待解决的问题,必须由政府、市场、居民个人等行为主体相互配合。而城乡接合部居民不应在此过程中迷失自我,应努力争取自身合法权益,应通过各种方式融入城市并获得新的发展。

(二)区域协同发展拓展了企业配置经济资源的空间,改变了企业选址的目标函数与约束函数,推进低端产业向周边农村或欠发达经济体转移

"大城市病"的实质并不是人口过度聚集,而是产业过度聚集,特别是低端产业的过度聚集造成了人口规模过大。因此,要解决"大城市病"就必须将低端产业不断向外围转移,而产业转移的实质是企业搬迁(可以是整体搬迁,也可以是部分职能搬迁)。企业搬迁决策的目标函数与约束函数由决定企业成本—收益的各类变量及其相互关系构成,主要变量有企业购

买生产要素与销售产品或服务的价格与便利性、同类企业集聚产生的外部性、配套服务实施供给水平、市场结构与市场成熟度等。在区域市场保护与市场分割的情况下，不同地区企业的经营环境存在极大差异，严重制约着企业配置资源和区位选择空间。区域协同发展为企业搬迁创造了客观条件。一是区域协同发展有利于企业合理布局。逐步消除市场壁垒，形成成熟的区域统一大市场是区域协同发展的重要目标，随着区域协同发展水平的提高，统一大市场也会愈加成熟，区域内所有经济资源都能够自由流动，并被配置给效益最高的经济主体，而企业也会根据成本—收益原则在区域内做合理的生产、销售布局。二是区域协同发展有利于企业聚集，进而形成地区（经济体）专业化。由于某些特殊原因，存在同类企业向某些特定地区聚集的经济现象，如我国浙江省存在数量众多的生产纽扣、打火机、灯具等产品的专业村或专业镇。区域协同发展有利于企业在更加广阔的地域中选定聚集地，形成规模化、专业化生产，促进区域内经济体发展的专业化与差异化（范剑勇，2004）。三是区域协同发展有利于提高区域配套实施水平，改善企业发展环境。区域协同发展要求向落后地区提供倾斜性的基础设施、公共服务与制度安排的政策，提高落后地区企业发展配套设施的水平，缩小区域内经济体之间配套设施的差距，便于企业搬迁时的地址选择，改善企业发展的外部环境。因此，区域协同发展有利于企业在更大市场上配置资源与销售产品，分享同类企业集聚形成的外部性，获得更好的外部发展环境，进而提高企业的生产经营效率。所以，将区域内发达经济体城市中从事低端产业的企业向外疏解，有利于企业提高经营效率与经济效益，同时有利于迁入地区实现产业的专业化与多样化，提升当地经济发展能力与居民收入水平，从而推进城乡一体化进程。

（三）区域协同发展推动了政府职能转变，提高了城乡管理水平与一体化程度

区域协同发展既是区域经济社会发展自发演进的结果，也是区域内各级地方政府协调互动、共同努力的结果。在过去以 GDP 为核心指标的政绩考核体系中，各级官员为了实现本地区经济的快速发展，不惜树立市场壁垒阻止外部企业、人才等经济主体进入，甚至采取以邻为壑的短视性措施，不断上马高污染、高耗能项目，不仅对本地生态环境与经济社会发展造成不利影响，对周边地区也产生严重负外部性。区域协同发展有效改变了上

述情况。区域协同发展要求区域内各级政府在多领域建立协商、合作机制，发达经济体部分放弃了局部的、暂时性的利益，以谋取全局的、长远的发展。其一，支持区域内欠发达经济体的基础设施建设。欠发达经济体的基础设施建设水平通常与发达经济体存在一定差距，致使区域内基础设施建设常常出现欠缺"最后一公里"的问题，严重阻碍了区域内的互联互通和统一大市场的形成，经济资源在区域内无法自由流动和有效配置，严重损害了经济效率。但欠发达经济体发展水平低，无法独立承担基础设施投资费用，发达经济体必须给予支持与帮助，具体表现通常为政府间横向转移支付。

其二，向欠发达经济体开放优质公共服务资源。区域内发达经济体的教育、医疗、社会保障等公共服务的数量与质量明显优于欠发达地区，区域协同发展必然引致欠发达地区的行为主体分享这些优质资源，引发优质公共服务资源的激烈竞争与供给紧张。因此，随着区域协同发展水平的提高，发达经济体政府必须不断提高公共服务资源供给水平，以满足当地及来自其他经济体的行为主体的需求。

其三，在区域整体性事务中承担更多责任。诸如生态环境保护等问题是区域内所有经济体共同面对的问题，单个经济体的努力不会发挥显著作用，需要区域内所有经济体共同参与、联合行动方能奏效。此时，责任承担就成为不同经济体关注的问题了。以大气污染为例，"谁是主要污染源？""治理大气污染的责任由谁承担？""治理大气污染所需费用如何分担？"等都会使区域内经济体产生分歧，并可能使合作陷入僵局乃至夭折。由于发达经济体往往是区域整体性事务的首要责任人和最大受益者，且更有能力承担责任，因而发达经济体应承担更多责任。

其四，向欠发达经济体输出先进制度、文化。区域协同发展条件下的经济行为主体，在更大空间内配置资源，实现经济资源的自由流动，势必加强区域内经济体之间的交流与互动，发达经济体的先进制度与文化更易被欠发达经济体感受、学习和模仿，由此提高自身制度、文化建设水平，缩小与发达经济体的差距。

发达经济体政府在区域协同发展中支持区域内欠发达经济体基础设施建设，向欠发达经济体开放优质公共服务资源，在区域整体性事务中承担更多责任，向欠发达经济体输出先进制度、文化，这些举措将全方位缩小区域内经济体之间的发展差距，反过来又会对发达经济体城乡一体化发挥积极作用。对发达经济体城市而言，经济体之间的互联互通，产业集聚和地区专业化的形成，能够促进区域内城市之间相互合作、互通有无，在相互学习和渗透中形成分工合理、协调有序的城市体系。这不仅有助于提升各城市的发展水平，而且有助于增强该城市群在更大区域的竞争力和影响力，而发达经济体就是这一城市群的龙头与引擎，如我国长三角城市群中的上海。对发达经济体乡村而言，发达经济体城市规模扩大与经济发展水平提升势必加速乡村城市化进程，城市公共服务资源的共享也会惠及乡村，从而大幅提升乡村居民的生活质量与乡村的发展环境。由此，政府推动区域协同发展的制度、政策、措施在客观上促进了发达经济体城乡发展，提升了城乡一体化水平。

## 二 区域协同发展影响欠发达经济体城乡一体化的方式与机理

欠发达经济体的城乡一体化水平整体较低，不仅在于欠发达经济体经济发展落后，还存在经济行为主体自我发展能力弱、社会管理水平低、资源环境承载能力差等问题。区域协同发展能够加速欠发达经济体的经济发展速度、增强经济行为主体的自我发展能力和加大资源环境保护力度。为此，我们从居民、企业和政府三个行为主体着手，分析区域协同发展如何影响欠发达经济体城乡一体化水平。

### （一）区域协同发展提升了欠发达经济体城乡居民的发展机会和生活质量

欠发达经济体当地经济基础薄弱、产业结构单一，兼之城乡居民自我发展能力弱，致使居民缺少发展机会，收入与消费水平低。区域协同发展将大幅提高居民发展机会与生活质量。首先，区域协同发展增加了欠发达经济体城乡居民向发达经济体转移的机会。相比于欠发达经济体，居民迁入发达经济体能够获得更好的发展机会与更高的收入，这也是外来移民明知必须忍受"大城市病"（甚至成为"蚁族"）仍然趋之若鹜的原因。区域协同发展将极大地减少经济体之间的隔阂，欠发达经济体城乡居民迁入发达经济体城市的机会大为增加，从而谋取到更好的职业，获得更高的收入。其次，区域协同发展增加了欠发达经济体城乡居民在本地创业、就业的机会。在区域协同发展过程中，欠发达经济体会承接发达经济体转移出来的低端产业，大量企业将由发达经济体迁入欠发达经济体，为欠发达地区城乡居民创业、就业提供了机会，居民可以借此机会提高自身发展能力、增加收入。最后，区域协同发展增加了欠发达经济体城乡居民享受优质公共资源的机会。发达经济体拥有的优质公共资源，不论在数量还是质量上均明显优于欠发达经济体。区域协同发展的重要内容即是逐步实现公共服务均等化。在区域协同发展进程中，发达经济体会逐步放松对欠发达经济体在公共资源共享上的政策限制，欠发达经济体城乡居民将获得分享这些优质公共资源的机会。综上，区域协同发展可以通过移民、利用承接产业与分享优质公共资源提升欠发达地区城乡居民的发展机会与生活质量。

此外，区域协同发展对欠发达经济体城市与乡村发展的影响存在差异。对欠发达经济体城市而言，加强与发达经济体城市的信息、资源交流，积极承接转移产业，学习先进管理制度、文化，都将大幅提升其经济社会发展水平，并且与其他城市一起形成布局合理、分工协作的城市群。对欠发达经济体乡村而言，薄弱的基础设施、单一的经济结构、落后的管理体制很难为农村居民提供良好的发展机遇，因此不论是农村还是农村居民都严重缺乏自主发展能力，区域协同发展能够从外部推动欠发达经济体农村发展。欠发达经济体农村缺乏自我发展能力的根本原因在于缺乏技术、资金、人才和管理，但其拥有较为丰富的农作物、矿物质、旅游资源，开发利用这些资源将极大地提高经济社会发展水平和居民收入。区域协同发展有利于其他经济体的行为主体发现、开发这些资源，并将这些资源由潜在价值转化为现实价值。企业在开发利用这些资源的过程中，不仅提高了农村经济发展水平与市场化程度，而且提供了工作岗位，增加了农村居民的收入渠道，提高了收入水平，从而缩小了与城市的差距（姜鑫、罗佳，2012）。因此，区域协同发展有利于充分利用欠发达经济体的城乡经济资源，提高城乡居民收入水平，推进城乡一体化。

**（二）区域协同发展有利于欠发达经济体承接产业转移，帮助当地企业提升竞争力，加快欠发达经济体的发展速度与产业转型升级**

欠发达经济体的经济社会发展水平与发达经济体存在显著差距，这种差距在很多时候是梯度性的。梯度差距的存在，为企业在区域内不同经济体之间迁移与布局生产力创造了机会。发达经济体的拥挤效应迫使低端产业向外转移，欠发达经济体如果能抓住时机有效承接这些产业，将会加速当地产业转型升级与经济发展。产业转移的行为主体是企业，承接产业转移就是吸引企业向本地投资。发达经济体企业向欠发达经济体投资，将从以下几方面推动欠发达经济体城乡发展。其一，提升欠发达经济体经济发展水平。企业向欠发达经济体投资会引致外部资金流向欠发达经济体，企业利用已有经济资源创造经济效益，由此欠发达经济体步入良性发展轨道，经济发展水平得到大幅提升。其二，推动欠发达经济体产业转型升级。低端产业对欠发达经济体而言可能是高端产业，承接这些产业将推动欠发达经济体产业的转型升级。其三，提升本地企业竞争力。外来企业为本地企业带来了先进的专业技术、管理制度和企业文化，本地企业在与其竞争中向其学习、模仿，从而提升自身经营管理能力，增强企业竞争力。

外来企业向欠发达经济体迁移，对欠发达经济体的城市与农村的影响存在差异。总体来看，多数迁移企业会选择落脚于城市，即便是在农村投资的企业也会将其管理营销部门设置在城市。所以城市在企业迁移中的获益大于农村，城乡差距可能存在扩大趋势。因而，区域协同发展水平与欠发达经济体城乡一体化水平的发展进程并不同步，短期内区域协同发展与欠发达经济体城乡的发展差距可能扩大，但农村这片经济发展的"洼地"会随着欠发达经济体的持续发展而被发现与利用。区域协同发展的深入进一步提升了欠发达经济体的经济发展水平，进而提升了城乡一体化水平（褚保金、莫媛，2011）。

### （三）区域协同发展促进政府转变行政理念，向服务型政府转型

欠发达经济体在区域协同发展中会面临诸多新问题、新挑战，能否正确应对这些问题与挑战，对当地政府而言是极大考验。具体来说，区域协同发展对欠发达经济体政府的冲击来自以下几方面。首先，对政府与市场职能的重新理解。发达经济体的市场往往更为成熟，市场在经济活动中常常发挥基础性作用，发达经济体政府也能正确理解并较好地发挥自己的辅助职能。但欠发达经济体由于市场成熟度不够，相关法律和制度不健全，经济行为主体的机会主义倾向严重，政府习惯于利用管制手段规制经济活动，并倾向于以政府职能替代市场职能，对经济活动做过度干预。区域协同发展要求建立统一大市场，发挥市场在资源配置中的基础性作用，这必然对欠发达经济体的行政理念造成冲击，需要在职能发挥领域做出重大调整。其次，政府职能发挥由管制方式向服务方式转变。"法无禁止即可行"

是重要的司法原则，居民、企业等行为主体在法律许可的范围内活动，政府不应干预。政府为社会提供服务的方式应考虑"社会需要什么服务"，而不是"认为政府需要什么服务"，防止服务的"越位"与"缺位"。提供服务的方式也从强制方式向自愿方式转变。其三，促使政府提升管理和服务水平。与发达经济体政府相比，欠发达经济体政府的管理服务水平存在不小的差距，即大家常说的"门难进、脸难看、话难听、事难办"。欠发达经济体政府管理服务的低效率、低质量，严重影响着居民、企业的日常生产和生活，对政府形象也造成了严重损害。区域协同发展必然要求欠发达经济体政府学习、模仿发达经济体政府管理服务模式，以期提升自身水平。

欠发达经济体政府行为存在明显的"城市偏向"，即通常更为重视城市的经济社会发展，将多数经济资源配置给城市，这成为城乡差距持续扩大的重要原因。区域协同发展中发达经济体是欠发达经济体学习、模仿的对象，发达经济体政府为疏解城市非核心功能，会加大对农村的投资建设，提升农村居民的社会服务水平，进而推进城乡管理体制一体化（和立道，2011）。这些措施在欠发达经济体中得到推广，会为欠发达经济体乡村带来实惠，减弱城市偏向政策造成的不利影响，最终提升欠发达经济体的城乡一体化水平。

### 三 区域协同发展影响两类经济体城乡一体化方式与机理的比较分析

前文对区域协同发展影响发达经济体与欠发达经济体城乡一体化分别做了分析。分析认为，区域协同发展对两类经济体的城市与农村的影响存在差异，因而对两类经济体各自的城乡一体化水平的影响也存在差异。

区域协同发展会加速发达经济体城市的非核心功能向周边农村与其他经济体疏解，推动城市持续健康发展。周边农村由于城市边界延伸与基础设施、公共服务的完善而获得更多发展机会，发展速度将进一步加快。此外，政府为缩小城乡差距所采取的各项措施也会加速城乡一体化进程。因此，区域协同发展对缩小发达经济体的城乡差距，提升其城乡一体化水平有着积极影响。对欠发达经济体而言，区域协同发展过程中，不论是企业搬迁还是人才集聚都会倾向于城市，加上政府的"城市倾向"政策，城市的发展速度会进一步加快，而农村由于自身发展条件的局限，整体上无法实现快速发展。因而，短期内区域协同发展可能导致欠发达经济体的城乡差距扩大。但从长远来看，随着区域协同发展的持续推进，欠发达经济体中农村这片经济"洼地"会逐渐被开发，从而踏上快速发展之路，城乡差距逐步缩小，城乡一体化水平逐步提高。

## 第三节　区域协同发展影响城乡一体化：问题和出路

尽管我们坚信，区域协同发展能够加快城乡一体化进程。但就不同经济体而言，区域协同发展对城乡一体化的推动作用在不同时期存在显著差异。因而，如果不能从长远眼光看的话，区域协同发展对城乡一体化的影响方向并不是确定的。这其中既有经济发展规律的作用，又有经济行为主体的影响。尊重经济发展规律，引导、调控经济行为主体的行为，是降低不确定性的关键。

### 一　区域协同发展影响城乡一体化可能存在的问题

不论是区域协同发展还是城乡一体化，尽管对区域整体发展存在显著的积极效应，但这种积极效应对不同经济体而言存在差异，因而经济行为主体推进区域协同发展的积极性和有效性有着显著差距，消极的态度与浮于表面的工作并不能有效推进区域协同发展和城乡一体化。造成区域协同发展无法有效推进城乡一体化的因素是多方面的。

#### （一）虹吸效应拉大区域、城乡差距

发达经济体对周边欠发达经济体存在两种截然相反的影响效应：虹吸效应与涓滴效应。虹吸效应指发达经济体因其规模优势与效率优势对欠发达经济体的经济资源产生强大的吸引力，在加速自身发展的同时减缓了欠发达经济体的发展（刘和东，2013）。涓滴效应指发达经济体通过产业转移、技术溢出、就业吸收等方式惠及欠发达经济体，以缩小经济体之间的差距。尽管目前的经济理论与实践表明，两类经济体在互动发展中存在上述两种效应，但两种效应如何发挥作用、如何实现转换均未能形成一致认识。如我国长三角地区的上海市与其他地区形成了协调互动、互利共赢的良好发展格局，而京津冀地区的京津两市在快速发展的同时却迟滞了河北省的发展。因而，区域协同发展过程中，发达经济体与欠发达经济体之间

经济联系的加强，可能会出现虹吸效应占主导地位、区域发展差距拉大的情况。同样，城乡一体化过程中也存在上述情况（漆世兰等，2009）。需要指出的是，虹吸效应占主导地位的情况并不一定是市场扭曲所致，可能是经济发展客观规律的体现。因而，如何在尊重经济发展客观规律的前提下扭转上述情况，是一大难题。

(二) 利益集团阻挠协同发展的推进

如上文所述，区域协同发展、城乡一体化对不同经济体、不同经济行为主体的影响存在差异，造成不同经济体和不同经济行为主体在区域协同发展中获益明显不同，由此形成大大小小的利益集团。在区域协调发展与城乡一体化过程中获得利益不多或利益受损的利益集团，可能阻挠区域协同发展与城乡一体化的推进。一是部分维护政绩的政府官员。以 GDP 为中心的官员考核、晋升机制要求官员在任期内保持 GDP 快速增长，扩大财政税收来源。而在区域协同发展条件下，发达经济体的部分产业向外转移、欠发达经济体优质资源流失都会导致 GDP 增长率的短暂性下降，进而影响到官员政绩。所以，官员基于自身利益考虑，可能不会积极推进区域协同发展。二是维护自身经济效益的企业。不同经济体的企业在协同区域内的迁移是区域协同发展的表现形式之一。然而，企业迁移并不总是来自企业自身需求。发达经济体的政府可能出于环保节能、疏散人口的角度考虑，要求部分高耗能、高污染、劳动密集型企业向外迁移，而迁移并不符合企业自身利益，此时企业会通过各种方式拖延乃至抗拒搬迁。对欠发达经济体的企业而言，外来企业在规模、技术、管理等方面的优势会对其生存、发展造成严重压力，他们会游说政府或合谋构筑市场壁垒，拒绝外来企业进入。三是留恋故土的本地居民。本地居民长期在这片土地上生活，怀有浓厚的乡土情怀。在区域协同发展的情况下，人口的频繁流动会破坏这种情怀。对发达经济体居民而言，外来移民会抢走他们的就业机会和教育、医疗等公共资源，引发一系列社会安全问题。所以，本地居民对外地移民存在强烈的敌对和歧视心理，会采取各种方式抗拒外来移民。对欠发达经济体居民而言，背井离乡去陌生地方谋生并不是一件惬意的事情，高度的不确定性、对父母妻儿的留恋常常使他们患得患失。而市场经济、城市文化的强势渗透会严重破坏宁静安逸、传统古朴的乡村环境。面对衰落的村庄，许多人会发出无奈的叹息与抱怨（程时雄、柳剑平，2014）。

### （三）发展理念落后，迟滞区域协同发展进程

自改革开放以来我国经历了数十年的经济高速增长，增长方式可概括为政府主导下的要素驱动型经济增长，这种增长方式导致了许多不正确的发展理念出现。随着我国经济社会发展进入"新常态"，这些落后的发展理念日渐成为经济社会继续发展的阻碍。其一，政府对经济活动的过度干预。政府主导是传统经济发展方式的重要特征，政府在经济发展过程中一直存在"父爱主义"倾向，政府官员在经济活动中"家长"作风严重，无端干预企业正常的生产经营活动，其中还伴随着严重的寻租行为，严重损害了企业利益与经济效率。就区域协同发展而言，政府不应当无视经济行为主体的意愿和利益，而采取强制方式推进（赵勇、魏后凯，2015）。其二，经济发展中的城市偏向。不论是政府，还是企业、居民都存在严重的"城市偏向"理念，政府将大量资源投向城市，努力提升城市的基础设施与公共服务水平；企业将多数项目投资于城市，以追求高回报率；居民不断涌入城市，以谋求更好的发展机会。如此循环往复，城乡差距必然持续扩大。其三，政府工作的低效率、低绩效。层级结构特征使政府工作效率低、效果差，常常是"雷声大雨点小"：许多项目、政策只出现在报告、规划和宣传中，并没有真正落实。而政策落实过程中的"上有政策，下有对策"，也导致政策很难达到预期效果。

## 二 区域协同发展影响城乡一体化问题的解决

通过区域协同发展推进城乡一体化的实现，必须首先解决上述问题。良好的制度安排与机制设计有助于这些问题的解决。

### （一）构建不同层次、不同领域的多方磋商机制

区域协同发展有利于区域内经济体的长远健康发展。但各经济体推进区域协同发展的积极性并不一致。即便多方均加快了协同发展步伐，但由于沟通信息的不完全和不充分，使其难以做到步调上的协同一致。因而，加强经济体之间的信息交流，统一各经济体的认识、步骤很重要。为此，既需要各经济体政府建立定期会晤机制，加强顶层设计，搭建各经济体间的企业、人才交流平台。各级政府作为本地公共服务的供给方，应承担起上述责任。其一，加强顶层设计。区内各经济体应逐步形成定期会晤机制，不单是地方政府首脑，也可以是专业部门之间的定期协商，就区域协同发

展形成统一意见乃至约束所有经济体的规划，如京津冀三省市在2015年联合制定并获得中共中央政治局审议通过的《京津冀协同发展规划纲要》（连玉明，2014）。其二，搭建企业、人才交流平台。企业和人才作为直接参与经济活动的微观行为主体，也是区域协同发展在微观层面的执行者，相比于政府，企业、人才的信息不完全、不对称更为严重，政府应搭建经济体之间的企业、人才交流平台，为企业异地投资、人才流动创造条件。

### （二）建立区域协同发展责任主体问责机制

为避免区域协同发展政策流于形式、流于表面，必须对领受任务的各级部门、责任人进行定期问责。为此，政府在落实区域协同发展政策过程中必须细分任务，制定详细的任务清单与时间安排表，规定任务执行部门、负责人及其执行时间表，并根据时间安排表对执行部门与负责人定期问责，对执行效果好的部门与责任人给予奖励，对执行不到位的部门与责任人进行处罚，以激励各部门与责任人顺利完成任务。

### （三）建立区域协同发展的利益共享机制

区域协同发展带来的收益在经济体之间并不是平等分配的，这使不同经济体对区域协同发展的积极性存在显著差异。如上文所述，虹吸效应、城市偏向、利益集团都会引致收益在经济体之间、城乡之间的不均等分配，并且这种不均等分配往往不利于落后地区，这不仅不利于区域、城乡经济社会一体化发展，还会拉大区域、城乡差距，与区域协同发展的初衷背道而驰。为此，必须约束经济行为主体的机会主义行为，构建区域、城乡之间的利益共享与补偿机制，发达经济体唯有向欠发达地区让渡部分利益，城市唯有向农村让渡部分利益，并更多地承担相关责任，才能调动欠发达经济体和农村参与区域协同发展的积极性。况且从长远来看，短期内让渡部分利益对发达经济体与城市而言是有益的，欠发达经济体与农村经济发展水平的提升，有利于缩小区域、城乡差距，形成协调互动、合理分工的发展格局。

综上，笔者从概念和特征、方式与机理、问题和出路三个方面构建了区域协同发展影响城乡一体化的理论架构，并指出区域协同发展能够有效提高城乡一体化水平。但城乡一体化并不是区域协同发展的唯一可置信结果，也可能由此导致区域、城乡差距扩大，唯有建立多项制度安排与保障机制、转变经济行为主体的机会主义倾向，才能真正推进城乡一体化进程。

# 第四章　京津冀协同发展与城乡一体化水平测度

上章构建了区域协同发展影响城乡一体化的理论分析框架，本章将对京津冀协同发展与城乡一体化水平进行测度，为后续实证检验京津冀协同发展对城乡一体化的影响奠定基础。在本章中，笔者首先对京津冀地区经济社会发展概况做了扼要介绍。其次，在比较分析了区域协同发展测度方法的基础上，对京津冀协同发展水平做了测度。最后，在比较分析城乡一体化测度方法的基础上，对京津冀城乡一体化水平做了测度。

## 第一节　京津冀地区经济社会发展概述

京津冀地区是我国重要的经济、政治、文化中心，与长三角、珠三角并称为我国三大经济最发达、开放程度最高、创新能力最强的地区。京津冀地区包括北京市、天津市与河北省，土地面积达21.8万平方公里，常住人口为14859.82万人，GDP达69312.89亿元（2015年）。京津冀地区在辽金时期就发展成为我国重要的经济、政治、文化、军事地区之一，但是该地区长期以来就发展极不平衡，北京市和天津市是高度发达的商品经济城市，河北省是明显落后的农村自然经济。北京市一直是京津冀地区的政治、经济、文化、军事中心，天津市在近代以来获得了极大发展，从清末到民国时期，北京市是京津冀地区的文化、政治中心，天津市是经济、商贸中心，呈现"双城"竞争格局。河北省内部，石家庄、唐山发展强劲，与保定市鼎足而立。新中国成立后，北京市成为首都，是全国政治、文化中心，天津市工业、商贸城市地位得到巩固和发展，京津"双城"竞争格局继续发展，但就发展水平而言，北京市高于天津市。就河北省内部而言，1968年，河北省省会由保定迁驻石家庄，石家庄进入迅猛发展期，保定则发展缓慢。自改革开放以来，京津冀三省市经济社会迅速发展，但京津两个特大城市在虹吸效应的作用下吸引了河北省大量经济资源，使河北省经济发展相对滞后，并形成了"环首都贫困带"，造成京津冀地区发展差距持续扩大，京津两市城乡差距过大，北京市"大城市病"越发凸显（张可云、蔡之兵，2014）。

## （一）人均GDP持续增长，地区差距呈正"U"形

图4-1为2000~2015年京津冀三省市人均GDP对比，京津两市人均GDP十分接近，河北省则显著低于京津两市。天津市人均GDP于2011年超过北京市，河北省与京津两市的差距整体呈缩小态势，具体表现为先缩小后扩大，呈正"U"形，转折点为2009年，北京市与河北省人均GDP差距最大为2002年的3.44倍，差距最小为2009年的2.34倍。天津市与河北省差距最大为2015年的2.68倍，差距最小为2009年的2.18倍。

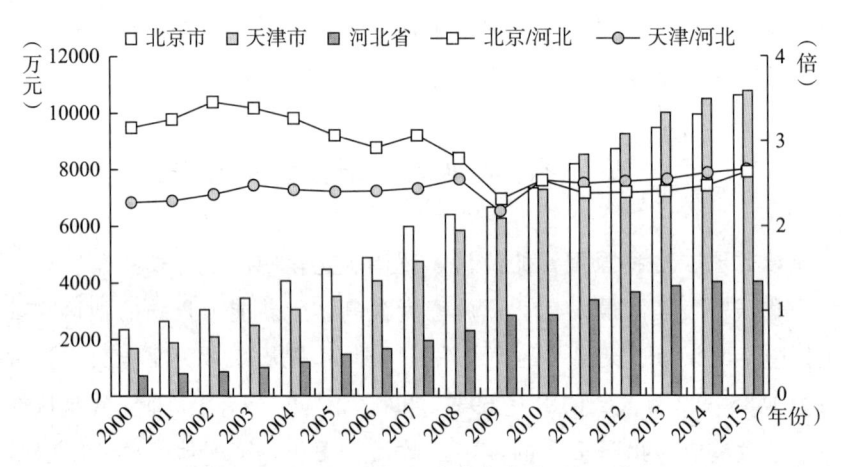

图4-1  2000~2015年京津冀人均GDP对比

资料来源：国家统计局。

## （二）GDP增长率差距较大，总体呈倒"U"形

如图4-2所示，京津冀三省市的GDP在2000~2015年整体保持了快速增长的态势，且呈现为倒"U"形。总体来看，天津市GDP增长快于北京市与河北省，而北京市与河北省的增长率相当。从北京市与河北省GDP增长率对比来看，北京市与河北省差距最大为2001年的1.34倍，差距最

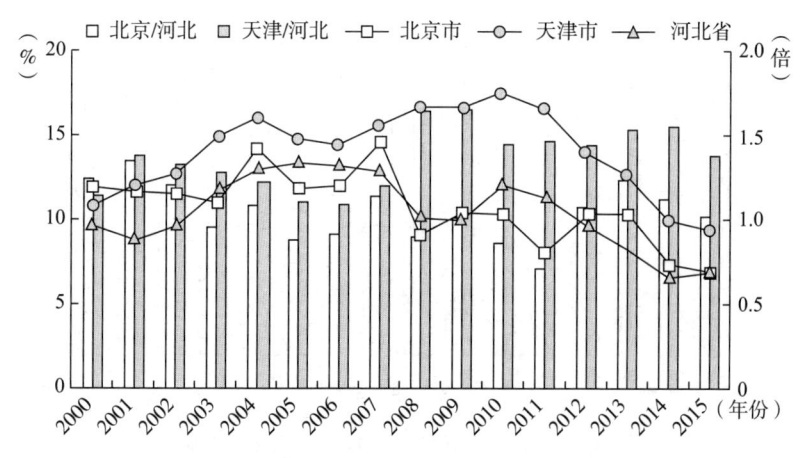

图 4-2 2000~2015 年京津冀 GDP 增长率对比

资料来源：国家统计局。

小为 2011 年的 0.72 倍。从天津市与河北省 GDP 增长率对比来看，天津市与河北省差距最大为 2009 年的 1.65 倍，差距最小为 2006 年的 1.09 倍。

### （三）城镇化率持续上升，地区差距逐渐缩小

图 4-3 为 2000~2015 年京津冀三省市城镇化率对比，京津两市城镇化率十分接近，河北省则显著低于京津两市，但差距呈缩小态势。北京市与河北省差距最大为 2002 年的 3.98 倍，差距最小为 2015 年的 1.69 倍。天津市与河北省差距最大为 2002 年的 2.99 倍，差距最小为 2015 年的 1.61 倍。

### （四）城乡居民收入差距趋于稳定，城乡居民消费差距先扩大后缩小

京津冀三省市 2000~2014 年城乡居民人均收入差距总体呈缩小态势，北京市、天津市城乡居民收入呈波动态势，河北省城乡居民收入差距趋于下降，2014 年农村居民收入首次超过城市。对比京津冀三省市城乡收入差距发现，2000~2006 年天津市在京津冀中城乡居民收入差距最大，2007~2010 年北京市城乡居民收入差距最大，2011~2014 年天津市再次领先，而河北省城乡居民收入差距一直最小（见图 4-4）。

京津冀三省市 2000~2014 年城乡居民家庭人均消费差距总体呈扩大态势。2000~2010 年，北京市的城乡居民消费差距持续扩大，在 2010~2014

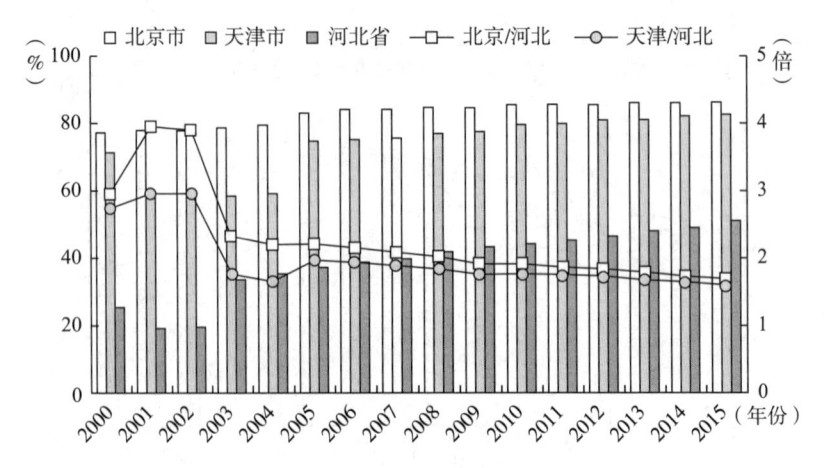

图 4-3　2000~2015 年京津冀城镇化率对比

资料来源：国家统计局。

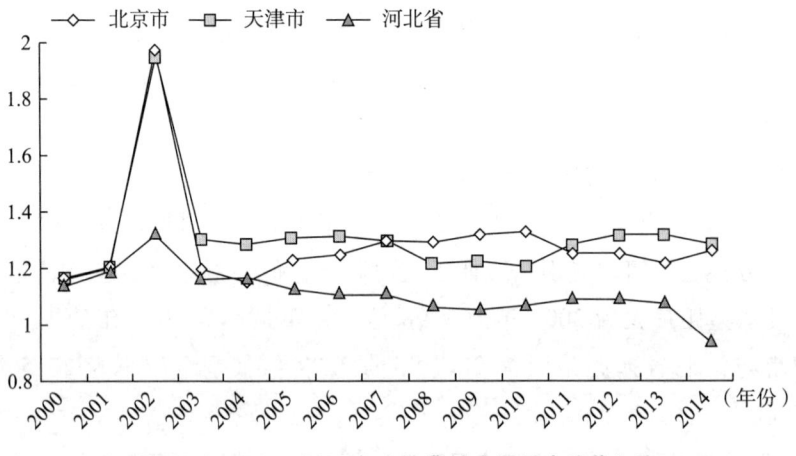

图 4-4　2000~2014 年京津冀城乡居民人均收入比

资料来源：国家统计局。

年有所缩小；2000~2010 年，天津市的城乡居民消费差距相对稳定，在 2010~2014 年波动较大。河北省城乡居民消费差距先缩小后扩大，特别是 2003~2010 年的农村居民消费超过城市居民消费。对比京津冀三省市，北京市城乡居民消费差距在多数年份最大，河北省最小，天津市居中（见图 4-5）。

（五）河北省各市差距较大，发展水平参差不齐

图 4-6 为 2014 年河北省各市 GDP 增长率与人均 GDP 对比，结果表明：

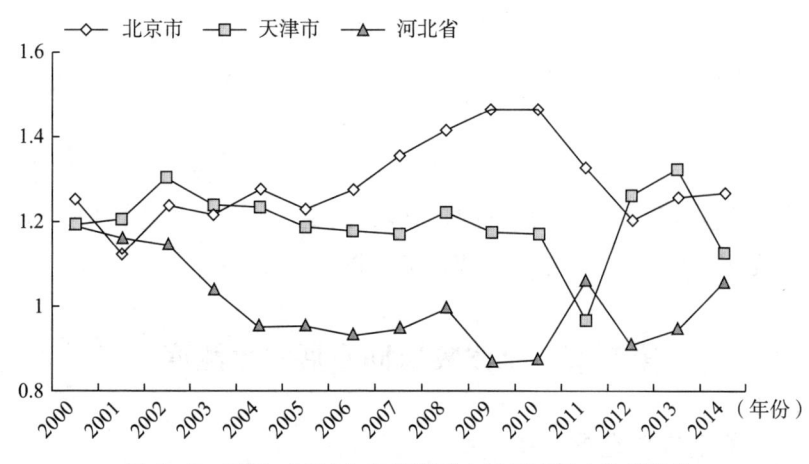

图 4-5 2000~2014 年京津冀城乡居民家庭人均消费比

资料来源：国家统计局。

2014 年河北省各市发展速度较慢且差距较大。在河北省 11 个地级市中，唐山市发展水平远高于其他地级市，邢台市发展水平最低。衡水市、廊坊市、承德市发展速度较快，邯郸市发展速度最慢。京津两市周边的唐山、承德、张家口、保定、廊坊、沧州等六市并不比其他各市发展更快，显示上述各市并未受益于京津两市的经济效益。

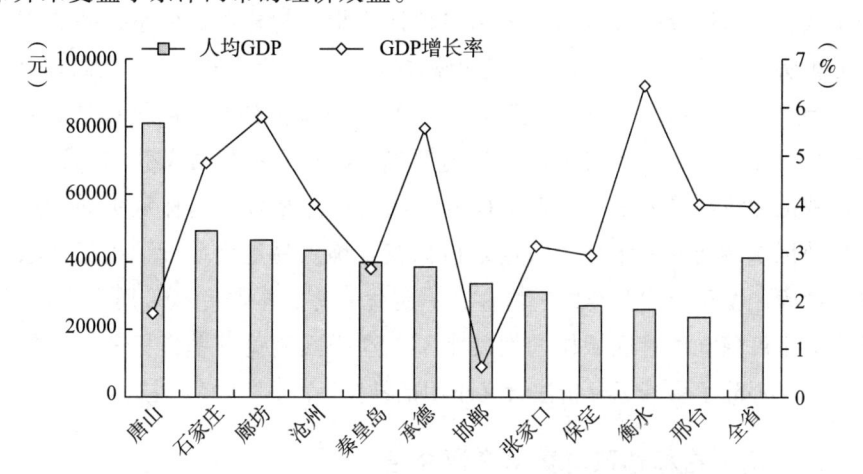

图 4-6 2014 年河北省各市 GDP 增长率与人均 GDP 对比

资料来源：国家统计局。

综上，京津冀在地缘、文化上系出同源，具备协同发展的基础。尽管京津冀三省市在改革开放以来获了极大发展，但并未产生明显的协同效应。

京津两个特大城市产生的虹吸效应与涓滴效应作用相互抵消，临近京津的部分区县发展尤其落后，形成了"环首都贫困带"，不仅迟滞了河北省的发展，也加深了北京的"大城市病"，对京津冀地区发展产生了严重不利影响（孙久文、原倩，2014）。因此，促进京津冀三省市合作互惠，构建京津冀地区经济社会协同发展的长效机制，形成区域、城乡一体化市场，对加快该地区城乡发展速度、形成"世界级城市群"十分关键。

## 第二节　京津冀协同发展水平测度

### 一　测度方法选择

测度区域协同发展水平实质上是测度区域发展差距，即当区域发展差距较大时，我们认为该地区发展不协调，当区域发展差距较小时，我们认为该地区实现了协同发展。测度区域发展差距的方法颇多，既有定性分析法，又有定量分析法；既有单指标分析法，又有多指标分析法；既有静态分析法，又有动态分解法。衡量区域差距的指标主要有人均GDP、人均收入水平、地区价格水平等，单指标分析法主要有泰尔指数、基尼系数和趋同系数。多指标分析法是综合运用多种评价指标构建指标体系，并利用层次分析法、因子分析法等方法确定指标权重并计算综合得分（王垚，2010；左振宇等，2012；冯江茹、范新英，2014）。单指标分析法的优点是简明清晰、易于操作，指标含义清晰、指向明确，缺点是指标含义狭窄，不能全面反映区域协同发展水平。多指标分析法的优点是各类指标从不同维度综合反映区域协同发展水平，缺点是指标权重确定易遭到质疑，指标体系含义不明确。鉴于上述两类方法均存在一定优劣势，本研究拟采用多个指标，从不同维度独立衡量区域协同发展水平，这样既避免了单指标分析法的狭隘性，又消除了多指标分析法含义不明的缺陷。

### 二　测度指标选取与数据来源介绍

区域协同发展反映了邻近地区在经济、社会、政治、文化、生态等领域合作、互动、协同发展的能力与水平，对区域协同发展水平的测度应全面反映上述内容。对区域协同发展内涵的界定表明，经济协调发展、产业结构联动调整、区域市场一体化、生态环境联防联治和公共服务共享共建等内容基本能够反映区域协同发展水平。因此，对京津冀协同发展水平的测度从上述几方面进行，并遴选相应指标予以反映。笔者选择的反映经济发展协同的指标为人均 GDP 指数，以河北省 2000 年人均 GDP 为基数，并设定为 1，计算得到 2000~2014 年京津冀三省市人均 GDP 指数；反映产业结构联动发展的指标是 Krugman 结构差异度指数，指数越高表示地区间产业同构程度越低；反映市场分割程度（要素市场一体化）的指标为生产者物价指数，反映生产要素价格变动情况，价格差距越大，市场分割程度越高（江曼琦、谢姗，2015）；反映环境联合治理的指标为环境污染治理指数，即环境污染治理投资占 GDP 比重；反映公共设施均等化的指标为交通网密度，即单位面积的公路、铁路运营里程（见表 4-1）。

表 4-1 京津冀协同发展水平测度指标

| 方面指标 | 基础指标 | 指标含义 |
| --- | --- | --- |
| 经济发展协同 | 人均 GDP 指数 | 设定河北省 2000 年人均 GDP 为 1，计算得到 2000~2014 年京津冀三省市人均 GDP |
| 产业结构联动 | Krugman 结构差异度指数 | $MKI_{ij} = \sum_{k=1}^{n} |X_{ik} - X_{jk}|$，其中，$i$、$j$ 是两个参与比较的地区，$k$ 指产业，$X_{ik}$ 指 K 产业占 $i$ 地区整个产业产值的比重，$X_{jk}$ 指 K 产业占 $j$ 地区整个产业产值的比重 |
| 市场分割程度 | 生产者物价指数 | 反映生产要素价格变动情况 |
| 环境联合治理 | 环境污染治理指数 | 环境污染治理投资额/总产值 |
| 公共设施均等化 | 交通网密度 | （公路运营里程 + 铁路运营里程）/区域土地面积 |

资料来源：《中国统计年鉴》（2001~2015）、《中国区域经济统计年鉴》（2001~2015）、《中国城市统计年鉴》（2001~2015）、《中国农村统计年鉴》（2001~2015）以及京津冀三省市的统计年鉴、发展公报；个别缺失数据，笔者运用技术手段做了补充。

## 三 测度结果分析

笔者运用上文提到的方法、指标和数据对京津冀协同发展水平做了测度。

（1）人均 GDP 指数。笔者以河北省 2000 年人均 GDP 为基准，对京津冀三省市 2000~2014 年的人均 GDP 做了指数化处理，京津冀三省市在 2000-2014 年人均 GDP 增长情况与地区差距见图 4-2。

表 4-2　2000~2014 年京津冀人均 GDP 指数

| 年份 | 北京市 | 天津市 | 河北省 | 年份 | 北京市 | 天津市 | 河北省 |
| --- | --- | --- | --- | --- | --- | --- | --- |
| 2000 | 3.18 | 2.29 | 1.00 | 2008 | 8.49 | 7.73 | 3.03 |
| 2001 | 3.56 | 2.52 | 1.09 | 2009 | 8.82 | 8.24 | 3.78 |
| 2002 | 4.06 | 2.82 | 1.18 | 2010 | 9.73 | 9.61 | 3.78 |
| 2003 | 4.60 | 3.36 | 1.35 | 2011 | 10.76 | 11.22 | 4.47 |
| 2004 | 5.41 | 4.03 | 1.64 | 2012 | 11.52 | 12.27 | 4.82 |
| 2005 | 5.99 | 4.71 | 1.95 | 2013 | 12.47 | 13.19 | 5.13 |
| 2006 | 6.52 | 5.40 | 2.23 | 2014 | 13.17 | 13.86 | 5.27 |
| 2007 | 7.92 | 6.32 | 2.59 | | | | |

（2）Krugman 结构差异度指数。笔者运用 Krugman 结构差异度指数测度区域产业结构差异情况，作为衡量京津冀地区产业联动发展、转型的指标。表 4-3 为根据《国民经济行业分类（GB/T 4754-2002）》调整得到的产业结构分类，调整后的产业结构分类含 9 大产业（于重阳，2015）。

表 4-3　产业结构分类

| 隶属产业 | 产业代码 | 产业大类 |
| --- | --- | --- |
| 第一产业 | A | 农、林、牧、渔业 |
| 第二产业 | B | 工业 |
|  | C | 建筑业 |
| 第三产业 | D | 交通运输、仓储和邮政业 |
|  | E | 批发和零售业 |
|  | F | 住宿和餐饮业 |
|  | G | 金融业 |
|  | H | 房地产业 |
|  | I | 其他服务业 |

表 4-4 以 2000~2014 年全国产业数据为参照对象，得到京津冀 Krugman 结构差异度指数，指数越大产业结构差异越大。结果显示，从时间维度看，北京市与天津市产业结构差异度先扩大后缩小，呈倒"U"形分布，河北省产业结构差异度则不断扩大；从空间维度看，北京市产业结构差异度较大，天津市次之，河北省较小。

表4-4　京津冀 Krugman 结构差异度指数

| 年份 | 北京市 | 天津市 | 河北省 | 年份 | 北京市 | 天津市 | 河北省 |
|---|---|---|---|---|---|---|---|
| 2000 | 0.5330 | 0.2908 | 0.1604 | 2008 | 0.6721 | 0.2720 | 0.2287 |
| 2001 | 0.5415 | 0.2930 | 0.1775 | 2009 | 0.6352 | 0.2614 | 0.2368 |
| 2002 | 0.5628 | 0.3052 | 0.1718 | 2010 | 0.6276 | 0.2581 | 0.2540 |
| 2003 | 0.5570 | 0.2617 | 0.1648 | 2011 | 0.6446 | 0.2761 | 0.2648 |
| 2004 | 0.5406 | 0.3048 | 0.1655 | 2012 | 0.6289 | 0.2986 | 0.2829 |
| 2005 | 0.5745 | 0.2893 | 0.1834 | 2013 | 0.6085 | 0.3034 | 0.3115 |
| 2006 | 0.6100 | 0.2886 | 0.1866 | 2014 | 0.6020 | 0.2672 | 0.3010 |
| 2007 | 0.6281 | 0.2771 | 0.2143 |  |  |  |  |

（3）生产者物价指数。笔者以生产者物价指数差异衡量京津冀市场一体化程度，表4-5为2000~2014年京津冀三省市生产者物价指数，为便于比较，笔者以2000年三省市生产者价格指数标准化为1，后续各年以上一年指数为基准。结果显示，京津冀三省市之间生产者价格指数存在显著的联动变化，但指数变化无明显规律可循，总体呈现起伏波动态势。

表4-5　京津冀生产者物价指数

| 年份 | 北京市 | 天津市 | 河北省 | 年份 | 北京市 | 天津市 | 河北省 |
|---|---|---|---|---|---|---|---|
| 2000 | 1.0000 | 1.0000 | 1.0000 | 2008 | 1.0330 | 1.0410 | 1.1670 |
| 2001 | 0.9940 | 0.9590 | 0.9990 | 2009 | 0.9440 | 0.9250 | 0.8910 |
| 2002 | 0.9660 | 0.9590 | 0.9940 | 2010 | 1.0220 | 1.0510 | 1.0900 |
| 2003 | 1.0150 | 1.0250 | 1.0710 | 2011 | 1.0230 | 1.0380 | 1.0770 |
| 2004 | 1.0300 | 1.0410 | 1.1160 | 2012 | 0.9840 | 0.9700 | 0.9470 |
| 2005 | 1.0130 | 1.0010 | 1.0440 | 2013 | 0.9740 | 0.9700 | 0.9660 |
| 2006 | 0.9910 | 1.0060 | 1.0080 | 2014 | 0.9910 | 0.9630 | 0.9520 |
| 2007 | 0.9970 | 1.0150 | 1.0690 |  |  |  |  |

（4）环境污染治理指数。笔者将京津冀三省市环境污染治理投资额的GDP占比作为衡量该地区环境治理水平与联防联控能力的指标，表4-6为2000~2014年京津冀环境污染治理指数。结果显示，京津冀三省市环境污染治理投资额的GDP占比波动提升，表明环境治理在政府工作中的地位在上升。北京市的指数在2007年出现急剧下滑，而后得到缓慢提升，河北省

和天津市总体呈现稳步上升态势。对比三省市环境治理投入水平，2000年依次为北京市、河北省、天津市，2014年依次为河北省、北京市、天津市，表明天津市环境治理投入较低，河北省投入增长较快，而且三省市之间缺乏联动治理能力。

表4-6  2000~2014年京津冀环境污染治理指数

| 年份 | 北京市 | 天津市 | 河北省 | 年份 | 北京市 | 天津市 | 河北省 |
| --- | --- | --- | --- | --- | --- | --- | --- |
| 2000 | 0.9461 | 0.7268 | 0.7485 | 2008 | 1.3756 | 1.0135 | 1.3009 |
| 2001 | 0.9819 | 0.8309 | 0.8515 | 2009 | 1.7173 | 1.3787 | 1.4424 |
| 2002 | 1.0249 | 0.4614 | 0.9710 | 2010 | 1.6396 | 1.1892 | 1.8186 |
| 2003 | 1.0760 | 1.0275 | 1.0502 | 2011 | 1.3112 | 1.5468 | 2.5449 |
| 2004 | 1.0792 | 1.3726 | 1.0758 | 2012 | 1.3150 | 1.3903 | 1.5044 |
| 2005 | 1.2182 | 1.8281 | 1.2125 | 2013 | 1.3287 | 1.4252 | 1.5616 |
| 2006 | 2.0387 | 1.7925 | 1.1528 | 2014 | 1.3274 | 1.3021 | 1.6446 |
| 2007 | 0.5010 | 2.3176 | 1.2508 | | | | |

资料来源：根据京津冀环境污染治理指数测算结果资料整理。

（5）交通网密度。笔者以交通网络密度作为衡量京津冀地区公共设施发展差距的指标，表4-7为2000~2014年京津冀三省市交通网络密度。结果显示，2000~2014年京津冀地区交通得到显著改善，但发展差距仍十分明显。对比三省市交通网络密度可以发现，天津市发展水平最高，北京市次之，河北省再次之，而且京津两市较为接近，河北省差距明显。

表4-7  2000~2014年京津冀交通网络密度

| 年份 | 北京市 | 天津市 | 河北省 | 年份 | 北京市 | 天津市 | 河北省 |
| --- | --- | --- | --- | --- | --- | --- | --- |
| 2000 | 0.8683 | 0.9164 | 0.3366 | 2006 | 1.3080 | 1.0121 | 0.7935 |
| 2001 | 0.8852 | 0.9288 | 0.3366 | 2007 | 1.3233 | 1.0396 | 0.8123 |
| 2002 | 0.9130 | 0.9393 | 0.3601 | 2008 | 1.2977 | 1.0904 | 0.8246 |
| 2003 | 0.9069 | 0.9685 | 0.3729 | 2009 | 1.3360 | 1.2838 | 0.8366 |
| 2004 | 0.9282 | 1.0163 | 0.3993 | 2010 | 1.3578 | 1.3102 | 0.8485 |
| 2005 | 0.9544 | 0.9648 | 0.4304 | 2011 | 1.3757 | 1.3451 | 0.8638 |

续表

| 年份 | 北京市 | 天津市 | 河北省 | 年份 | 北京市 | 天津市 | 河北省 |
|------|--------|--------|--------|------|--------|--------|--------|
| 2012 | 1.3874 | 1.3643 | 0.8987 | 2014 | 1.4097 | 1.4333 | 0.9870 |
| 2013 | 1.3851 | 1.3838 | 0.9270 |      |        |        |        |

资料来源：根据京津冀交通网密度测算结果资料整理。

## 第三节 京津冀地区城乡一体化水平测度

2015年中国人均GDP达到8016美元，城镇化率达到56.1%，表明我国工业化和城镇化步入较高水平。然而，2016年上半年我国城镇居民人均可支配收入为16957元，农村居民人均可支配收入为6050元，城乡居民人均可支配收入比为2.8:1，表明我国城乡差距仍十分严重。陈秀山、张可云（2010）的研究表明，城乡发展同时存在聚集效应与涓流效应。城市化率低于30%时，聚集效应与涓流效应均不明显，聚集效应大于涓流效应，经济资源从农村向城市流动；城市化率在30%~50%时，聚集效应占据主导地位，经济资源向城市流动速度加快，城市文化对农村文化形成强势渗透与挤压；城市化率在50%~70%时，涓流效应显现并不断增强，经济资源呈现双向流动，城市文化与农村文化出现相互融合；城市化率高于70%之后，城乡协调互动、融合发展，基本实现城乡一体化。我们发现，中国城镇化率处于50%~70%时，尽管城乡发展过程中聚集效应仍占据主导地位，涓流效应尚不明显，但缩小城乡差距的一些积极因素开始显现（如2016年上半年，农村居民人均可支配收入实际增速高于城镇居民0.9个百分点），倘若能够适当运用一些政策措施发挥这些积极因素的作用，就可以缓解城乡差距扩大的趋势，并促使城乡差距由扩大到缩小的拐点早日到来。就京津冀地区而言，2015年北京市人均GDP与城镇化率分别为10.65万元和86.51%，全国排名均为第2；天津市分别为10.80万元和82.64%，全国排名分别为第1和第3；河北省分别为4.09万元和51.33%，全国排名分别为第20和21。[①] 明显地，京津冀地区经济社会发展水平与城乡差距极不均衡，北京市和天津市经济高度发达，城乡一体化基本实现，而河北省经济发展

---

① 人均GDP数据来自国家统计局，城镇化率的数据来自《国家新型城镇化报告》。

严重滞后，城乡差距仍处在扩大阶段。

不仅如此，京津冀地区城乡发展不均衡体现在多个方面。北京市"大城市病"突出：人口增长过快、交通拥堵、资源环境承载压力大。城乡接合部（北京市四环到六环及其重点新城周边地区）聚集着该市六成常住人口和超过七成的外来人口，"瓦片经济"大量存在，违法建设普遍、人口无序聚集、环境污染严重，社会治安问题突出、建设管理体制落后，基础设施和公共服务供给严重不足，对北京城市发展与履行首都职能造成负面影响。天津市"大城市病"虽不如北京严重，城乡接合部也不像北京市那般普遍，但仍存在农业基础设施建设落后、农村居民收入偏低等问题。河北省经济社会发展水平相对北京市、天津市明显落后，特别是"环首都贫困带"的25个国家级和省级贫困县。2014年，全国人均GDP和农村居民人均纯收入分别为46629元和9892元，而"环首都贫困带"分别为22452元和6393元①，同年京郊地区与河北省农村居民人均纯收入分别为20226元和10186元。河北省城乡一体化发展进程中存在农业比重较大且效率不高、城乡基础设施薄弱且配置不均衡、明显的城市偏向政策等问题。2015年全国与京津冀地区产业结构对比见图4-7。

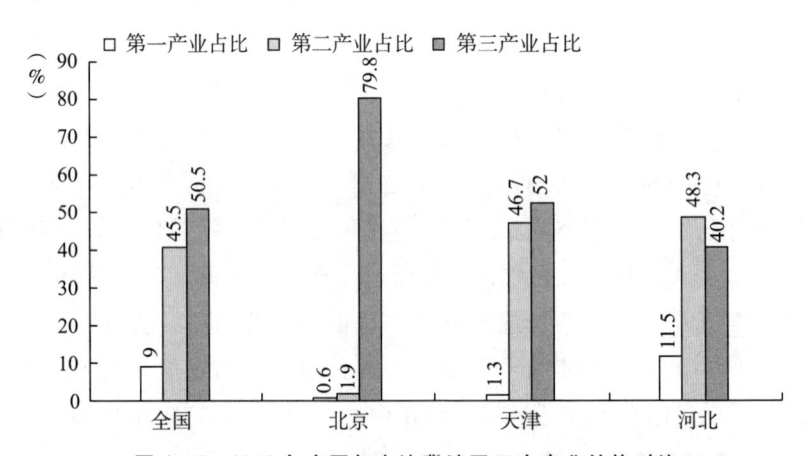

图4-7 2015年全国与京津冀地区三次产业结构对比

本节将对京津冀地区城乡一体化水平进行科学测度。为此，笔者首先阐述了城乡一体化水平基本内容，在此基础上构建了城乡一体化水平测度

---

① 数据来自《河北经济年鉴2015》。

指标体系，而后对测度方法与数据来源做了扼要介绍。最后，对京津冀2000~2014年城乡一体化水平做了测度，以期了解京津冀地区城乡一体化水平的演进历程与发展差距。

## 一 京津冀城乡一体化的基本内涵

人类历史就是一部城乡发展史。进入文明社会以来，城乡关系经历了城乡分离、城乡对立和城乡一体化三个阶段。城乡关系变迁受到经济社会发展阶段的制约：在以农业为主导的自然经济时期，城乡关系的基本状态是城乡分离，即城市与农村作为两个相互独立人口聚居地各自成循环系统，缺乏必要的联系与交流；进入工业化社会之后，城市成为工业发展中心，从农村汲取资本、人才等稀缺资源发展工业，并向农村输出工业制成品，而农村则沦为城市的原材料供应和商品倾销地，城市与农村在经济、社会、政治、文化、环境等诸多领域存在严重对立；发展至后工业化社会以后，经济资源在城乡之间双向自由流动，城市与农村实现同步增长和共同发展，城乡差距逐步缩小，并在经济、空间、政治、社会、文化与生态环境等方面实现一体化发展。城乡一体化就是要在工业化、城市化发展到较高阶段后，城乡逐步打破对比格局，构建城乡协调互动、共同发展的新机制，逐步实现城乡在经济、社会、政治、文化、生态环境的高度融合发展的过程。

目前，我国城乡差距呈现多领域交织且极为严峻的局面。城乡在经济发展、基础设施、公共服务、文化习俗、生态环境等多方面存在明显差距，我国城乡发展存在经济、空间、社会、政治、文化和生态环境六重二元结构（白永秀等，2016），缓解乃至消除城乡二元结构实现城乡一体化发展是一个漫长、复杂、艰巨的任务。为体现城乡二元结构在宏微观视角上的差异，本研究不打算像多数学者那样从经济、空间、社会、政治、文化和生态环境等维度进行考察，而是从经济发展、居民生活和公共服务三个视角进行阐述。其中，经济发展反映城乡在资源配置的数量、质量和能力；居民生活反映城乡居民的生活质量；公共服务则反映城乡居民享受公共服务资源的数量、质量和能力。由此，从宏观和微观、经济与社会的角度全面、综合地描述、测度城乡一体化。事实上，采用传统方式考察城乡一体化的学者在设计测度指标体系时也不得不承认，由于资料和数据的局限，衡量政治、社会、文化等方面的指标严重缺乏，而诸如人均 GDP、GDP 增长率等与城乡差距关系不大的经济变量进入了指标体系，这必然造成测度结果的严重偏差。因此，笔者认为本研究所采用的分类方式似乎更科学。

## 二 测度指标体系构建

城乡一体化是涵盖多领域、多因素的复杂系统，构建科学的城乡一体化水平测度指标体系是一项艰巨的工程。不论是基础指标的遴选，还是二级指标的分类都需要慎重。为此，在构建城乡一体化水平测度指标体系时应遵循以下原则。一是科学原则。指标选取和分类时应考虑能否准确衡量和表征城乡差距，拒绝无效和偏差指标，指标体系总体上应以简明为主，避免基础指标过多导致指标体系过于庞大。二是全面原则。城乡一体化是复杂系统。不同领域与层次都应设置相应基础指标予以体现，且基础指标应在数量上均衡，避免测度结果出现偏差。三是可操作原则。选取基础指标时在考虑科学原则的同时，还要考虑指标对应的数据是否可获取、统计口径是否一致，在不同区域之间是否具有可比性。

西北大学白永秀教授团队连续多年对中国省域城乡一体化水平做了评价。他们构建了科学的指标体系，运用主成分分析法得到 2000～2014 年中国省域城乡一体化评价得分及排名。笔者将京津冀三省市的数据进行收集、整理，得到表 4-8。从该表可看到，京津冀地区城乡一体化水平极不平衡，北京市和天津市在全国省域中长期稳定排在前列，而河北省在 30 个省域中排名居中，波动幅度较大。

表 4-8 2000～2014 年京津冀地区城乡一体化水平测度结果

| 年份 | 北京 得分 | 北京 排名 | 天津 得分 | 天津 排名 | 河北 得分 | 河北 排名 |
| --- | --- | --- | --- | --- | --- | --- |
| 2000 | 4.79 | 2 | 4.07 | 3 | 1.46 | 14 |
| 2001 | 4.09 | 3 | 4.26 | 2 | 0.81 | 17 |
| 2002 | 4.44 | 1 | 2.25 | 5 | 1.29 | 14 |
| 2003 | 6.22 | 2 | 3.44 | 3 | 1.23 | 12 |
| 2004 | 5.60 | 2 | 2.79 | 3 | 0.82 | 11 |

续表

| 年份 | 北京 得分 | 北京 排名 | 天津 得分 | 天津 排名 | 河北 得分 | 河北 排名 |
|---|---|---|---|---|---|---|
| 2005 | 4.55 | 2 | 2.05 | 3 | 0.38 | 17 |
| 2006 | 4.57 | 1 | 2.38 | 4 | 1.04 | 20 |
| 2007 | 5.02 | 2 | 2.44 | 4 | 1.20 | 16 |
| 2008 | 7.25 | 2 | 3.11 | 4 | 1.13 | 12 |
| 2009 | 8.14 | 2 | 2.4 | 5 | 1.07 | 14 |
| 2010 | 6.44 | 1 | 1.89 | 8 | 0.98 | 19 |
| 2011 | 5.29 | 2 | 2.56 | 3 | 0.81 | 10 |
| 2012 | 5.21 | 2 | 2.79 | 4 | 1.00 | 22 |
| 2013 | 3.88 | 2 | 2.41 | 3 | -0.07 | 23 |
| 2014 | 6.49 | 2 | 5.77 | 3 | 0.73 | 16 |

资料来源：白永秀等，2016。

赵君彦、陈建伟（2011）对2009年河北省11个地级市城乡一体化水平做了测度，结果表明各市城乡发展很不均衡，政府政策的城市倾向与经济发展水平正相关等（见图4-8）。

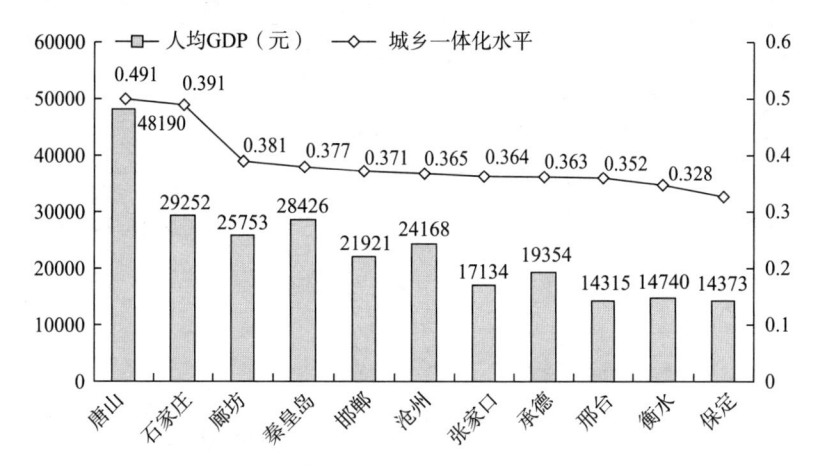

**图4-8 2009年河北省各市人均GDP与城乡一体化水平**

资料来源：赵君彦、陈建伟，2011。

由此，我们看到：京津冀地区经济社会和城乡一体化水平极不平衡，而且前者对后者存在显著影响。然而，在分析京津冀地区经济社会发展不均衡对城乡一体化影响之前，需要对两者进行准确测度。

如前文所述，笔者从经济发展、居民生活和公共服务三个视角对城乡一体化进行了阐述。笔者在详细分析、比较杨荣南、顾益康等、白永秀等等城乡一体化领域的权威学者的测度指标体系的基础上，考虑资料可获得性，构建了城乡一体化水平测度指标体系。该指标体系共有 3 个二级指标、22 个基础指标。经济发展包含 7 个基础指标，居民生活包含 8 个基础指标，公共服务包含 7 个基础指标。表 4-9 详细介绍一级指标、二级指标、基础指标、指标符号、指标属性和基础指标含义与算法。

表 4-9  京津冀地区城乡一体化水平测度指标体系

| 一级指标 | 二级指标 | 基础指标 | 指标符号 | 指标属性 | 基础指标含义与算法 |
| --- | --- | --- | --- | --- | --- |
| 城乡一体化水平 | 经济发展 | 城市化率（%） | $B_1$ | 正向 | （总人口 - 乡村人口）/总人口 × 100% |
| | | 非农业与农业产值比 | $B_2$ | 正向 | 第二产业、第三产业 GDP/第一产业 GDP |
| | | 非农与农业从业人员比重比（%） | $B_3$ | 正向 | 第二产业、第三产业比重/第一产业从业人员比重 |
| | | 农村从业人员非农比例（%） | $B_4$ | 正向 | 1 - （第一产业/乡村从业人数 × 100%） |
| | | 财政支出中支农比重（%） | $B_5$ | 正向 | 财政用于农业的支出/财政总支出 × 100% |
| | | 城乡固定资产投资比 | $B_6$ | 逆向 | 城市固定资产投资/农村固定资产投资 |
| | | 城乡产业技术人员数比 | $B_7$ | 逆向 | 大中型工业企业研发人员数/农业技术人员数 |
| | 居民生活 | 城乡人均消费比 | $B_8$ | 逆向 | 城市家庭人均消费/农村家庭人均消费 |
| | | 城乡人均收入比 | $B_9$ | 逆向 | 城镇居民人均可支配收入/农村居民人均全年纯收入 |
| | | 城乡恩格尔系数比 | $B_{10}$ | 正向 | 城市恩格尔系数/农村恩格尔系数 |
| | | 城乡每百户家用汽车拥有量比 | $B_{11}$ | 逆向 | 城市每百户家用汽车拥有量/农村每百户家用汽车拥有量 |
| | | 城乡每百户移动电话拥有量比 | $B_{12}$ | 逆向 | 城市每百户移动电话拥有量/农村每百户移动电话拥有量 |

续表

| 一级指标 | 二级指标 | 基础指标 | 指标符号 | 指标属性 | 基础指标含义与算法 |
|---|---|---|---|---|---|
| 城乡一体化水平 | 居民生活 | 城乡每百户计算机拥有量比 | $B_{13}$ | 逆向 | 城市每百户计算机量/农村每百户计算机量 |
| | | 城乡安全饮用水普及率比 | $B_{14}$ | 逆向 | 城市安全饮用水普及率①/农村安全饮用水普及率 |
| | | 城乡卫生厕所普及率比 | $B_{15}$ | 逆向 | 城市卫生厕所普及率②/农村卫生厕所普及率 |
| | 公共服务 | 城乡小学生师比 | $B_{16}$ | 正向 | （城市小学在校学生数/城市小学专任教师数）/（农村小学在校学生数/农村小学专任教师数） |
| | | 城乡医疗保险覆盖率比 | $B_{17}$ | 逆向 | 城市医疗保险参保人数比重/农村医疗保险参保人数比重 |
| | | 城乡人均医疗保障支出比 | $B_{18}$ | 逆向 | 城市人均医疗保障支出/农村人均医疗保障支出 |
| | | 城乡千人医院床位数比 | $B_{19}$ | 逆向 | 城市千人医院床位数/农村千人医院床位数 |
| | | 城乡千人医护人员数比 | $B_{20}$ | 逆向 | 城市千人医护人员数/农村千人医护人员数 |
| | | 城乡最低生活保障水平比 | $B_{21}$ | 逆向 | 城市最低生活保障水平/农村最低生活保障水平 |
| | | 城乡社会救济人数比重比 | $B_{22}$ | 逆向 | 城市社会救济人数比重/农村社会救济人数比重 |

## 三　测度方法与数据来源介绍

城乡一体化的复杂性、系统性决定了其测度方法必须选择能够对多个指标实施降维处理的方法。能够达到上述技术要求的方法主要分为主观评价方法与客观评价方法。二者的区别在于，主观评价方法中的指标权重由

---

① 由于各类统计年鉴中没有直接统计城市安全饮用水普及率，主要因为城市安全饮用水早已经实现全面普及，因此将城市安全饮用水普及率全部视为100%。

② 由于各类统计年鉴中没有直接统计城市标准卫生厕所普及率，主要因为城市不管是公共卫生厕所还是家庭卫生厕所，基本都是符合标准卫生厕所规定，因此将城市卫生厕所普及率视为100%。

外部主观因素决定,如层次分析法。客观评价方法中的指标权重是方法内在生成,如主成分分析法。对比而言,客观评价方法更为科学,因此本研究选择运用主成分分析法对京津冀三省市的城乡一体化水平进行测度。

主成分分析法在处理多指标降维处理中有其明显优势。主成分分析法既能够保留原始指标的绝大部分信息,又能够为其客观赋权,这样就能在原始指标信息量损失最小的情况下实现降维。城乡一体化水平测度正是需要将众多的原始指标"简化"成城乡一体化指数,以衡量区域城乡一体化水平。在本研究构建的指标体系中,城乡一体化水平从经济发展、居民生活和公共服务三个视角被阐述,且其重要程度存在明显区别,这就需要对其做差异性赋权,主成分分析法可以满足上述要求。主成分分析法的运用可分为4个步骤:①对原始指标做无量纲化处理;②计算特征值及贡献率;③计算相关系数矩阵;④计算综合得分。

测度城乡一体化水平的基础数据来源于《中国统计年鉴》(2001~2015)、《中国区域经济统计年鉴》(2001~2015)、《中国城市统计年鉴》(2001~2015)、《中国农村统计年鉴》(2001~2015)以及京津冀三省市的统计年鉴、发展公报。个别缺失数据,笔者运用技术手段做了补充。

## 四 测度结果分析

笔者拟运用主成分分析法测度京津冀三省市城乡一体化水平。为此,首先对原始数据做了无量纲化处理,而后应用 SPSS 17.0 软件做主成分分析。主成分分析法要求所有主成分的累计贡献率超过80%。根据累计贡献率超过80%和特征根大于1的原则,可以确定主成分数量,并可认为主成分已经提取了原始指标的大部分信息(胡碧涵,2014)。将原始数据在 SPSS 17.0 得到特征值及贡献率表、主成分载荷矩阵表、主成分得分系数矩阵表,其中特征值及贡献率表显示主成分数量及其贡献率,主成分载荷矩阵表显示主成分对基础指标信息的提取比重,主成分得分系数矩阵表显示主成分与基础指标的线性关系。

根据上文介绍的数据和方法,京津冀三省市的城乡一体化水平的测度结果得到5个主成分,分别命名为 $W_1$、$W_2$、$W_3$、$W_4$、$W_5$,这5个主成分的累计贡献率为80.02%,其中,第一主成分贡献率为43.517%,能够较好地反映原始数据的信息(见表4-10)。

表 4-10 特征值及贡献率

单位：%

| 全局主成分 | 特征值 | 贡献率 | 累积贡献率 |
| --- | --- | --- | --- |
| $W_1$ | 9.574 | 43.517 | 43.517 |
| $W_2$ | 3.318 | 15.080 | 58.597 |
| $W_3$ | 2.250 | 10.227 | 68.825 |
| $W_2$ | 1.412 | 6.420 | 75.244 |
| $W_5$ | 1.051 | 4.776 | 80.020 |

表 4-11 为主成分载荷矩阵，表内系数为主成分包含原始指标的信息量。第一个主成分 $W_1$ 在 $B_1$、$B_2$、$B_3$、$B_4$、$B_8$、$B_{14}$、$B_{15}$、$B_{17}$、$B_{18}$ 有较大载荷；第二个主成分 $W_2$ 在 $B_5$、$B_9$、$B_{16}$ 有较大载荷；第三个主成分 $W_3$ 在 $B_{19}$、$B_{20}$ 有较大载荷；第四个主成分 $W_4$ 在 $B_5$、$B_6$ 有较大载荷；第五个主成分 $W_5$ 在 $B_4$、$B_7$ 有较大载荷。

表 4-11 主成分载荷矩阵

| | $W_1$ | $W_2$ | $W_3$ | $W_4$ | $W_5$ |
| --- | --- | --- | --- | --- | --- |
| $B_1$ | 0.877 | -0.064 | 0.234 | 0.158 | 0.088 |
| $B_2$ | 0.952 | 0.096 | -0.164 | 0.109 | 0.148 |
| $B_3$ | 0.915 | 0.157 | 0.045 | 0.147 | 0.271 |
| $B_4$ | 0.913 | 0.123 | 0.063 | -0.070 | 0.308 |
| $B_5$ | 0.047 | 0.745 | -0.166 | -0.500 | -0.251 |
| $B_6$ | 0.038 | -0.460 | 0.261 | -0.544 | -0.224 |
| $B_7$ | 0.699 | -0.116 | -0.310 | 0.164 | -0.486 |
| $B_8$ | -0.836 | 0.335 | -0.018 | -0.098 | 0.005 |
| $B_9$ | -0.635 | 0.614 | 0.026 | -0.225 | 0.162 |
| $B_{10}$ | 0.593 | 0.036 | 0.447 | -0.181 | -0.199 |
| $B_{11}$ | 0.423 | 0.511 | -0.045 | -0.355 | 0.256 |
| $B_{12}$ | -0.584 | 0.511 | 0.157 | 0.422 | -0.086 |
| $B_{13}$ | -0.688 | -0.062 | -0.419 | 0.333 | 0.078 |
| $B_{14}$ | 0.890 | 0.142 | 0.281 | 0.175 | 0.022 |
| $B_{15}$ | 0.812 | 0.227 | -0.079 | 0.239 | -0.262 |
| $B_{16}$ | 0.459 | 0.732 | 0.099 | -0.077 | 0.092 |
| $B_{17}$ | 0.767 | -0.204 | -0.310 | -0.066 | 0.040 |

续表

|  | $W_1$ | $W_2$ | $W_3$ | $W_4$ | $W_5$ |
|---|---|---|---|---|---|
| $B_{18}$ | 0.835 | 0.188 | -0.259 | 0.040 | 0.009 |
| $B_{19}$ | -0.072 | -0.277 | 0.837 | -0.053 | 0.210 |
| $B_{20}$ | -0.120 | 0.274 | 0.780 | 0.308 | -0.264 |
| $B_{21}$ | -0.568 | 0.332 | -0.001 | 0.250 | 0.288 |
| $B_{22}$ | -0.020 | -0.0721 | -0.034 | -0.090 | 0.288 |

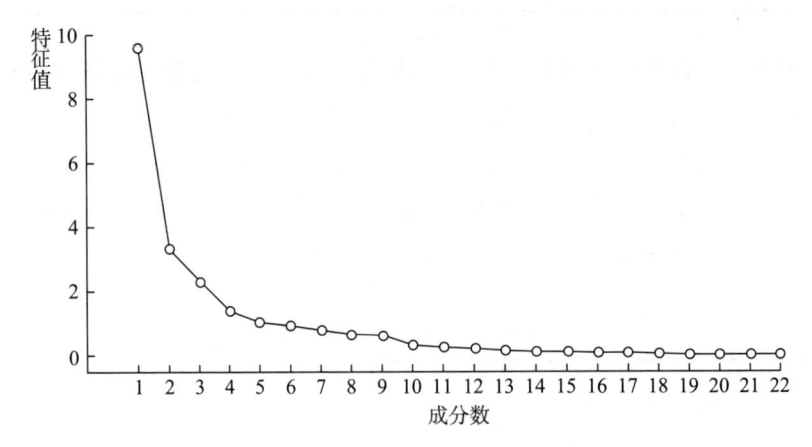

图 4-9 碎石图

表 4-12 为主成分得分系数矩阵，综合表 4-10 和表 4-11，运用公式可以计算得到京津冀地区城乡一体化水平的综合得分及排名（见表 4-13）。

表 4-12 主成分得分系数矩阵

|  | $W_1$ | $W_2$ | $W_3$ | $W_4$ | $W_5$ |
|---|---|---|---|---|---|
| $B_1$ | 0.092 | -0.019 | 0.104 | 0.112 | 0.084 |
| $B_2$ | 0.099 | 0.029 | -0.073 | 0.077 | 0.141 |
| $B_3$ | 0.096 | 0.047 | 0.02 | 0.104 | 0.258 |
| $B_4$ | 0.095 | 0.037 | 0.028 | -0.049 | 0.293 |
| $B_5$ | 0.005 | 0.225 | -0.074 | -0.354 | -0.239 |
| $B_6$ | 0.004 | -0.139 | 0.116 | -0.385 | -0.214 |
| $B_7$ | 0.073 | -0.035 | -0.138 | 0.116 | -0.463 |
| $B_8$ | -0.087 | 0.101 | -0.008 | -0.069 | 0.005 |
| $B_9$ | -0.066 | 0.185 | 0.011 | -0.160 | 0.154 |

续表

|  | $W_1$ | $W_2$ | $W_3$ | $W_4$ | $W_5$ |
|---|---|---|---|---|---|
| $B_{10}$ | 0.062 | 0.011 | 0.198 | -0.128 | -0.189 |
| $B_{11}$ | 0.044 | 0.154 | -0.02 | -0.251 | 0.243 |
| $B_{12}$ | -0.061 | 0.154 | 0.07 | 0.299 | -0.081 |
| $B_{13}$ | -0.072 | -0.019 | -0.186 | 0.236 | 0.074 |
| $B_{14}$ | 0.093 | 0.043 | 0.125 | 0.124 | 0.021 |
| $B_{15}$ | 0.085 | 0.068 | -0.035 | 0.169 | -0.249 |
| $B_{16}$ | 0.048 | 0.221 | 0.044 | -0.055 | 0.087 |
| $B_{17}$ | 0.08 | -0.062 | -0.138 | -0.047 | 0.038 |
| $B_{18}$ | 0.087 | 0.057 | -0.115 | 0.029 | 0.008 |
| $B_{19}$ | -0.007 | -0.083 | 0.372 | -0.038 | 0.2 |
| $B_{20}$ | -0.012 | 0.083 | 0.346 | 0.218 | -0.251 |
| $B_{21}$ | -0.059 | 0.1 | 0 | 0.177 | 0.274 |
| $B_{22}$ | -0.002 | -0.217 | -0.015 | -0.064 | 0.274 |

表 4-13  2000~2014 年京津冀城乡一体化水平评价得分及排名

| 年份 | 北京市 得分 | 北京市 排名 | 天津市 得分 | 天津市 排名 | 河北省 得分 | 河北省 排名 |
|---|---|---|---|---|---|---|
| 2000 | 7.651 | 1 | 5.527 | 2 | 0.597 | 3 |
| 2001 | 11.955 | 1 | 7.242 | 2 | 0.369 | 3 |
| 2002 | 16.426 | 1 | 6.911 | 2 | 1.752 | 3 |
| 2003 | 21.179 | 1 | 9.116 | 2 | 2.302 | 3 |
| 2004 | 25.964 | 1 | 11.335 | 2 | 2.967 | 3 |
| 2005 | 27.972 | 1 | 17.031 | 2 | 3.837 | 3 |
| 2006 | 32.346 | 1 | 20.958 | 2 | 4.647 | 3 |
| 2007 | 35.650 | 1 | 20.416 | 2 | 5.505 | 3 |
| 2008 | 39.224 | 1 | 25.153 | 2 | 6.528 | 3 |
| 2009 | 53.592 | 1 | 36.970 | 2 | 7.923 | 3 |
| 2010 | 66.263 | 1 | 34.604 | 2 | 8.776 | 3 |
| 2011 | 82.166 | 1 | 41.914 | 2 | 9.882 | 3 |
| 2012 | 103.388 | 1 | 45.107 | 2 | 11.060 | 3 |
| 2013 | 124.824 | 1 | 47.536 | 2 | 12.412 | 3 |
| 2014 | 146.381 | 1 | 50.065 | 2 | 14.452 | 3 |

表4-13表明京津冀三省市在2000~2014年的15年中，城乡一体化水平均有较大提升。在空间分布上呈梯次分布状态，北京市一直处于领先地位，河北省则远远落后于京津两市，且城乡一体化水平的差距存在扩大趋势。从时间维度上看，得分方面，2000~2014年京津冀三省市具有大幅度提升，北京市城乡一体化水平得分由7.651上升至146.381，且一直处于上升态势；天津市城乡一体化水平得分由5.527上升至50.065，其中2002年、2007年、2010年这3年较2001年、2006年、2009年出现了小幅下降；河北省城乡一体化水平得分由0.597上升至14.452，其中2001较2000年出现了小幅下滑。值得注意的是，2008~2009年，三省市城乡一体化水平得分增长率较2000~2007年出现了大幅提升，此后三省市城乡一体化水平得分增速加快，即2008年以后京津冀地区城乡一体化步伐加快。排名方面，北京市、天津市与河北省一直保持第1、2、3名次序，表明三省市城乡一体化水平明显处于不同发展阶段。从空间维度看，北京市城乡一体化水平得分一直保持着平稳、快速的增长，天津市城乡一体化水平得分增长较北京市慢且波动较大，天津市城乡一体化水平较北京市差距拉大。河北省城乡一体化水平远较京津两市低，尽管得分增长速度较快，但仍远远落后于京津两市。综上，我们发现，京津冀三省市在2000~2014年，特别是2008年以后城乡一体化水平快速提升，但三省市之间存在显著差距，几乎代表着城乡一体化水平的三个发展阶段。

## 第四节　京津冀协同发展与城乡一体化水平测度结果对比分析

本章第二节、第三节对京津冀协同发展水平与城乡一体化水平做了测度，本节将对测度结果进行对比分析。区域协同发展要求在开放条件下，建设区域统一市场，构建区域协调互动机制，促进区域内经济体加速发展，并不断缩小差距。因此，对于区域内各经济体而言，区域协同发展属于外部环境，城市发展一体化属于内部环境。外部环境的变化必然引致内部环境变化，经济体之间的分工与合作、区域统一大市场的形成，必然对经济体内部城市、乡村经济社会发展产生重大影响，进而影响城乡一体化水平。

京津冀协同发展包含经济发展协同、产业结构联动、市场分割程度、环境联合治理、公共设施均等诸多内容,本研究对上述内容分别选取指标并做了测度,以衡量京津冀协同发展水平。由于京津冀三省市在不同领域发展水平存在显著差异,所以从上述角度分别测度京津冀协同发展水平可能得到不同结果。京津冀三省市城乡一体化水平在2000~2014年得到大幅提升,特别在2008年以后发展步伐加快,但上述三省市城乡一体化水平存在显著差异,北京市稳步提升并长期领先,天津市发展相对迟缓并稳居第二,河北省发展迅速但水平最低。对比分析京津冀协同发展不同侧重点与城乡一体化的统计性关系,有助于观察京津冀协同发展水平与城乡一体化水平的步伐异同,找出通过京津冀协同发展促进上述三省市城乡一体化的机制与路径。

## 一 经济发展协同水平与城乡一体化水平的对比分析

本研究将人均GDP指数作为衡量京津冀三省市经济发展协同水平的指标,图4-10为2000~2014年京津冀经济发展协同水平与城乡一体化水平对比的散点图。对比结果显示,京津冀三省市经济发展水平与城乡一体化水平呈现显著的正向线性关系,即经济发展水平越高的地区,城乡一体化水平越高,反之亦然。其中,北京市城乡一体化水平快于经济发展水平,天津市城乡一体化水平慢于经济发展水平,河北省与经济发展水平较为协调但水平较低。表明促进京津冀经济协同发展,将有力地提高京津冀三省市城乡一体化水平。

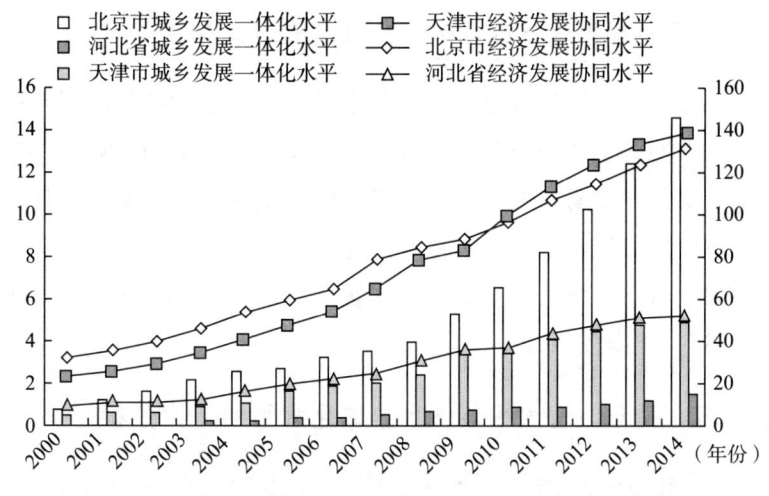

**图4-10 2000~2014年京津冀经济发展协同水平与城乡一体化水平对比**

## 二 产业结构联动水平与城乡一体化水平的对比分析

本研究将 Krugman 结构差异度指数作为衡量京津冀产业结构联动水平的指标。图 4-11 为 2000~2014 年京津冀产业结构联动水平与城乡一体化水平对比的散点及趋势图。对比结果显示，京津冀产业结构联动水平与城乡一体化水平无显著相关关系，但总体呈正向关系，即产业结构差异度较大的地区，城乡一体化水平越高。表明强化京津冀三省市产业结构联动发展，形成分工合理、协调互动的产业结构，能够提高城乡一体化水平。

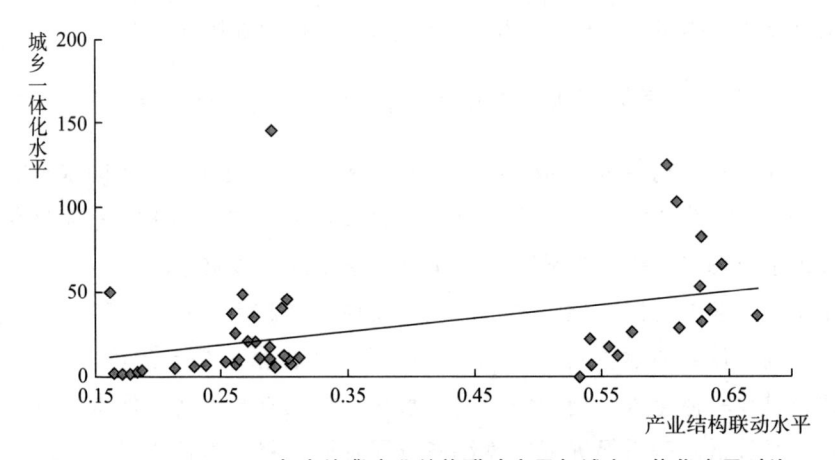

**图 4-11　2000~2014 年京津冀产业结构联动水平与城乡一体化水平对比**

## 三 市场分割程度与城乡一体化水平的对比分析

本研究将生产者物价指数作为衡量市场分割程度的指标。图 4-12 为 2000~2014 年京津冀市场分割程度与城乡一体化水平对比的散点及趋势图。对比结果显示，京津冀三省市市场分割程度与城乡一体化水平总体呈负向关系，即市场分割程度越高，城乡一体化水平越低，反之亦然。表明逐步消除京津冀之间的市场分割，促进京津冀统一大市场的形成，将有力地提高三省市城乡一体化水平。

## 四 环境联合治理水平与城乡一体化水平的对比分析

本研究将环境污染治理指数作为衡量环境联合治理水平的指标。图 4-13 为 2000~2014 年京津冀环境联合治理水平与城乡一体化水平对比的散点及趋

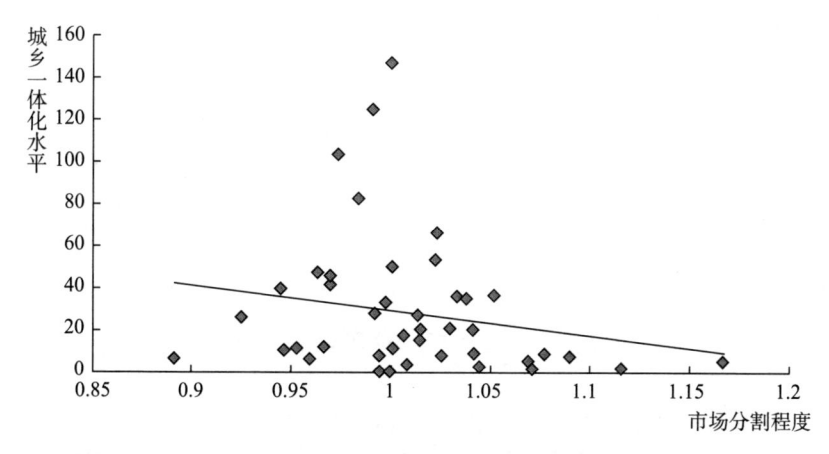

图 4-12  2000~2014 年京津冀市场分割程度与城乡一体化水平对比

势图。对比结果显示，京津冀环境联合治理水平与城乡一体化水平呈现显著的负向关系，即环境治理水平较高的地方，城乡一体化水平反而低。表明京津冀三省市必须加强该领域合作。

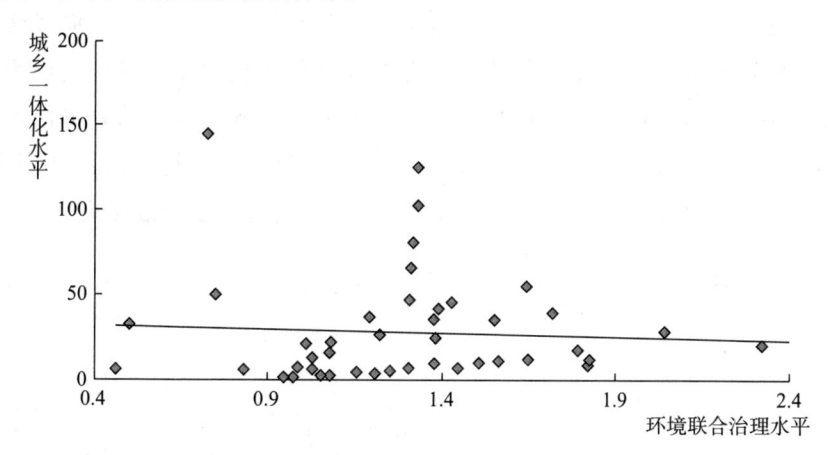

图 4-13  2000~2014 年京津冀环境联合治理水平与城乡一体化水平对比

## 五 公共设施均等水平与城乡一体化水平的对比分析

本研究将交通网密度作为衡量公共设施均等水平的指标，图 4-14 为 2000~2014 年京津冀公共设施均等水平与城乡一体化水平对比的散点及趋势图。对比结果显示，京津冀公共设施均等水平与城乡一体化水平呈现显著的正向线性关系，即公共设施较高的地区，城乡一体化水平越高，反之亦然。表明促进京津冀三省市公共设施均等化，将有效促进该地区城乡一体化水平。

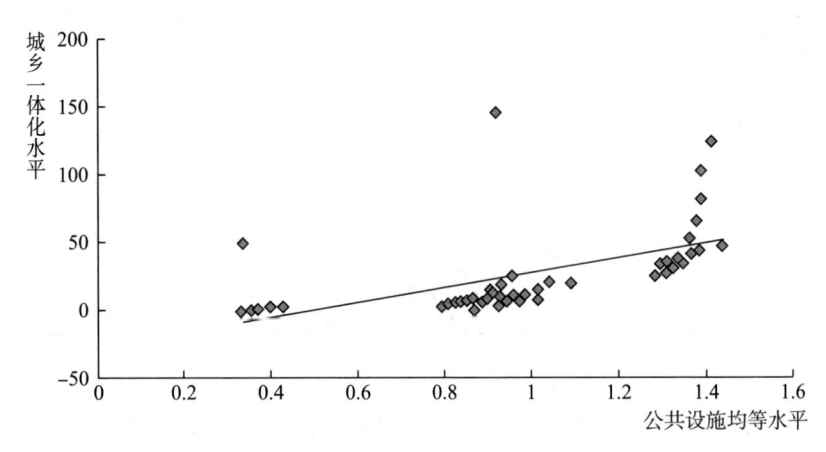

**图 4-14　2000~2014 年京津冀公共设施均等水平与城乡一体化水平对比**

综上，对比京津冀协同发展水平与城乡一体化水平的测度结果，显示区域协同发展的不同内容对城乡一体化水平的影响存在显著差异，经济发展协同水平与公共设施均等水平与城乡一体化水平存在显著的正向线性关系，环境联合治理与城乡一体化水平存在显著的负向关系，其他内容则关系不显著。区域协同发展的不同内容对城乡一体化水平的影响差异能够为提高城乡一体化水平的措施选择提供依据。但上述分析均为统计性观察，京津冀协同发展水平与城乡一体化水平的关系仍需进一步严格检验。

# 第五章 京津冀协同发展影响城乡一体化的实证检验与路径识别

第四章对京津冀协同发展水平与城乡一体化水平做了测度，并对二者进行了统计性对比分析。为进一步厘清二者的关系，探索京津冀协同发展对三省市城乡一体化的影响路径，本章将对京津冀协同发展影响城乡一体化进行实证检验，并详细识别京津冀协同发展对城乡一体化的影响路径。城乡一体化的实质是通过城乡协调、互动发展不断缩小城乡差距。研究表明，城乡一体化水平在很大程度上取决于经济社会发展水平。对经济体而言，经济社会发展水平不仅取决于地区自身资源禀赋，还受到周边地区经济社会发展水平的深刻影响，第三章的分析表明周边地区对该地区的影响方向是不确定的，即合理分工、协调互动的区域发展格局将加快经济体发展，各自为战、以邻为壑的区域发展格局将阻碍经济体发展。对京津冀而言，三省市之间未能形成良性协同发展格局，导致京津冀地区发展差距扩大，北京市"大城市病"严重，天津市产业结构不合理，河北省经济社会发展严重滞后，三省市城乡关系不合理，未能实现一体化发展。因此，京津冀协同发展水平必然对三省市城乡一体化水平产生深刻影响。验证并识别这种影响，对推进京津冀城乡一体化水平意义重大。

## 第一节 京津冀协同发展影响城乡一体化的实证分析

本节利用第四章中2000~2014年京津冀协同发展水平与城乡一体化水平的测度结果，实证检验京津冀协同发展对城乡一体化水平的影响。鉴于本研究选取的京津冀协同发展水平的测度方法的特点，本节将实证检验京津冀协同发展的不同维度对三省市城乡一体化水平的影响程度及其相对重要性，为后续识别京津冀协同发展对城乡一体化的影响路径奠定基础。

## 一　变量选取与模型设定

城乡一体化是一个长期的、复杂的历史过程，影响城乡一体化水平的因素是多方面的，而且这些因素可能是同时发生作用的。如何从诸多因素中抽取区域协同发展的影响因素十分关键。已有研究成果表明，除了区域协同发展，对外贸易水平、政府支农力度、市场化程度、农业机械化水平、GDP能耗、人力资本水平等因素都会影响城乡一体化水平，进而对区域协同发展水平影响城乡一体化水平造成误判。

（1）对外贸易水平。改革开放以来，中国采取非均衡发展战略，大力发展外向型经济，京津冀地区是我国重要经济、政治中心，也是对外贸易重要地区。对外贸易整合了区域经济资源，拓展了区域市场，在京津冀三省市经济社会发展中发挥着重要作用，对该地区推进城乡一体化具有重要作用（徐晓慧，2014）。本研究以外贸依存度作为衡量对外贸易水平的指标。

（2）政府支农力度。农业是国民经济的命脉，是农村经济的支柱产业，各级政府对"三农问题"高度关注，通过政策、资金等多种方式给予支持，对农村经济社会发展产生了重大积极影响。本研究以财政支农比重作为衡量政府支农力度的指标。

（3）市场化程度。市场化、渐进性是中国改革开放的基本特征，具体表现为各省区市均孕育出市场经济，渐进性则使地区之间市场化程度差异极大。市场化程度的不同对经济资源利用方式、利用程度影响深刻，对地区经济社会发展影响巨大，这种影响不仅表现在地区之间，也表现在城乡之间，因而市场化程度会同时影响京津冀协同发展水平和城乡一体化水平（刘江会、唐东波，2010）。本研究采用樊纲的中国市场化指数作为衡量京津冀市场化程度的指标。

（4）农业机械化水平。农业发展对农村居民的收入水平、生产生活方式具有重要影响，农业机械化水平的提高是农业发展的重要表征。本研究以农业机械总动力/区域耕地面积作为衡量农业机械化水平的指标。

（5）GDP能耗。生态环境的联防联控是京津冀协同发展的重要内容，资源消耗数量、结构、方式对区域、城乡生态环境具有深远影响，进而影响城乡一体化水平。本研究以能源消费总量/总产值得到 GDP 能耗（吨标准煤/万元）作为衡量地区资源消耗的衡量指标。

（6）人力资本水平。人力资本水平反映了居民掌握生产、管理的知识和技能，对地区经济社会发展具有关键作用，拥有较高人力资本水平的地区，经济活动往往更加活跃，产业结构更为高级化。本研究以每万人拥有大学生数量作为衡量地区人力资本水平的指标（黄小明，2014）。

因此，本研究以京津冀三省市城乡一体化水平作为被解释变量，以京津冀协同发展水平作为解释变量，以检验京津冀协同发展水平对城乡一体化水平的影响，并对上述变量做了控制（见表5-1）。

表5-1 变量及其含义

| 变量性质 | 变量名称 | 变量含义 | 数据 |
| --- | --- | --- | --- |
| 被解释变量 | URDL | 城乡一体化水平 | 城乡一体化水平测度结果 |
| 解释变量 | EDC | 经济发展协同 | 人均 GDP 指数 |
|  | ISL | 产业结构联动 | Krugman 结构差异度指数 |
|  | MS | 市场分割程度 | 生产者物价指数 |
|  | EG | 环境联合治理 | 环境污染治理指数 |
|  | EPF | 公共设施均等 | 交通网密度 |
| 控制变量 | FTD | 对外贸易水平 | 外贸依存度 |
|  | GSA | 政府支农力度 | 财政支农比重 |
|  | DM | 市场化程度 | 中国市场化指数 |
|  | AML | 农业机械化水平 | 农业机械总动力/区域耕地面积 |
|  | GEC | GDP 能耗 | 能源消费总量/总产值 |
|  | HCL | 人力资本水平 | 每万人拥有大学生数量 |

本研究以城乡一体化水平作为被解释变量，以经济发展协同、产业结构联动、市场分割程度、环境联合治理、公共设施均等五个衡量区域协同发展水平的变量作为解释变量，以实证检验京津冀协同发展对城乡一体化水平的影响。为避免遗漏变量与过度识别，还选取了对外贸易水平、政府支农力度、市场化程度、农业机械化水平、GDP 能耗、人力资本水平等变量作为控制变量。如此，笔者构建的计量模型如下形式。

$$\ln URDL_{it} = \alpha_i + \sum_{j=1}^{5} \beta_j \times Explanatory + \sum_{k=1}^{6} \gamma_k \times Control + \eta + \mu_{it}$$

其中，Explanatory 为解释变量；Control 为控制变量；$i$ 为地区变量，代表京津冀三省市；t 为时间变量，代表 2000～2014 年；$j=1, \cdots, 5$；$k=1, \cdots, 6$；$\beta_j$、$\gamma_k$ 分别表示解释变量的影响程度、控制变量的影响程度，$\alpha_i$ 为截距项，$\eta$ 为常数项，$\mu_{it}$ 为随机扰动项。

## 二 数据来源

本研究拟实证检验 2000～2014 年京津冀协同发展水平对城乡一体化水平的影响。城乡一体化水平、经济发展协同、产业结构联动、市场分割程度、环境联合治理、公共设施均等的数据来源在第四章已经交代。控制变量中对外贸易水平、政府支农力度、市场化程度、农业机械化水平、GDP 能耗、人力资本水平的数据来源于《中国统计年鉴》（2001～2015）、《新中国 60 年统计资料汇编》、《中国区域经济统计年鉴》（2001～2015）、《中国城市统计年鉴》（2001～2015）、《中国农村统计年鉴》（2001～2015），以及京津冀三省市的统计年鉴、发展公报，部分缺失数据采用统计技术补全。在实证检验京津冀协同发展对城乡一体化水平之前，我们先对所有变量做描述性统计，具体见表 5-2。

表 5-2 变量的描述性统计

| 变量名 | 均值 | 标准差 | 最小值 | 最大值 |
| --- | --- | --- | --- | --- |
| URDL | 28.175 | 4.568 | 0.369 | 146.381 |
| EDC | 5.935 | 3.556 | 1.00 | 13.86 |
| ISL | 0.36706 | 1.265 | 0.160 | 0.672 |
| MS | 1.007 | 1.327 | 1.167 | 0.925 |
| EG | 1.303 | 2.665 | 0.5010 | 1.6446 |
| EPF | 0.992 | 1.365 | 0.3601 | 1.433 |
| FTD | 0.458 | 1.325 | 0.078 | 2.954 |
| GSA | 1.225 | 8.655 | 0.351 | 2.658 |
| DM | 1.654 | 4.654 | 0.354 | 2.826 |
| AML | 1.358 | 6.854 | 0.247 | 2.268 |
| GEC | 1.228 | 0.852 | 0.867 | 2.325 |
| HCL | 56.324 | 3.657 | 10.549 | 157.369 |

## 三 估计结果分析

为验证京津冀协同发展对城乡一体化水平的影响,笔者将采用面板数据模型做实证分析。本章实证检验采用普通最小二乘法(OLS)、固定效应模型(FE)和随机效应模型(RE)。鉴于固定效应模型与随机效应模型的适用条件不同,首先运用 Hausman 检验确定选择哪种检验。Hausman 检验结果显示,当 $p$ 值小于 0.05 时,应运用固定效用模型。

(1)面板数据单位根检验。由于宏观面板数据的时间序列特征,而时间序列的非平稳性会导致虚假回归,因而有必要对面板数据做单位根检验,以检验数据的平稳性。本研究采用 IPS 检验与 LLC 检验及其一阶差分做单位根检验,滞后阶数按照 AIC 原则确定,结果见表 5-3。

表 5-3 单位根检验

| 变量 | 水平值 ($c, t, n$) IPS 检验 | LLC 检验 | 一阶差分值 ($c, t, n$) IPS 检验 | LLC 检验 |
| --- | --- | --- | --- | --- |
| URDL | -2.5858* | -1.7583* | -1.4851** | -3.7089** |
| EDC | 1.3298* | 2.1254* | -4.5566*** | -1.9866** |
| ISL | 4.9759 | 1.9452 | -1.728* | -2.6451* |
| MS | 0.5656** | -0.9384* | -2.4643*** | 0.6565** |
| EG | -3.0747*** | 1.6564 | -2.9543** | 3.6519** |
| EPF | -0.6516 | -1.5984 | -1.2649** | 0.1515** |
| FTD | 2.6545 | 0.2765 | -3.1332** | 1.3255* |
| GSA | 3.4546 | -1.9564** | 2.9491* | 2.6586** |
| DM | -0.6598 | 0.6568 | -1.4154* | 5.4848** |
| AML | 1.8415* | -3.4546* | 2.8781** | 0.8745** |
| GEC | 4.8251 | 2.6566 | 1.6565 | 3.6544*** |
| HCL | 2.2154 | 0.7003** | -2.1224* | 0.1657*** |

注:*、**、***分别表示置信水平为 10%、5% 和 1% 下拒绝原假设。

由表 5-3 可知,URDL、EDC、MS、AML 在 10% 以内的置信水平上拒绝 IPS 检验、LCC 检验的原假设,表明原值存在单位根为平稳数据;EG 在

1%的置信水平上拒绝 IPS 检验的原假设,表明原值存在单位根为平稳数据;GSA、HCL 在 5%的置信水平上拒绝 LCC 检验的原假设,表明原值存在单位根为平稳数据;ISL、EPF、FTD、DM、GEC 在 10%以内的置信水平上不能拒绝 IPS 检验、LCC 检验的原假设,表明原值存在单位根为非平稳数据;一阶差分在 10%以内的置信水平上拒绝 IPS 检验(除 GEC 外)或 LCC 检验的原假设,表明原值存在单位根为平稳数据。由此,我们看到模型中变量基本为平稳序列。

(2)面板数据协整检验。由单位根检验可知,各变量数据均为平稳序列。为进一步确定变量之间的因果关系是否平稳,我们将进行协整检验。笔者采用常见的 EG 两步法进行协整检验,即先做方程回归得到残差序列,再对残差序列做单位根检验。表 5-4 显示,LLC 检验、IPS 检验都在 5%的置信水平上显著,变量之间存在协整关系。

表 5-4 残差序列原值的单位根检验

| 检验方法 | URDL | |
|---|---|---|
| | LLC 检验 | IPS 检验 |
| 残差序列 | -3.645** | 9.245** |

注:*、**、***分别表示置信水平为 10%、5%和 1%下拒绝原假设。

(3)估计结果。笔者利用 STATA 12.0 软件对方程进行回归,如前文所述,我们将分别采用普通最小二乘法(OLS)和固定效应模型分别做回归,比较分析京津冀协同发展对城乡一体化的影响。

表 5-5 为京津冀协同发展水平影响城乡一体化水平的 OLS 检验结果。

表 5-5 京津冀协同发展水平影响城乡一体化水平的 OLS 检验

| 被解释变量 | URDL | | | | |
|---|---|---|---|---|---|
| 解释变量 | (1) | (2) | (3) | (4) | (5) |
| EDC | 0.0611*** | 0.0526*** | 0.0896*** | 0.0757** | 0.0226** |
| | (2.98) | (-3.53) | (-7.86) | (-3.64) | (-2.14) |
| ISL | | 0.0072* | 0.0002 | 0.0015 | 0.0032 |
| | | (1.70) | (-0.25) | (1.25) | (0.95) |

续表

| 被解释变量 | URDL | | | | |
|---|---|---|---|---|---|
| 解释变量 | (1) | (2) | (3) | (4) | (5) |
| MS |  |  | -0.1462* | -0.0056** | 0.0041 |
|  |  |  | (-1.89) | (-2.28) | (-1.28) |
| EG |  |  |  | -0.0156** | -0.0023* |
|  |  |  |  | (-2.31) | (-1.98) |
| EPF |  |  |  |  | 0.0358*** |
|  |  |  |  |  | (15.62) |
| FTD | 0.0309*** | 0.0352*** | 0.0256** | 0.0285** | 0.157 |
|  | (5.61) | (3.59) | (4.32) | (6.15) | (7.59) |
| GSA | 0.0032 | 0.0035 | -0.032 | -0.021 | -0.018 |
|  | (0.51) | (0.25) | (0.15) | (0.85) | (0.69) |
| DM | -0.0728 | -0.0769 | -0.038* | -0.043* | -0.054* |
|  | (1.35) | (0.68) | (1.69) | (1.74) | (1.70) |
| AML | 0.0234 | 0.0222 | 0.0284 | 0.0192 | 0.0194 |
|  | (0.83) | (-0.72) | (0.84) | (-0.98) | (-1.98) |
| GEC | -0.0494* | -0.0391** | -0.0545* | -0.0455** | -0.0512** |
|  | (1.75) | (1.88) | (1.81) | (2.04) | (2.11) |
| HCL | 0.2542*** | 0.2644*** | 0.2875*** | 0.1941*** | 0.1977*** |
|  | (2.83) | (-2.72) | (3.84) | (-5.98) | (-12.98) |
| 常数项 | 3.4274*** | 5.7823*** | 3.3721*** | 1.0154*** | 1.2412*** |
|  | (72.28) | (78.32) | (37.51) | (37.65) | (42.65) |
| $R^2$（with in） | 0.1099 | 0.0388 | 0.4398 | 0.1374 | 0.4673 |
| F检验值 | 12.31 | 13.75 | 19.74 | 43.75 | 14.42 |

注：(1) 括号中的数字为T值；(2) *、**、*** 分别表示显著性水平为10%、5%和1%。

模型（1）考察了京津冀经济发展协同发展对城乡一体化水平的影响。结果显示，京津冀经济发展协同发展水平在1%的显著性水平上呈现正效应，表明京津冀经济发展协同发展水平对城乡一体化水平存在显著正相关关系。模型（2）加入了产业结构联动水平。结果显示，产业结构联动水平在10%的显著性水平上存在正效应，表明京津冀产业结构联动水平对城乡一体化水平存在显著正相关关系。模型（3）加入了市场分割程度。结果显示，市场分割程度在10%的显著性水平上存在负效应，表明京津冀地区市场分割程度对城乡一体化水平存在显著负相关关系，同时产业结构联动水平对城乡一体化水平的影响不再显著。模型（4）加入了环境联合治理水平。结果显示，环境联合治理水平在5%的显著性水平上存在负效应，表明京津冀地区环境联合治理水平对城乡一体化水平存在负相关关系，同时市场分割程度对城乡一体化水平在5%的显著性水平上存在负向影响。模型（5）加入了公共设施均等化水平。结果显示，京津冀地区公共设施均等化水平在1%的显著性水平上存在正效应，表明公共设施均等化水平对城乡一体化水平存在显著正相关关系，市场分割程度对城乡一体化水平的影响不再显著，环境联合治理水平对城乡一体化水平在10%的显著性水平上存在负效应。控制变量中，对外贸易水平、GDP能耗、人力资本水平对城乡一体化水平的影响较为显著，其中，对外贸易水平、人力资本水平的效应为正，GDP能耗的效应为负，政府支农力度、农业机械化水平对城乡一体化水平的影响不显著。市场化程度对城乡一体化水平的影响在模型（1）、模型（2）中不显著，在模型（3）、模型（4）、模型（5）中显著。常数项在1%的置信水平上显著。

表5-6为京津冀协同发展水平影响城乡一体化水平的固定效应模型。模型（1）考察了京津冀经济发展协同发展对城乡一体化水平的影响。结果显示，京津冀经济发展协同发展水平在1%的显著性水平上呈现正效应，且系数大于OLS检验，表明京津冀经济发展协同发展水平对城乡一体化水平存在显著正相关关系。模型（2）加入了产业结构联动水平。结果显示，产业结构联动水平在5%的显著性水平上存在正效应，表明京津冀产业结构联动水平对城乡一体化水平存在正相关关系（OLS回归结果也显著）。模型（3）加入了市场分割程度。结果显示，市场分割程度在10%的显著性水平上存在负效应，表明京津冀地区市场分割程度对城乡一体化水平存在负相关关系。模型（4）加入了环境联合治理水平。结果显示，环境联合治理水平在10%的显著性水平上存在负效应，表明京津冀地区环境联合治理水平对城乡一体化水平存在负相关关系，同时市场分割程度对城乡一体化水平在5%的显著性水平上存在负向影响。模型（5）加入了公共设施均等化水平。结果显示，京津冀地区公共设施均等化水平在1%的显著性水平上存在正效应，表明公共设施均等化水平对城乡一体化水平存在显著正相关关系，

市场分割程度对城乡一体化水平的影响在5%的显著性水平上存在负效应,环境联合治理水平对城乡一体化水平不再显著。控制变量中,对外贸易水平、人力资本水平对城乡一体化水平的影响较为显著;政府支农力度、农业机械化水平对城乡一体化水平的影响在模型(1)、模型(3)、模型(5)中不显著,在模型(3)、模型(4)中显著;农业机械化水平在模型(1)、模型(2)、模型(4)、模型(5)中不显著,在模型(3)中显著;GDP能耗与市场化程度对城乡一体化水平的影响分别只在模型(1)和模型(4)中不显著,在其余模型中显著。常数项在1%的置信水平上显著。综合对比普通OLS回归与固定效应模型可知,固定效应模型的回归效果好于普通最小二乘法。

表5-6 京津冀协同发展水平影响城乡一体化水平的固定效应模型

| 被解释变量 | URDL | | | | |
| --- | --- | --- | --- | --- | --- |
| 解释变量 | (1) | (2) | (3) | (4) | (5) |
| EDC | 0.1105*** | 0.1062*** | 0.1632*** | 0.1522*** | 0.1476*** |
|  | (10.65) | (14.36) | (8.65) | (15.62) | (10.65) |
| ISL |  | 0.0352** | 0.0122* | 0.0095* | 0.0152* |
|  |  | (-1.97) | (-1.65) | (1.85) | (1.95) |
| MS |  |  | -0.0894* | -0.1581** | -0.0964** |
|  |  |  | (-1.99) | (-1.98) | (-2.18) |
| EG |  |  |  | -0.0156* | -0.0023 |
|  |  |  |  | (-1.73) | (-1.08) |
| EPF |  |  |  |  | 0.1258*** |
|  |  |  |  |  | (10.58) |
| FTD | 0.0581* | 0.0965** | 0.0659** | 0.0125** | 0.365** |
|  | (1.91) | (2.13) | (2.06) | (1.98) | (-2.38) |
| GSA | 0.0125 | 0.0095 | -0.0089** | -0.0103* | -0.0075 |
|  | (0.85) | (1.25) | (2.15) | (1.85) | (0.89) |
| DM | -0.1582* | -0.1769 | -0.1238* | -0.0943 | -0.1054* |
|  | (1.75) | (0.25) | (1.71) | (1.14) | (1.85) |
| AML | 0.0698 | 0.0254 | 0.0458* | 0.0594 | 0.0164 |
|  | (0.26) | (-0.34) | (1.84) | (-0.94) | (-1.13) |
| GEC | -0.1025 | -0.9213* | -0.1125* | -0.2682* | -0.1254** |
|  | (1.25) | (1.68) | (1.71) | (1.74) | (2.06) |

续表

| 被解释变量 | URDL | | | | |
|---|---|---|---|---|---|
| 解释变量 | （1） | （2） | （3） | （4） | （5） |
| HCL | 0.3548*** | 0.2984*** | 0.3954*** | 0.1542*** | 0.2843*** |
| | (5.83) | (3.72) | (-2.92) | (-8.78) | (-2.98) |
| 常数项 | 12.6588*** | 9.8451*** | 10.5648*** | 8.5481*** | 10.5481*** |
| | (9.54) | (8.39) | (19.12) | (15.64) | (21.64) |
| $R^2$（with in） | 0.3564 | 0.4915 | 0.3264 | 0.1543 | 0.3548 |
| F检验值 | 19.55 | 25.65 | 8.94 | 20.45 | 15.69 |
| Hausman检验（P值） | 5.16 (0.0078) | 11.25 (0.0063) | 6.14 (0.0041) | 12.33 (0.0089) | 10.36 (0.0052) |
| 年度虚拟变量 | 是 | 是 | 是 | 是 | 是 |
| 备注 | FE | FE | FE | FE | FE |

注：*、**、***分别表示显著性水平为10%、5%和1%。

由以上模型回归结果可知，京津冀协同发展水平对城乡一体化水平的影响整体较为显著。其中，经济发展协同发展水平与公共设施均等化水平对城乡一体化水平存在显著正向影响；市场分割程度对城乡一体化水平的影响显著为负，产业结构联动水平、环境联合治理水平对城乡一体化水平的影响并不十分显著，结果与统计性分析结果差异不是很大。

## 第二节 京津冀协同发展对城乡一体化的影响路径

在第四章中我们根据京津冀协同发展的基本内涵将其细分为经济发展协同、产业结构联动、市场分割程度、环境联合治理、公共设施均等五方面内容，对相应指标做了测度，本章第一节实证分析了京津冀协同发展对城乡一体化的影响。对京津冀协同发展影响城乡一体化路径的分析也从上述五方面内容展开。

### 一 经济发展协同对城乡一体化的影响路径

京津冀地区经济发展水平差距极大，河北省远远落后于京津两市。京津冀三省市经济发展的两极分化严重阻碍和损害了经济发展速度与质量，北京市的"大城市病"与河北省的"环首都贫困带"皆由此而起。通过京津冀经济协同发展加快河北省发展速度，提升北京、天津发展质量，增加京津冀三省市经济效益，通过创新驱动实现经济增长。

通过构建科学的城市体系，促进城乡一体化水平。如前文所述，民国时期的京津冀地区为"双城"格局，北京市承担政治、文化中心职能，天津市则是该地区的经济、商贸中心，新中国成立后，北京市开始履行首都职能，并逐渐由消费型城市向生产型城市转型，天津市保持了其工业城市的地位。北京市的首都职能带来了一系列优惠政策，来自全国的大量优质经济资源涌入北京，加速了北京市的发展进程，使其快速成长为具有世界影响力的国际大都市。天津市尽管不具有北京市的政治优势，但港口城市兼直辖市的地位优势也为其集聚经济资源提供了便利。河北省地处华北平原，唐山、秦皇岛是拥有港口的工业城市，具有良好的发展基础，但改革开放以来，河北省并没有如山东、江苏、浙江、广东等省份那样实现快速发展，也没有形成全国影响力的大城市（在2016年中国城市GDP排行榜中，位居河北省第一的石家庄在全国排名31位，是河北省唯一进入前50名的城市）。河北省的落后与京津两市的高度发达形成鲜明对比。城市是现代经济发展的引擎，河北省各市城市规模小、发展水平低，无法有效拉动河北省经济增长，是河北省经济发展水平滞后的重要原因。从京津冀地区各城市发展现状来看，京津两市经济发展水平远远领先于河北省各市，发展水平的悬殊使京津两市无法与其他城市分工、协调的发展格局相适应，城市体系内部联系松散、各自为战。研究表明，在地区城市体系中，大城市过度发展、中小城市发育不足会令城乡收入差距扩大，而中小城市充分发展、城市之间协调发展的城市体系有利于城乡收入差距缩小（李顺毅，2015）。因此，构建由京津冀三省市不同规模、不同功能城市构成的分工合理、合作发展的城市体系，有利于缩小城乡差距，推进城乡一体化进程。

北京市是中国首都与中国经济、人口规模排名第二的城市，天津市是四大直辖市之一与重要港口城市。河北省各市环绕在京津两市周围，其中，秦皇岛市、唐山市、沧州市也是临海城市。目前来看，北京市"大城市病"突出，亟待疏解非首都核心职能，天津市服务业发展滞后，产业结构优化升级空间很大，河北省各市经济社会发展水平不高，城市规模小、发展程度低。因此，发展高水平的城市体系对京津冀地区而言是一件极富挑战性的任务（薄文广、陈飞，2015）。区域协同发展为京津冀地区城市体系的发展提供了难得的机会。北京市向河北省各市疏解非核心职能将有力推动其经济发展，天津市承接北京非核心职能、吸纳河北省优质经济资源将有效推动其经济发展水平的提升。因此，京津冀协同发展有利于该地区高水平城市体系的形成，进而提升该地区城乡一体化水平。

## 二 产业结构联动对城乡一体化的影响路径

区域经济发展过程中会同时存在产业集聚与产业扩散两种状态。产业集聚是因为隶属同一产业的企业聚集在一个地区，有利于共享要素与产品市场，有利于相互模仿、学习，有利于共享市场信息，有利于增强整体竞争力。产业扩散是因为经营成本过高、市场竞争过于激烈，超出了企业的承受能力。产业集聚能够提升经济发展水平，产业扩散能使更多地区从中获益。产业集聚会扩大区域与城乡差距，产业扩散会缩小区域与城乡差距。区域协同发展过程就是产业先集聚后扩散的过程，在这一过程中会同时提升区域发展水平与城乡一体化水平。

产业结构联动发展是区域协同发展的重要内容，产业转移与优化升级是区域协同发展的重要目标，也是提升区域内经济体城乡一体化水平的关键路径。京津冀三省市之间发展差距较大，北京、天津、河北三地发展水平呈梯度状态，产业转移对京津冀三省市产业结构优化升级存在积极作用。北京市、天津市的低端产业在河北省可能是高端产业，京津两市的低端产业向河北省转移将优化河北省产业结构，北京市服务业向天津市转移也会加速天津市服务业发展，加速天津市经济结构高级化，而北京市将低端产业向外转移之后可以将更多经济资源用于发展技术、知识密集型产业，形成高端产业集聚，促进自身产业结构优化升级与经济社会发展水平进一步提高。此外，京津冀三省市的企业可以将生产、加工环节布局在河北省，而将研发、营销环节布局在京津两市，有效降低企业运营成本，形成产业内部不同环节的区域分工与转移。所以，产业结构联动发展会加速京津冀地区产业优化升级与合理布局，提升区域整体产业发展水平与竞争力。

区域协同发展有利于京津冀产业结构优化升级，而产业结构优化升级又可以有效缩小城乡差距（徐敏、姜勇，2015；郑万吉、叶阿忠，2015）。在经济发展水平较低时期，产业结构优化升级的受益群体是城市居民。当经济发展水平提高后，农村居民也可以享受到产业结构优化升级的实惠，本地城乡差距出现缩小的趋势。而本地发展对周边地区经济资源的吸收和占有，会减缓周边地区的经济发展，拉大周边地区的城乡差距。当经济发展水平进一步提高时，产业结构优化升级的溢出效应更加明显，不仅进一步缩小了本地城乡差距，而且带动周边地区产业结构优化升级，推动周边地区经济加速发展，城乡差距随之缩小。因而，区域协同发展加速产业转移，促进产业在区域间的合理布局，推动区域整体产业结构优化升级，京津等发达地区城乡差距先缩小，河北省城乡差距随之缩小，京津冀三省市城乡一体化水平由此不断提高。

### 三 统一市场进程对城乡一体化的影响路径

区域协同发展要求各级地方政府消除对本地市场及经济行为主体的过度保护，推进本地市场对外开放，加强经济行为主体之间的联系与互动，加强区域之间经济资源的流动与共享，逐步形成区域统一大市场。区域统一大市场的形成有利于优势企业做大做强并在竞争中胜出，有利于经济资源自由流动与充分配置，有利于提高要素和产品的流动效率，有利于降低消费者生活成本并提高生活质量。因而消除市场分割，促进区域统一大市场的形成是区域协同发展的重要任务。如本研究第三章所言，我国长期以来的政府主导型经济增长方式与以 GDP 为核心的政绩考核方式使地方政府有意识地树立区域行政壁垒，以保护本地企业及其他经济主体利益，由此形成了严重的市场分割与"诸侯经济"。研究表明，地方保护与行政壁垒加剧了市场分割，政府行政边界造成的市场分割大于技术、运输造成的市场分割（黄新飞等，2014；陈宇峰、叶志鹏，2014）。因而，区域统一大市场的形成不单要消除交通、技术造成的市场分割，更要打破行政壁垒，消除地方保护主义。

事实上，地方政府对本地市场的过度保护是一种短视行为。20世纪七八十年代南美各国普遍实施进口替代战略，以通过树立贸易投资壁垒阻止外国企业和商品对本国市场的冲击，以保护本国企业利益，导致本国企业市场竞争力长期无法提升，在国际国内市场上无法与外国企业展开竞争，经济发展速度逐步降低。相反地，东亚国家普遍实施出口导向战略，将本国企业置于激烈的市场竞争中，快速提升了本国企业的竞争力与盈利水平，本国经济也获得了快速发展。因而，在区域协同发展中逐渐开放本地市场，允许本地企业和产品与外来企业和产品展开公平竞争，不仅不会消灭本地企业，还会全面提供本地企业的经营管理水平，加快本地经济发展速度。更甚者，本地企业逐步将业务扩展，形成区域乃至全国、全球知名企业，彼时本地经济将更加受惠于企业发展。

区域统一大市场的形成对城乡一体化十分有利。区域统一大市场对交通设施、营销网络、市场环境的内在要求，为农村发展提供了极佳机会。交通环境的改善为农产品输出提供了便利，使农产品的市场化程度提高；市场范围的扩大平滑了农产品的价格波动，为农户提供了稳定持续的收入来源；市场成熟度的提升加快了农产品的流通速度，缩短了生产者与消费者的距离，同时加快了农村经济资源的开发利用；市场行为主体的多样化，为农业企业化、规模化生产提供了便利，加速了农业现代化进程。因此，区域统一大市场的形成对加速农村发展、缩小城乡差距具有关键意义（丛屹、王焱，2014）。

## 四 环境联合治理对城乡一体化的影响路径

京津冀地区的气候、土壤、生物群落接近，海河、滦河是三省市共同的母亲河。京津冀地区位于黄土高原与草原沙漠接壤地区，水土流失、土地沙化严重；雾霾、沙尘暴对居民工作生活造成严重不利影响（潘慧峰等，2015）；水资源短缺和地表水污染制约了该地区发展潜力；贫困与环境问题交织并陷入了恶性循环。京津冀地区作为全国资源环境承载能力最脆弱的地区，是京津冀协同发展面临的重大挑战。但京津冀三省市发展差距大，资源环境问题治理能力存在明显差异，京津冀三省市深刻认识到资源环境问题是区域整体性问题，合则两利、不合两败，应坚持协同治理理念，建立生态保护补偿机制，保证治理责任与治理能力的平衡（李惠茹、张鹏杨，2017）。在推行退耕还林、退耕还草、禁牧圈养、生态移民、产业转移等旨在保护资源环境的措施时，给予行为主体以物质或资金补偿，以激励其忠实执行政策，同时保障其生产、生活能力不致下降（王丽，2015）。

冀北的张家口市、承德市是河北省贫困人口集中地区，同时也是生态环境极端脆弱区。生态环境极端脆弱与农民追求生活水平提高的内在矛盾突出。过去，政府的资源环境保护工作不力，扶贫措施与扶贫效果有限，该地区的农村缺乏科学发展理念，农民普遍采取广种薄收、土地过垦、草原过牧的不可持续的生产方式，致使植被破坏、水土流失和荒漠化严重。将资源环境保护与贫困人口脱贫相结合，综合采用生态移民、产业扶贫等多种措施，在保护资源环境的同时，改善农民生产生活环境，增加农民的收入，提升农民的生活水平。

农村能源消费是能源消费体系的重要组成部分，同时也是其薄弱环节。2013年我国农村能源消费达7.78亿吨标准煤，占全国总体能源消费的1/5，且存在效率低下、污染严重、结构失衡、设备落后等一系列问题。没有农村能源消费革命，京津冀地区就无法建立现代能源体系。推动农村能源革命，就要逐步改变农村燃烧秸秆、燃煤供暖、单家独户采暖的能源消费方式，实施散煤清洁化工程，发展沼气、光伏等清洁能源，建设农村能源综合服务体系。

因此，在资源环境治理问题上，区域协同发展将通过生态移民、产业扶贫、改善农村能源消费方式来推进农村环境保护与治理，同时增强农村、农民的自我发展能力，引导农民放弃落后生产生活方式，提升农村居民的收入水平和生活质量，缩小与城市居民的差距，推进城乡一体化。

## 五 公共设施均等对城乡一体化的影响路径

推进公共实施一体化是京津冀协同发展的先行领域，已经取得了重大成就。虽然京津冀地区基本形成了集公路、铁路、航空、港口等多种交通方式为一体的综合运输体系，但仍存在公共设施发展不均衡、统筹协调程度不够、结构不合理、效率低等问题，制约着京津冀地区经济社会发展。结合京津冀地区"一核、双城、三轴、四区、多节点"的城镇体系和发展布局，建立"四纵四横一环"的交通网络，实现区域内交通方式无缝衔接、互联互通、共建共享的发展目标。此外，京津冀地区还加强了医疗、教育等领域的交流与合作，推进京津冀地区公共服务协同发展，公共服务均等发展相对落后的河北省享受优质公共服务。公共服务均等化会明显加快北京市非首都功能疏解速度，河北省将迎来前所未有的发展机遇。

公共设施均等化对京津冀三省市城乡一体化均有显著促进作用。对京津两市的城乡而言，疏解城市非核心职能、缓解"大城市病"、促进农村城市化是其主要任务。公共设施均等化有利于京津两市的企业、高校、人口向外转移，有利于农村居民全方位地向城市居民工作生活方式转化，加快农村居民市民化，加快农业现代化步伐。因此，公共设施均等化能够有效促进"大城市病"的解决，能够有效提升农村居民的生活质量，加快农村城镇化步伐。对河北省的城乡而言，公共设施均等化改善了河北省的基础设施水平，极大地改善了河北省各市的发展环境，极大地便利了河北省承接京津两市产业转移、经济资源在京津冀三省市之间的自由流动与合理配置，城市将因基础设施改善获得发展机会，吸引更多企业、人才在本地发展，极大地提升城市发展水平。对农村而言，基础设施的改善促进了农村资源开发和市场化程度，公共服务的改善提高了农村居民的生活条件，他们可以享受到更好的优质服务，获得更多的发展机会。所以，公共设施均等化为河北省城乡发展提供了机会，尽管并不意味着能够立即缩小城乡差距，但能够有效推进城乡一体化进程。公共设施均等化既能够缩小区域发展差距，又能够缩小城乡差距（梅德平、洪霞，2014）。随着公共设施均等化程度的提升，京津冀地区城乡一体化水平也将得到大幅提升。

综上所述，我们将京津冀协同发展的基本内涵分为经济发展协同、产业结构联动、市场分割程度、环境联合治理、公共设施均等五方面内容，并分别分析了影响城乡一体化的路径。分析表明，尽管上述五方面内容不能同步推进城乡一体化，也不能在短期内持续缩小城乡差距，但它们有利于构建京津冀区域统一大市场，有利于经济资源的自由流动与合理配置，有利于加快落后地区经济发展，因而有利于缩小城乡差距、提升城乡一体化水平。

# 第六章 基于区域协同发展的城乡一体化政策建议

城乡一体化的核心是城乡社会经济发展一体化，是城乡之间要素流动机制与通道的建立，是城乡之间要素集聚于回流路径的疏通。区域协同发展作为不同地区之间扩展市场规模、提升资源配置效率的重要推动行为，能够在区域协同发展的过程中，通过不断构建区域协同发展的载体，完善区域协同发展的机制，从而推动城乡一体化。区域协同发展的关键在于打通不同地区之间的商品流动与要素流动的各种地方保护壁垒，构建统一完善的商品市场与要素市场，从而最大限度地发挥统一市场的规模效应，提升资源配置效率，促进不同地区劳动生产率的普遍提升，最终达到区域之间协调、均衡发展。

城乡一体化是一个发展性问题，必须在发展中得到解决。中国不同地区之间存在区域差距的主要原因在于地区之间的市场分割和地方保护，全国性的统一市场迟迟无法建立，从而导致乡村地区的要素和资源无法充分被不同地区的市场和资源所利用、配置，导致效率损失和城乡差距不断被拉大。因此，如何在区域协同发展过程中不断推进统一市场的整合，建立要素自由流动的机制和渠道，是有效推进城乡一体化的关键所在。

区域协同发展是一个不断推进、不断演进的历史过程，从经济一体化到社会一体化，从社会一体化到体制机制一体化，遵循着不断演化、不断上升的路径。区域协同发展是一种状态，更是一个过程，是一个不断向最优化努力的进程。因此，作为市场机制的补充，政府需要在其中发挥好衔接与协调的作用，努力破除行政主导的市场分割和地方保护，不断深化体制机制改革，建立长期有效的协调机制和组织，推进不同区域之间的一体化程度，进而缩小城乡收入差距，实现区域与城乡的共同富裕。

京津冀地区协同发展是国家高度的宏伟战略，是打造中国增长第三极和世界性城市群的载体。京津冀的协同发展，并不是发展北京、天津及河北的几个大中城市，而是希望以这些城市为纽带和支点，构建统一市场范畴下的区域增长网络，从而最大限度地激活京津冀地区的增长潜力，优化京津冀地区的城乡资源配置效率，最终实现京津冀地区的共同富裕。因此，区域协同发展推动城乡一体化的政策建议，既具有一般性的普适意义，又能够对京津冀地区的历史实践进行指导，具有非常重要的现实意义。

## 第一节 破除区域协同发展、推进城乡一体化的体制障碍

体制机制的束缚，成为现阶段中国各地区推进区域协同发展的焦点难题，是有其深刻的历史根源和现实背景的。一方面，在政治上中央集权而在经济上地方分权的制度框架下，在地方官员的晋升激励与财政激励以GDP考核指标为重点的考核制度下，在不定期的官员的交流和任期逼促下，地方官员的核心目标在于在极短的时间内提高GDP水平，从而达成考核目标。另一方面，在中国现阶段要素驱动的经济增长方式下，不同地区要素数量的丰瘠程度无疑能够制约地区的经济增长，因此如何最大限度地增加地区的要素数量，成了不同地区主政官员需要考虑的核心问题。当区域内部存在强有力的要素集聚中心，地方官员自然倾向于构筑地区市场分割的保护壁垒，限制要素的流出和商品的流入，从而最大限度地保留本地要素，保护本地企业，维持经济发展水平。因此，区域协同发展的体制机制束缚，根源上需要从扭曲的官员激励机制入手。

区域协同发展是不断打破行政束缚、冲破地区割据牢笼、实现商品和要素自由流动、完成统一大市场的建立过程。然而，由于地区之间存在竞争关系和地方官员之间存在个人偏好，导致区域协同发展的进程被人为地机制性延滞。虽然不同地方可能在短期内收获到更高的增长水平和经济增长率，但是长期会损害区域整体发展的绩效。区域协同发展的核心在于区域内部的参与主体，通过实现商品和要素的自由流动，根据本地区资源禀赋的比较优势，参与统一市场下的区域分工，从而在专业化分工的路径中

收获增长。一个健康的增长态势，必然是资源配置得到不断优化的局面，而区域协同发展是不断逼近这个状态的过程。因此，推动区域协同发展的过程，便是资源配置效率不断优化的过程，是整个地区要素实现自由流动、达到更高边际收益的过程。

本节笔者将从三个部分来探讨如何破除体制机制对区域协同发展的阻碍和束缚，从而打通要素自由流动的通道，实现城乡之间的要素在区域协同发展进程中自由流动和迁移，最终促进城乡一体化。三个部分分别为：第一，优化官员考核机制，完善官员激励体系；第二，约束政府行为边界，发挥市场决定作用；第三，组建区域协调机构，构建区域协调机制。第一部分从根源上探讨如何改善地方官员偏好和行为激励，促进地方官员修正激励扭曲的偏好；第二部分从政府行为的约束层面探讨如何构建负面清单制度，将政府干预经济的行为逐步缩小，尊重市场在资源配置中的决定性作用；第三部分从区域之间的协调与磋商机制入手，尝试为京津冀地区的一体化提出准确的路径。

## 一 优化官员考核机制，完善官员激励体系

区域协同发展是不同参与主体基于扩大市场规模、促进要素自由流动的目标进行的破除各种行政障碍、空间障碍和贸易障碍的行为。区域协同发展的收益来自不同地区根据要素禀赋和比较优势，形成区域空间分工，享受资源配置效率提升和区域劳动生产率提高的收益，最终达成地区间收入水平的趋同和生活水平的均衡。然而，在现阶段的政治经济框架内部，政府考核机制的GDP中心化倾向引致激励扭曲，导致地方官员在推动地方经济的发展过程中存在严重的短视效应，只注重经济规模的不断攀升，而不关注区域长期发展的基础。一方面，政绩考核的GDP中心化，将地方官员的目标函数单一化为不遗余力地推动地方经济增长，会导致政府的一切行为决策都围绕做大地方经济规模而展开。然而，地区经济发展并非简单的经济增长，其中还包括丰富的内涵，诸如人民生活水平的提升、区域环境质量的优化、区域经济结构的不断升级、区域城乡差距不断缩小等内容。但是，以GDP为核心的考核机制，会自动过滤掉这些对短期经济增长而言是成本的选项，而将政府的主要施政方向定位不遗余力地推向地方经济增长方面。因此，当地方政府面对辖区周边有非常强劲的要素集聚中心时，

这意味要素的集聚中心拥有更高的劳动生产率和更富有竞争力的企业，而这对于经济落后、劳动生产率并不高的地区而言，则意味着要素的流失和本地市场被侵占，本地企业会在外来产品和企业的冲击下不断消失，从而导致短期内辖区经济增长的恶化。这对于辖区的主政官员来说意义重大，这不仅关系到考核目标能否完成，还关系到日后的升迁。因此，地方官员有充分的动力，建立起较为隐蔽的地方保护和市场分割措施，通过更为复杂的审批手续，更为烦琐的流通许可和更多牵绊的要素迁出阻碍，尽可能地阻止要素流动和商品流入，从而维持地区的经济增长。另一方面，激励机制的扭曲，导致了地方官员的竞争行为成为零和博弈，加剧了地区之间的市场分割和地方保护行为。中国地方官员的激励机制分别为晋升激励和财政激励，其中晋升激励是指官员之间的竞争出于对未来职业生涯的升迁考虑而进行的地方经济增长推动行为。晋升激励的核心在于，一人所得即是一人所示，意味着在一群竞争更高层次职位的地方官员中，一个人的晋升成功则表示其他的晋升失败。因此，在这种强大的零和博弈的契约规则下，地方官员会为了竞争为数不多的上升空间而进行激烈的竞争，而限制要素流出和商品流入的方式无疑成为较为隐蔽、不易被发现且极为奏效的方式。因此，地方官员在扭曲的激励机制下，会通过分割市场的行为保护本地的经济增长，从而破坏区域协同发展的进程。因此，我们认为，地方官员的偏好来自考核机制和激励机制的扭曲，如果不能从根源上破解这一难题，则区域协同发展的推进就无从谈起。

淡化考核机制中的 GDP 中心意识，构建全方位、多层次的考评机制。大量的研究已经证实，在以 GDP 为中心的考核机制下，地方官员的行为偏好将集中于如何做强做大地区的 GDP 总量。然而在中国目前的要素驱动型的经济增长框架下，要素数量的丰富或贫瘠直接决定了地区经济增长的流量水平。地方官员有很强的动力，通过市场分割的方式维持地区的要素存量，保护辖区的企业利益，进而保住本地的经济增长，完成上级政府的政绩考核任务。因此，我们认为，在区域协同发展推进过程中，应尽量淡化地区的 GDP 考核指标，取而代之以更为丰富且可供操作的一体化推动指标。

研究认为，应该采取多层次的一体化推进考核机制，具体的实行路径有以下三点。第一，制定地区一体化指标体系，通过细化一体化推进方向，建立基于一体化推进效果的政绩考核体系。在区域协同发展过程中，区域内部的经济差距并不是呈现单向缩小的态势,很有可能会经历先扩大后缩小的态势,因此如何扭转地方官员对于 GDP 的偏好,忍痛舍弃眼前的局部利益,主动放弃市场分割和地方保护的策略,主动加入统一大市场便成为考评体系的核心问题。因此,研究认为,应该以一体化推进程度指标取代 GDP 指标,明确地区的一体化程度是地方官员政绩考核的核心所在,从而将地方官员的主要精力从不遗余力地推动地方经济增长,扭转到如何参与区域协同发展进程,推动区域之间市场整合的努力中。第二,细分一体化指标考核,做到有据可评、有据可行。区域协同发展是一个漫长的工程,不同时间段的主要任务并不相同,因此不能"一刀切、一把抓"地推动区域协同发展,而是应该细分领域进行有阶段、有目的的推动。研究认为,地区之间的一体化应该首先从显性的障碍入手,从基础设施一体化、公共服务一体化,到经济一体化,再到社会一体化。每个时间段选取一个迫切需要实现的一体化目标,采取各个击破、逐步解决的方式,不断扎实有效地推进区域协同发展进程。第三,建立完善的区域协同发展长期追索评价机制,防止区域协同发展开倒车行为的出现。区域协同发展是一个长期的过程,在经济形势和国家政策的影响下不排除会有反复的可能,可能还会出现一定的倒退。因此,我们除了建立一体化的考评机制之外,还要建立一体化的长期追索评价机制,将一体化的推动与官员的任职生涯相绑定,建立起长期追索评价体系,从而使官员在任期内不敢有反复区域协同发展的念头,扎实推动城乡一体化。

## 二 约束政府行为边界,发挥市场决定作用

区域协同发展本质上是个人和企业在市场机制的作用下主动进行经济联系,在不同地区间进行自由的迁移和流动,追逐更高的要素边际收益的过程。因此,区域协同发展的动力来自企业和个人等要素所有者在地区和产业之间的自由流动引致的区域经济分工协作的协调发展。研究认为,地方政府大规模干预经济的行为,是导致区域协同发展推进速度迟缓的重要原因。如前所述,地方政府在经济发展过程中具有并不独立的行为偏好,而是深度地介入经济过程,通过重点扶持某些产业和地区,进而达成自己的目标函数。然而,这种干预市场的行为,在短期内可能确实推动了特定产业和区域的发展,但是从长期来看,这种由政府扶持和保护扶持起来的

发展必然存在先天畸形和后天不足，必然不能面对市场激烈竞争的考验，最终的结果可能是特定产业和区域的长期发展受到实质性损害。因此，约束政府的行为边界，严格限制政府干预经济的冲动，尊重市场在配置资源中的决定性作用，是推动区域协同发展长期进行的重要保证。当然，我们所谓的厘清市场与政府的边界，并不是说要政府全面放任市场经济自行发展，这也与我们前述第一节的内容和逻辑并不相符，我们的重点在于，政府应该通过什么方式介入经济，这种介入方式应该尽量是外生的和影响最小的，最大限度地影响市场机制的发挥。基于此，我们认为应该从以下三点着手，改进政府的行为。

第一，制定政府权力负面清单制度，并在一体化区域内部不断进行广泛推广。区域协同发展的推进过程，是政府不断为企业、个人和要素松绑的过程，是要素自由流动程度不断提高的过程，是区域内部统一大市场形成的过程。因此，如何厘清政府与市场的关系，从之前大规模介入的领域中逐步退出，是推进区域协同发展的进程中最重要的任务。一方面，在国家不断取消冗余行政审批和为企业松绑的背景下，一体化内部的各区域应该结合本地区实际制定本地区的政府权力负面清单，主动设立改革日程表，不断约束政府从经济中逐步退出的行为。推进区域协同发展内部的各个地区，应该将政府负面清单进行统一的对照管理，按照最小公倍数原则，将各地区分别暴露出来的政府负面权力清单进行统一整合，按照负面清单内容最多的事项分别落实整改，不断推进政府行政审批事项的改革。另一方面，各地区形成主动消除本地区政府权力负面清单事项的激励，不断在一体化考评机制下，主动消除一体化过程中各地区的行政审批障碍和人员与要素的流动障碍，不断为区域协同发展消除政府的不正常干预行为。

第二，不断改进政府服务职能，提升政府服务质量，促进要素的自由流动。区域协同发展过程中的地方政府竞争，强调在不断消除地方政府通过地方保护和市场分割等方式限制要素流动的基础上，高度重视地方政府的竞争力主要来自不同地区的地方政府的政府服务职能的层次和质量。因此，地方政府应该从加快政府职能转变入手，不断消除不同地区之间的地方政府服务职能的差距，缩小地区间公共服务质量的差距，从而为产业与企业迁移、人员和要素流动创造客观条件。发达地区的产业和企业转移，相对后发地区不仅接收的是生产和人员的迁入，不仅需要从基础设施、交通运输和电力通信等方面提供良好的支撑，还需要花大力气着重从转变政府职能的角度入手，缩小与发达地区政府福利企业的水平和差距。一方面，加快转变地方政府职能，从更多的行政干预性领域退出，不断缩减政府行政审批事项，转变政府职能，加快建立服务型政府。服务型政府的构建不仅仅是一句口号，必须落实到政府各个工作机关中，特别是为企业和人员服务的窗口服务单位，务必树立服务意识，营造良好的就业环境、投资环境，为实现区域协同发展的产业分工转移奠定基础。另一方面，不断向发达地区的地方政府学习，定期排出专职人员进行观摩学习，并不断结合地方实际，制定相关的服务准则和服务标准，不断提高政府的服务层次和质量。只有地方政府真正转变职能，不断以企业和要素为中心，创建一个有利于创业、创新、就业和投资的环境，才会有企业选择迁入形成一体化推动的格局，加速地区的一体化程度。

第三，深化政府体制改革，尊重市场在资源配置中的决定性作用。在推进区域协同发展的初始阶段，政府需要大量修建基础设施、交通运输线路和通信设施等硬性一体化设施，此时政府对一体化的推动主要从外部介入，即不断打通地区之间的物理分割状态，创建地区之间要素和人员流动的通道。然而，政府要努力消除地区物理壁垒，必须以自身的不断深入改革作为前提保证。这意味着，政府对区域协同发展的推动并不是随着一体化的深入而不断介入的，而是应该不断在改革自身体制机制的前提下，逐渐退出主动推动一体化的领域，将区域协同发展的主要推动力交还给市场。毕竟区域协同发展的核心目标是要素在区域之间的自由流动引致的要素空间配置效率不断优化的过程。因此，要素的自由流动即区域协同发展的最终目标，也是推进一体化不断深入的动力。政府需要做到用知识不断切除阻碍要素流动的各种障碍，从物理性障碍到行政性障碍，而这就需要政府不断从自身改革做起，不断深化体制机制改革，破除全能型政府的定位，不断从市场起决定性作用的领域中逐步退出。因此，地方政府应该随着区域协同发展的不断深入推进而加快推进政府自身的体制改革，从而实现区域协同发展动力机制的转变，最终实现市场机制在区域协同发展中扮演决定性作用。

### 三 组建区域协调机构,构建区域协调机制

推进区域协同发展的复杂之处在于,地方利益盘根错节,牵涉的范围之广,涉及的人数之多,需要协调的地方之多,远超想象。区域协同发展注定是一条要在艰难曲折中前进的道路,因此必须高度重视区域协同发展推进过程中的各方利益诉求,建立长期有效的区域协调与磋商机制,回应各方的利益诉求,力争将问题解决在萌芽之中,防止各类问题阻碍区域协同发展的进程。历史地看,区域之间产生利益冲突问题的根源在于经济发展水平不高,地区之间为了竞争短期内的收益而不愿意让步,这就需要建立超越现有各方利益的更高层次的协调与磋商机制,努力平衡各方利益,尽可能地以一种帕累托改进的方式不断推进区域协同发展。当然,区域协同发展必然不是一帆风顺的,其中必然存在一定程度的反复和曲折,这就需要区域内部的各个参与主体主动加强沟通和交流,通过统一的协调框架进行磋商,从而最大限度地解决一体化推进进程中的各类问题。建立区域协同发展的协调框架与磋商机制,是为了不断破除不同地区之间的行政壁垒和不同地区内部的体制机制障碍,尽可能地实现不同地区的行政一体化和体制机制一体化,促使一体化区域内部不存在行政制造的人为藩篱,尽快为要素自由流动和统一大市场提供制度保障。因此,我们认为应该从以下两个方面着手推进区域内部行政一体化的进程,保证区域协同发展的制度基础完备、完善。

第一,加深区域协同发展共识,推动各地区主动融入一体化进程。推进区域协同发展,并不是区域内部任何一个主体推动便能达成的,需要有关各方一道进行推动。区域协同发展不仅有利于落后地区主动参与区域分工,实现地区经济的跨越式发展,对于发达地区而言,这同样意味着可以疏解更多的人口压力和资源压力,舒缓大城市过度集聚导致的各种外部经济现象。京津地区作为我国的政治中心和北方经济中心,长年保持着人口净流入增长的态势,城市规模一再膨胀,远远超出了京津地区的资源承载能力,然而各种行政性手段抑制人口迁入的举措都被不断膨胀的城市规模所消解,城市规模并没有如政策预期的一样出现了向下变化的拐点,依然呈持续增长态势。究其原因,京津周边的河北地区的经济发展与京津地区有着明显的落差,导致人们并不愿意向京津周边的河北城市迁移,而是选

择仍旧盘附在京津地区。北京和天津由于高度发达和地方官员处于激励机制的考虑，对于京津冀一体化并不热心。相关学者通过对三地政府报告的研究发现，只有河北不断提出要主动推动京津冀一体化，并提出诸多举措，而北京和天津地区还停留在两者一体化或自说自话的阶段，对于京津冀一体化并无太多的推动，这种举动的根源在于，两地区认为京津冀一体化是发达的北京和天津变相支援落后的河北，因此对这种需要耗费成本的一体化并不热心。然而，北京和天津地区长年以来受制于资源承载力，城市人口增长已达到城市资源承载力的上限，一味地行政抑制已经丝毫不起作用，而公共投入的增加又会成倍地吸引人口迁入，从而导致增长与抑制悖论的产生。因为人口众多，政府一方面提出了各种抑制人口迁入的政策举措，限制人口进入，特别是低素质劳动力的进入；另一方面政府为了现有居民的利益考虑，不断追加公共产品的投入，从而不断提高了现有城市居民的人均公共资源占有数量，这又成为吸引人口的一个重要原因，从而形成了行政抑制和人口增长的悖论。因此，北京和天津应该认识到，这个悖论的破解在于主动释放推动京津冀一体化共识，加大力度建立与河北地区的交通基础设施互联互通，主动推动河北地区的基础设施建设与公共服务质量提升，为人口疏解提供基础保证。

第二，建立区域协调框架，组建区域协同发展协调机构体系。在区域协同发展进程中会出现各种利益不一致的地方，各利益主体出于各自的目标函数的考虑都用着完全不同的利益诉求，这种利益冲突是区域协同发展进程需要不断解决、不断进行协调的问题。可以说，区域协同发展的过程，就是区域内部利益不断协调、区域之间利益日趋一致的过程。然而，区域利益的一致化也是一个漫长的过程，需要得到利益各方的认可，必然是区域协同发展的推进，已经切实为各方带来了正向收益才有可能取得的。因此，在区域协同发展收益并不足以支撑各利益相关主体形成推动一体化的共识之时，建立切实有效的区域协调框架和组建区域协同发展的协调机构体系就十分重要。区域协调框架的构建，应该在中央设立统一的议事机构，各参与主体派驻代表，达成协调框架的基本共识，明确协调框架的基本职能，划定协调框架的职责范围，尊重协调框架的协调努力，从而在各方达成共识的基础上形成一个完备的协调框架。与此同时，协调框架在建立之后，应该建立从中央到地方的协调机构，让协调机制从框架落实到现实，这种协调机构应该是由中央牵头，地方派驻人员参与的一个常设机构。在这样的机构中，利益各方应该主动就各自关心的利益问题不断进行主动磋商和协调，积极地发挥协调机制的职责和使命，主动化解各个地区的利益冲突，不断推进区域协同发展向纵深发展。

## 第二节　建立区域协同发展推进城乡一体化的载体

　　区域协同发展的推进，并不是依靠政府大力修建基础设施、进行不断宣传便能完成的，而是需要依靠具体的实现载体进行推进。区域协同发展的实质是要素空间自由流动引致的要素空间配置效率的提升和要素边际收益的趋同。要素的流动需要借助产业的转移和城市化的推进才能完成，要素的流动一定是趋利而往的，要素的流动必然代表了一个地区或产业的边际收益至少不低于其他地区。因此，如何打造要素流动的载体，推进要素在空间上的流动迁移，从发达地区向落后地区转移，形成区域分工协作的发展模式，才是推进区域协同发展的关键所在。城镇体系是区域协同发展的空间载体，能够为不断扩展的区域经济一体化提供更为广阔的施展空间，能够形成更多的集聚中心和经济增长点，推动要素在不同的集聚中心和经济增长中心找寻要素边际收益相对较高的布局方式。空间功能分工是区域协同发展的产业载体，能够不断在集聚的形式和层次上进行空间差异化分工，发挥不同集聚中心的比较优势，促使集聚实现地理上集中但收益上均衡的发展态势，推动要素在不同地区的不同产业上实现边际收益均衡。要素流动渠道是要素不断进行迁移流动的基本载体、不断疏通由于体制机制障碍和行政壁垒障碍等人为障碍造成的要素流动阻碍、不断加大对基础设施的投资和维修，扩展交通运输的方式和范围，实现要素流动的成本更低，更能发挥要素集聚的效率。

　　因此，本节准备从城镇体系、空间分工和要素流动渠道三个方面着重论述如何推进区域协同发展的载体建设。首先，我们从城镇体系入手，阐述城镇体系建设的方向、目标和任务，分解城镇体系建设推动区域协同发展的过程，提出切实可行的政策建议；其次，我们从产业空间功能入手，论述区域空间功能如何在产业集聚的形式和层次上进行分工，从而最大限度地发挥地区的空间集聚效率，实现区域协同发展的不断推进；最后，我们从要素流动渠道入手，尝试分析要素流动的障碍和壁垒，并提出最终促进区域协同发展进程的政策建议，以破解这些障碍和壁垒。

## 一 完善城镇体系建设，构建城乡一体化的空间载体

城镇化是区域协同发展推动城乡一体化的重要力量。城镇化的意义在于构建更多的人口集聚中心，将乡村地区分散的人口和要素实现一定程度上的集聚，形成城镇体系的一个环节，在区域协同发展的过程中承接城市体系中的分工协作，从而推进城乡一体化。城镇体系的建设，是为区域协同发展过程中更为细致的产业分工和劳动分工构建完善的空间载体，促进产业能够按照不同的要素禀赋和比较优势在不同地区进行布局。城镇体系作为推动区域协同发展的载体，能够形成若干个规模不同、职能不一的集聚中心，在日臻完备的交通运输条件下，将形成一个个经济增长中心，从而不断为要素流动和迁移提供更多的备选方案，推动要素合理流动，从而促进区域协同发展，引致城乡一体化。对于京津冀地区而言，加快河北地区的城镇体系建设，对于推进北京和天津的城市职能分散和疏解城市人口规模过高引致的环境承载能力下降来说意义重大。同时，随着河北地区城镇体系的完善，越来越多的城市可以参与到区域协同发展的分工体系中，从而又推升了区域协同发展的程度。

第一，适当疏解京津城市职能，加大河北地区稀缺资源布局。京津冀地区的区域协同发展水平不高，与地区之间的发展落差过大有密切关系。北京作为全国政治中心，天津作为北方经济中心，其获得的政府偏好远远大于河北，大量的偏向性政策、基础设施和公共服务的中央财税补贴优惠，都不断地提升了京津两地的发展水平，促进了京津地区的全面发展。相比较而言，河北获得关注和中央偏爱就少很多，这间接导致了中央扶持重点的偏差引致地区差异不断扩大。这不仅影响了河北地区的发展，影响了京津冀地区的协同发展，最终也会影响京津地区的发展壮大。近年来京津冀地区的雾霾不断恶化，导致空气质量急剧下降，很大一部分原因是河北地区为了发展经济推进了重化工业的集聚，导致环京津地区的重化工业和污染密集型企业密布，引致区域环境质量的不断下降。这充分说明一个问题，即地区发展不能独善其身，必须走协同发展的道路，才能最终达到共同富裕。因此，应加快河北地区的城镇体系建设，适当转移京津地区的城市职

能，将一些稀缺性资源向河北布局，引领人口有序疏导，从而加快京津冀地区的一体化进程。

第二，重点扶持河北中小城市，完善城镇化布局体系。京津冀地区一体化的目标是形成世界级的城市群增长网络，建城人居条件好、产业竞争力强的中国经济增长中心。这个目标的实现，自然不能仅靠北京、天津和河北的石家庄、唐山等少数几个大城市的超常发展就能完成，而是需要带动一大批中小城市的发展。中小城市作为连接大都市和乡村的枢纽，其发展不仅能够在城市体系中参与分工，还能有效集聚乡村地区的资源和要素，从而在区域协同发展的进程中实现城乡一体化。重点扶持河北中小城市发展，应该采取科学布局、重点突出、远近结合、有序推进的原则。其中的要点在于，以北京和天津周边地区为突破口，不断为北京、天津人口的疏解工作进行城镇化建设，打造舒适宜居的中小城市，吸引人口前来定居置产。在此基础上，在连接河北中心城市和北京天津的范围内，着力建设一批支撑性城市集聚中心，增加京津冀大城市之间的城市密度和联系强度，着重在交通线路的中心或基础条件较好的地区发展现代工业型、新兴产业型、旅游宜居型等不同定位的中小城市，尽可能地完善城镇体系布局，最大限度地发挥城市的空间集聚功能。

第三，推进特色小城镇建设，完善城镇体系的"最后一公里"。区域发展一体化的最终目标是区域内部的不同地区，收入水平趋同而生活水平相近。城乡收入差距作为区域发展差距的最主要部分，是区域协同发展进程中必须着力解决的关键问题。缩小城乡收入差距，并不在于如何推动城市的发展，因为改革开放几十年来，乡村地区可以向城市转移的人口和要素大部分已经完成了转移，而现在仍停留在农村地区的要素和资源，有很大可能性是因为其要素禀赋并不符合大城市的需求，因此无法对接大城市的要素需求，最终导致要素的边际收益无法实现。然而，大城市无法提供有效需求并不意味着要素的效率低下，而仅仅意味着要素的匹配无法实现。这意味着，必须寻求客观、具体的方法为这些要素提供切实可行的边际收益实现手段，而不是将这些要素闲置。我们认为，乡村地区存在很大发展潜力，但是缺乏应有的基层集聚中心进行集聚和服务，这就导致要素长期处于分散闲置的状态。中共中央明确提出的发展特色小城镇构想，能够充分调动农村地区的特色要素，让这些要素寻找到匹配的收益。特色小城镇建设的关键在于，应结合地区特色，找准地区定位，建设差异化的城镇发展路径。京津冀地区作为我国开发悠久的地区，各个地区的历史和文化各不相同，其中蕴藏着很多可待发掘的丰富内涵，这些可以成为特色小城镇建设的基础，以推动京津冀地区完善城镇体系建设的"最后一公里"。

## 二 优化空间功能分工，构建城乡一体化的产业载体

产业作为推动区域发展的重要载体，能够有效地推动区域人口和要素的集聚，是提供区域协同发展的根本载体。民无恒产则无恒心，产业对于一个城市、一个地区而言，重要性不言而喻。那些发展相对较好的地区，往往是依据本地区的资源禀赋，发挥本地区的比较优势，形成了专业化的产业集聚形式，从而在产业专业化的路径上不断向纵深发展，从产业分工走向产品分工，不断扩展分工的边界和深化分工的内涵，有效地扩大了市场规模，吸引更多的要素和人口前来集聚，从而形成产业集聚、分工与市场规模不断扩展的循环累积因果关系。对于京津冀地区而言，一方面，北京和天津作为全国的政治经济中心，在计划经济时期条块经济的格局下，各自拥有一套健全的经济体系是北京和天津的经济基础，著名的首都钢铁公司等企业，便是计划经济时期的产物；另一方面，改革开放以后，北京和天津本身作为特大城市具有的优势条件加上国家赋予的各种政策优势，构成了吸引各种要素和人才的绝对优势，因此北京和天津也形成了很多专业化产业分布。然而，北京和天津的产业发展，将会导致北京和天津首先形成京津冀地区的要素"抽水机"，不断攫取河北的资源和要素，阻碍河北的发展。因此，通过有效疏解北京的非首都职能，进行产业的外迁，在河北地区形成一定的产业转移外迁对接平台，从而促进河北地区的产业化发展，形成北京和天津的高级服务业中心和河北的生产制造业中心，优化三地的空间功能分工，对于区域协同发展来说意义重大。

第一，北京积极进行非首都职能疏散工作，明确产业转移的路线图和时间表。借助国家政治中心的优势地位和特大城市本身具有的规模优势，北京在很长时间内集聚了全国一大批极其优质的资源。这些资源不仅包括完善的基础设施建设、完备的公共服务项目、高水平的教育、医疗卫生资源，还包括高素质的科研创新人才、高端化的高新产业集群，但同时由于历史遗留因素，北京还拥有很多相对并不高端的产业。这种明显不合理的

产业布局和产业结构，不仅挤占了首都地区的大量空间资源、人才资源和要素资源，还蜕变成了要素集聚的重要实现机制，源源不断地攫取河北乃至全国的优质资源并向北京集聚。然而，这种要素集聚的效率并不一定很高，因为北京长期以来享受了来自中央财政的补贴和特别政策扶持，很多与北京产业结构和产业布局并不相符的产业也依靠这些特殊的政策长期存在，导致它们成为享受政策红利的低效集聚。因此，北京作为首都，必须对非首都职能进行大刀阔斧的转移，从而有效疏解首都地区的资源环境承载力过大、要素集聚效率低下以及首都职能无法很好发挥的困境。国家对北京及其相关领导干部的考核，也应该以完善和保障首都职能为基本出发点，而舍弃唯经济优先的考核目标，大力支持北京市进行非首都职能疏散的推进工作，制定详细的路线图，明确哪些资源可以迁移，哪些产业可以外迁，哪些单位可以向外布局，并制定完备的推进时间表，将推进工作落实到具体的日程安排上，从而调整首都地区的空间结构和空间布局，优化首都地区的空间布局形态，完善北京的首都职能。

第二，北京和天津积极提升高端产业的发展水平，为京津冀地区提供高效优质的生产型服务业。北京和天津作为中国北方最大的两个城市，肩负着中国政治中心和北方经济中心的职责，因此作为政治经济中心的京津地区，其应该从如何为北方地区乃至全国提供更高水平的政治经济服务着眼并进行发展，而不是通过与其他地区进行要素和资源争夺的方式进行自我的发展。这意味着，京津地区的发展应该通过向其他地区提供发展的方式和方法来进行更高层次的服务业与创新产业的发展，而绝不简单地和其他地区进行资源和要素的争夺而进行的低端制造业或者高污染、高能耗产业的发展。这不仅不符合北京、天津的比较优势和资源禀赋，也会挤压其他地区通过发展此类行业进行工业化和城镇化的可能性，从而最终不利于京津冀地区的整体发展。因此，北京和天津首先应该树立京津冀地区的整体发展观，通过产业转移和产业分工的方式对京津冀地区的要素和资源进行空间优化重组配置，发挥产业集聚的空间效率。其次，努力提升北京和天津地区的高端服务业和创新创意等产业的综合实力，努力成为服务京津冀、北方地区乃至全国的金融、创新、创意、科研中心，从而不断增强北京和天津的核心竞争力，实现北京和天津产业结构的优化升级。

第三，河北积极进行产业转移对接平台建设，加快不同城市之间的产业化布局，尽快形成城市群的产业化分工形态。河北产业结构和产业布局与北京和天津相比并不占据优势地位，其要素集聚的水平和质量也与北京和天津地区有着明显差距。因此，河北发展的契机并不是单纯依靠自身的比较优势的特点吸引北京和天津的优质要素和资源的，而是要着力在对接北京和天津产业转移与迁移的方面苦下功夫，实现北京和天津地区的产业"有地可转、转即可产、产即高效"，从而顺利地实现专业转移。首先，所谓"有地可转"并不是单纯地划出产业园区或者配置工业用地，而是根据不同产业的具体要求进行具体化的规划落实，这种规划一定是着眼于构建产业之间的关联效应而展开的，而绝不能单纯地就某个产业进行片面地规划，这样只会切断产业之间可能形成的关联，从而导致产业集群的无法形成，损害区域的长远发展。其次，所谓"转即可产"指的是，应该在产业转移的过程中不断跟进产业的整体配套服务，缩短产业转移从迁移到生产的时间周期，减少因产业转移造成的产出损失，提供产业转移过程的全方位支持与配套工作，一定要接受产业转移地区的土地、水、电力、交通、基础设施等全面的跟进与配套，避免企业迁移后因配套不到位而导致的长时间产能无法恢复问题。最后，所谓"产即高效"指的是，产业转移的过程完成以后，不仅要保证相关企业尽快恢复生产，还要保证提供促使企业进行高效生产的条件和基础。一方面，加大力度对基础设施进行再升级和个性化规划；另一方面，则不断提高当地政府的服务意识，提升区域的营商环境与政府服务意识，从而不断提升转移产业的效率，助推本地经济的发展。

### 三　疏通要素流动渠道，构建城乡一体化的要素载体

疏通要素流动渠道，不仅是指从硬件条件着眼完善现京津冀地区的要素流动的交通运输条件，还强调京津冀地区应该从软件方面着手破除要素流动的行政性和机制性障碍，从而不断推进要素在京津冀地区的自由流动，不断提升要素的空间配置效率，实现区域协同发展的不断推进。

要素流动的通道，从硬件上来看，是交通运输与信息通信基础设施完善，是人员、商品、信息之间的低成本高效率的传输。空间经济学的理论指出，运输成本是决定集聚规模和层次的关键变量，运输成本的降低能够有效地增强大城市要素拥挤引致的离心力因素，提升中小城市要素集聚的

向心力因素。在运输成本高昂的时期，大城市凭借自身庞大的市场规模所具有的本地市场效应和价格指数效应，能够对周边中小城市的要素形成极强的吸引力，中小城市的要素为了博取更高的边际收益纷纷涌向大城市。中小城市效率较高的企业也为了节省成本和更加靠近消费市场，而选择向大城市集聚，此时大城市呈现单向集聚的过程。然而随着大城市集聚水平的提升和地区交通运输条件的改善，大城市要素的拥挤效应引致的要素边际成本不断升高，要素之间竞争的加剧也进一步压低了要素的边际收益；随着地区间交通运输条件的改善，运输成本的下降极大地增加了企业进行最优化空间选址的决策空间，令企业有了更强的动力向外围的中小城市进行迁移，从而实现要素的空间二次集聚，形成新的增长点，推动区域经济的整体发展。

然而，单纯地改善要素的流动通道还是远远不够的，从软件上看，束缚要素流动的体制机制障碍才是最终决定要素流动效率和规模的核心因素。受制于不同地区行政级别的差异和地方政府追求目标的差异，地区之间的要素流动并非地方政府的最优化选择。在要素驱动的经济增长框架下，要素数量的多少直接决定了一个地区的未来发展潜能，因此地方政府在GDP考核框架下都有很强的动力通过构建要素流动的壁垒来保护本地发展的必要因素，从而走上了各自为政与地方保护横行的道路。因此，如何破除地方政府之间的行政壁垒和体制机制障碍，才是要素流动最重要的环节。在地方官员政绩考核的GDP中心体制内，地方官员容易进行市场分割和地方保护，只有破除不同地区单一的考核机制，制定多样化的考核标准，才能实现地方官员行为的转向和市场分割的减缓。只有从体制机制上遏制住地方政府进行地方分割的动力，才能最终促成不同地区的要素流动与提高空间配置效率优化。

一方面，加速京津冀地区的交通网络建设与信息通信基础设施建设。交通运输与信息通信是决定要素流动效率的关键变量，对要素与信息实现低成本、高效率流动与传播起着至关重要的作用，因此必须加大力度进行交通运输与信息通信层次的基础设施投资，提升京津冀地区的整体交通运输与信息通信的水平。第一，加速京冀、津冀、冀内部的交通运输干线与网络的建设。以往京津冀地区的交通以北京和天津之间的关联性交通设施建设得最为完备，两个城市之间的公路、高速公路、高速铁路都十分丰富，极大地方便了两个城市之间的要素往来，然而往往忽视了京冀、津冀、冀内部的交通运输干线与网络的建设，导致了这些地区要素流动的成本很高，不利于北京和天津的产业和要素进行转移。第二，加速京津冀地区的信息通信基础设施建设，从智慧城市建设向智慧京津冀地区建设迈进。事实证明，在信息通信技术日新月异的当代，信息意味着生产力，而信息传播的容量、速度和效率则是决定信息生产力的关键指标。在对创新创意产业越来越重视的当下，在信息传播的质量和数量飞速发展的今天，很多技术性问题或者关键性问题都可以通过通信技术网络完成。以往需要专家亲自前往实地进行检验、勘测、评估的行业，都可以通过丰富便捷的信息通信网络实现零成本的交流与沟通，不仅极大地降低了通信成本，还提高了对高素质人才和先进技术的利用效率，缩短了空间与时间对要素效率的限制，从而促进了要素发挥更大效率。

另一方面，京津冀地区进一步破除体制机制对要素流动的障碍，减少行政手段对要素流动的干预和影响，构建要素自由流动的创新机制。第一，对于北京和天津的官员，应该进行多样化的考核激励，摒除以 GDP 为中心的考核机制，赋予北京和天津的官员更多的激励目标和考核目标，诸如首都职能的优化与完善程度、非首都职能的疏散与迁移工作进度等，让地方官员从 GDP 竞赛中解脱出来，更加专注推进京津冀地区协同发展，并清晰定位不同城市的职能与职责；第二，减少对北京和天津大量的倾斜性财税优惠，减轻北京和天津获得中央特殊政策照顾引致的要素集聚效应，从而缩小地区福利差距导致的要素流动决策差异。北京和天津地区凭借优势的政治地位，长期以来获取了中央政府的大量优惠性扶持政策，这些政策为北京和天津的居民带去了切实福利，并不断提升了这两个城市的居民福利，导致了大量的人口与企业因为享受北京和天津便利和优惠的生活成本与生产成本而不愿意进行迁移，从而导致了要素流动迟迟不能发挥作用。因此，要进一步减轻中央财政对这两个城市的支撑，较多地支持河北的基础设施和公共服务，从而不断创造河北吸引要素流动的基础和条件。

## 第三节 加快区域协同发展推进城乡一体化的制度建设

区域协同发展的推进需要建立坚实的制度保障体系，确保区域协同发展的各项措施能够如期、切实得到良好推进。区域协同发展的保障制度建设，应该从物质保障、制度保障和体制保障三个方面着手进行。第一，所谓物质保障，我们认为是指囊括了如何推进京津冀一体化的财政、金融和资金制度，是推进京津冀一体化的基础保障。我们提出，应该成立京津冀协同发展的推进基金，由北京市、天津市和河北省分别出资，中央资金给予相应配套，并在相关重点领域成立专项基金，诸如交通、产业和城镇方向的基金，确保重点领域得到优先扶持。第二，制度保障，是指如何通过制定相应的政策法规，优化京津冀协同发展的推进通道，建立多管齐下的推进通道，并进一步明确这些推进通道之间的有机联系，从而完善区域协同发展的制度保障体系。研究认为，区域协同发展的推进通道包括行政推进通道、市场推进通道和社会推进通道，不同的推进通道之间应该形成相互联系的有机整体，并在基本的法律政策界定的边界内部发挥推进京津冀协同发展的功效，从而推动京津冀地区的协同发展迈向更高的阶段。第三，所谓体制保障，是指应该完善区域协同发展的责任机制，明确京津冀三方政府在推动一体化中分别扮演的角色，同时厘清不同政府部门在推动京津冀一体化进程中的职责边界，力求相关职能部门之间不推诿、不卸责、不怠政，而这就要求建立详细明确的体制机制，促使不同的地方政府和不同的政府部分形成有机关联，从而推动京津冀地区的协同发展。

## 一 成立区域协同发展推进基金，奠定城乡一体化的物质基础

成立区域协同发展推进基金的目的在于，为区域协同发展的推动提供稳定长效的物质保障机制，奠定区域协同发展的物质基础。区域协同发展的推进，需要切实的资金保障作为基础，特别是环绕北京和天津地区的河北省诸县市，其经济发展水平还很落后，其承接北京和天津的产业转移、人口转移和一系列非首都职能转移的条件还很薄弱，这就需要向这些地区投入大量的资金进行重点化的扶持，坚持以交通一体化为先导、以产业一体化为媒介、以城乡一体化为载体，推动京津冀地区的全面一体化。因此，我们认为，应该组建由北京、天津和河北三方政府出资设立的京津冀一体化基金，考虑三个地区之间经济发展水平的差异和财政力量的差别，研究认为北京和天津应该各自占到35%的比例，河北占到30%的比例，中央财政再根据每年的财政预算规划给予适当的补贴或税收返还，作为支持京津

冀地区的一体化措施。此外，还应该根据目前京津冀地区一体化过程中亟待解决的关键性障碍，设立专项基金进行支持，这应该包括交通、产业和城乡三个方向的专项基金。

我们认为，交通仍是制约京津冀地区一体化的首要障碍，北京和天津之间的路网密度和运输速度已经实现了高度的密集化和公交化，但之间的结算方式还需要进一步打破行政壁垒；北京和河北各地市、天津和河北各地市之间的交通联系仍十分落后，路网密度、路网规格和运输速度都有很大的提升空间。大量的研究表明，交通运输成本是制约产业地域布局的核心变量，而北京和天津想要实现产业优化升级，必须向外转移低端产能，而低端产能的转移必须以交通运输网络的完善和交通运输成本的大幅下降作为依据。因为低端产能对成本的敏感度更高，更容易无法接受高企的成本对利润率的挤压，因此交通成本对于低端产业能否实现向外转移起到了至关重要的作用。故而，研究认为，应该首先设立交通建设基金，率先打通京津冀地区的关键交通通道，建设高标准高规格的路网，提升运输效率，有效地降低运输费用，从而为产业转移和城乡发展提供基础保障。

其次，产业转移是推进京津冀一体化的核心路径，而河北省的产业发展环境与产业发展水平都还停留在较低的水平上，严重制约了北京和天津的相关产业向河北地区进行转移。因此，我们认为应当设立产业转移的专项基金，对涉及产业转移的环境、平台、园区、硬件设施、产业配套衔接与产业有机联系进行全方位的评估与分步骤的投资推进。一方面，对产业发展环境较好、当地工业水平较高的河北大中城市，应从搭建产业之间的有机联系入手，判定产业之间的前后关联关系，着重投资能够发挥产业协同效应的专业化园区，并不断提升产业园区的公共基础设施水平与公共服务水平，从而营造产业转移的良好环境与宜商氛围，吸引更多从北京、天津转移出来的产业，带动河北大城市的发展，将大城市周边更多的地区吸引进入城市分工协作体系，从而与乡村实现产业上的一体化。另一方面，对产业环境发展水平一般、当地工业水平较低的地区，应着力从基础设施的完善与提高角度入手，建构吸引产业引入的低成本环境空间，从而吸引河北省大中城市的产业向外转移，实现产业的梯次转移，将大中城市更多的资源和空间投入承接北京和天津的产业转移上，驱动京津冀地区的城乡一体化。京津冀地区城乡一体化的关键在于，和乡村地区衔接紧密的中小城市如何在产业转移与协同发展中获得资源要素的青睐,从而实现"连乡接市"的重要功能,发挥城乡一体化主战场的重要职责。

最后,新型城镇化,特别是特色城镇建设是打通区域协同发展与城乡一体化的关键所在,同样是现阶段限制京津冀地区协同发展的重要瓶颈。新型城镇化强调城镇化的内涵应该从空间城镇化向人的城镇化转变,更加关注大中小城市之间的协调发展,从而实现城镇化驱动经济发展并促进工业化、信息化和农业现代化的重要使命。京津冀协同发展推动城乡一体化的关键在于如何将北京、天津与河北的石家庄、唐山等大中城市以及河北地区的中小城市有机整合起来,形成城市群有机发展的态势,从而驱动广大河北地区的乡村地区加入城市群的分工协作体系中,促进城乡发展的一体化。因此,我们认为,成立专项的城乡一体化基金,支持京津冀地区的城乡一体化推进。一方面,响应中央的号召,将特色城镇作为破解城乡一体化困局的一把钥匙,重点推进特色城镇的建设与发展,突出不同地区的特色风貌,根据地区的比较优势与资源禀赋进行针对性建设开发,对历史文化浓厚的地区进行文化旅游开发,对农业发展条件丰厚的地区探索农业现代化的发展路径,工矿业较为发达的地区尝试构建以特色产业为主的综合性发展模式,风景宜人、环境优美的地区则可以加快养老休闲度假观光产业的发展,从而实现不同地区的差异化发展与要素禀赋的最大化发挥。另一方面,完善农村地区的基础设施建设与公共服务均等化,对于连片居住的人口集聚地区应该努力提升基础设施的水平和档次,提高基础设施的亲民度与舒适度,提升乡村地区的生活便利度,并不断提升公共服务的质量和层次,提高公共服务的覆盖面与覆盖比例,创造舒适适宜的乡村生活条件,引导人口有序向大城市周边的城镇转移,从而实现北京、天津和河北等大城市的人口有机疏散,最终实现城乡一体化。

## 二 优化区域协同发展推进通道,建立城乡一体化的制度保障

制度保障,是指通过制定相应的政策法规,优化京津冀协同发展的推进通道,建立多管齐下的推进通道,并进一步明确这些推进通道之间的有机联系,从而完善区域协同发展的制度保障体系。研究认为区域协同发展的推进通道,包括行政推进通道、市场推进通道和社会推进通道。不同的推进通道之间应该形成相互联系的有机整体,并在基本的法律政策界定的

边界内部发挥推进京津冀协同发展的功效,从而推动京津冀地区的协同发展迈向更高的阶段。所谓行政推进通道,是指政府在推动京津冀地区协同发展中发挥的重要职能,主要包括财政税收的支持、行政审批的便利、政府公共服务的提升、政府机关整体搬迁与空间选址的外移、政府行政效率的提升、政府职责的明晰与对市场管制的放松等方面。市场推进通道,是指企业和个人在推动京津冀协同发展中的作用,市场通过引导人才、要素、信息、技术流向边际收益更高的地区和部门的方式调剂不同地区和部门的要素数量与质量。市场推进通道的主体是企业和企业家,企业家通过对国家政策的把握和时代发展规律的把脉,实现顺应市场规律和国家政策方向进行合理的迁移与选址,从而在促进京津冀地区协同发展的同时推动城乡一体化。所谓社会通道,是指社会组织、社会意识、社会风气对推动京津冀地区协同发展的重要作用,通过河北、北京、天津之间人员交往、商品交换、信息交流、技术交互,形成了越发紧密相连的社会氛围,越来越多的社会组织在其中起到穿针引线的作用,一些同业协会、企业联合会、群众性组织会不断加深三个地区的紧密程度,从而构成了京津冀地区协同发展的黏合剂。

首先,行政推进手段。第一,从财政税收的支出方面推进京津冀地区协同发展,中央政府和河北省政府对于规划内的承接产业转移和发展特色城镇的地区应该进行税收的适当减免和财政补助,为当地政府大力推进的基础设施改造、特色产业发展措施保驾护航,提供有力支持。第二,从行政审批便利化的角度推进京津冀地区协同发展,中央政府应着力构建三个地区之间制度衔接的体制机制,降低三个地区的行政审批成本,提升企业在三个地区之间进行迁移注册的效率,降低企业迁移注册的制度化成本,简化企业进行注册迁移的手续,精简不必要的行政审批,为企业在三地之间的自由迁移注册创造有利条件。第三,从政府公共服务质量与行政效率提升的角度推进京津冀地区的协同发展。河北省作为承接北京非首都职能疏散和天津非经济中心职能疏散的地区,应该着力提升地方政府的公共服务水平,为来冀工作、就业、生活的广大机关单位、人员家属和企业机构提供向京津看齐的公共服务,从而将这些企业人员扎根在河北,为河北的发展建设出一分力,从而确保人才和企业不外流,推动京津冀地区的协同发展。第四,从政府机关迁移的角度推动京津冀地区的协同发展,疏解北京的非首都职能，很重要的一点是对北京地区的中央政府机关和北京各级机关的空间布局进行进一步的调整与规划，从而使空间布局更加合理，将重要部门集中在一定区域进行布局，而其他部门则可以适当向北京周边地区进行迁移和布局，从而不断疏散北京过度拥挤的人口规模。第五，从政府职责明晰与市场管制放松的角度推动京津冀地区的协同发展，不断明确政府与市场的边界所在，不断将政府的行政权力收缩到应有的界限之内，放松对市场非必要的管制，为市场主体不断松绑，特别是河北省作为产业承接和企业迁移的主要承接方，应该大刀阔斧地推进政府的负面权力清单制度，不断将政府的权力收进笼子，为来冀生产生活的企业创造宜商利商的良好环境，从而推动京津冀地区的协同发展。

其次，市场推进通道。第一，市场会通过区域之间的要素回报差异引导要素从边际收益较低的地区流入收益较高的地区，从而实现不同地区要素回报率的逐渐接近，落后地区的经济发展水平逐渐提升，从而推动区域协同发展。北京和天津拥有着傲人的政治经济资源，但是资源的过度集聚导致了企业和个人的各种成本不断攀升，可以说形成了无限的企业和个人追逐有限的土地空间、产业、金融等资源的情况，导致了这些资源的边际价值不断攀升，企业和个人需要为此支付的成本不断提高，从而加重了企业和个人的负担。当那些对成本较为敏感的企业和个人在大城市引致的收益被高成本逐渐吞噬之后，会考虑向成本更低的地区进行迁移，因此北京和天津无法承受更高成本的企业和个人，便会选择向周边的河北地区进行转移，从而带动河北的产业和城市发展。第二，随着企业和个人的迁移，附着在企业和个人身上的人力资本要素、知识信息要素和技术要素也将随之发生转移，从而带动了要素在北京、天津与河北之间的互相流动，加快了要素之间的信息交流、知识溢出和技术扩散，从而在更大范围内部引致了生产率的提升，产业竞争力不断加强，从而导致地区的协同发展程度不断提高，最终将更多的地区和人口纳入协同发展的范围，引致城乡发展、区域发展和产业发展之间走向均衡协调，从而引导城乡一体化。

再次，社会通道。在行政推进途径和市场推进途径依靠的政治经济手段之外，我们同样不能忽略来自社会质量对于京津冀地区协同发展的推动作用。社会通道推进京津冀地区协同发展的主要作用和措施包括以下两个方面。第一，引导京津冀地区的社会组织走向一体化，率先打破三地之间的人为阻隔，从而整合三个地区的资源要素，为三个地区的社会提供高水平的服务。北京和天津作为社会发展程度明显更高的地区，社会组织数量和质量明显高于河北省，但是由于北京和天津的地域限制，其功能往往不能得到十足的施展，对社会的影响力和作用效果并不十分明显，因此应该积极探索同河北地区的社会组织进行沟通交流，一方面引导河北地区的社会组织尽快提升自身的业务水平和技能水平，向河北地区提供更好的社会服务功能，另一方面则可以实行联合与联席机制，不断推进三个地区社会组织和社会服务功能的协同发展。第二，以同业协会、企业联合会和群众性组织为依托，不断以同业协会为先导，以企业联合会为平台，以群众性组织为抓手，积极委托京津冀地区的社会组织走向协同发展。同业协会之间因为业务范围的相似和技术市场的类同性，将会有更多同样的问题需要处理，有更多的机会和机遇可以共同进行规划，有更多的想法和建议可以向三个地区的政府提供，因此同业协会之间的协同发展对于京津冀地区形成具有世界影响力的产业集群和先进技术来说意义重大。以同业协会为先导，彰显了产业优先发展的理念，是引导区域协同发展的核心任务。以企业联合会为平台，表明企业之间因为发展过程面临的各种问题、困难的相似性，能够汇聚更多的解决方案和推陈出新的议题，从而将一些问题从产业层面落实到企业层面，更加有助于京津冀的地方政府思考如何在辖区内部实现企业发展的不断优化便利。以群众组织为抓手，要充分发挥群众组织在社会转型和京津冀协同发展中的重要作用，鼓励群众组织参与京津冀地区的协同发展，不断丰富群众组织在京津冀地区协同发展中扮演的角色，从社会风气和社会氛围角度不断树立"协同发展则共赢，相互竞斗则共输"的理念，从而不断为京津冀地区的协同发展贡献力量。

### 三 完善区域协同发展责任机制，夯实城乡一体化的体制保障

区域协同发展的体制保障，是指划分界定不同政府部门之间在推动区域协同发展中的具体作用，构建具体的新型体制机制来夯实区域协同发展的成果，并不断在实践中将协同发展推向新的高度。研究认为，区域协同发展的体制保障应该从以下三个方面入手。

第一，完善区域协同发展内部各行为主体的责任机制，即明确京津冀地区三个地方政府和中央政府之间责任划分和具体责任机制，明晰上下级

政府之间和地方政府之间的责任划分，力求政府之间不因责任划分不清或权限归属不明导致推任诿责和行政效率低下等问题。中央政府作为统领京津冀地区的最高层级政府，具有制定统一规划、厘定三地定位、划清三地职能的垄断地位，同时中央政府还能通过强大的中央财政的补贴方向和政策红利释放方向，来对特定的产业和区域进行重点扶持。因此，中央政府的责任在于，制定京津冀地区协同发展的规划蓝图和行动时间表，同时制定较为详细的考评办法，对规划蓝图和行动时间表进行详细的监督落实。北京、天津和河北地区作为地方政府，虽然在行政级别上是平等的，但是政治地位却并不相同，其政治地位呈现了明显的递减趋势，因此这种事实上的政治地位不平等导致很长一段时间内北京和天津享受到来自中央政府更多的扶持。因此，北京和天津的地方政府在推动京津冀协同发展的过程中一定要坚持平等协商和互敬互谅的原则，主动肩负起属于北京和天津的责任，同时应不吝于向河北进行一定程度的财政转移支付，从而引导京津周边的河北地区率先发展，营造大北京和大天津的城市架构，积极利用河北的各种资源，从而进行整合、黏合并为己所用，发挥更大的效能。

第二，完善政府内部不同部门之间的职责任务，明确不同部门在区域协同发展中扮演的角色和担当的责任，从而令政府各部门之间不因边界不清而出现"踢皮球"的情况。政府不同部门的职权不同，管辖的范围也有所差异，因此厘清不同部门，特别是京津冀地区地方政府中不同部门的职权归属和责任对接十分必要。因为不同地区之间的辖区内情况实际上存在差异，导致部门之间的权属划分与职责设置并不对等。因此，京津冀三个地区的实际情况并不相似，不同部门的职责权限有可能并不相同，需要进一步进行厘清。一方面，京津冀地区的地方政府应该首先从名称上对相关部门进行统一，从而避免某些问题因牵涉到三个地方而导致管理权限不清和无法对接的情形出现。所谓名不正则言不顺，言不顺则行乃废，因此名称的统一就从前提上避免了一些问题在不同地区和部门之间的推诿责任情况出现。另一方面，京津冀地区的地方政府应该对照三地不同部门之间的权限划分，进行详细对比和仔细甄别，最好实现不同地区职责权限的统一，便利企业和个人在三个地区进行流动和行政事务处理过程中的便利性，如果实在无法进行统一则可以设置某些部门的三地联席会议机制，对一些具体问题再根据具体情况进行具体处理。

第三，完善区域协同发展的责任机制，不仅包括分清政府之间的责任划分，还需要一套完整健全的责任评估机制来保证责任机制的落实和执行，这套责任评估机制与先行的官员考核机制并不相同，应更加侧重对政府行政效率和行政职能完善方面的考察，其考察的方式应该更加侧重从企业和个人的切身感受入手，着力不断提升政府在责任划分与执行层面的效力。完善区域协同发展的责任机制，在明确地方政府之间的责任划分和部门之间的责任划分之后，更应该设置一套事后考评机制来保证责任的落实。我们认为，责任机制的考评体制应该从如下两个方面着手：一方面，考评体制的原则是行政便利度优先，兼顾行政效率，考评体制的目标则是不断在行政便利中提升京津冀地区地方政府的行政效率和政府满意度，考评体制的主体则是由京津冀地区地方政府会同中央相关部门组成的权威考评部门，考评体制的客体则不仅包括京津冀地区的地方政府，还包括地方政府中的各种职能部门；另一方面，考评方式实行异地交换调查访问研究，考评成员抽调京津冀地区的地方政府及其职能部门的成员会同中央政府及其相关职能部门的成员组成考评小组，实行随机异地轮换调查的方式，确保考评的公正客观，同时结合直接进入政府职能部门进行调查与间接调查居民和企业的方式，从多种渠道获取考评需要的具体信息，力求反映不同地区地方政府在提升政府效率和政府公共服务便利方面努力的程度，从而不断推动京津冀地区的地方政府效能提升，最终推动区域协同发展。

# 参考文献

1. A. Savvides, M. Zachariadis, "International Technology Diffusion and the Growth of TFP in the Manufacturing Sector of Developing Economies," *Review of Development Economics* 9 (2005).

2. Bayoumi, T. M. W. Klein, "A Provincial View of Capital Mobility," *NBER Working Paper* 5115 (1995).

3. B. M. W. Klein, "A Provincial View of Economic Integration," *IMF Staff Paper* 41 (1997).

4. B. Xu, "Multinational Enterprises, Technology Diffusion, and Host Country Productivity Growth," *Journal of Development Economics* 2 (2000).

5. Fang Cai, Meiyan Wang, "Growth and Structural Changes in Employment in Transition China," *Journal of Comparative Economics* 1 (2010).

6. Feldstein, M. C. Horioka, "Domestic Saving and International Capital Flows," *The Economic Journal* 90 (1980).

7. F. Perroux, "Economic Space: Theory and Applications," *The Quarterly Journal of Economics* 64 (1950).

8. Helliwell, F. John, Ross Mc Kitrick, "Comparing Interprovincial and International Capital Mobility," *Canadian Journal of Economics* 32 (1999).

9. Hong Kee Kim, "The Measurement of Internationnal Capital Mobility Using Panel Cointegration Estimators. Seoul Journal of Economics," 17 (2004).

10. H. O' Dowd, B. Kim, P. Margolis, et al., "Preparation of tetra – Boc – protected polymyxin B nonapeptide," *Tetrahedron Letters* 11 (2007).

11. J. Coakley, A. M. Fuertes, Smith Ron, "Small Sample Properties of Panel

Time Series Estimators with I," http://papers.Ssrn.Com/so13/papers.cfm.2001.

12. L. Du, A. Harrison, G. Jefferson, "Do institutions matter for FDI spillovers? the implications of China's special characteristics," *Policy Research Working Paper*, 2011.

13. Y. Qian, B. R. Weingast, "Federalism as a Commitment to Preserving Market Incentives," *Working Papers*, 1997, 11 (4).

14. Suyanto, R. Salim, "Foreign direct investment spillovers and technical efficiency in the Indonesian pharmaceutical sector: firm level evidence," *Applied Economics* 3 (2013).

15. S. Djankov, B. Hoekman, "Foreign Investment and Productivity Growth in Czech Enterprises," *The World Bank Economic Review* 14 (2002).

16. S. H. Kim, S. J. Park, S. A. Lee, et al., "Various Liver Resections Using Hanging Maneuver by Three Glissons Pedicles and Three Hepatic Veins," *Annals of Surgery* 2 (2005).

17. T. G. Mc Gee, *Managing the rural urban transformation in East Asia in the 21st century*, Sustain Sei, 2008.

18. W. A. Lewis, "Economic Development with Unlimited Supplies of Labour," *The Manchester School of Economic and Social Studies* 26 (1954).

19. W. Chew, E. Widjaja, M. Garland, "Band-Target Entropy Minimization (BTEM):? An Advanced Method for Recovering Unknown Pure Component Spectra. Application to the FTIR Spectra of Unstable Bimetallic Mixtures," *Nonmetallic* 9 (2002).

20. 〔英〕埃比尼泽·霍华德：《明日的田园城市》，金经元译，商务印书馆，2000。

21. 白国强：《美国城市化的演进及其对我国的启示》，《岭南学刊》2005年第6期。

22. 白井文：《要素流动规律与西部地区的要素积聚》，《南方经济》2001年第1期。

23. 白永秀、王颂吉：《城乡一体化的实质及其实现路径》，《复旦学报》2013年第4期。

24. 白永秀、岳利萍：《陕西城乡一体化水平判断与城乡协调发展对策研究》,《西北工业大学学报》(社会科学版) 2006 年第 6 期。

25. 白永秀等:《城乡一体化水平评价报告 2016》,中国经济出版社,2016。

26. 白永秀等:《国际视野下中国城乡一体化模式研究》,中国经济出版社,2013。

27. 白永秀等:《西部地区城乡经济社会一体化战略研究》,人民出版社,2014。

28. 白永秀等:《中国省域城乡社会一体化水平评价报告》,中国经济出版社,2014。

29. 薄文广、陈飞:《京津冀协同发展:挑战与困境》,《南开学报》(哲学社会科学版) 2015 年第 1 期。

30. 蔡昉:《农村剩余劳动力流动的制度性障碍分析》,《经济学动态》2005 年第 1 期。

31. 常野:《保障性住房制度实施中的问题及改进》,《光明日报》2013 年 9 月 1 日,第 7 版。

32. 陈光普:《中国劳动力流动与城乡收入差距研究》,硕士学位论文,中国社会科学院研究生院,2012。

33. 陈光普:《中国劳动力流动与城乡收入差距研究》,硕士学位论文,中国社会科学院研究生院,2012。

34. 陈红霞、李国平:《1985—2007 年京津冀区域市场一体化水平测度与过程分析》,《地理研究》2009 年第 6 期。

35. 陈计旺:《区际产业转移与要素流动的比较研究》,《生产力研究》1999 年第 2 期。

36. 陈俊梁:《城乡一体化发展的"苏州模式"研究》,《调研世界》2011 年第 3 期。

37. 陈良文、杨开忠:《我国区域经济差异变动的原因:一个要素流动和集聚经济的视角》,《当代经济科学》2007 年第 3 期。

38. 陈石:《中英城乡规划法规与区域发展比较研究》,硕士学位论文,华中师范大学,2009。

39. 陈秀山、张可云:《中国城市化进程的基本特征与存在问题研究》,《井冈山大学学报》(社会科学版) 2010 年第 1 期。

40. 陈永国：《京津冀经济圈生产要素流动的实证分析》，《价值工程》2006年第5期。

41. 陈宇峰、叶志鹏：《区域行政壁垒、基础设施与农产品流通市场分割——基于相对价格法的分析》，《国际贸易问题》2014年第6期。

42. 程名望、史清华：《经济增长、产业结构与农村劳动力转移——基于中国1978—2004年数据的实证分析》，《经济学家》2007年第5期。

43. 程时雄、柳剑平：《二元经济、利益集团与城乡收入差距》，《学习与实践》2014年第7期。

44. 褚保金、莫媛：《金融市场分割下的县域农村资本流动——基于江苏省39个县（市）的实证分析》，《中国农村经济》2011年第1期。

45. 褚宏启：《城乡教育一体化：体系重构与制度创新——中国教育二元结构及其破解》，《教育研究》2009年第11期。

46. 戴军：《当代世界经济区域一体化发展的特点》，《益阳师专学报》1999年第2期。

47. 都阳：《农村劳动力流动：转折时期的政策选择》，《经济社会体制比较》2010年第5期。

48. 段成荣、杨舸：《中国流动人口状况——基于2005年全国1%人口抽样调查数据的分析》，《南京人口管理干部学院学报》2009年第4期。

49. 段均：《我国农村剩余劳动力转移的收入效应及其成因研究》，博士学位论文，重庆大学，2012。

50. 樊纲、王小鲁、张立文、朱恒鹏：《中国各地区市场化相对进程报告》，经济科学出版社，2011。

51. 范剑勇等：《产业集聚与农村劳动力的跨区域流动》，《管理世界》2004年第4期。

52. 封福育：《储蓄、投资与中国资本流动：基于面板协整分析》，《统计与信息论坛》2010年第3期。

53. 冯雷：《中国城乡一体化的理论与实践》，《中国农村经济》1999年第1期。

54. 冯胜：《国外城乡统筹发展模式比较研究》，《软科学》2011年第5期。

55. 高永卉：《泛长三角城乡一体化测度和评价》，硕士学位论文，合肥工业大学，2010。

56. 龚六堂、谢丹阳：《我国省份之间的要素流动和边际生产率的差异分析》，《经济研究》2004年第1期。

57. 谷源祥：《什么是区域经济一体化》，《中国经济信息》2002年第14期。

58. 顾益康：《城乡一体化评估指标体系研究》，《浙江社会科学》2004年第11期。

59. 郭建军：《日本城乡统筹发展的背景和经验教训》，《农业展望》2007年第2期。

60. 郭金龙、王宏伟：《中国区域间资本流动与区域经济差距研究》，《管理世界》2003年第7期。

61. 何洁：《外国直接投资对中国工业部门外溢效应的进一步精确量化》，《世界经济》2000年第12期。

62. 何洁、许罗丹：《中国工业部门引进外国直接投资外溢效应的实证研究》，《世界经济文汇》1999年第2期。

63. 何浪雄：《专业化产业集聚、要素流动与区域工业化》，《财经研究》2007年第3期。

64. 和立道：《医疗卫生基本公共服务的城乡差距及均等化路径》，《财经科学》2011年第12期。

65. 贺佳丹：《城乡劳动力流动对城乡收入差距的影响——基于产业集聚的视角》，硕士学位论文，浙江大学，2014。

66. 贺瑞、杜跃平：《地区间资本流动的分析与我国区域经济协调发展》，《商场现代化》2005年第12期。

67. 贺胜兵：《基于PSTR模型的地区间资本流动能力研究》，《统计研究》2008年第8期。

68. 侯景新、刘莹：《美国"精明增长"战略对北京郊区新城建设的启示》，《生态经济》2010年第5期。

69. 胡碧涵：《中国城乡一体化评价指标体系构建及水平测度》，硕士学位论文，西北大学，2014。

70. 胡斌：《农村劳动力流动动机及其决策行为》，《经济研究》1996年第9期。

71. 胡金林：《我国城乡一体化发展的动力机制研究》，《农村经济》2009 年第 12 期。

72. 胡凯：《中国省际资本流动规模实证研究》，《经济地理》2011 年第 1 期。

73. 胡凯、吴清：《省际资本流动的制度经济学分析》，《数量经济技术经济研究》2012 年第 10 期。

74. 胡世明：《工业反哺农业、城市支持农村的社会经济分析》，《农村经济》2007 年第 2 期。

75. 胡英：《城镇化进程中—农村向城镇转移人口数量分析》，《统计研究》2003 年第 7 期。

76. 胡永平、张宗益、祝接金：《基于储蓄—投资关系的中国区域间资本流动分析》，《中国软科学》2004 年第 5 期。

77. 华中炜：《中国经济减速的性质与政策选项》，《中国市场》2012 年第 6 期。

78. 黄伟雄：《珠江三角洲城乡一体化发展模式与格局的探讨》，《经济地理》2002 年第 5 期。

79. 黄文军、荆娴：《资本流动是否影响我国地区经济增长》，《财经论丛》2013 年第 1 期。

80. 黄先海、杨君：《资本形成和流动对我国东部地区经济影响的实证分析》，《浙江大学学报》（人文社会科学版）2011 年第 2 期。

81. 黄小明：《收入差距、农村人力资本深化与城乡融合》，《经济学家》2014 年第 1 期。

82. 黄新飞等：《价格差异、市场分割与边界效应——基于长三角 15 个城市的实证研究》，《经济研究》2014 年第 12 期。

83. 姜鑫、罗佳：《我国城乡社会保障均等化的评价与对策研究》，《当代经济管理》2012 年第 4 期。

84. 蒋时节、祝亚辉：《我国城乡基础设施存在的问题及原因分析》，《重庆科技学院学报》（社会科学版）2009 年第 10 期。

85. 焦必方等：《城乡一体化评价体系的全新构建及其应用——长三角地区城乡一体化评价》，《复旦学报》（社会科学版）2011 年第 4 期。

86. 金载映：《区域经济一体化与区域经济一体化理论》，《世界经济文汇》1998 年第 2 期。

87. 孔祥利：《战后日本城乡一体化治理的演进历程及启示》，《新视野》2008 年第 6 期。

88. 雷晓康、张楠：《社会保险城乡统筹问题研究综述》，《社会保障研究》2012 年第 1 期。

89. 李春华：《辽宁省城乡一体化发展动态研究》，硕士学位论文，辽宁师范大学，2013。

90. 李光跃等：《统筹城乡发展的"成都模式"初探》，《系统科学学报》2010 年第 1 期。

91. 李惠茹、张鹏杨：《FDI"碳光环"效应对我国节能减碳影响研究》，《现代财经》（天津财经大学学报）2017 年第 8 期。

92. 李实：《中国农村劳动力流动与收入增长和分配》，《中国社会科学》1999 年第 2 期。

93. 李顺毅：《城市体系规模结构与城乡收入差距——基于中国省际面板数据的实证分析》，《财贸研究》2015 年第 1 期。

94. 李同升、库向阳：《城乡一体化发展的动力机制及其演变分析——以宝鸡市为例》，《西北大学学报》（自然科学版）2006 年第 6 期。

95. 李习凡、胡小武：《城乡一体化的"圈层结构"与"梯度发展"模式研究——以江苏省为例》，《南京社会科学》2010 年第 9 期。

96. 李雪松、孙博文：《长江中游城市群区域一体化的测度与比较》，《长江流域资源与环境》2013 年第 8 期。

97. 李亚丽：《英国城市化进程的阶段性借鉴》，《城市发展研究》2013 年第 8 期。

98. 李岳云：《城乡一体化的框架体系与基本思路》，《江苏农村经济》2010 年第 2 期。

99. 李志杰：《我国城乡一体化评价设计及实证分析》，《经济与管理研究》2009 年第 12 期。

100. 梁宇峰：《资本流动与东西部差距》，《上海经济研究》1997 年第 11 期。

101. 刘晨阳等：《重庆都市区城乡一体化发展模式分析》，《长江流域资源与环境》2005 年第 11 期。

102. 刘和东：《国内市场规模与创新要素集聚的虹吸效应研究》，《科学学与科学技术管理》2013 年第 7 期。

103. 刘家强等：《城乡一体化战略模式实证研究》，《经济学家》2003 年第 5 期。

104. 刘江会、唐东波：《财产性收入差距、市场化程度与经济增长的关系——基于城乡间的比较分析》，《数量经济技术经济研究》2010 年第 4 期。

105. 刘伟等：《我国四个直辖市城乡一体化进程比较与评价》，《北京社会学》2010 年第 4 期。

106. 刘新建：《京津冀区域经济一体化中的几个概念与原则》，《燕山大学学报（哲学社会科学版）》2010 年第 9 期。

107. 刘正：《城乡一体化程度评价指标体系初探》，硕士学位论文，山东大学，2007。

108. 卢向虎、朱淑芳、张正河：《中国农村人口城乡迁移规模的实证分析》，《中国农村经济》2006 年第 1 期。

109. 鲁长亮、唐兰：《城乡一体化建设模式与策略研究》，《安徽农业科学》2010 年第 3 期。

110. 陆学艺：《当代中国社会流动》，社会科学文献出版社，2004。

111. 吕健：《产业结构调整、结构性减速与经济增长分化》，《中国工业经济》2012 年第 9 期。

112. 罗雅丽：《城乡一体化发展评价指标体系构建与阶段划分》，《江西农业学报》2007 年第 7 期。

113. 马克思：《资本论》，中共中央马克思恩格斯列宁斯大林著作编译局译，人民出版社，2004。

114. 马晓河：《统筹城乡发展要解决五大失衡问题》，《宏观经济研究》2004 年第 4 期。

115. 马远军等：《国外城乡关系研究动向及其启示》，《经济问题探索》2006 年第 1 期。

116. 麦勇、李勇：《1982—2005 年中国省域资本流动差异解析》，《中国软科学》2006 年第 12 期。

117. 毛文华：《我国资本跨区域流动及其经济影响研究》，硕士学位论文，首都经济贸易大学，2013。

118. 梅德平、洪霞：《城乡发展一体化中的公共基础设施投融资问题研究》，《福建论坛》（人文社会科学版）2014年第11期。

119. 欧阳峣、张杰飞：《发展中大国农村剩余劳动力转移动因——一个理论模型及来自中国的经验证据》，《中国农村经济》2010年第9期。

120. 潘慧峰等：《雾霾污染的持续性及空间溢出效应分析——来自京津冀地区的证据》，《中国软科学》2015年第12期。

121. 潘文卿：《外商投资对中国工业部门的外溢效应：基于面板数据的分析》，《世界经济》2003年第6期。

122. 庞效民：《区域一体化的理论概念及其发展》，《地理科学进展》1997年第2期。

123. 裴凤琴：《构建我国城乡一体化发展的路径研究》，《江苏农业科学》2012年第2期。

124. 彭小辉、史清华：《"卢卡斯之谜"与中国城乡资本流动》，《经济与管理研究》2012年第3期。

125. 漆世兰等：《农村劳动力转移对农业生产的负面效应分析——基于西南地区农村劳动力转移状况的调查》，《农村经济》2009年第10期。

126. 千慧雄：《长三角区域经济一体化测度》，《财贸研究》2010年第5期。

127. 钱雪亚等：《中国各省市总资本水平差异实证研究》，《经济地理》2009年第7期。

128. 邱斌等：《FDI技术溢出渠道与中国制造业生产率增长研究》，《世界经济》2008年第8期。

129. 沈坤荣、耿强：《外国直接投资、技术外溢与内生经济增长》，《中国社会科学》2001年第5期。

130. 沈坤荣、余吉祥：《农村劳动力流动对中国城镇居民收入的影响》，《管理世界》2011年第3期。

131. 盛来运：《流动还是迁移：中国农村劳动力流动过程的经济学分析》，上海远东出版社，2008。

132. 史玲：《我国农村公共产品供给主体研究》，《中央财经大学学报》2005年第5期。

133. 宋洪远等：《关于农村劳动力流动的政策问题分析》，《管理世界》

2002 年第 5 期。

134. 宋雨洁：《安徽省城乡一体化水平评价与发展路径研究》，硕士学位论文，安徽大学，2013。

135. 苏春江：《河南省城乡一体化评价指标体系研究》，《农业经济问题》2009 年第 7 期。

136. 苏腾、曹珊：《英国城乡规划法的历史演变》，《北京规划建设》2008 年第 2 期。

137. 孙久文：《区域经济一体化：理论、意义与"十三五"时期的发展思路》，《区域经济评论》2015 年第 6 期。

138. 孙军、王先柱：《要素流动的层次演进与区域协调发展》，《云南财经大学学报》2010 年第 2 期。

139. 孙文凯、白重恩、谢沛初：《户籍制度改革对中国农村劳动力流动的影响》，《经济研究》2011 年第 1 期。

140. 汤卫东：《西部地区城乡一体化路径、模式及对策研究——基于以城带乡的分析视角》，博士学位论文，西南大学，2011。

141. 唐盛强：《资本流动对湖北经济增长的影响研究：1994—2009》，硕士学位论文，华中师范大学，2011。

142. 陶勇：《农村公共产品供给与农民负担问题探索》，《财贸经济》2001 年第 10 期。

143. 完世伟：《区域城乡一体化测度与评价研究——以河南省为例》，博士学位论文，天津大学，2006。

144. 汪婷：《上海城乡一体化指标体系构建与实证分析》，《西安电子科技大学学报》（社会科学版）2014 年第 1 期。

145. 汪宇明等：《中国城乡一体化水平的省区分异》，《中国人口·资源与环境》2012 年第 4 期。

146. 王加军：《苏州市城乡一体化发展研究》，硕士学位论文，苏州大学，2012。

147. 王丽：《京津冀地区资源开发利用与环境保护研究》，《经济研究参考》2015 年第 2 期。

148. 王庆等：《2020 年前的中国经济：增长减速不是会否发生，而是如何发生》，《金融发展评论》2011 年第 3 期。

149. 王绍光、胡鞍钢：《不平衡发展的政治经济学》，中国计划出版社，1999。

150. 王亭亭：《京津冀区域一体化》，《经济论坛》2002 年第 5 期。

151. 王蔚等：《湖南省城乡一体化评价指标体系及量化分析》，《湖南大学学报》（自然科学版）2011 年第 4 期。

152. 王西玉等：《中国二元结构下的农村劳动力流动及其政策选择》，《管理世界》2000 年第 5 期。

153. 王亚飞：《对我国城乡一体化实现模式的探讨》，《经济纵横》2007 年第 2 期。

154. 王永辉、管一凡：《英国城乡统筹政策及其对我国城乡一体化战略的启示》，《长江论坛》2014 年第 4 期。

155. 魏后凯：《外商直接投资对中国区域经济增长的影响》，《经济研究》2002 年第 4 期。

156. 魏益华：《西部地区"有效核心优势"培育与"区域优势产业"成长》，《经济学动态》2000 年第 9 期。

157. 文建东：《要素流动对东西部地区经济发展的影响》，《上海行政学院学报》2004 年第 6 期。

158. 邬晓霞、贾彤、高见：《京津冀区域商品市场一体化进程的测度与评价：1985—2012》，《兰州商学院学报》2014 年第 5 期。

159. 吴丰华、白永秀：《城乡一体化：战略特征、战略内容、战略目标》，《学术月刊》2013 年第 4 期。

160. 吴群刚、杨开忠：《关于京津冀区域一体化发展的思考》，《城市问题》2010 年第 1 期。

161. 吴向伟：《转变农业发展方式的内涵与途径》，《经济纵横》2008 年第 2 期。

162. 〔美〕西奥多·舒尔茨：《改造传统农业》，梁小民译，商务印书馆，2006。

163. 肖灿夫：《我国区域资本流动与区域经济协调发展》，《财务与金融》2010 年第 4 期。

164. 肖依：《城乡统筹发展中的农村建设：国外经验与启示——以英国、美国、日本、韩国、印度五国为例》，硕士学位论文，华中师范大学，2011。

165. 谢建国：《外商直接投资对中国的技术溢出》，《经济学》（季刊）2006年第3期。

166. 徐敏、姜勇：《中国产业结构升级能缩小城乡消费差距吗？》，《数量经济技术经济研究》2015年第3期。

167. 薛德升等：《有关"乡村城市化"和"城乡一体化"等几个概念的辨析》，《城市问题》1998年第1期。

168. 薛晴、任左菲：《美国城乡一体化发展经验及借鉴》，《世界农业》2014年第1期。

169. 〔英〕亚当·斯密：《国民财富的性质和原因的研究》，郭大力、王亚南译，商务印书馆，1972。

170. 杨凤华、王国华：《长江三角洲区域市场一体化水平测度与进程分析》，《管理评论》2012年第1期。

171. 杨宏玲：《论区域经济一体化的新趋势和新特点》，《河北大学学报》2004年第4期。

172. 杨继瑞、周立新：《区域与城乡一体化理论与实践的新进展——中国区域经济学会2013年年会学术观点综述》，《中国工业经济》2013年第11期。

173. 杨荣南：《城乡一体化及其评价指标体系初探》，《城市研究》1997年第2期。

174. 杨亚平：《FDI技术行业内溢出还是行业间溢出》，《中国工业经济》2007年第11期。

175. 姚士谋等：《中德经济发达地区城乡一体化模式比较》，《人文地理》2004年第4期。

176. 姚腾霄：《环渤海区域经济一体化的现状与特点》，《科技信息》2009年第17期。

177. 叶裕民等：《京津冀都市圈人口流动与跨区域统筹城乡发展》，《中国人口科学》2008年第2期。

178. 〔芬兰〕伊利尔·沙里宁：《城市：它的发展、衰败与未来》，顾启源译，中国建筑工业出版社，1986。

179. 尹希果、桑守田：《金融发展、技术溢出效应吸收能力与区域经济收敛》，《经济体制改革》2011年第4期。

180. 应瑞瑶、马少晔：《劳动力流动、经济增长与城乡收入差距》，《南京农业大学学报》（社会科学版）2011年第2期。

181. 于培伟：《日本的城乡统筹共同发展》，《宏观经济管理》2007年第9期。

182. 余长林：《知识产权保护与我国的进口贸易增长》，《管理世界》2011年第6期。

183. 袁晓红：《前工业化时期英国城乡经济的协调发展》，硕士学位论文，首都师范大学，2003。

184. 曾福生等：《论我国目前城乡统筹发展的实现形式——城镇化和新农村建设协调发展》，《农业现代化研究》2010年第1期。

185. 张广婷等：《中国劳动力转移与经济增长的实证研究》，《中国工业经济》2010年第8期。

186. 张泓、柳秋红、肖怡然：《基于要素流动的城乡一体化协调发展新思路》，《经济体制改革》2007年第6期。

187. 张计成：《英国城乡的发展经验及启示》，《城市问题》2007年第1期。

188. 张建华、洪银兴：《都市圈内的城乡一体化》，《经济学家》2007年第5期。

189. 张辽：《要素流动、产业转移与经济增长》，《当代经济科学》2013年第5期。

190. 张秋：《美、日城乡统筹制度安排的经验及借鉴》，《亚太经济》2010年第2期。

191. 张晓莉、刘启仁：《中国区域资本流动：动态与区域差异——基于1978—2009年数据》，《国际商务研究》2012年第5期。

192. 张晓敏、蒋乃华：《城乡统筹的发展水平及其影响因素研究——以江苏为例》，《扬州大学学报》（人文社会科学版）2011年第3期。

193. 张艳丽：《我国地区间资本流动能力的实证研究》，硕士学位论文，山东大学，2011。

194. 张幼文、薛安伟：《要素流动对世界经济增长的影响机理》，《世界经济研究》2013年第2期。

195. 张泽慧：《西部大开发中资本流动障碍及对策》，《财经科学》

2000 年第 4 期。

196. 赵锋：《广西城乡一体化评价指标体系的设计及实证研究》，《广西社会科学》2010 年第 1 期。

197. 赵君彦、陈建伟：《城乡一体化发展的科学评价与推进策略——以河北省为例》，《广州农业科学》2011 年第 2 期。

198. 赵奇伟、张诚：《区域经济增长与 FDI 技术溢出：以京津冀都市圈为例》，《数量经济技术经济研究》2006 年第 3 期。

199. 赵儒煜、邵昱晔：《要素流动与区际经济增长》，《求索》2011 年第 2 期。

200. 赵勇、魏后凯：《政府干预、城市群空间功能分工与地区差距——兼论中国区域政策的有效性》，《管理世界》2015 年第 8 期。

201. 郑万吉、叶阿忠：《城乡收入差距、产业结构升级与经济增长——基于半参数空间面板基于半参数空间面板 VAR 模型的研究》，《经济学家》2015 年第 10 期。

202. 钟昌标：《外商直接投资地区间溢出效应研究》，《经济研究》2010 年第 1 期。

203. 周加来：《城市化·城镇化·农村城市化·城乡一体化》，《中国农村经济》2001 年第 5 期。

204. 周江燕、白永秀：《中国省域城乡一体化水平：理论与测度》，《中国农村经济》2014 年第 6 期。

205. 周立群、夏良科：《区域经济一体化的测度与比较：来自京津冀、长三角和珠三角的证据》，《江海学刊》2010 年第 4 期。

206. 周一星：《"desaota" 一词的由来和涵义》，《城市问题》1993 年第 10 期。

207. 朱晨、岳岚：《美国都市空间蔓延中的城乡冲突与统筹》，《城市问题》2006 年第 8 期。

208. 朱镜德：《现阶段中国劳动力流动模式、就业政策与经济发展》，《中国人口科学》2001 年第 4 期。

209. 朱磊：《城乡一体化理论及规划实践》，《经济地理》2000 年第 5 期。

210. 朱颖：《城乡一体化评价指标体系研究》，《农村经济与科技》

2008年第7期。

211. 邹军、刘晓磊：《城乡一体化理论研究框架》，《城市规划》1997年第1期。

212. 邹璇：《要素流动、产业转移与经济增长》，博士学位论文，南开大学，2009。

图书在版编目(CIP)数据

要素流动、协同发展与城乡一体化/常野等著. --北京：社会科学文献出版社，2020.9
（北京交通大学哲学社会科学研究基地系列丛书）
ISBN 978-7-5201-6606-5

Ⅰ.①要… Ⅱ.①常… Ⅲ.①城乡一体化-发展-研究-中国 Ⅳ.①F299.21

中国版本图书馆CIP数据核字（2020）第072202号

## 北京交通大学哲学社会科学研究基地系列丛书
## 要素流动、协同发展与城乡一体化

著　　者／常　野　李孟刚　金田林　于重阳

出 版 人／谢寿光
组稿编辑／周　丽
责任编辑／张丽丽
文稿编辑／李小琪

出　　版／社会科学文献出版社·城市和绿色发展分社（010）59367143
　　　　　地址：北京市北三环中路甲29号院华龙大厦　邮编：100029
　　　　　网址：www.ssap.com.cn

发　　行／市场营销中心（010）59367081　59367083
印　　装／三河市尚艺印装有限公司

规　　格／开　本：787mm×1092mm　1/16
　　　　　印　张：20.5　字　数：329千字

版　　次／2020年9月第1版　2020年9月第1次印刷
书　　号／ISBN 978-7-5201-6606-5
定　　价／148.00元

本书如有印装质量问题，请与读者服务中心（010-59367028）联系

版权所有 翻印必究